链家研究院 L-RESEARCH INSTITUTE | 新经纪系列丛书

让房屋再生

来自日本的经验

杨现领 陆卓玉 粟样丹 著

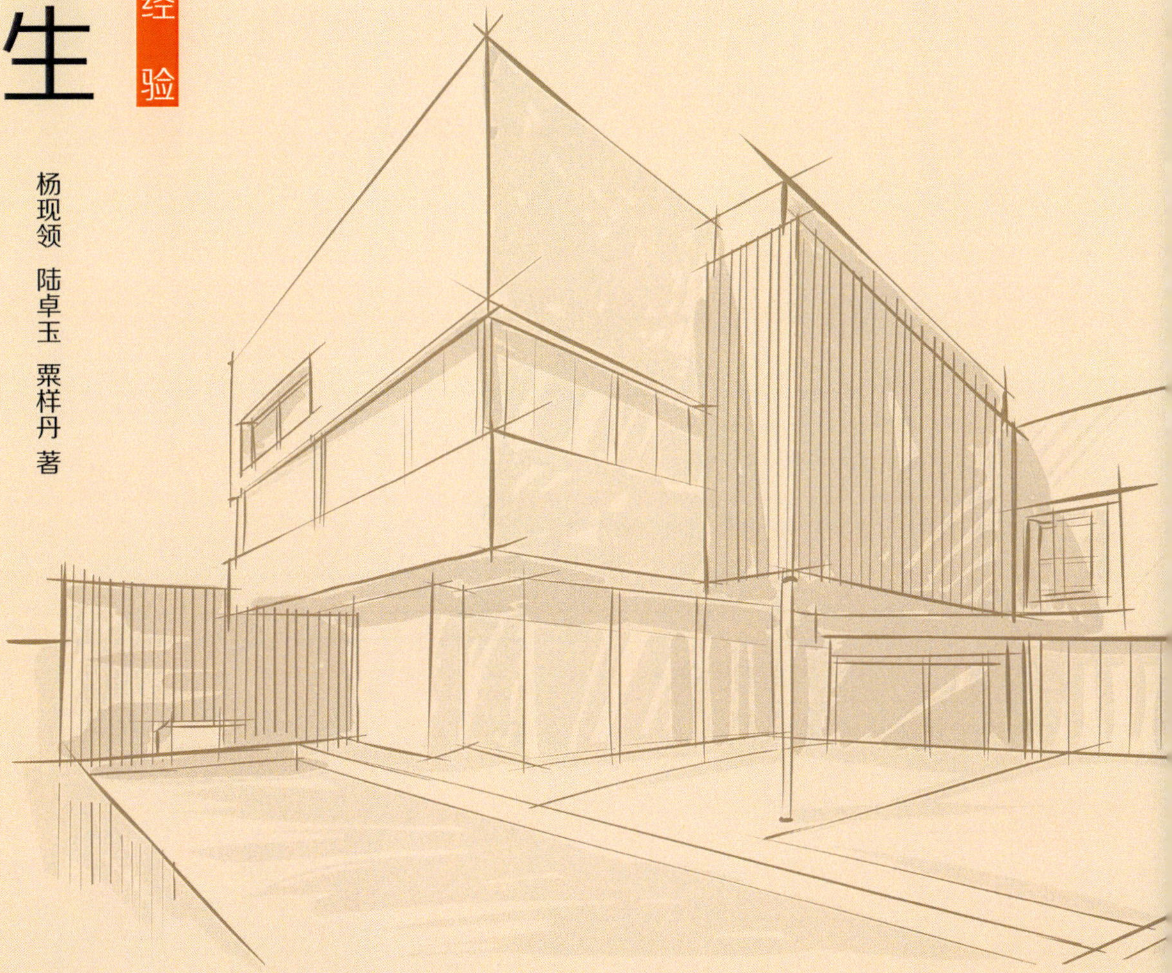

厦门大学出版社
XIAMEN UNIVERSITY PRESS
国家一级出版社
全国百佳图书出版单位

图书在版编目（CIP）数据

让房屋再生：来自日本的经验 / 杨现领，陆卓玉，粟样丹著. -- 厦门：厦门大学出版社，2018.5(2022.8 重印)
ISBN 978-7-5615-6906-1

Ⅰ. ①让… Ⅱ. ①杨… ②陆… ③粟… Ⅲ. ①住宅市场－研究－日本 Ⅳ. ①F299.313.335

中国版本图书馆CIP数据核字(2018)第059366号

出 版 人	郑文礼
策划编辑	宋文艳
责任编辑	吴兴友
责任校对	杨木梅
封面设计	闫昱菲
美术编辑	张雨秋
技术编辑	朱 楷

出版发行　*厦门大学出版社*
社　　址　厦门市软件园二期望海路 39 号
邮政编码　361008
总 编 办　0592-2182177　0592-2181406(传真)
营销中心　0592-2184458　0592-2181365
网　　址　http://www.xmupress.com
邮　　箱　xmup@xmupress.com
印　　刷　厦门市青友数字印刷科技有限公司

开本　720mm×1 000mm　1/16
印张　26
插页　3
字数　323 千字
印数　3 001～3 500 册
版次　2018 年 5 月第 1 版
印次　2022 年 8 月第 2 次印刷
定价　68.00 元

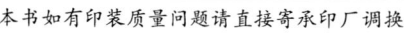
本书如有印装质量问题请直接寄承印厂调换

厦门大学出版社
微信二维码

厦门大学出版社
微博二维码

前言：构建可循环住房供应体系

房屋再生不仅是房屋物理结构的改造与居住功能的循环利用，更重要的在于由居住衍生的社会关系的重构。房屋再生实现的不仅是房屋使用寿命的延长，更是居住品质的消费升级与居住关系的重组。

城市再生正是房屋物理、经济、文化与社会关系再生的综合外延。因此，在城市再生的新阶段以及住房消费的新模式下，可循环住房供应体系区别于日本传统增量开发主导的住房供应体系，从开发环节建设可持续使用的品质优良住宅，着眼于存量房屋的循环利用，实现经济、文化、社会的多重目标。

城市化发展、经济结构转型、人口结构变化、住宅存量与住房消费方式变迁以及政策引导是城市再生与构建可循环住宅供应体系的驱动力。

人口持续流入大城市，城市化率不断提升，经济结构转型，社会不可避免地面临大城市老旧城区、原有中心城区功能老化以及人口流出城市公共功能不足的问题，原有规划与经济结构转型要求不符，城市再生也就应运而生。

不同年龄群体住房需求是不同的。年轻人有活力而趋于流动，相较于房屋面积与设施，更偏好房屋区域位置、交通便利以及娱乐商业配套设施；中年人稳定，期望房屋面积大，具有收纳功能，配套教育、医疗、公园等公共资源；老年人安定，对于周边医疗、邻里关系、健身设施有着更高的需求。随着日本日益加深的人口老龄化，城市更新与可循环住宅供应体系均以建设优美、安全舒适、富有活力的城市为目标，通过充分利用存量市场更好地满足老年人生活需要。

　　住房消费方式本身是人口、经济与社会的综合结果,承载着不同年代的住房消费观念。住房供给短缺时代,人们住房消费倾向于住房的私有化,即拥有住宅是主旋律,对于住宅的结构、品质要求较低,表现为以家庭为单位的同质化、工业化、标准化的住宅消费,诸如东京都多摩新城为代表的标准化高层住宅小区;在住宅供给逐渐充裕时,住房消费转变为拥有多套住宅和追求品牌的倾向,将住宅赋予身份和品牌的含义,人们开始追求差异化居住,随着单身一族的崛起,单身公寓逐渐成为重要的住房消费品;在住房供给过剩的时代,全民单身化下,住房消费回归为"轻私有重共享",表现为房屋DIY、房屋共享与合租公寓的兴起。因此,正处于存量住宅过量、房屋空置率日益攀升时期的日本,住房消费开始追求经济、环保、品质、多样化,这与可循环住宅供应体系不谋而合。

　　政府政策引导是城市再生与构建可循环住宅供应体系的直接动因。城市再生是一项系统性工程,是城市居住、交通、商业、工业多领域的功能再生,需要处理不同主体的产权利益关系,协调社会与自然的和谐发展,因而城市再生具有强的正外部性,是市场容易失灵的领域,需要政府政策加以引导。

　　所以说,可循环住宅供应体系是随着日本经济转型升级,日本主要住房矛盾由日益增长的居住需求与房屋供给不足的矛盾转变为当前房屋存量品质较差无法满足日益多元的品质居住需求矛盾的产物。

　　以2002年《都市再生特别措施法》为标志,城市再生正式登上日本的历史舞台,但自身可追溯至20世纪80年代城市住宅＊发展工团开展的大城市都心再开发,并经历从被动再生到主动再生的新阶段,成为经济与社会转换期新的方向。目前城市再生以政府与市场合作为主流模式,UR(都市再生机构)参与协调统筹,以共同构建富有经济活力、可持续发展、安心舒适的高品质生活的城市为目标。目前,日本半数以上的地方政府加入了城市再生整备计划,累计实施2700个都市再生整备项目。

前言：构建可循环住房供应体系

可循环住房供应体系是城市更新中住宅领域的最新实践与应用，是对房屋供给过剩与现有房屋供给与住房消费需求结构错配的改善，实现房屋再存续。

日本的可循环住房供应体系分为：开发环节，新建性能完善的住宅；使用环节，维护到位并附带房屋履历；流通环节，房屋价值可以得到市场认可并再次进入使用环节。关键环节是"流通环节"，在流通环节中若房屋价值无法得到市场认可则房屋将要面临被拆除重建的风险，循环也就无从谈起。

进一步拆分，住宅的流通环节又可分为"所有权的流通"与"使用权的流通"，分别可以满足"长期安定的居住需求"与"短期灵活的居住需求"。住宅所有权的流通形成了二手房市场，住宅使用权的流通则形成了租赁市场。二手房市场与租赁市场的健康规范发展反过来又可以促进所有权与使用权的流通，二者相辅相成、协同发展，构成了住宅供应的可循环体系。

二手房市场能够满足不同人生阶段的居住需求，实现丰富的居住生活，在可循环住宅供应体系中的地位愈发重要。然而由于可流通高品质的二手房数量少、地震频发以及社会普遍偏好新房等因素，日本二手房交易非常不活跃，二手房交易量仅占总住宅交易量的 37.4%。如何提高二手房住宅品质、减少重复拆建导致的资源浪费，住宅再生无疑是绝佳的解决方案，而且再生后的二手房品质不输新房。

实际上，住宅更新与再生在日本已自发形成超过 20 年的历史，但市场极其分散，仅有小部分是专业住宅再生企业，大部分是开发商旗下不动产经纪公司以及同时参与商业地产与住宅再生的企业。目前住宅再生行业约有 10 家上市公司，最大的专业住宅再生企业 Sun Frontier 市值 440 亿日元（折合人民币约 24 亿元）。住宅再生的主要模式为面向个人"销售＋改建"一站式模式以及"购入＋改建＋再售"模式。

此外，日本政府通过认定优良品质住宅，构建一体化住宅存量信息系统，改变二手房评估体系，推动瑕疵保险，普及住宅履历信息，实现了二手房交易品质的提升以及向可循环住宅供应体系迈出了坚实的一大步。

租赁市场作为可循环供应体系的一个重要有机部分,是住宅使用权在业主让渡下,不同租住者之间的循环使用,实现了房屋资源的高效配置,提供了更为灵活多样的居住方案。在日本,租赁市场成为35%的租赁家庭解决居住的手段,其中54.7%为单身家庭,表明随着婚育年龄的推迟以及不婚主义的蔓延,越来越多的人走向租赁市场,并且停留更长的时间。

租赁市场能够作为日本可循环住宅供应体系的重要组成部分,与其行业生态丰富、参与者众多、租赁运营高度机构化不无关系。在日本,独特的社会环境培育出以租赁住宅管理为核心的行业生态,为业主提供租赁住宅"建筑+中介+管理"的一站式服务,向租客提供出租与租后服务,促成了租赁住宅形成"建筑—使用—再生—再使用—再建"完整的生命周期。

面对日本租赁房屋空置率高居不下和人口日益老龄化的现实,构建可循环租赁住宅市场有助于实现安全安心居住生活与满足不同层次人群的居住需求的目标。因此,日本政府不断完善租赁立法,加强对租赁住宅管理行业的监管,推出活化空置住宅的租户DIY装修新型契约,鼓励老年人将大户型住宅出租给育儿家庭,推动老年人住宅无障碍化并将其纳入立法,确立老年人附带医疗服务的居家养老模式,一系列实现可循环利用的租赁政策陆续落地。

中国特色社会主义建设进入新征程,城镇化进程进入关键时期,住房矛盾也由住宅总量不足的矛盾向日益增长的品质居住需求与住宅市场不平衡发展的矛盾转变,存量市场全国化趋势已经显现,置换改善性需求已成为主流,租赁市场正在崛起,构建可循环住宅供应体系将是解决供需错配的可能出路,围绕房屋再生的城市再生也许能够解决大城市与众多中小城市经济发展失衡的问题,促进资源优化配置。

对于人口持续流入的一线城市,老旧城区功能老化难以满足居民的居住、工作与出行等生活需求,理论上是最需要也是最有可能培育城市再生的地区,而其中建筑年代久远、格局不合理的住宅区是住宅再生的重点市场。因而培育和孵化城市再生行业,鼓励开发商和经纪公司进入专业住宅再生领域也就十分必要了。但是,应当同时考虑经济、历史、文化的综合更新,界定政府参与城市更新的职能与作用,参与企业联合开发、重视合作。

建立可循环住宅供应体系,通过房屋再生增加优质二手房房源,满足不同人群的置换改善性需求,解决新增住宅供给放缓的问题;可循环租赁市场从开发环节增加租赁住宅的供给,推进专业化租赁运营机构化发展,改善租赁住宅供给不足、品质错配的现状。

参照日本多年的发展经验,鉴于中国制度背景的独特性,二手房环节领域,我国经纪企业应当推动经纪行业职业化,提供更加高品质的经纪服务,提供专业化住宅再生服务,改善存量住宅满足品质居住;政府加强建立完整的房屋信息系统,对二手房交易环节风险点设计诸如瑕疵保险等产品,加强行业监管,制定经纪行业相关法律法规,发挥经纪行业协会的自律作用。

租赁行业应推动租赁机构化,实现专业化租赁运营企业的轻资产运营,衍生租客筛查与租客征信行业,配套金融设施实现资产证券化;租赁运营企业应当修炼内功,在不断变化的需求中准确定位,采取差异化竞争策略,通过优质的产品与服务立足,提升关键的运营管理能力,重点关注人口持续流入的一、二线城市;政府应当完善租赁立法,以盘活存量住宅、提高房源品质为核心,鼓励租金支付、租期以及租赁产品的创新,明确行业定义,加强行业监管,并建立租赁市场纠纷解决机制。

第一篇　城市再生

第一章　城市再生的历史 ······ 3
一、日本城市化发展变迁 ······ 4
二、日本城市更新历程 ······ 25

【附录】 ······ 29

第二章　城市更新的现状 ······ 31
一、日本城市更新的意义与目标 ······ 32
二、民间主导模式——都市再生紧急整备区域 ······ 35
三、官民合作模式——城市再生整备计划 ······ 44
四、政府主导模式——城市布局合理化制度 ······ 50
五、城市更新的其他支持 ······ 52

第三章　日本城市更新的特征 ······ 55
一、由政府发起并推动进行 ······ 56
二、以东京都为原点逐步向全国铺开 ······ 56
三、更新物业类型更加多样，更新内涵更加丰富 ······ 56

第二篇 二手房市场

第四章 日本二手房住宅市场现状分析 ············ 61
- 一、日本二手房住宅市场的发展现状 ············ 62
- 二、日本二手住宅交易量低于新房的原因 ············ 67
- 三、建立可循环二手房市场体系的必要性与意义 ············ 72

第五章 不动产经纪行业监管体系 ············ 75
- 一、政府对房地产经纪公司与经纪人的监督管理 ············ 77
- 二、日本房地产经纪公司牌照的取得 ············ 81
- 三、日本经纪人资格考试制度 ············ 83
- 四、营业保证金制度和指定保证机构 ············ 88
- 五、信息共享平台 ············ 91
- 六、信息共享平台的管理与运营 ············ 97

第六章 日本经纪行业概况 ············ 105
- 一、佣金规模测算 ············ 106
- 二、经纪行业特征 ············ 109
- 三、行业竞争环境 ············ 115

第七章 市场参与主体的作用 ············ 119
- 一、让二手房流通更加安全 ············ 121
- 二、让二手房流通更加快捷 ············ 130
- 三、住宅再生提高存量住宅质量 ············ 138

第八章 日本政府促进二手房市场的政策与效果 ············ 143
- 一、日本政府改善住宅存量市场的政策 ············ 145
- 二、具体实施政策 ············ 146
- 三、政策效果 ············ 155

【附录】日本促进二手房流通具体政策实施经纬 ············ 158

第三篇　租赁市场

第九章　庞大而温和的日本租赁市场 ················ 161
一、千亿级市场规模 ················ 162
二、GMV背后的推动因素 ················ 165
三、十大市场特征 ················ 174

第十章　从开发到管理的日本租房产业链 ················ 189
一、租赁开发 ················ 191
二、中介市场 ················ 196
三、租赁住宅管理的轻资产管理模式 ················ 198
四、持有运营的重资产管理模式 ················ 205

第十一章　日本租赁政策 ················ 209
一、完善的租赁立法 ················ 210
二、促进可循环利用的租赁政策 ················ 213
三、抓取重点的行业监管 ················ 223
四、纠纷解决机制 ················ 226
五、附录 ················ 230

第四篇　典型公司

第十二章　三大不动产综合开发商 ················ 237
一、多元化均衡发展——三井不动产 ················ 239
二、城市更新——三菱地所 ················ 244
三、住宅流通——住友不动产 ················ 249

第十三章　购入改建再售型住宅再生独立运营商 ················ 255
一、商业模式 ················ 257
二、财务表现对比 ················ 261

第十四章　轻资产扩展的大东建托 ················ 265
一、"建筑＋托管"的商业模式 ················ 266
二、大东建托发展历程 ················ 280
三、核心竞争力 ················ 288

第十五章　深耕细分市场的 Leopalace 21 ········· 293
一、Leopalace 21 商业模式与市场表现 ········· 294
二、Leopalace 21 发展路径 ········· 314
三、Leopalace 21 的竞争优势 ········· 318

第十六章　肩负历史使命的 UR ········· 327
一、业务板块：开启城市未来的四把钥匙 ········· 328
二、发展历程：与城市建设并进的轨迹 ········· 338
三、经营状况：稳定的营收与减值的资产 ········· 349
四、发展趋势：不忘初心，老年住宅再生与城市更新 ········· 354

第五篇　经验借鉴

第十七章　日本城市更新的经验总结 ········· 369
一、日本城市再生的经验 ········· 370
二、中日城市化发展阶段的异同性 ········· 371
三、关于城市更新的经验借鉴 ········· 373

第十八章　日本二手房市场的经验借鉴 ········· 377
一、经纪行业的经验借鉴 ········· 378
二、经纪公司的启示 ········· 380
三、二手房市场的政策借鉴 ········· 384

第十九章　日本租赁市场的经验借鉴 ········· 389
一、租赁行业的经验借鉴 ········· 390
二、租赁运营企业的启示 ········· 394
三、租赁市场政策借鉴 ········· 399

参考文献 ········· 403

第一篇　城市再生

第一篇 常用汉字

第一章

城市再生的历史

一、日本城市化发展变迁

本书按日本城市化率的变化将日本城市化发展分为四个阶段,分别是(如图1-1):1920—1945年城市化初级阶段,1945—1975年城市化快速发展阶段,1975—2000年城市化稳定阶段,2000年至今高度集聚型城市化阶段。以下分别从经济、人口流动、城市规划与住宅市场四个角度对二战后(1945年之后)现代日本城市化发展的各个阶段的特征进行描述。

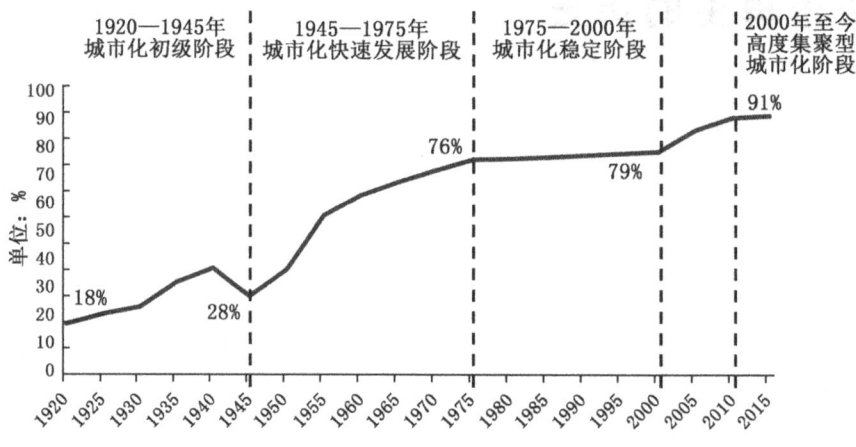

图1-1　日本城市化率与城市发展阶段变化

资料来源:Wind、链家研究院整理。

(一)1945—1975年城市化快速发展阶段

本阶段是日本城市化发展的第一个黄金时代,日本在战后快速实现了经济复苏,城市化率从1947年的33%迅速提高至1975年的76%。

1.经济增长迅速、产业结构转变

这一阶段日本经济发展第一次成功转型,日本政府积极进行战后经济复苏工作,并且实现了战后经济复苏。日本政府于1955年与1960年,先后提出

《经济自立五年计划(1956—1960)》与"国民收入十年倍增计划(1960—1970)",人均GDP在1966年突破1000美元;1968年,日本国内生产总值超过德国,成为仅次于美国的世界第二经济大国;1973年人均GDP达到3000美元,在全面推进工业化之后,进一步提高国民消费水平。本阶段日本经历了从以投资拉动经济快速增长到以消费拉动经济增长的发展模式转变,使经济结构快速进入工业化阶段,第三产业占比于1965年超过50%。这样的产业结构变动,也带动了城市化的快速发展,日本三大都市圈在这一时期形成,如图1-2、图1-3所示。

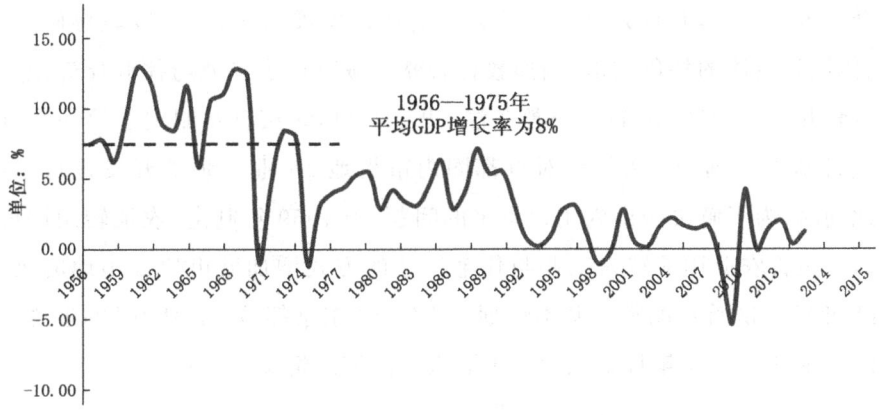

图1-2　1956—2015年日本GDP(不变价)增长率

资料来源:日本总务省统计局、Wind,链家研究院整理。

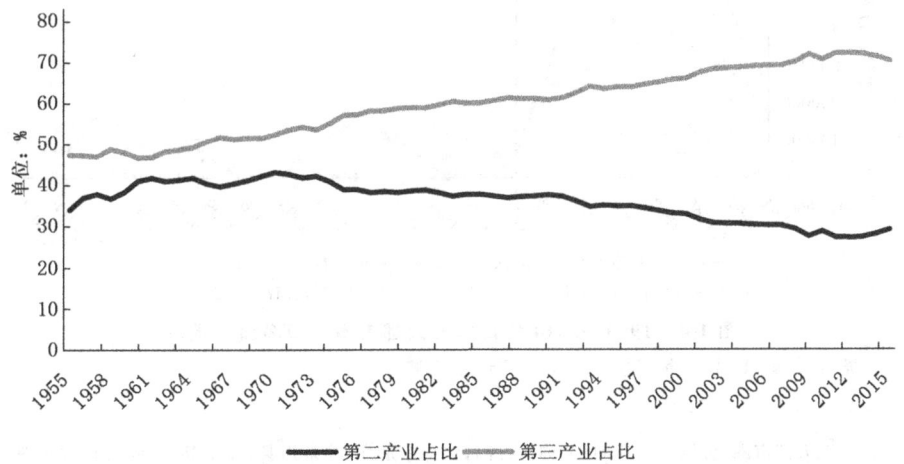

图1-3　1955年至2015年第二产业、第三产业占比变化

资料来源:日本总务省统计局、Wind,链家研究院整理。

2. 人口向三大都市圈①流动

日本高速城市化进程中,向三大都市圈流入人口占据人口迁移总量的一半。20世纪70年代以前,日本人口尚不足1亿人,按照每年1%的城市化速度计算,每年约有90万人从农村转移至城市,而三大都市圈的合计净流入几乎长期维持在50万人,其中又有一半的净流入发生在首都圈,以大阪为核心的近畿圈和以名古屋为核心的中部圈也有数万人至数十万人不等的净流入。

3. 城市发展基调:扩张

这一阶段日本城市发展的政策依然以扩张为主要基调,"造城运动"在日本全国范围开展,并且分化出各种各样的城市发展形态,出现以教育研究、疗养、休假为主体的特色城市,例如教育研究型城市代表筑波与休假疗养型城市代表轻井泽。1956年《首都圈整备法》出台,根据该法日本制定了第一次首都圈整备基本计划(1958年),对首都圈内市街地②工业用地的开发进行限制。与此同时,为了解决城市内用地不足的问题,于1959年制定《农地转用许可基准》,通过将农业用地转为工业与住宅用地的方式增加城市建设用地的供给。1968年第二次首都圈整备基本计划中肯定了"东京都城市巨大化"的理念。图1-4为1954—2014年日本三大都市圈人口净流入情况。

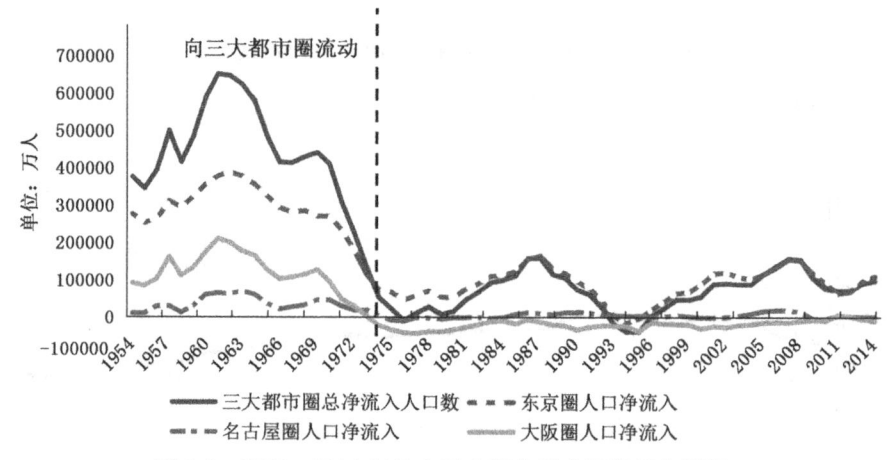

图1-4　1954—2014年日本三大都市圈人口净流入情况

资料来源:日本总务省统计局,链家研究院整理。

---

① 三大都市圈,分别是东京圈(又称首都圈,包括东京都、神奈川县、埼玉县、千叶县)、大阪圈(又称近畿圈,包括大阪府、兵库县、京都府、奈良县)、名古屋圈(又称中京圈,包括爱知县、岐阜县、三重县)。

② 市街地是指住宅、商店、商业设施集聚的土地与区域。

与此同时,随着城市化进程的快速发展,日本全国出现不同程度的农地荒废、户均人口减少、城市环境污染导致的公害事件(1950—1975年发生的日本四大公害事件:1950—1956年水俣病;1960—1972年四日市哮喘病;1910—1970年痛痛病;1966年新潟水俣病)频发。城市内部机动车使用频率增加,大气污染、噪声污染频现,由于城市化的推进而产生的各种社会问题带来的负面影响逐步凸显并成为社会关注的重点。

4. 住宅市场:解决住宅短缺,国家参与建房

受战争影响,二战结束时日本住宅缺口约为420万户。日本政府先后出台一系列政策支持住房建设、奖励居民出租房屋、兴建保障住房,同时随着《房租统制令》的废止,居民租赁成本不断上涨,形成以房屋开发为绝对主导的住宅市场格局,租赁房屋作为中低收入人群主要的居住方式,政府为主要的租赁房源供给者。这一阶段也是日本二手房市场开始活跃的伊始,但是由于直至1952年日本才出台关于二手房经纪行业的法律,因此这一阶段日本二手房市场十分混乱。

日本新房市场实际上是建筑商与住宅开发商同享的市场。住宅建筑商与开发商一样面向普通居民,但区别在于前者"不自主购买土地主动开发":建筑商为土地主提供房屋建造服务,土地主支付建设费用,建筑服务商负责房屋设计、监理、施工等全套建筑服务。业主自建自住住宅与租赁住宅不进入市场交易,导致新房商品率低。

日本住宅土地供给面积于1972年达到峰值(如图1-5),开工量由1948年的53.7万套增长至1973年的190万套。1948—1975年新房开工量累计2140万套,年均增长率约为8.5%。此时,业主自建自住住宅占据绝对主导,这与以家庭为单位的人口结构相匹配。但由于人口持续向大城市流动,原有亲族关系为主的居住方式被打破,企业宿舍、新房商品房逐渐成为重要的居住方式(如图1-6)。

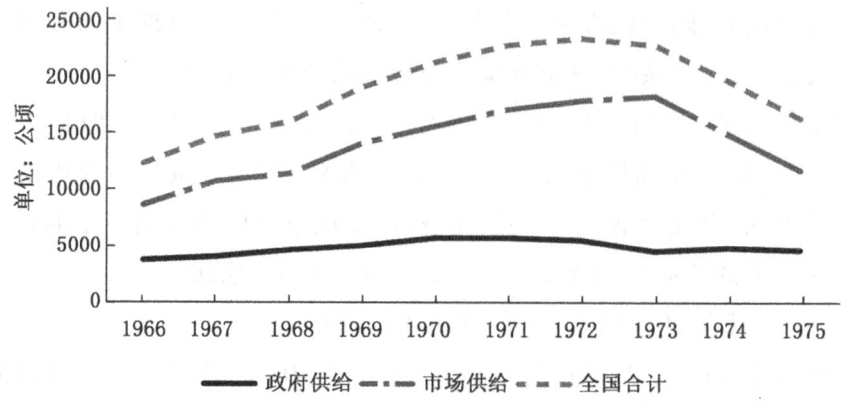

图 1-5　1966—1975 年日本住宅土地供给

资料来源：日本国土交通省，链家研究院整理。

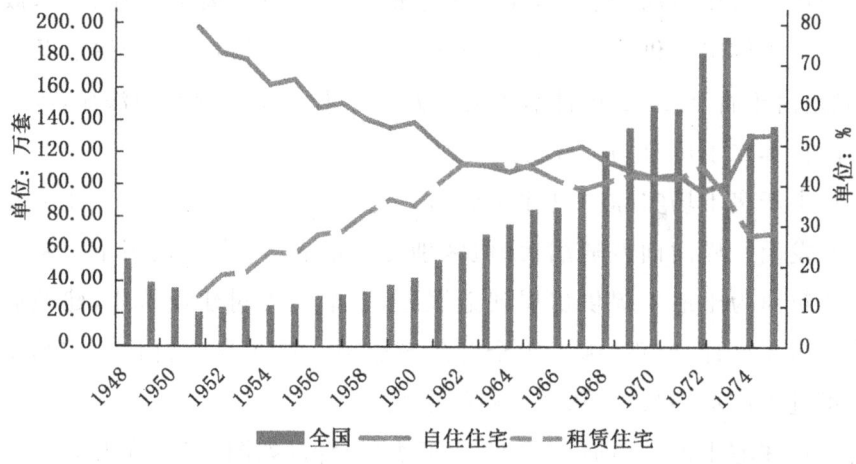

图 1-6　1948—1975 年日本新房开工量以及各类型占比

资料来源：日本国土交通省，链家研究院整理。

随着大量住宅新建，此时期日本住宅供需关系趋于缓和，住宅存量逐渐超过家庭数量。截至 1968 年，日本房屋存量 2559 万套，家庭数量 2532 万户，户均套数开始大于 1。同期日本住房自有率从 1941 年的 22% 迅速攀升至 1948 年的 67%，1958 年达到峰值 71%。之后由于经济转型带来的人口城市化，随着流动人口的增多，租赁需求与供给增多，住房自有率开始出现下滑，最终下降至 60% 左右后稳定（如图 1-7）。

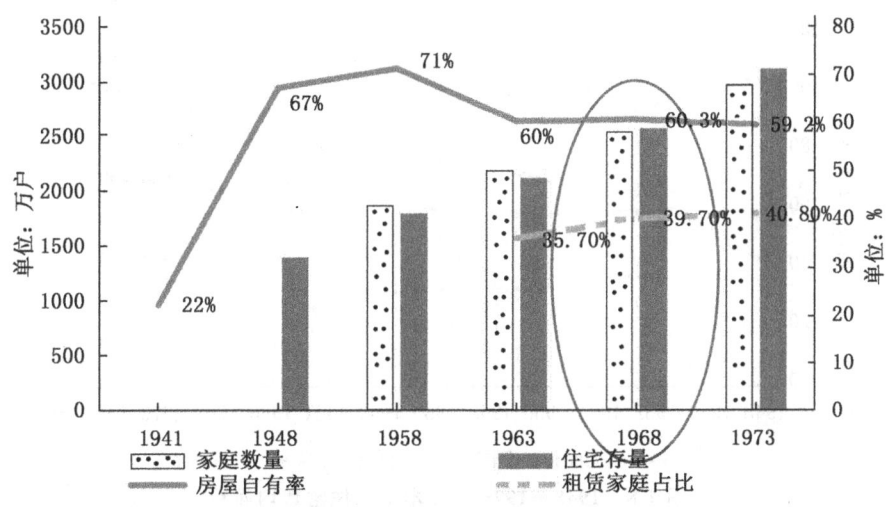

图 1-7 日本房屋供需关系、房屋自有率、租赁家庭占比

资料来源：日本国土交通省，链家研究院整理。

随着人口和工业向大城市集中，日本的二手房交易量开始增加，主要原因有三个：一是住宅存量增加和住房自有率上升，存量市场的基础条件已经具备；二是1970年前后二手公寓住宅的贷款条件放宽；三是二战后至20世纪50年代修建住房质量较差，改善性住房需求增加。

但由于行业处于早期阶段，市场极其分散，交易数据难以获取，不过从二手房经纪行业个人从业者数量与结构可窥一斑。1965年以前，日本的二手房交易几乎没有大型企业参与，主要是以分布于当地的小型中介公司为主导，1952年个人从业者占注册数量的90%，即便是1970年，个人从业者占比65.3%，经纪机构占比也不足35%。

此外，居住品质也逐渐有所改善：新建住宅套均面积由1948年的42.8平方米增长至1975年的81.5平方米，房屋面积几乎增长一倍；房龄普遍较低，24年以上房龄占比由1963年的28%增长至1973年的24.2%（如图1-8）。

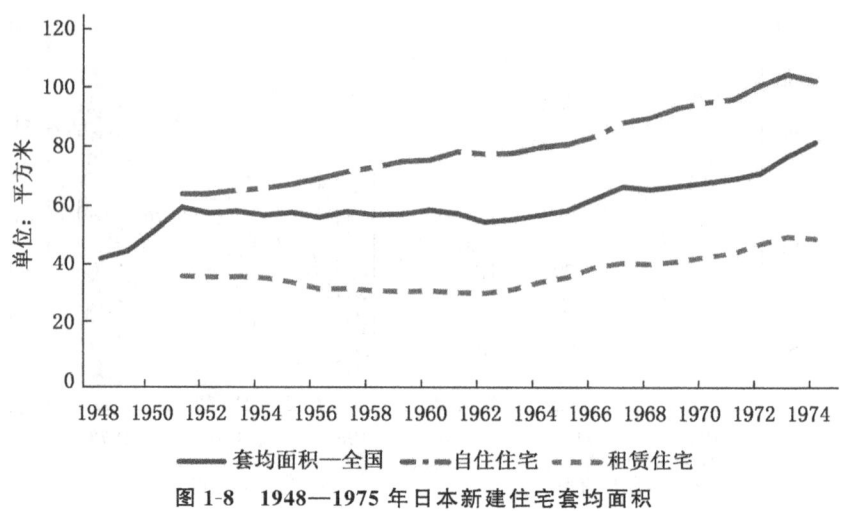

图 1-8 1948—1975 年日本新建住宅套均面积

资料来源：日本国土交通省，链家研究院整理。

1966—1975 年日本政府以"公营、公团、公库"三支柱的政策组合方式，累计建房超 560 万套，其中公营住宅主要为低收入阶层提供租金低廉的租赁住宅，住宅公团则是面向中等收入阶层提供质量较好的租赁住宅与可购买的商品房，由住宅公库向企业和个人提供住宅相关金融贷款服务（如表 1-1，完整版见本章附录）。

表 1-1 日本住宅建设计划变迁（1966—1975 年部分）

政策目的	解决战后住宅短缺	
计划时期	第 1 期 （1966—1970 年）	第 2 期 （1971—1975 年）
具体	全国范围实现一家一住宅	
计划建设总套数（目标）	670 万	957.6 万
计划建设总套数（实际达成）	673.9 万	828 万
计划达成率（%）	100.60	86.50
公共投资建设住宅套数（目标）	270 万	383.8 万
公共投资建设住宅套数（实际达成）	256.5 万	310.8 万
公共投资计划达成率（%）	95.00	81.00

资料来源：《三井不动产四十年史》，链家研究院整理。

（二）1975—2000 年城市化稳定阶段

1. 经济中低速增长

1971 年第一次石油危机与 1979 年第二次石油危机结束了日本经济增长的黄金时期，日本开始再次启动经济转型。日本从 20 世纪 70 年代中期开始实施"节能化",1980年,日本政府正式提出"技术立国"的口号,通过高科技与节能化拉动经济增长。1975年之后日本第二产业占比开始出现明显下降,第三产业占比迅速提高,至20世纪80年代中期,日本的劳动生产率已经全面超过欧美各国。图1-9为1956—2015年日本GDP(不变价)增长率。

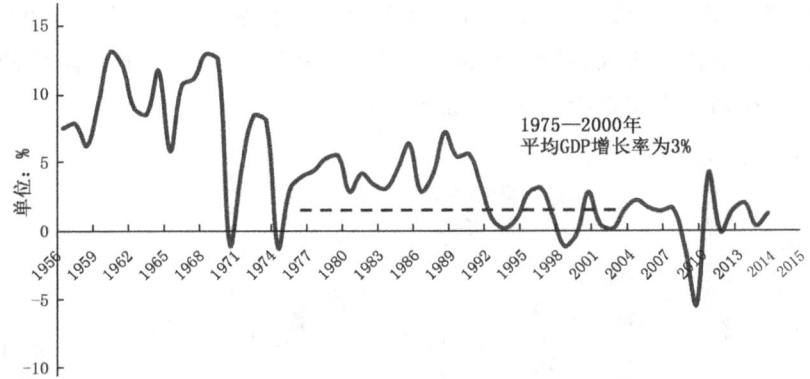

图1-9　1956—2015年日本GDP(不变价)增长率

资料来源:日本总务省统计局、Wind,链家研究院整理。

2.人口仅向首都圈流动

1970年日本人口向三大都市圈流动的速度开始急速下滑。1970年三大都市圈流入人口为41万人,1971年至1975年这个数字变为:30.7万人、22.7万人、13.6万人、5.2万人、2.1万人,这一阶段日本全国城市化率一直稳定在77%左右。在20世纪80年代初期,首都圈开始出现人口再次集中的现象,与此同时,大阪圈和名古屋圈的人口集中开始出现停滞,甚至减少的趋势,即人口流动的首都圈"单极化"现象(如图1-10)。

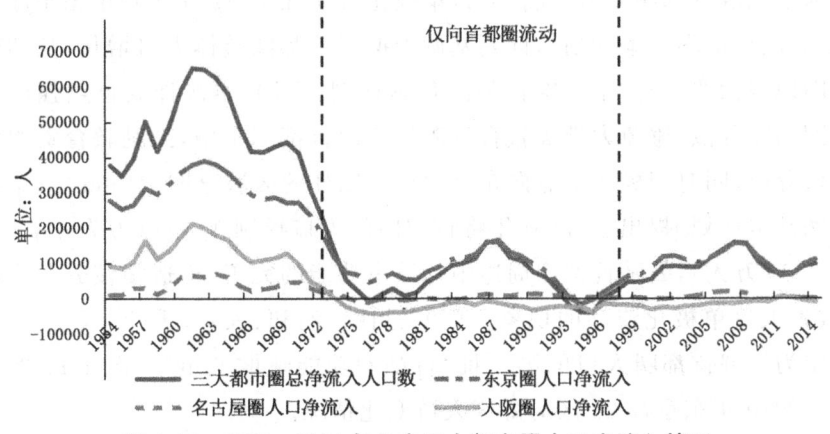

图1-10　1954—2014年日本三大都市圈人口净流入情况

资料来源:日本总务省统计局,链家研究院整理。

3.城市发展基调:首都功能分散

每年大量人口的持续涌入导致东京都内人满为患、交通堵塞、居住与生活条件变差。东京都内住宅价格上涨较快且供给不足,周边的神奈川县、埼玉县、千叶县住宅开发量增加迅速,居民开始选择在周边郊区租赁或者置业,加剧东京都内"职住分离"的现象。东京都统计局数据显示,1975年至1995年东京都夜间人口占白天人口的比例从87.38%下降至80.53%,通勤距离的增加又给城市交通带来了更大的压力(如图1-11)。

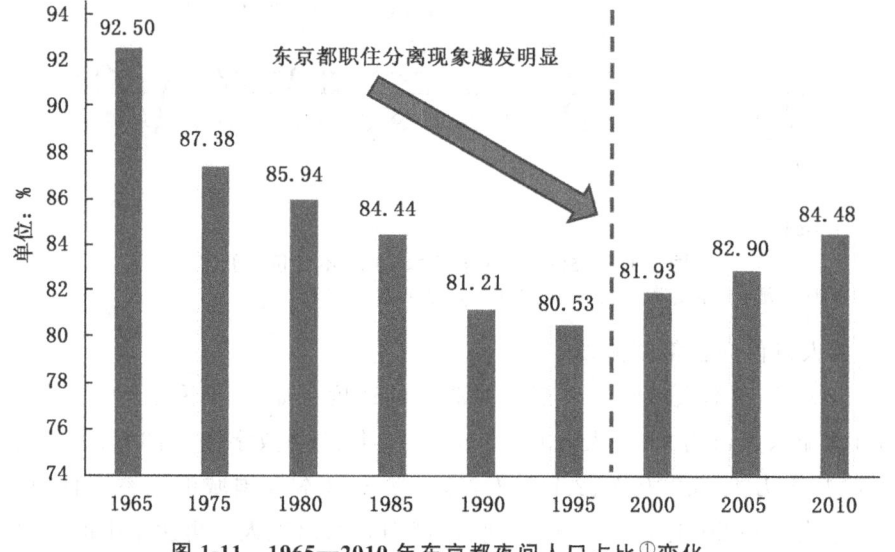

图1-11　1965—2010年东京都夜间人口占比[①]变化

资料来源:东京都统计局,链家研究院整理。

为了疏散首都圈人口,改善人口单极化流动现象,1974年日本国土厅制定了《第三次首都圈基本计划》,计划基调为抑制首都圈整体人口增长,长期改善首都圈地域构造。与《第二次首都圈基本计划》不同,本次计划重点强调了将首都圈功能分散,避免大学等教育资源继续向首都圈集中,鼓励教育资源向周边区域分散,同时积极将工业向东京都市圈以外的区域分散。1986年《第四次首都圈基本计划》提出至2000年将首都圈的人口控制在4090万人左右(1985年为3760万人),鼓励首都圈周边中等城市功能的完善,构造多核分散型都市圈,改善人口单极化流动的现象。横滨、川崎、浦和、大宫、千叶、八王子、立川被设定为纾解首都圈人口的第一批"首都圈功能疏散城市"。图1-12展示了1960—2010年东京都23区与郊区人口变化情况。

---

① 夜间人口占比=夜间人口/白天人口×100%。

第一章 城市再生的历史

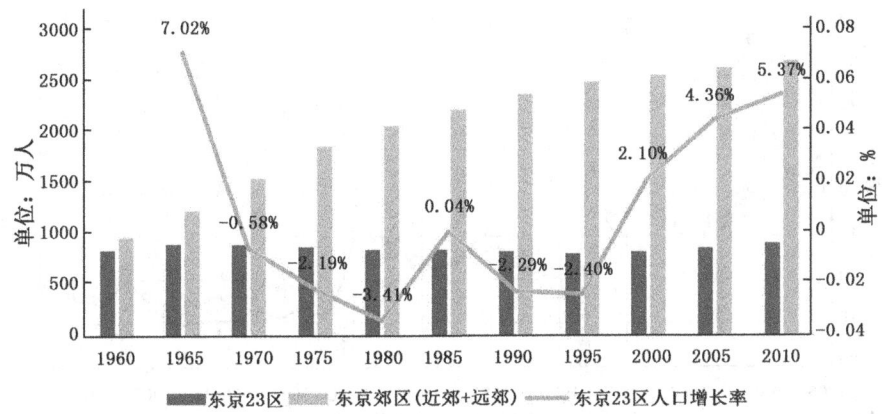

图1-12　1960—2010年东京都23区与郊区人口变化

资料来源：日本内阁府，链家研究院整理。

4.住宅市场：关注重点从"开发量"转移至"居住质量"

自1968年起日本住宅数量超过家庭户数，住宅政策实现了一户一套住宅的目标，日本开始进入存量房时代，但市场格局仍由新房开发为主导，二手房市场未得到足够的重视，租赁市场解决了约38%家庭的居住需求（见图1-13）。

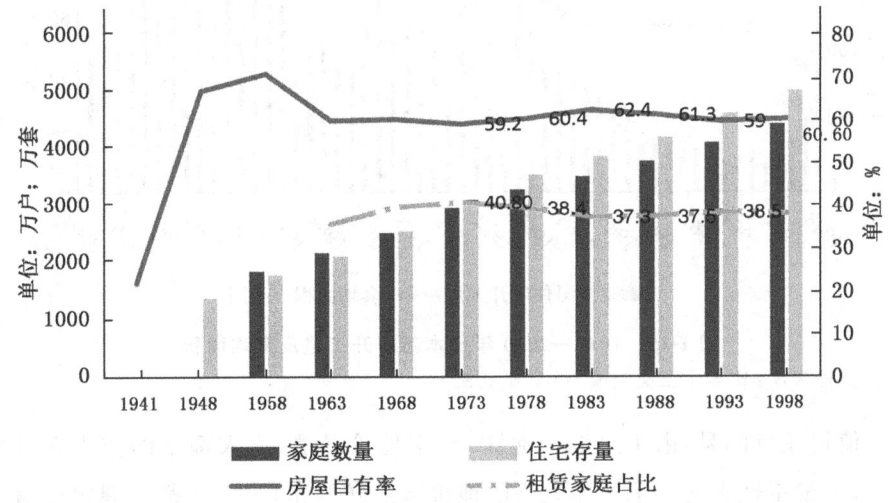

图1-13　日本房屋供需关系、房屋自有率、租赁家庭占比

资料来源：日本国土交通省，链家研究院整理。

在此期间，日本房地产市场经历了一轮房地产泡沫（如图1-14、图1-15），新房开发量在20世纪80年代末至1990年经历了一个新的峰值，由1981年的115万套增长至1990年的170万套，并在泡沫之后下跌至122万套。

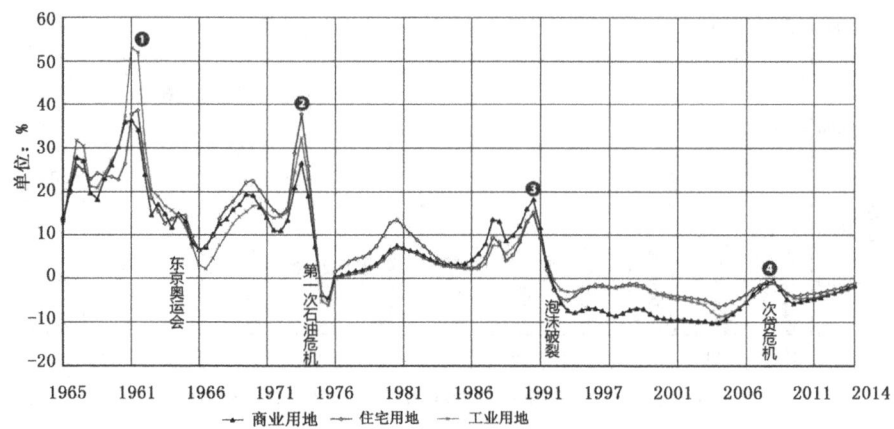

图 1-14　日本历史上的四次地价上涨

资料来源：日本不动产研究所，链家研究院整理。

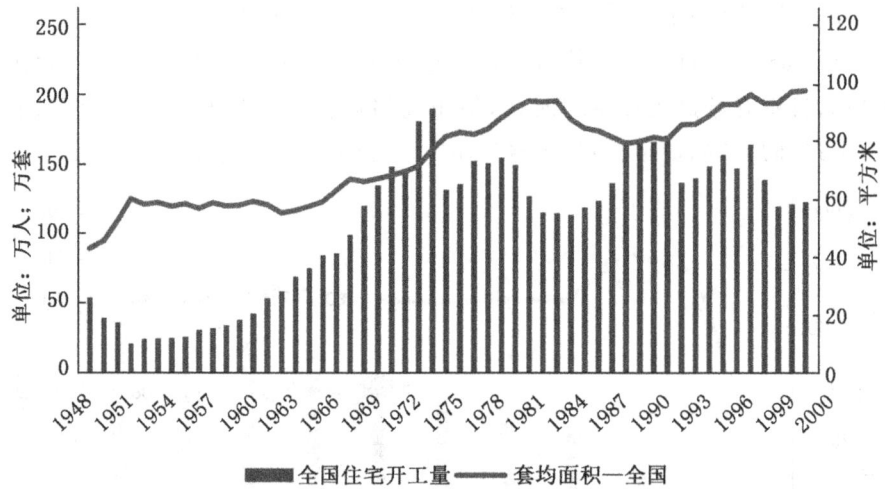

图 1-15　1948—2000 年日本新房开工量及套均面积

资料来源：日本国土交通省，链家研究院整理。

值得注意的是，由于房地产泡沫，日本地价暴涨，三大都市圈作为人口聚集地，大量年轻人无法承担如此高的地价被迫转为租房，三大都市圈租房需求增加，租赁住宅占住宅开工量的比重由 1980 年的 25％增长至 1990 年的51％。但是随着人口的持续流入，租赁住宅供给仍然存在缺口，日本政府逐步考虑将三大都市圈近郊大量农业用地视为住宅用地进行征税以促进住宅用地供给，并于 1991 年开始进行税制改革，使得日本租赁住宅此后保持了 30％的新开工量占比（如图 1-16）。

第一章 城市再生的历史

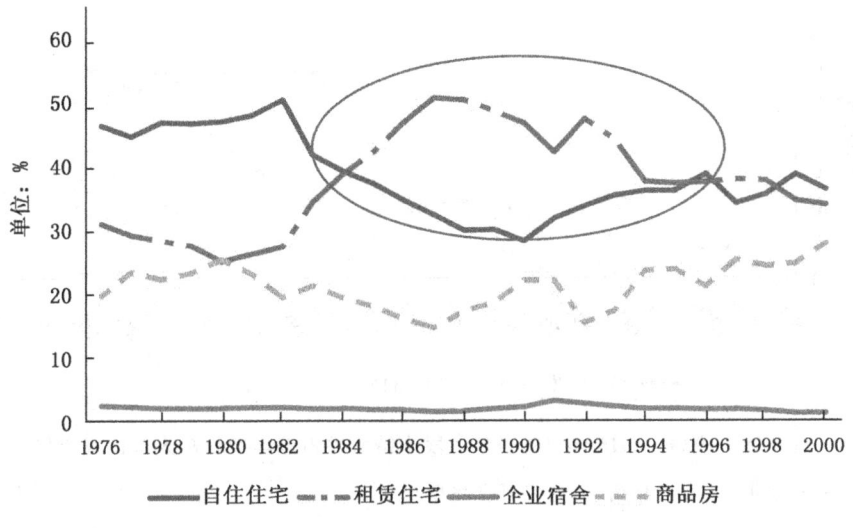

图 1-16　1976—2000 年新建住宅结构

资料来源：日本国土交通省，链家研究院整理。

随着人口老龄化、少子化、家庭核心化，户均人口数量由 1960 年的 4.14 人逐步减少至 1975 年的 3.28 人，并至 2000 年的 2.67 人，加之适婚年龄单身贵族的快速崛起，以家庭为单位的房屋私有住宅的住房消费方式开始瓦解，单身公寓等住房形式开始受到欢迎（如图 1-17、图 1-18）。

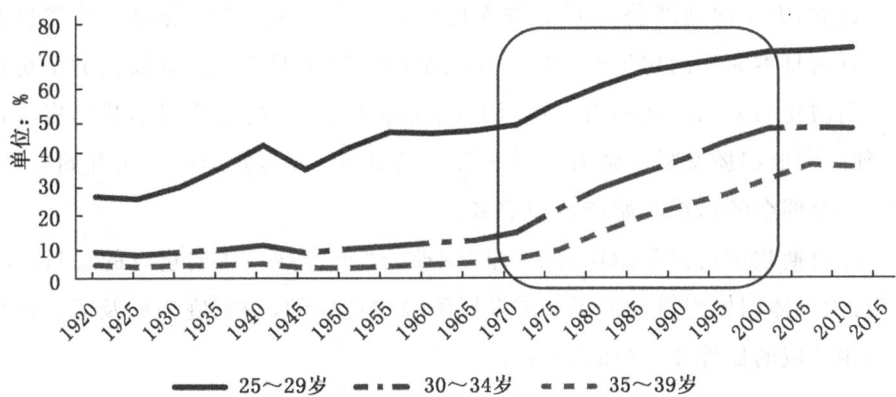

图 1-17　1920—2015 年日本各年龄段未婚男性占该年龄段总人口比重变化

资料来源：日本国势调查，链家研究院整理。

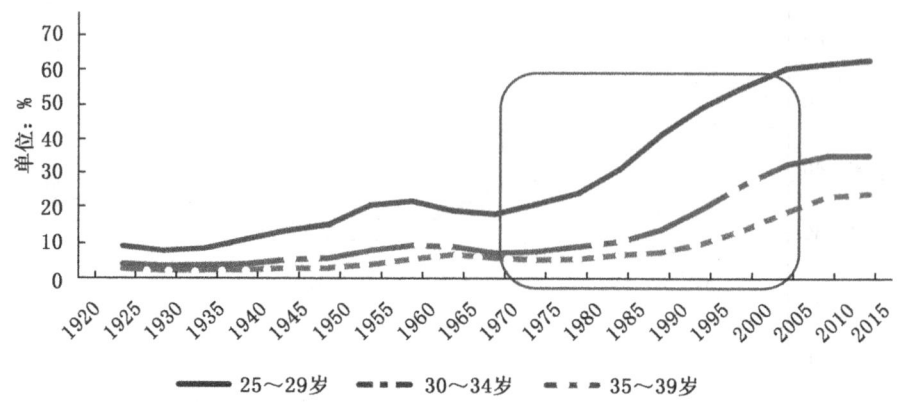

图 1-18　1920—2015 年日本各年龄段未婚女性占该年龄段总人口比重变化

资料来源：日本国势调查，链家研究院整理。

随着住宅存量数量的持续增加，二手房市场在 20 世纪 70 年代前后出现了新的变化。

首先，1978 年日本建设省（即现在的国土交通省）与民间从业机构共同探讨发布了《不动产流通现代化促进报告》，倡导在房源信息共享和准确性确保、房源委托合同制度的确立、价格公正勘定、提升从业人员素质上共同努力，提高了二手房交易专业化能力和二手房交易数量。

其次，大型房地产公司开始进入房地产中介行业，经纪公司开始信息合作。目前日本大型的房地产经纪公司便是由此时大型房地产开发商的新房销售部门演化而来的。此前由于市场基础设施不完善，经纪公司不共享房源信息，独立完成房屋交易。随着二手房交易的活跃，买卖方经纪公司开始合作，分享中介佣金的情形开始产生和增多。

此时期政策目标开始从解决"量"向改善"质"转变，住宅建设的总目标转变为：为全体国民提供与国民经济发展阶段相适应的，与家庭构成及居住区域特点相适应的良好住宅（如表 1-2）。

表 1-2　日本住宅建设计划变迁(1976—2000 年部分)

政策目的	确保住宅短缺的基础上追求住宅质量				
计划时期	第 3 期 (1976—1980 年)	第 4 期 (1981—1985 年)	第 5 期 (1986—1990 年)	第 6 期 (1991—1995 年)	第 7 期 (1996—1900 年)
具体	实现居住在最低居住水平以下人口比例减半	确保半数居民居住在平均水平以上	居住在最低居住环境中的居民占比缩小至10%以下	约半数家庭居住在鼓励居住水平以上	
计划建设总套数(目标)	860 万	770 万	670 万	730 万	730 万
计划建设总套数(实际达成)	769.8 万	610.4 万	835.6 万	762.3 万	681.2 万
计划达成率(%)	89.50	79.30	124.70	104.40	93.30
公共投资建设住宅套数(目标)	350 万	350 万	330 万	370 万	352.5 万
公共投资建设住宅套数(实际达成)	364.9 万	323.1 万	313.8 万	401.7 万	348.7 万
公共投资计划达成率(%)	104.20	92.30	95.10	108.60	98.90

资料来源:《三井不动产四十年史》,链家研究院整理。

20 世纪 80 年代后,日本住房政策基于居住需求多样化的特点,设定居住环境目标,不断提高住房品质;90 年代以后,日本政府更加注重提高住宅性能,为适应老龄化、信息化、与环境共生等新的住宅需求,对住宅性能提出了更加具体的要求,并出台高龄者住房对策,扩大针对高龄人群的特殊住房供给,降低对环境的负荷,建造和环境共生的住宅。日本国土交通省《住宅生活调查》显示,1988 年之后日本国民对住宅的综合不满意占比开始由上升转向下降,居民居住水平得到有效提高(如图 1-19)。

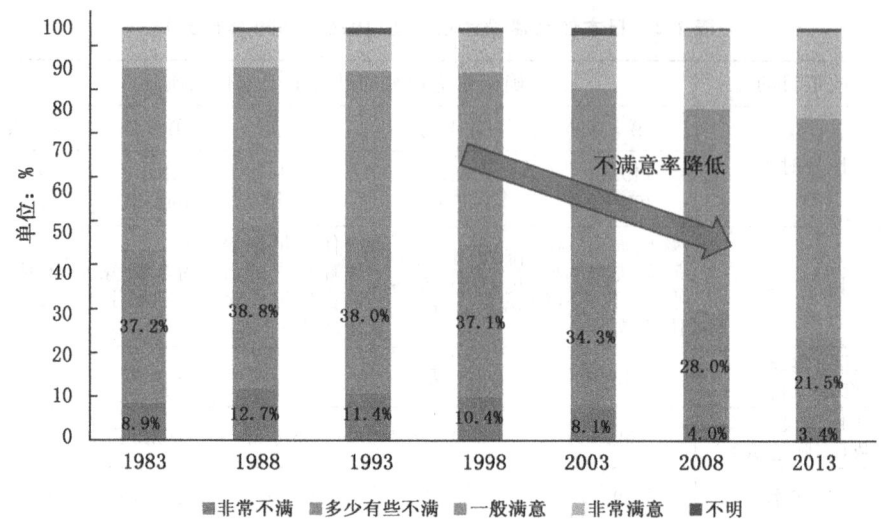

图 1-19　1983—2013 年日本国民对住宅满意程度调查

资料来源：国土交通省《住宅生活调查》，链家研究院整理。

(三) 2000 年至今高度集聚型城市化阶段

新一轮城市化启动，城市化率从 2000 年的 79% 提高至 2015 年的 93%，人口持续从地方流入首都都市圈，人口高度集中至东京都市圈范围。

1. 经济持续低迷

经历了 1990 年的房地产泡沫破裂，日本经济陷入低迷，日本政府采取了各种经济刺激手段促使日本经济从 2003 年开始复苏，2003—2007 年度实际增长率分别为 1.5%、2.2%、1.66%、1.42% 和 1.65%。但 2008 年金融危机中断了日本的经济复苏之路，加之从 2008 年日本人口总数开始出现下降，日本经济持续低迷、长期通缩、债务率持续攀升、老龄化问题日益严峻、产业空心化效应凸显。

2. 人口向城市核心区域流动

1991 年房地产泡沫破灭后，日本土地价格急转直下，至 2000 年各类土地价格已经降至 1985 年的价格水平，城市中心区域地价下跌造成了"都心回归现象"，人口开始再次从都市郊区向城市中心转移。都心区域面向刚需、首次购房者的商品房供给翻倍，住宅贷款利率进一步下行，鼓励了泡沫期间远郊购房者和租房者重新回到东京都内买房居住，使得后期东京都与周边郊县人口进出达到平衡。

3.城市发展基调：集约型城市再生

从全国层面来看，人口持续向首都圈流入导致日本人口"都市圈过密、地方过稀"，一方面导致都市圈居住环境恶化，另一方面也使人口大量流出区域经济增长缓慢、财政吃紧，地区经济面临崩溃的风险，在这样的背景之下，日本政府的城市发展政策开始转向抑制人口从地方向都市圈流动。

从都市圈层面来看，前一阶段大都市圈的发展主要是将中心城市的功能向周边城市疏散以形成城市圈，但是这种方式在经济发展持续低迷与人口老龄化加剧叠加的背景之下也产生了一些问题，其中最典型的问题就是核心城市的"空心化"（如图1-20）。

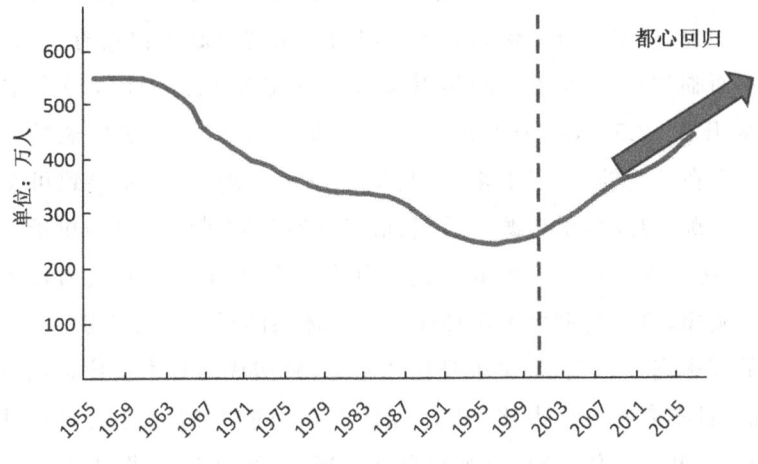

图1-20 东京都核心三区[①]1955—2015年人口变化

资料来源：东京都统计局，链家研究院整理。

城市空心化主要表现在原本居住在城市中心的富裕阶层与中产阶级逐步搬离中心区域，最终导致城市中心商业区的衰落，经济活力下降。在房地产泡沫破裂的背景之下，1990年至2000年的日本核心城市的"空心化"现象则显得更为严峻。1975年至2000年间的首都功能分散带来的一个重要影响就是导致东京人口的郊区化，核心三区的人口长期处于负增长状态；1991年日本房地产泡沫破裂后东京地价大幅贬值，作为传统银行抵押贷款的抵押物的土地价格大幅下降导致银行出现大量不良债权，并导致日本金融系统瘫痪，企业无法通过银行进行间接融资，资金需求无法得到满足，对东京乃至日本经济造成了

---

① 东京都核心三区：中央区、港区、千代田区。

沉重且长远的打击。

经济与人口的双重作用导致以东京为核心城市的日本首都圈需要转变以往的城市发展政策,提高东京作为国际大都市的综合竞争力,改善城市空心化,提高城市经济活力,吸引人口回流。为此,日本政府提出了一系列以集约化为特征的城市更新政策,包括放宽城市规划在城市更新区域内的建筑容积率、为民间城市更新事业提供金融与税收优惠政策等,政策实施效果显著。东京都统计局数据显示,2000年以来东京持续恶化的"职住分离"问题得到了有效的改善,夜间人口占比从2000年的81.93%上升至2010年的84.48%。

4. 住宅市场:房屋空置率高,房屋老龄化,增量开发转向存量有效利用

2000年以后,人口老龄化趋势加速(如图1-21),房屋存量与家庭数量的差值不断扩大,房屋自有率保持在60%左右,租赁家庭占比略有下滑,日本社会不得不面临房屋空置率不断攀升以及房屋老龄化的问题,房屋空置率在2013年攀升至13.5%,超48%的房屋房龄在24年以上。房屋老龄化与房屋空置本身存在负反馈:房屋老龄化,房间布局不合理、品质差导致可交易的高品质二手房源不足、租赁房源品质差,形成现有住宅供给过剩与供给需求的错配,加剧了房屋空置现象。因此当前如何有效利用存量住宅成为日本房地产市场的主旋律,这也是催生可循环住宅供应体系的重要社会背景。

伴随着家庭核心化、全民单身化的趋势,独居成为日本占比最高的居住方式。目前,日本未婚人口占比27.3%,34.5%的住户独居,这也导致日本住房观念的改变,共享居住、合租公寓在日本正兴起(如图1-22、图1-23)。

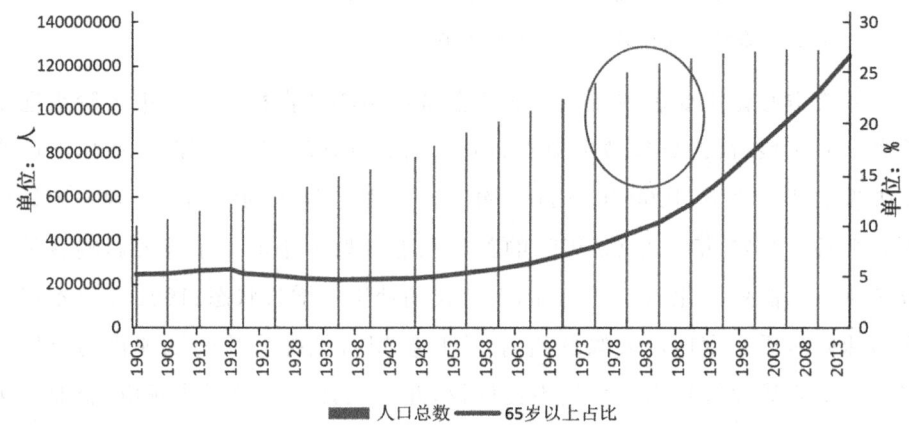

图1-21　日本人口数量以及65岁以上老龄人口占比变化

资料来源:日本统计局,链家研究院整理。

第一章 城市再生的历史

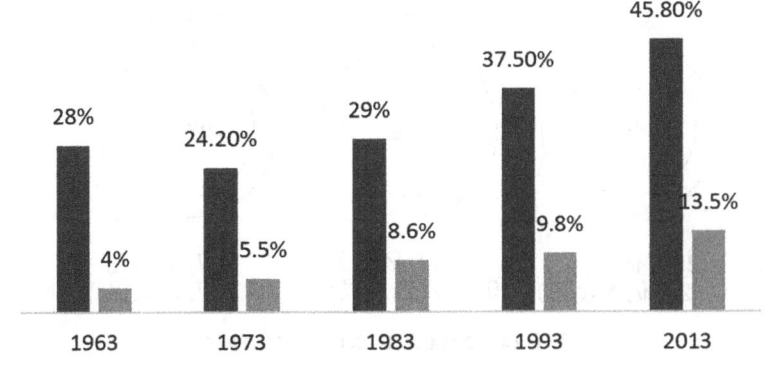

图 1-22　1963—2013 年日本 24 年以上房龄房屋占比以及房屋空置率变化

资料来源：日本国土交通省，链家研究院整理。

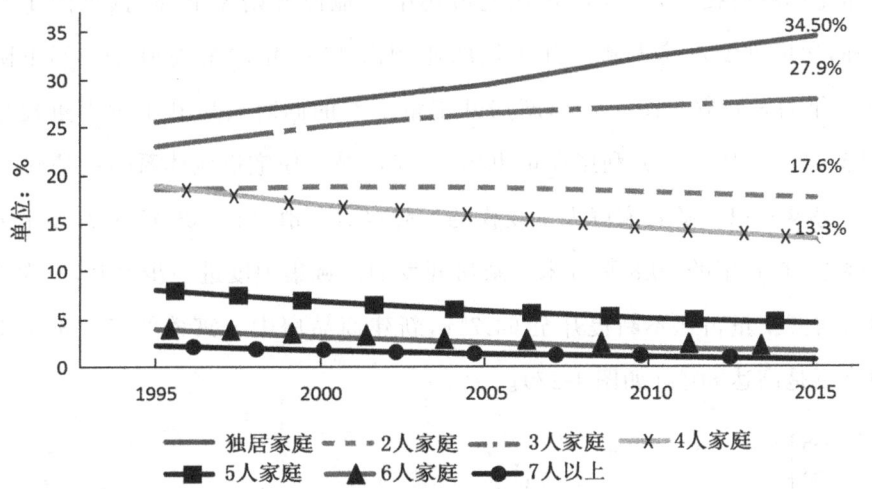

图 1-23　日本家庭居住结构分布

资料来源：日本国土交通省，链家研究院整理。

住宅市场格局也发生了微弱变化：增量开发有所下滑，二手房交易市场逐渐受到重视，GMV 逐渐与租赁市场租金规模相当。以新房、二手房以及住宅租赁市场规模为基数，住宅市场规模约 44.5 万亿日元，新房市场规模占比 45％，二手房交易规模占比 28％，住宅租赁规模占比 27％（如图 1-24）。

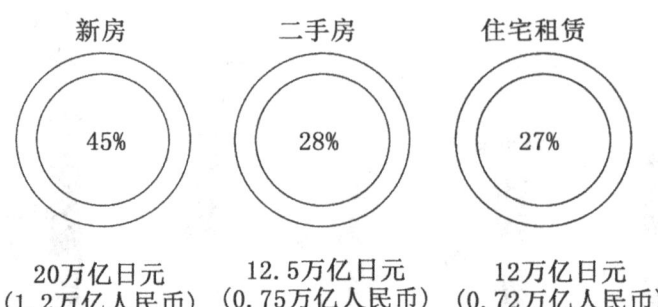

图 1-24　2014 年日本住宅市场格局

资料来源：链家研究院。

2000—2016 年商品房占新开工量比重的均值为 27.4%，表明日本新房的商品化率有所提高，开发商在住宅市场中的地位开始逐渐提高（见图 1-25）。此外，房屋推倒重建占新房开工量的比例由 1996 年的最高值 21.5% 下降至 2015 年的 8.4%（见图 1-26），新房开工量下滑的同时新房开工量中重建率的下降，进一步体现充分利用存量市场、构建可循环住宅供应体系的主基调。

房屋面积也随着家庭人口规模的下降略有下滑，由 2000 年的 97.5 平方米下降至 2016 年的 80.8 平方米。新房开发的区域集中度进一步提升，三大都市圈新房开工量占比不断提升至 64.7%，新建商品房中公寓楼的三大都市圈集中度更是高达 80%（如图 1-27）。

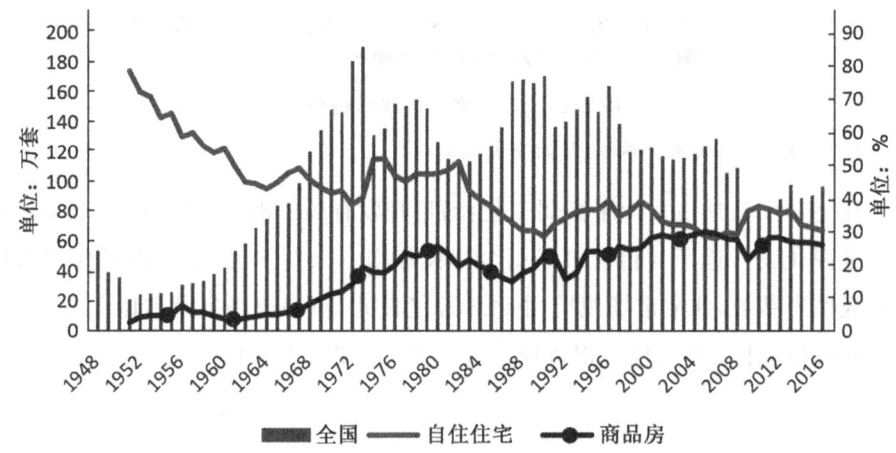

图 1-25　日本新房开工量以及自主自建住宅与商品房占比

资料来源：日本国土交通省，链家研究院整理。

第一章 城市再生的历史

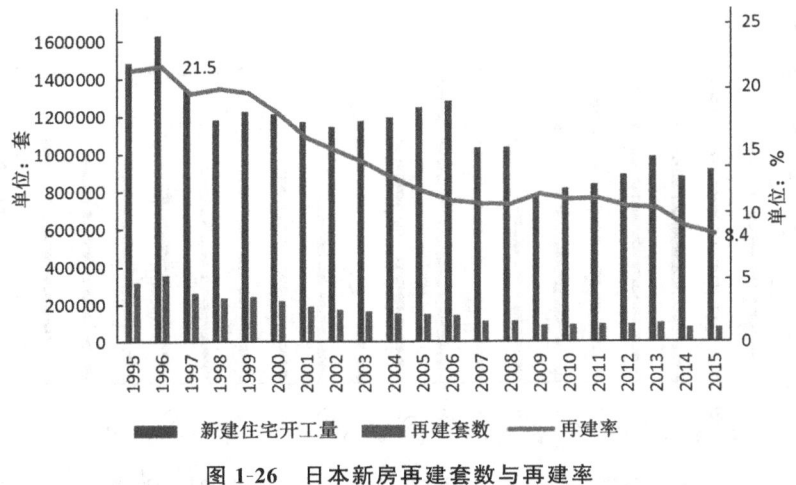

图1-26 日本新房再建套数与再建率

资料来源：日本国土交通省，链家研究院整理。

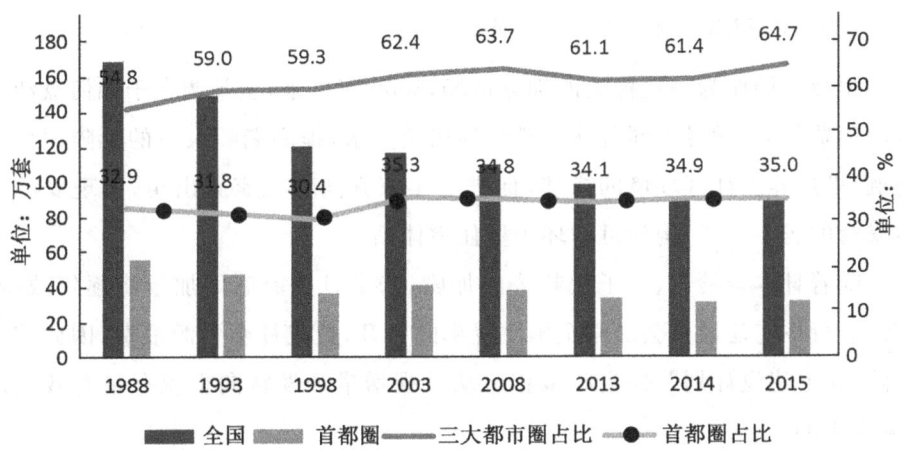

图1-27 日本新房开工量三大都市圈与首都圈分布情况

资料来源：日本国土交通省，链家研究院整理。

2000年以后，二手房交易市场逐渐受到重视，二手房房源分发与共享系统REINs迎来全国化，二手房交易量缓慢增长，由2000年的38.7万套增长至2016年的57.8万套。二手房交易量占流通住宅比率不断提升，根据不动产流通经营协会（FRK）估计，2016年二手房交易量占流通住宅（新房开工量＋二手房交易量）约37.4%（如图1-28）。

23

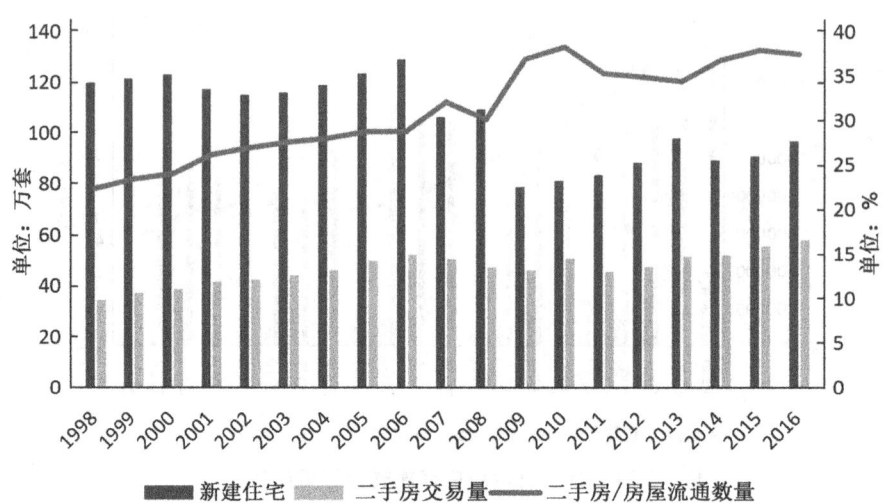

图1-28　1998—2016年日本二手房交易量及其在流通住宅中的占比

资料来源：FRK，日本国土交通省，链家研究院整理。

租赁市场作为一直稳定的细分市场，2000年以来，主基调在于如何盘活空置的租赁住宅，满足不同群体多样化的租赁需求，提高老龄人口的无障碍住宅比例，推进养老社区环境的搭建，促进老年家庭向育儿家庭出租，实现安心安定安全的居住生活，构建可循环租赁住宅体系。

随着日本老龄化、少子化趋势的加剧，未来日本家庭增加量将逐年减少，继续进行住宅建设只会加剧全国空置率的上升，造成社会资源浪费，因此需要废除"住宅建设计划"，住宅政策相应从重视增量开发转向重视存量有效利用（见表1-3）。

表1-3　日本住宅建设计划变迁（完整版）

解决战后住宅短缺		确保住宅短缺的基础上追求住宅质量					重视存量住宅市场	废止
第1期	第2期	第3期	第4期	第5期	第6期	第7期	第8期	2006年《住生活基本法》出台，《住宅建设计划法》废止
（1966—1970年）	（1971—1975年）	（1976—1980年）	（1981—1985年）	（1986—1990年）	（1991—1995年）	（1996—2000年）	（2001—2005年）	
全国范围实现一家一住宅		实现居住在最低居住水平以下人口比例减半	确保半数居民居住在平均水平以上	居住在最低居住环境中的居民占比缩小至10%以下	约半数家庭居住在鼓励居住水平以上		超过半数家庭居住在鼓励居住水平以上	

资料来源：日本国土交通省，链家研究院整理。

◎废除理由一：住宅存量不足问题已经解决（如表1-4、表1-5）

表1-4　日本户均住宅数

年份	1963	1968	1973	1978	1983	1988	1993	1998	2003
户均住宅数（套）	0.97	1.01	1.05	1.08	1.1	1.11	1.11	1.13	1.14

资料来源：日本国土交通省，链家研究院整理。

表1-5　未来家庭增长情况

年份	1975—2005年每五年	2006—2010年	2011—2015年	2016—2020年
家庭增加量（户）	200万~300万	约100万	约30万	约20万

资料来源：日本国土交通省，链家研究院整理。

◎废除理由二：居住需求更加多样化，需要加强市场供给作用

少子高龄化的人口结构导致日本家庭结构出现改变，4人以上的家庭减少，2人家庭增加；终身雇佣制崩坏；信息高度共享等社会环境变化，导致日本国民对住宅的需求越来越多样化，通过行政手段促进住宅市场改善已经开始出现力不从心，因此需要政府开始逐步退出市场，发挥市场原本的力量，满足多样化的居住需求。

◎废除理由三：区域分化，国家层面统一规划不再适用

全国住宅市场高度分化，之前由国家统一制定建设住宅数量再按照该建设数量分配补助金的方式已经不再适用分化的区域市场，因此需要发挥地方政府的优势，同时项目监督重点从事前审查转变为事后评价。

基于以上三点理由，日本政府于2006年废止"住宅建设计划"，并于2006年6月8日公布并即日实行《住生活基本法》。《住生活基本法》是以为国民提供安全、安心并且充足的住宅为中心的住宅法律，住宅政策的方针从增量开发转向对存量的有效利用，并提出住宅可循环利用体系的构建。

二、日本城市更新历程

日本城市更新在每个发展阶段都有着明显的阶段特征，城市更新阶段的开启最初是为了解决金融与经济问题而被动选择城市更新，城市更新的初始阶段政府主要关注重点在于从物质与经济更新角度出发，改善居民居住环境与企业经营环境，以提高地区经济活力为主要目标。这种城市更新的内涵较

为单一，没有考虑城市历史文化、社会关系等因素对城市可持续发展的重要性。因此在第二阶段的城市更新中日本政府开始更加重视城市的历史文化保存与社会关系维护，将历史文化与社会关系融入城市更新的政策制定考虑因素之中，提出城市更新应该在提高全国都市再生效率，提高地区居民生活质量、提高地区经济社会活性的基础之上，充分结合地方特殊的历史文化背景与社会关系，保障城市发展的可持续性。第三个阶段则是根据以往的城市更新经验，将物质更新、经济更新、文化更新与社会更新四个角度有机结合的复合更新，让城市真正实现可持续发展（如图1-29）。

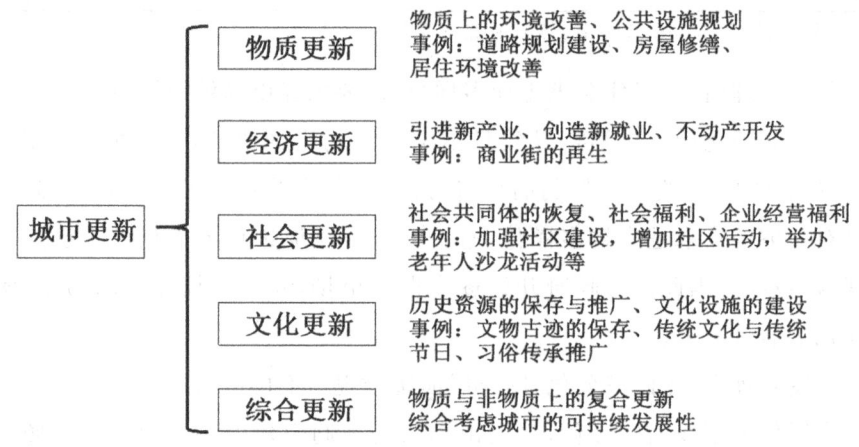

图1-29　城市更新的内涵与方向

资料来源：《城市再生的必要性与课题》[韩国地方行政研究院（朴承奎）]，链家研究院整理。

（一）开启城市更新进程——出台《都市再生特别措施法》

日本城市更新的初始动力来自解决房地产泡沫破裂后，由于土地价格持续下降，银行出现大量不良债权，导致日本金融系统瘫痪，企业无法通过银行进行间接融资，资金需求无法得到满足，对东京乃至日本经济造成了沉重且长远的打击。

1999年2月，日本政府就"日本经济再生战略"一题进行讨论，并提出应该对城市构造进行重构，恢复土地的居住与商业机能、提高土地利用效率、减少不良担保不动产、促进不动产流通。为此日本政府首次设置首相直属机关——城市再生委员会，加强政府对地方城市再生的管理，为提高土地利用效率而放宽部分区域对建筑容积率的要求，不定时举行都市计划地方审议会保证城市规划制定决策的灵活性。

2000年2月，《经济战略会议》中提出为了探索日本未来城市更新道路，首先以首都圈为试验区域，综合企业家、地方公共团体、相关学者等多方人士意见后确定了多个首都圈城市再生具体项目。面对日本经济社会的快速互联网信息化、国际化与人口老龄化，城市机能不能适应这些变化而导致城市的综合竞争力下降，为了尽快改善这一现象，2002年4月日本出台《都市再生特别措施法》，日本的城市发展正式步入城市再生阶段。

(二)物质与经济更新——民间企业城市再生计划的认可

2005年《都市再生特别措施法》修订，指出在都市再生整备计划区域内在满足一定条件的前提下，民间企业可以制定民间都市再生整备事业计划并向国土交通大臣提出认证申请，获得国土交通大臣认证的民间城市再生计划可以获得部分政府补贴。2008年世界金融危机给日本经济恢复造成较大的压力，国内金融形势并不乐观，而地方居民与企业资金压力更为严峻，为了保证地方城市更新可以顺利进行，日本政府为城市更新项目提供无利息贷款，2009年推出行人网络协定制度（步行者ネットワーク協定），通过区域居民与企业间共同分担费用的方式建设管理区域人行道使其更加快捷便利。

逐步放宽民间企业进入城市更新事业的门槛，为企业参与城市更新提供制度便利，通过提高市场化参与度加快城市物质与经济更新速度。

(三)社会与文化更新——都市再生整备计划事业

《都市再生特别措施法》出台之后，日本各大城市进行的城市更新项目取得了一定的促进经济的效果，但是有专家指出，对比亚洲其他国家，日本的城市更新在"交通""文化交流""居住"等多个非经济层面上考虑不足，未来可能会导致日本城市在亚洲乃至世界的地位出现下滑。

2010年《都市再生特别措施法》再次修订，将2004年出台的城市建设补助金制度（まちづくり交付金制度）与社会资本整备综合补助金合并，形成城市再生整备计划事业（都市再生整備計画事業），制度的重点在于结合地区历史、文化、自然环境特点，提高全国都市再生效率，提高地区居民生活质量、提高地区经济社会活性。城市再生整备计划事业将再生项目分为基础设施再生与社会文化再生两个方面,其中基础设施再生主要包括对道路、公园、古建筑保护、城市区域进行合理规划等。社会文化再生主要是根据地方提案灵活操作,具体包括:通过对中心商业步行街的再生,增加步行街人流量与新开店数量,以达到提高城市活力的目的;提供观光巴士,方便市民与观光客参观城市历史与文化景点等。

(四)复合更新——特定都市再生紧急整备地域制度

2010年6月18日阁议决定的《新成长战略》中指出,为了提高城市魅力、促进城市在国际化交流中所发挥的作用,未来民间企业在进行城市再生项目时不能仅从经济角度出发,而需要从综合角度出发,提高大城市的国际竞争力与城市综合魅力,并提议以东京都为首要实践对象,探索日本综合城市更新计划的实施路径。日本城市更新制度建设历程如图1-30所示。

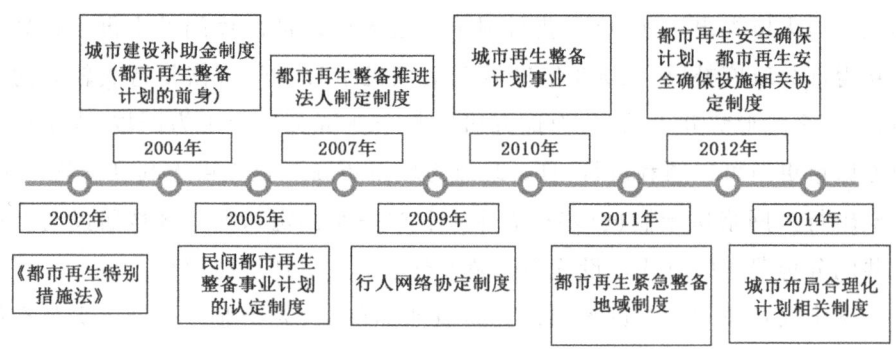

图1-30 日本城市更新制度建设历程

资料来源:日本国土交通省,链家研究院整理。

【附录】

表 1-6 住宅建设计划建设目标及其实际达成率（完整版）

	第 1 期 (1966—1970 年)	第 2 期 (1971—1975 年)	第 3 期 (1976—1980 年)	第 4 期 (1981—1985 年)	第 5 期 (1986—1990 年)	第 6 期 (1991—1995 年)	第 7 期 (1996—2000 年)	第 8 期 (2001—2005 年)
计划建设总户数（目标）	670 万	957.6 万	860 万	770 万	670 万	730 万	730 万	640 万（其中增改建 430 万户）
计划建设总户数（实际达成）	673.9 万	828 万	769.8 万	610.4 万	835.6 万	762.3 万	681.2 万	349.3 万
计划达成率	100.6%	86.5%	89.5%	79.3%	124.7%	104.4%	93.3%	54.6%
公共投资建设住宅户数（目标）	270 万	383.8 万	350 万	350 万	330 万	370 万	352.5 万	325 万（其中增改建 41 万户）
公共投资建设住宅户数（实际达成）	256.5 万	310.8 万	364.9 万	323.1 万	313.8 万	401.7 万	348.7 万	99.6 万

第二章

城市更新的现状

一、日本城市更新的意义与目标

日本城市更新目前已经全面进入复合更新的阶段,"都市再生本部"为政策统筹机构,以都市再生基本方针为纲领,进行全国范围的城市更新。

根据《都市再生特别措施法》的规定,都市再生紧急整备区域与特定都市再生紧急整备区域的划定、都市再生特别区域制度、相关建设规制宽松政策、民间都市再生事业计划相关的金融优惠政策和税收优惠政策的制定以及都市开发事业的推进工作均由都市再生本部统筹规划。城市更新的模式按照政策侧重点不同、实施对象不同与操作方式的不同可以分为民间主导、官民合作与政府主导三种类型(如图2-1)。

```
                        都市再生本部
    (本部长:内阁总理大臣  副部长:内客官房长官、地方创生担当大臣、国土交通省大臣)

              都市再生基本方针【阁议决定】

    ┌─────────────┬─────────────┬─────────────┐
    │  民间主导    │  官民合作    │  政府主导    │
    ├─────────────┼─────────────┼─────────────┤
    │ 都市再生紧急 │ 城市再生整备 │ 城市布局合理 │
    │ 整备地区     │ 计划         │ 化计划       │
    │【都市再生紧急│【都市再生整备│【立地适正化  │
    │ 整备地域】   │ 计划】       │ 计划】       │
    │              │              │              │
    │【重点】强化都│【重点】结合地│【重点】城市  │
    │市的国际竞争力│区独特历史、文│居住、医疗、  │
    │              │化、自然环境推│福利、商业、公│
    │              │动全国城市更新│共交通等城市  │
    │              │              │功能的合理布局│
    │【指定单位】政│【指定单位】地│【指定单位】地│
    │令指定        │方政府        │方政府        │
    │              │              │              │
    │【操作方式】民│【操作方式】事│【操作方式】划│
    │间企业主导,政│前评价与事后评│定区域范围,采│
    │府给予金融优惠│价结合的方式,│用行政审批的方│
    │政策、税收优惠│由财政补贴约  │式限制部分开发│
    │政策以及必要的│40%资金进行城 │行为,使区域内│
    │法律法规特殊支│市更新项目    │开发与规划相符│
    │持            │              │              │
    └─────────────┴─────────────┴─────────────┘
```

图2-1 日本城市更新制度框架

资料来源:内阁府地方创生推进事务局,链家研究院整理。

日本的都市再生基本方针将日本全国的城市更新分成城市更新与大都市城市更新两类,这里的大都市主要指的是日本三大都市圈的中心城市,即东京都、大阪府与名古屋市等,可以理解为日本的一线城市。

(一)城市更新的意义与目标

城市为人们生活、生产进行经济活动提供必要的空间,是国家活力的源泉,城市更新主要着眼于未来50年后、100年后城市可能的样子,因此从中长期、广阔的视角出发进行城市更新十分重要。

由于少子高龄化,日本人口增长已经进入负增长时期。随着老龄化加速、高龄人口急速增加,如何建立一个让高龄人群可以安心生活、让育儿成本更低的社会成为日本的一个重要课题。亚洲新兴各国经济均在高速增长的背景之下,日本面临的国际竞争更加激烈,与之形成鲜明对比的是,日本国内经济陷入长年低迷,急需新的经济增长点。

因此对于目前的日本社会而言,城市更新成为经济与社会转换期的一个新的方向。同时考虑到未来日本可能发生的地震等大规模灾害,日本迫切需要吸取东日本大地震[①]的经验与教训,强化未来城市更新过程中对都市抗震防灾功能的建设。为了解决以上问题,日本政府对全国各个地区的城市更新设定了以下八大目标:

◎目标一:汇集地区智慧,共享中长期城市构想与战略

在推进城市再生过程中汇集地区智慧,联合地区居民、民营企业、非营利机构、地方公共团体等组织,确立并共享具体的中长期城市构想与战略,立足地区特性,因城施策。

◎目标二:城市基本结构转换——由扩张型转变为集约型

在人口迅速减少与老龄化趋势的大背景下,及时转变城市规划思路,向集约型城市转变,实现"多极化网络式集约型城市"。

◎目标三:服务经济持续发展的城市

为促进经济持续性发展,降低经济活动相关成本,发挥企业集聚优势,提高城市内产业的竞争力,日本政府通过有效利用地区资源,完善整体城市环境来培育扎根于地区的本土产业,不断催生新的需求与就业机会。

◎目标四:让人们安心且舒适生活的城市

就近规划住宅、工作单位、医疗与福利设施、育儿设施、教育与文化设施、商业设施等,形成让每个人都能安心生儿育女,让高龄人群生活舒心的宜居

---

① 2011年3月11日日本发生的9.0级地震,震源位于宫城县以东太平洋海域,东京有强烈震感。

环境。

◎目标五:可持续运营的城市

整合地区内商务环境,可以防止社会资金流失,确保其在地区内循环,并提高地区的经济活力。在维持一定服务水平的同时,削减公共设施等维修管理或更新费用,灵活运用已有的城市设施、公共房地产以及已有住宅地等城市基础设施,以此削减城市运营成本,保持财政可持续发展。

◎目标六:魅力无限的美丽城市

继承城市长年以来孕育的文化、历史、自然风情等特色的同时,创造并传播新的文化价值,完善绿地与水系等环境,完善城市规划。

◎目标七:能顽强应对灾害的城市

构建出能应对灾害的城市,吸取东日本大地震的经验教训,最大限度地减轻自然灾害造成城市功能失效或减弱而给居民带来的负担,并最大限度地减轻给国家经济、社会主体带来的负担,构建与完善能应对灾害的集约型城市结构。

◎目标八:低环境负荷、与自然共生的城市

保护生物多样性,实现城市与自然的共生,通过城市的集约化与能源的高效利用,构建出环境负荷较低,能源合理利用的城市。

(二)大都市更新的意义与目标

日本政府认为,以三大都市圈为代表的核心大都市,可以引领整个国家发展,并且负责培育具备国际性竞争优势的产业。

第一,通过经济活动中所必需的资金、人才与技术等要素,在日本经济活动等领域发挥着中心作用。通过大都市的城市更新,完善城市功能与环境,发挥引领国家发展的领头羊作用,吸引资金、人才等要素进入,有利于企业开展业务;不仅能促进商务人士之间的交流从而提高第三产业发展效率,还可以通过降低物流成本,进一步促进第二产业的高效发展。创造新的需求与就业机会、促进大都市与地方城市间的交流,促进众多领域的发展,激发包括地方城市在内的经济活力、提高国民生活品质。

第二,确保国际水平的高品质生活环境。首先,尽可能抑制企业等要素集聚所带来的不良影响;其次未来日本老龄人口的增长数量与增长率都将急剧上升,为了人数激增的老人安心并舒适地生活,必须完善城市环境。具体措施包括:在老人方便利用的区域,强化医疗与福利等生活服务功能,为老人在城市生活提供便利。

第三,吸取东日本大地震的经验教训,降低大规模灾害对人口与功能等要素集中的大城市的人员与经济等损失,保持基本城市功能稳定运营。

第四,降低由温室气体排放与汽车交通造成的大气污染等给环境带来的负荷。

二、民间主导模式——都市再生紧急整备区域

(一)制度概述

都市再生紧急整备区域主要是为了提高该城市国际竞争力,把满足一系列条件的区域划定为都市再生紧急整备区域,对在该区域内进行城市再生事业的民间企业给予特殊政策优惠;提高民间企业参与的积极性的同时达到政策目的,实现政府与企业、居民三方的共赢,具体划定条件为:

1.交通

拥有新干线车站或国内航班机场及国际航班的主要机场,或与之比邻、接近,或距其具备便利的交通手段,能够便利地往来于国内外主要城市的地区(包括通过今后的基础设施建设实现这一条件的地区)。

2.都市功能集聚

集聚各项都市功能,如企业的业务活动场所、国际会议中心、住宿设施、为外籍商务人士提供生活便利的设施等为企业业务活动提供帮助的功能的地区(包括可通过日后的都市开发实现高度集聚的地区)。

3.经济活化

企业的经济活动活跃、能够产生大量附加价值的地区(包括可通过日后的都市开发产生大量附加价值的地区)。

表2-1为都市再生紧急整备区域的认定标准。

表 2-1 都市再生紧急整备区域的认定标准

功　能	主要考核指标	参考指标
提高国内外主要城市的交通便利性	国内设施：15 分钟可以达到新干线车站 国际设施：1 小时可以达到通往国际主要城市的航班数在 10 班以上的国际机场	距离国际港湾的距离
提高都市功能集中程度	单位面积的就业人口或者公司数量达到东京都心三区平均水平以上	国际会议中心、会场与国际酒店的设施配套数量
促进经济发展	单位面积的地区生产总值①（GRP）达到东京都心三区的平均水平以上	防灾设施等各类对经济活动产生影响的设施的建设情况

资料来源：日本内阁府地方创生事务局，链家研究院整理。

(二)配套政策

1.法律上的制度宽松

为了利于城市再生、提高土地利用率，政府放宽容积率限制。在都市再生紧急整备地区内，不受限于对土地用途的现有限制，制定自由度较高的计划，放宽对容积率的限制。例如：日本桥二丁目地区（东京都中央区），容积率由原本的 800%、700% 提高至 1990%，大阪站北地区（大阪市）容积率由 800% 放宽至 1600% 等。

为了利用道路上空而放宽限制（限特定地区）。通过定位在特定都市再生紧急整备地区内城市再生特别地区的都市计划，可以不用更换或废弃道路，直接在道路上方建造建筑（如图 2-2）。

图 2-2 道路上空利用概念图

资料来源：日本内阁府地方创生事务局，链家研究院整理。

---

① 地区生产总值的推算方法：特定区域推算 GRP＝就业人口的人均 GRP（市均水平）×特定区域的就业人口。

在有关方面相互合作管理的人行道上,为了更好地便利行人、提高安全水平日本政府制定关于整备、管理协定的制度。协定内容不受承继的影响,即使土地所有者变更仍受协定内容限制。

2.财政支援

对在特定城市再生紧急整备地区内由中央和地方公共团体、民间企业组成的协议会制定的整备计划所确定的都市据点基础设施的整备,进行重点的、集中的支援。同时,对特定城市再生紧急整备地区内以下再生举措提供财政支持:在以特定城市再生紧急整备地区为中心的大型都市圈内的国际港湾周边等国际物流中心地区,完善、改造国际集装箱物流基地的举措;城市再生紧急整备地区协议会采取的改善国际贸易环境等的举措及城市宣传举措;地区内城市再生安全保障计划的软件、硬件对策。

3.金融优惠

城市再生紧急整备地区内,对于大臣认定的民间都市再生项目,针对民营企业在完善公共设施等时进行的部分都市再生提供金融支援,帮助其获得社会融资。

4.税收优惠

民间企业进行都市再生整备区域内的城市再生事业时,可以享受所得税、注册税、不动产所得税、固定资产税与都市计划税等多重税收优惠(如表2-2)。

表2-2 日本城市更新税收优惠一览表

减税对象	时期	税目	课税对象	税收减免内容
实施者	项目准备阶段	不动产取得税	土地	税基扣除1/5(处于特定城市再生紧急整备区域内的税基扣除1/2)
	项目开工后	所得税、法人税	减值资产	5年间资产计提折旧费用增加50%,加速折旧
		房屋登记税	建筑	税率优惠:0.4%~0.3%(特定城市再生紧急整备区域内的情况下:2012年3月31日之前认定0.15%,2012年4月1日之后认定0.2%)
		不动产取得税	建筑	税基扣除1/5(处于特定城市再生紧急整备区域内的税基扣除1/2)
		固定资产税与都市计划税	公共设施等	5年间税基扣除2/5(处于特定城市再生紧急整备区域内的5年间税基扣除1/2)
土地所有者	项目准备阶段	所得税、法人税等	土地与建筑	税收递延与税率优惠等

资料来源:日本财团法人都市更新研究发展基金会,链家研究院整理。

5.制度实施

在划定的城市再生紧急整备地区与特定城市再生紧急整备区域内民间企业可以自由申请进行城市再生,在满足一定申请条件的前提下,该城市更新项目可以享受上述政府提供的税收、金融、法律法规上的各项配套优惠政策。具体申请条件与通过标准如下:

(1)申请条件与通过标准

①申请条件

实施主体为民间企业,属于都市开发类型业务,必须包含公共设施的建设(公共设施是指道路、公园、广场、绿地等);属于城市再生紧急整备地区与特定城市再生紧急整备区域内;符合该整备区域地区城市更新政策制定方针,以增进城市机能为主要目的之一;更新面积大于1公顷。

②通过标准

该城市更新项目可以达到改善区域城市环境、增进城市机能的效果,可以为该区域城市再生做出显著贡献;建筑和公共设施建设与地区整备方针相符;有确切的开工时间、项目完工期限与土地获取计划,保证项目迅速推进;具备项目施行的必要经济基础与城市更新项目实施其他必需的能力。

根据民间都市再生项目的申请条件与通过标准,日本民间都市再生项目可以通过的首要条件就是可以保证公益性,通过该城市更新项目的实施提高地区综合环境、增进城市机能,并且符合国家对该区域的整备方针;其次则是要求实施企业有足够的资金与技术保障,保证城市更新计划可以顺利完成(如图2-3)。

(2)实施主体类型分布

日本政府从2003年开始认定一些特殊的民间都市再生项目,但是项目通过数量较少,金融危机期间更是每年仅有一项城市再生项目通过审核,至2011年《都市再生紧急整备地域制度》出台后,日本民间城市更新的推进速度明显加快,2015年国土交通省共通过15个民间城市再生项目的申请,为历史峰值水平。截至2017年4月1日,日本政府共认定了107个民间都市再生计划(如图2-4)。

第二章 城市更新的现状

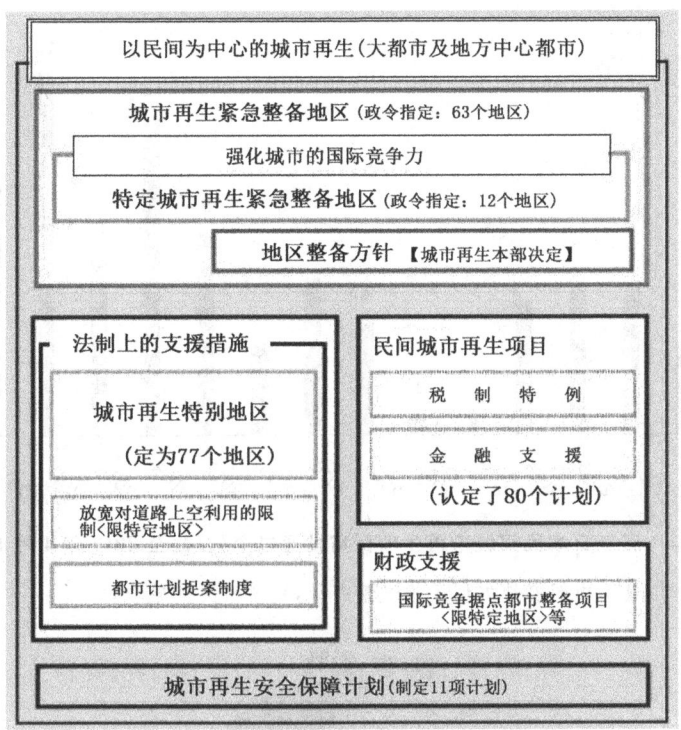

图 2-3 民间主导城市再生实施概况

资料来源：日本内阁府地方创生推进事务局，链家研究院整理。

民间都市再生计划实施者类型中，27.1%的实施者为由不同类型公司合作组成的综合开发团体，占比最多。其次为其他类型公司，占比26.2%，此类公司一般多为更新物业的持有者，自行对旗下持有物业进行更新。再次为不动产开发商独自开展的城市更新项目，占比22.4%，例如三菱地所、三井不动产、住友不动产与森大厦四家不动产公司实施的城市更新项目较多。建筑公司单独实施城市更新项目的占比虽然仅为3.7%，但有较多的建筑商选择与非不动产行业相关的物业持有者合作进行城市更新，因此建筑商在民间城市更新项目中的参与程度也较高（如图2-5）。

让房屋再生:来自日本的经验

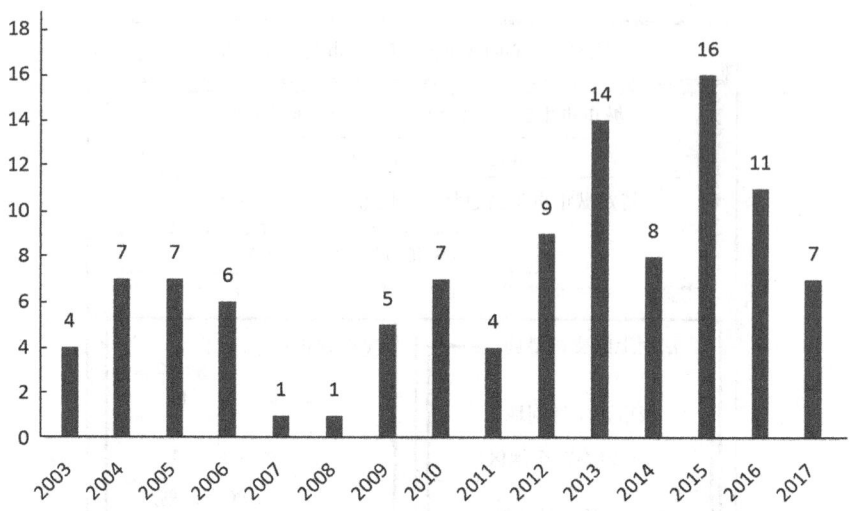

图 2-4 历年日本民间城市再生项目审批通过个数(截至 2017 年 4 月 1 日)

资料来源:日本内阁府地方创生推进事务局,链家研究院整理。

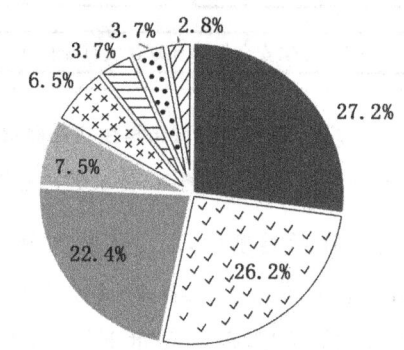

- 综合(多类型实施者合作开发)
- 不动产开发商
- SPC
- 民间企业组合
- 其他类型公司(一般为物业所有者)
- 铁道公司
- 建筑商
- 专门的民间都市再生股份有限公司

图 2-5 民间都市再生计划实施者类型分布(截至 2017 年 4 月 1 日)

资料来源:日本内阁府地方创生推进事务局,链家研究院整理。

(3)项目地区分布

目前日本共有都市再生紧急整备地区 63 个(共 8372 公顷),特定都市再生紧急整备地区 12 个(共 3894 公顷),其中约 35%(按面积计算)的都市再生整备地区位于东京都,占比最大,共 2903 公顷土地被划分在内(如图 2-6、图 2-7)。

第二章 城市更新的现状

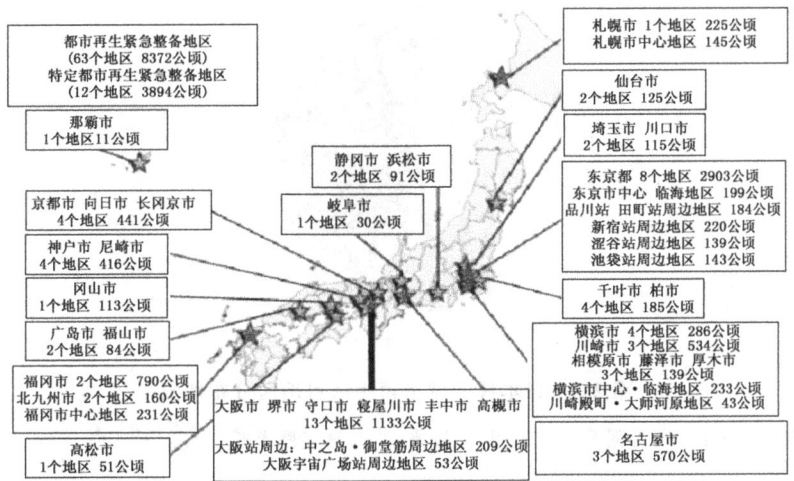

图 2-6　日本都市再生紧急整备区域一览

资料来源：日本内阁府地方创生事务局，链家研究院整理。

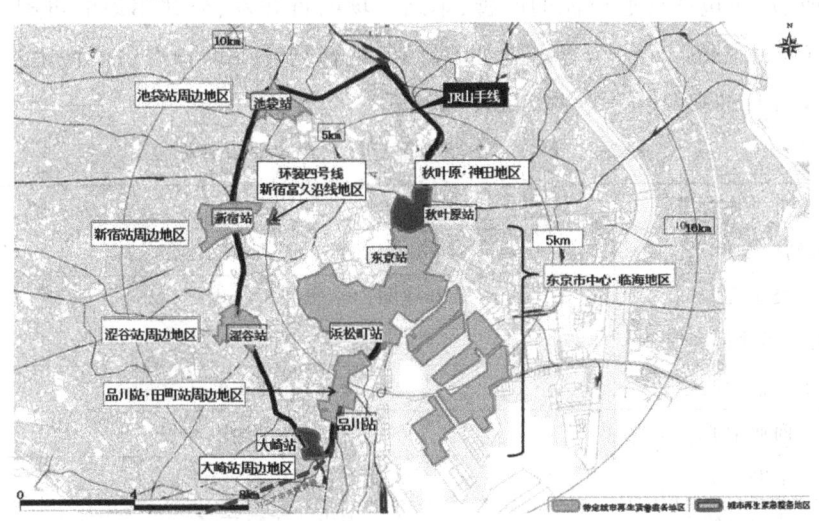

图 2-7　东京都都市再生紧急整备区域

资料来源：日本内阁府地方创生事务局，链家研究院整理。

根据申请通过的民间城市再生项目的地区分布，东京都与大阪府的民间城市更新项目个数最多，两个地区集中了日本约 70% 的民间城市更新项目（如图 2-8）。

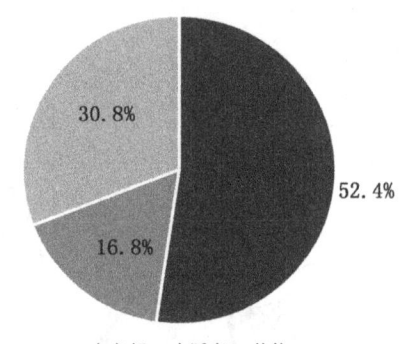

图 2-8　日本民间城市再生项目地区分布情况

资料来源：日本内阁府地方创生事务局，链家研究院整理。

(4) 城市更新类型

日本民间城市再生项目的类型十分丰富，不仅局限在老旧住宅区与工业区的改造，还包括交通机能的改善、车站广场的再开发、公共用地的再利用、商业与金融中心的再开发、历史建筑的复兴、地标创造等。日本主要城市更新类型以及各自的典型项目名称如表 2-3 所示。

表 2-3　日本各类城市更新以及典型项目名称

城市更新类型	典型项目
车站广场再开发	Grand Front Osaka 大阪前广场
交通机能	环状第二号线新桥·虎之门地区
公共用地再利用	东京中城
工厂宿舍改建	霞关 Common Gate
商业中心	日本桥室町东地区开发
金融中心	大手町金融中心连锁开发
住宅改建	青山一丁目广场
媒体中心	TBS 开发计划
奥运会项目	晴海五丁目西地区奥林匹克选手村
工业区更新	Think Park 大崎西口 E 东地区
历史复兴	Brick Square（三菱一号馆）
地标创造	Skytree（天空树）

资料来源：日本财团法人都市更新研究发展基金会，链家研究院整理。

第二章 城市更新的现状

(5)典型案例

①环状第二号线新桥·虎之门地区

该民间城市更新项目位于"东京市中心·临海地区"城市再生紧急整备地区内,项目开工时间为2010年11月,完工时间为2014年6月,占地面积约1.7公顷,建筑面积约24万平方米。负责该城市更新项目的企业为森大厦(总部位于东京都,主要从事再开发、道路业务),项目享受民间城市再生项目计划的减税措施,项目目标是"在具备良好居住环境的居住功能之外,还能够引导包括国际金融在内的业务、商业、文化、交通、住宿等多样化的功能"(如图2-9)。

图2-9 环状第二号线新桥·虎之门地区城市更新项目

资料来源:日本内阁府地方创生事务局,链家研究院整理。

②大阪站·梅北地区先行开发地区项目(GRAND FRONT)

该民间城市更新项目位于"大阪站周边·中之岛·御堂筋周边地区"城市再生紧急整备地区内,项目完工时间为2013年4月,先行开发区域占地面积约7公顷,建筑面积约51万平方米。该城市更新项目是以三菱地所(株)为首的12家公司联合进行,区域整理业务由UR负责,项目享受城市再生特别地区的容积率放宽(1600%)与民间城市再生项目计划减税优惠等多重优惠政策,项目目标是"形成兼具国际化中心业务、学术研究、商业、信息发布、居住等功能的复合型市区。强化都市型住宅等功能"、"在完善干线道路的同时,新建大阪站北侧的站前广场"(如图2-10)。

图 2-10　大阪站·梅北地区先行开发部分城市更新项目

资料来源：日本内阁府地方创生事务局，链家研究院整理。

三、官民合作模式——城市再生整备计划

(一)制度概述

城市再生整备计划的目的是通过将城市建设与各个地区独特的历史、文化及自然环境相结合，高效推动全国的城市改造，并借此改善居民的生活质量，激发各地区的经济与社会活力。

市町村[①]等自治体根据《都市再生特别措施法》第46条第1项制定城市再生整备计划，并交付补助金以支援该计划所筹划的项目所需费用。2004年，该制度创立，最初名为"城市建设补助金"。2010年，该制度被划入社会资本整顿综合补助金范围内，并成为其骨干项目，改称"城市再生整备计划"。

在实施城市再生整备计划时，有必要进行前期评估与后期总结。在前期评估中确认计划是否适用、效率高低，以及有无可能实现等问题。后期总结则应确认目标的达成度，探明今后如何继续城市建设。

为此日本政府为城市再生整备计划设定了实施步骤，具体包括：根据该地区所面临的课题以及发展愿景制订城市改造计划，记录为达成城市建设的目标及量化指标有必要实施的项目(Plan)；时刻检查所取得的成果，并实施项目

---

① 市町村(市町村/しちょうそん)：日本对于市、町、村等"基础自治体"(基础的地方公共团体；根据日本《地方自治法》第2条第3项)的总称，也是日本最底层的地方行政单位，其上有广域自治体的都、道、府及县地方公共团体。此外，都之下的特别区也同样是最基层的地方公共团体，全部合称为市区町村。

(Do);交付时间结束后对目标的完成度给予评价(Check);迅速改善尚不完善的地方(Action)。市町村在接受社会资本整顿综合基金的补助金实施城市改造计划项目时,需向国土交通大臣报告城市改造计划以及社会资金整顿综合计划。城市再生整备计划中应包括计划地区、计划时间段及计划目标的量化指标,交付时间为3~5年(如图2-11)。

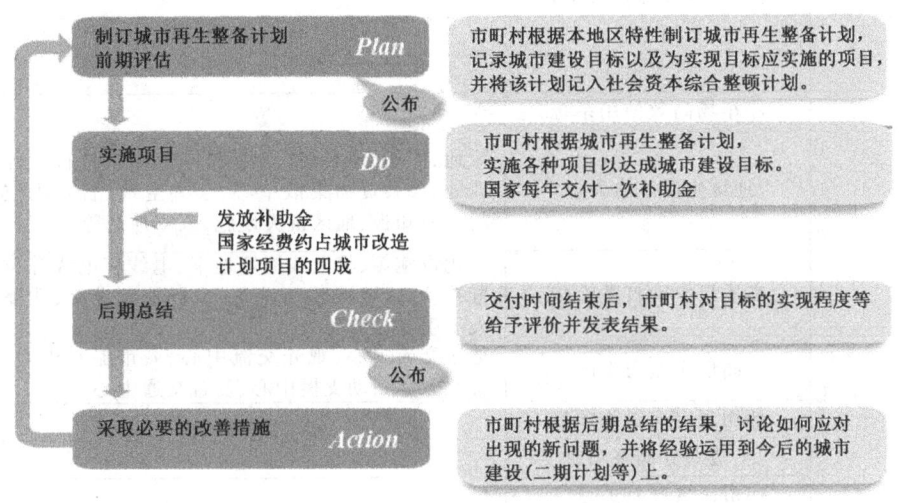

图 2-11 城市再生整备计划实施步骤

资料来源:日本国土交通省,链家研究院整理。

(二)配套政策

城市再生整备计划的实施主要分为两个项目:骨干项目与提案项目。骨干项目是城市再生整备计划的重点改造事项,是地方城市更新项目的基础工程,国家对城市更新计划中必要项目的费用进行约40%的补助。城市再生整备计划允许私营企业参与并与地方政府合作,市町村以外的个人或团体(如非营利机构法人)等可以从市町村处领取一部分补助金(以间接支付的方式),并代为实施项目(除一部分项目外)。在这种情况下,补助对象项目费必须在市町村承担的范围内,且不得超过该项目所需费用的2/3。

达成城市建设的目标不仅需要实施骨干项目,以地区的实际情况为依据高效实施多种多样的项目也举足轻重。通过城市改造计划的提案项目,市町村能够尽情发挥主观能动性,实施富有创意的地域振兴项目。提案项目与骨干项目相辅相成,可以更加高效地建设城市。但是城市改造计划可以只包括骨干项目,不能够只包括提案项目(如表2-4)。

表2-4 城市再生整备计划的骨干项目与提案项目详情

	补助对象项目	对象设施等
骨干项目	道路	
	公园	
	古都与绿地保护等项目	
	河流	
	下水道	
	停车场高效使用系统	
	地区生活基本设施	绿地、广场、停车场(含公共停车场)、自行车停放处、公共货物集散中心、公共空地(含室内空间)、通知板、地区抗灾设施、人工地基等
	高质量空间打造设施	绿化设施等、将电线掩埋地下、电线杆电线等位置移动、区域冷暖气设备、步行辅助设施、残障人士引导设施等
	高层次城市设施	地区交流中心、观光交流中心、城市振兴中心、育儿家庭活动支援中心、复合交通中心
	活用现有建筑物项目	
	土地划分调整项目	
	市区再开发项目	
	住宅街区改造项目	
	无障碍环境改造推动项目	
	优良建筑物等改造项目	
	住宅及市区综合改造项目	
	街道环境改造项目	
	住宅地区改善项目	
	市中心公共住宅供给项目	
	公营住宅等改造	公营住宅、地区优良出租住宅
	城市改造住宅等改造项目	
	抗灾街区改造项目	
提案项目	项目活用调查	
	城市建设活动推动项目	
	地区创造支援项目	以市町村的提案为基础进行调查、实施项目

资料来源:日本国土交通省,链家研究院整理。

(三)典型提案项目案例

自2004年城市再生整备计划开创以来,各地区实施了多种多样的提案项目,充分发挥了本地区的特性与创意。在这里,仅对一部分项目加以简单介绍

（如图 2-12）。

（1）应对少子化和老龄化

山形县上山市"上山城周边地区"设置老年人沙龙的社会实验。为了使老人们的居住环境更加舒适，山形县进行了设置老年人沙龙的社会实验，以期鼓励老年人相互交流。

（2）完善公共交通

爱知县丰田市"丰田市站周边地区"进行的社区公交运行社会实验。为强化以车站为中心的公共交通所承担的职能，社区公交运行的社会实验在爱知县进行。

（3）提升居民舒适度

广岛县广岛市"广岛市中心地区"露天咖啡馆项目。通过在河畔绿地开设露天咖啡馆以及河边灯光照明的演出，使河边更显繁华，也为广岛市增添几分魅力。

（4）传承历史、文化

爱知县犬山市"犬山下町地区"保护历史街道项目。通过与区域内居民的合作以及对市民活动团体的教育，综合推动历史资源保护与利用。

山形县上山市老年人沙龙

爱知县丰田市社区公交运行

广岛县广岛市露天咖啡馆

爱知县犬山市保护历史街道

图 2-12　城市再生整备计划提案项目示意图

资料来源：日本国土交通省，链家研究院整理。

(四)制度实施

城市再生整备计划具体由六种实施项目组成,分别为:市街地再开发事业、优良建筑整备事业、住宅市街地综合整备事业、防灾街区整备事业、街区环境整备事业与住环境整备事业,从居民生活环境、住宅质量、地区防灾标准等方面进行多方位改进,为居民提供更好的居住环境(如表2-5)。

表2-5 城市再生整备计划具体实施项目整理

项目	目的	实施情况
市街地再开发事业	改善低层木质建筑密集区域生活环境恶化的市街地地域,进行建筑用地的统合利用,对建筑与土地进行共同规划、建筑整合获得建设广场与道路的空间,让土地得到更加有效的利用	截至2017年3月31日市街地再开发项目实施地区达到1056个,再开发面积达到1517.07公顷
优良建筑整备事业	中央和地方提供必要的财政支持,引导杂乱的民间建筑活动、对既存建筑进行统一改造以形成较为统一的优质建筑群	截至2014年3月31日,全国共有1247个地区开展
住宅市街地综合整备事业	创造快捷的居住环境,更新城市机能,美化城市市街地景观,降低建筑密度,对住宅、公共设施进行综合整备	——
防灾街区整备事业	合理利用土地资源确保高密度市街地区域的防灾功能,拆除老旧建筑,增加防灾公共设施建设	制度于2003年创设,至2015年3月31日共有10个区域正在推进中
街区环境整备事业	发挥当地居民的创意,改善住宅与居住区道路环境,以达到改善居住环境的效果	截至2015年4月1日全国共有159个地区,整备面积达到95775公顷
住环境整备事业	针对部分不良住宅密集,道路与公园等公共设施不足区域进行改造,拆除不良住宅,增加公园与道路整备公共设施供给	——

资料来源:日本全国市街地再开发协会(URAJA),链家研究院整理。

1.市街地再开发事业实施主体类型

日本《都市再开发法》规定,根据再开发项目的目的、地区状况等各种基本情况的不同,城市再生的实施主体可以为民间企业或者地方公共团体,以下介绍日本市街地再开发项目实施主体的类型。

(1)组合实施者

5人以上的土地所有者合作进行的都市再生,一般通过都市再生区域内所有土地所有者联合,对建筑与土地进行共同规划、建筑整合获得建设广场与道路的空间,让土地得到更加有效的利用,这是一种土地所有者自主进行的城市更新操作方式。

(2)个人实施者

城市更新区域内土地所有者不满5人的情况下,由于不满足组合实施的条件,此时若土地所有者中有一人获得其他所有人的同意,或者有第三方获得所有土地所有者的同意,可以实施城市更新项目。

(3)再开发公司

为了让城市更新项目可以发挥民间企业的资金支持与技术的最大效用,允许企业成立以城市更新业务为主营业务的股份制再开发公司。再开发公司在土地所有者决议会中获得超过半数的土地所有者支持则可以获得所有土地的实质控制权,方便进行城市更新的推进。

(4)地方公共团体

以广场建设、道路整备等公共设施建设为目的而进行的一体化城市更新项目,实施主体由地方公共团体负责。

(5)都市再生机构、地方住宅供给公社

大规模、一体化的综合型城市更新项目或者该城市更新中附带需要根据国家政策建设一定数量的租赁房屋的情况下,需要由都市再生机构参与实施。城市更新中涉及地方住宅供给公社管理建设的租赁住宅的情况下,需要由地方住宅供给公社参与实施城市更新项目(如表2-6)。

表2-6 各类再生实施主体参与城市再生项目的限制

实施主体	第一种市街地再开发事业	第二种市街地再开发事业
组合	○	×
个人	○	×
再开发公司	○	○
地方公共团体	○	○
都市再生机构	○	○
地方住宅供给公社	○	○

资料来源:日本再开发合作协会(URCA),链家研究院整理。

2.实施状况

截至2017年3月31日,市街地再开发项目实施地区达到1056个,再开发面积达到1517.07公顷,实施主体以组合与地方公共团体为主,再开发公司参与程度较低(如表 2-7)。

表 2-7　日本市街地再开发项目实施情况(截至 2017 年 3 月 31 日)

实施主体	地区数(个)	面积(公顷)
组合	656(62%)	733.43(48%)
个人	176(17%)	140.67(9%)
再开发公司	13(1%)	22.03(1%)
地方公共团体	149(14%)	504.35(33%)
都市再生机构	51(5%)	102.72(7%)
地方住宅供给公社	11(1%)	13.87(1%)
合计	1056	1517.07

资料来源:《市街地再开发》2017 年 6 月第 566 号,链家研究院整理。

自 2004 年城市再生整备计划制度开创以来,全国已有一半以上的市町村开始加入城市再生整备计划(如图 2-13)。

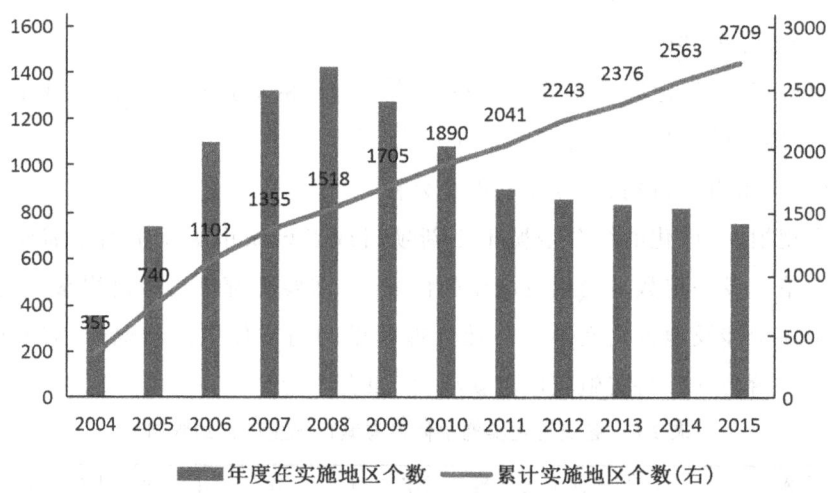

图 2-13　城市再生整备计划在日本的实施进展

资料来源:日本国土交通省,链家研究院整理。

四、政府主导模式——城市布局合理化制度

(一)制度概述

为了应对人口急剧减少和人口老龄化,未来日本城市规划需要为老年人和需要养育子女的一代人创造放心、健康、舒适的生活环境的同时,在财政及

经济方面实现可持续的城市运营。在这个大背景下,日本城市规划需要重新审视包括福利、交通在内的城市整体结构,向"集约型城市＋网络"的城市规划方向推进,进行医疗福利设施、商业设施及住房需要的整体布局,更好地服务于包括老年人在内的全体居民。

政府通过合理化布局计划,事先明确诱导策略,规划出易于企业与居民出行的环境,将医疗、教育与交通引导至集约型规划土地范围,将居住引导至公共交通沿线,建立多个居住集中区域,并建立循环公共交通网络方便多点间的交通。综合居住、医疗福利、商业、公共交通等各种城市功能进行基本规划,通过"引导"而非强制的行政手段,实现集约型城市规划及地区交通重组的联合,推动"集约型城市＋网络"的城市规划。在财政恶化、设施老旧化的背景下,着眼未来城市形态对公共设施进行再配置,充分利用公有不动产对功能的引导。对居住空间和民间设施的布局进行宽松的控制,为防止城市出现中心空洞化提供了新的选项(如图2-14)。

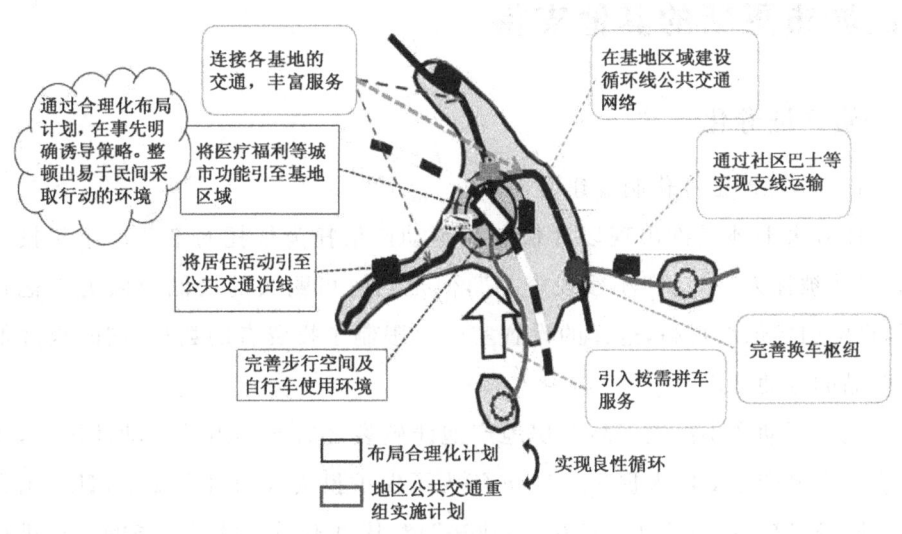

图 2-14 城市布局合理化制度示意图

资料来源:日本国土交通省,链家研究院整理。

(二)配套政策

(1)划定都市功能引导区域与居住功能引导区

划定都市功能引导区域,在重建福利医疗设施时,市町村可以放宽容积率或用途限制。合理配置停车场,为了保障行人的方便及安全,针对一定规模以上的停车场的建设,需要向市町村长官事前申请、咨询。

划定居住引导区域,引入住宅企业对都市计划、景观计划进行提案的制度(如转换土地用途为低层住房专用地),市町村要对长期受到不合理管理的旧房采取行动。建立有助于都市重建推进法人等(非营利性机构等)对旧房进行管理的协定制度。同时放宽对划定区域外居住空间的控制。

(2)税收优惠政策

给予由都市功能引导区域外向引导区域内的营业性资产转换特例,享受80%的延期纳税优惠政策;给予将土地转让以供建设引导设施的买卖特例,享受降低税率、居住用资产的100%延期纳税优惠政策;将土地等转让给都市重建推进法人时的转让所得特例,享受降低税率、1500万日元特别扣除的税收优惠等多种税收优惠政策。

五、城市更新的其他支持

(一)资产证券化

1.日本资产证券化制度建设

1987年日本首次出现以合伙制和不动产信托为依托的不动产小额投资品,虽然被称为"不动产小额投资品",但是当时可购买的最低限额为1亿日元,投资门槛依然很高,这样的设置实际上限制了投资者的数量,同时也降低了产品的流动性。

此类不动产小额投资品在房地产泡沫破裂之后暴露出其流动性风险,并使投资人财产蒙受巨大损失。1995年为了保护投资人的财产安全,日本出台《不动产特定共同事业法》(简称"事业法")对从事不动产投资业务的公司进行更为严格的限制,并降低投资准入门槛。

为了尽快解决由于房地产泡沫破裂之后所带来的不动产流动性不足问题,日本政府于1998年出台《通过特定目的公司进行特定资产流动相关法律》(简称SPC法)旨在提高不动产流动率,但由于规制过多,实际操作过程并不流畅,2000年SPC法修订为《资产流动化相关法律》(新SPC法)加强对资产流动化的支持,降低不动产证券化的成本。流动型资产证券化的主要模式为发起人将持有的不动产出售给特殊目的公司，由特殊目的公司以信托收益权或者发行基础证券的方式筹集资金，并按约定将收益进行分配。由于流动型资产证券化不会对标的不动产进行更新迭代，因此投资人一般根据标的不动产，考虑是否购买该证券化产品。

2000年5月日本《投资信托法》修订，将投资信托范围扩大至不动产，REIT上市成为可能。相对于流动型证券化而言，资产运用型证券化更加强调对资产的运用，对资产持有年限有最低要求，不鼓励频繁交易；其次，流动型资产证券化是先有资产后有融资，而资产运用型证券化先进行资金募集，后投资不动产（如表2-8）。

表2-8 日本资产证券化的制度建设

时间	制度建设	内容
1973年	住宅贷款债权信托交易启动	住宅贷款债权的信托化流动开始
1993年	《特定债权相关业务规范法律》的施行	租赁债权、租赁物品、信用债权证券化启动
1996年	允许ABS与ABCP的发行	证券交易法承认ABS与ABCP为有价证券可以在日本国内发行
1998年	《通过特定目的公司进行特定资产流动相关法律》(SPC法)的施行	基于不动产的资产证券化制度建设开始
2000年	SPC法修订为《资产流动化相关法律》(新SPC法)	加强资产流动化的支持
2000年	《投资信托法》修订	将投资信托范围扩大至不动产，REITs上市成为可能

资料来源：日本产业经济省，链家研究院整理。

2.资产证券化的优点

城市更新项目具有项目时间长、资金量大，涉及主体多且具有连锁性等特点，项目风险虽大收益也十分明显，三菱地所的城市更新效果表明更新后的物业现金流可以得到明显改善。资产证券化，特别是J-REITs的出现可以帮助城市更新解决风险问题，同时也让全社会的大中小投资者均可以直接享受城市更新带来的经济收益，提高资本市场活力，可谓一举多得。

(二)建立协会

目前日本共有三个协会与城市再生事业密切相关，分别为都市再开发协调者协会、全国市街地再开发协会与市町村都市再生协议会，其中前两个协会成立时间较早，市町村都市再生协议会则以2014年《都市再生特别措施法》的修订为契机建立，为政府主导的城市布局合理化制度的计划制订与实施服务。

1.都市再开发协调者协会（Urban Renewal Coordinator Association of Japan）

都市再开发协调者协会（前身为1979年设立的城市再开发协调者协议会）成立于1985年，以提升城市再开发相关专业知识技术、建立业务规范、健全行业发展为目标，由建筑业、不动产业与金融业的从业者发起并建立。

都市再开发协调者协会服务内容主要为：提升城市再生技术；人才培养；提供城市再生相关资讯；都市再生的教育推广；出版刊物；"都市再开发规划师"（Urban Renewal Planner）考试的认证。

2.全国市街地再开发协会（Urban Renewal Association of Japan）

全国市街地再开发协会是以《都市再开发法》的制定为契机建立，成立于1969年6月。针对市街地再开发、住宅地区、环境改造、密集地区整备等问题进行综合性调查研究，促进城市更新的顺利实施。同时协会积极向相关部门持续反映城市更新中遇到的各种问题，提出相应政策建议，帮助政府建立更加合理有效的城市更新政策。

目前，全国市街地再开发协会主要职能是设置基金与研究所，进行调查研究；提供债务保证与补充；城市更新资讯收集、提供与咨询；定期进行国外考察，学习国际经验；发行刊物与书籍；定期举办研究会与研讨会；建立城市更新资料库，为政策提供资料参考。

2.市町村都市再生协议会

市町村都市再生协议会是根据《都市再生特别措施法》规定，为了配合城市布局合理化前期计划的制订与后续实施，每个市町村都必须设置的法定协议会。协议会通过组织城市布局合理化相关关系人参与计划前期制订，保证计划可以得到有效切实地推进。

市町村都市再生协议会主要职责为普及优秀的城市再生事例，支援优秀城市更新实施团体的更新项目；创造市町村城市再生参与者之间的交流机会，鼓励并支持相关社会试验与研究实证活动。

第三章

日本城市更新的特征

一、由政府发起并推动进行

1990年日本不动产泡沫破裂之后,为了改变泡沫对经济和金融带来的长期不景气,城市再生作为日本经济再生一个重要战略手段被提出。为此,日本政府首次设置首相直属机关——"城市再生委员会"——对城市更新进行统筹规划,创立"认定再开发事业制度"、"特定事业参加者制度",提供各类制度与税收金融支持,降低企业参与城市更新业务的难度,加快相关行政审批速度,2002年出台《都市再生特别措施法》,保证城市更新顺利进行。

二、以东京都为原点逐步向全国铺开

2000年之前日本的城市政策主要是解决大都市圈的住宅供给不足问题,政策范围集中在大都市圈的市街地(即大型商圈或者商业、住宅集聚的地区)与郊区住宅开发,2000年之后的城市更新进程的政策实施范围更广。以东京都为原点逐步向全国铺开,目前日本共有都市再生紧急整备地区63个(共8372公顷),特定都市再生紧急整备地区12个(共3894公顷),日本全国有一半以上的市町村加入城市再生整备计划。随着2014年城市布局合理化制度的推进,未来将会有更多的市町村加入城市更新的行列。

三、更新物业类型更加多样,更新内涵更加丰富

1990年日本房地产泡沫破裂之前,日本人口向首都圈单极化流动,首都地价飙升的阶段,为了满足这些人群的居住需求,日本政府出台各种政策来解决首都圈住宅供给不足的问题,主要有:(1)开发郊区土地,建设租赁与自住住宅;(2)促进城市内部农业用地转换为居住用地,增加住宅用地供给面积;(3)

提高市区住宅用地的利用效率,同时修改《都市计划法》与《建筑基准法》,放宽对住宅建筑的容积率限制,以达到增加住宅供给的效果。

泡沫后的城市更新作为振兴日本经济的战略政策之一,更新的物业类型不再局限于住宅,还包括历史建筑的保存、公园绿地与水道的恢复、城市交通道路、地标创造、商业中心与金融中心的重建。更新物业类型更加多样化,更新的内涵也从单纯的物质与经济更新,进化为包含社会关系重塑、历史文化保留、人与自然和谐相处的综合型城市更新(如表3-1)。

表3-1 泡沫前后城市政策对比

		泡沫前(1990年之前)	泡沫后(1990年之后)
背景	城市发展	扩张	集约化城市更新
	经济增长	中低速增长	持续低迷
政府重视程度		比较重视	十分重视,上升至国家战略等级
实施区域		都市圈市街地	大城市、全国地方、市村町
政策目的		提高土地使用效率,增加住宅供给	盘活存量,振兴经济
政策对象		住宅	各类物业

资料来源:链家研究院。

第二篇　二手房市场

第四章

日本二手房住宅市场现状分析

相较于欧美发达国家,日本存量住宅流通率低,二手房市场规模小,占住宅交易规模比重低。究其原因,主要是日本社会住宅质量差、折旧快导致可交易流通的高品质二手房不足,以及日本地震频发、社会普遍偏好新房的观念。但基于当前日本存量住宅已远远超过家庭数量、房屋空置率高居不下的事实,构建可循环二手房市场体系能够有效减少资源的浪费,缓解住宅质量差、多元化品质居住的错配。

一、日本二手房住宅市场的发展现状

(一)二手房交易比例整体较低

与欧美国家相比,日本住宅市场尚未由存量住房主导。根据日本国土交通省统计,2013年新建住宅完工户数为98万户,年间流通存量住宅为51.4万户(FRK数据),存量住宅流通量占所有住房流通的比例(即二手房交易比例[①])仅为34.36%。而人口为日本2.5倍的美国,2007年新建住宅完工户数为55.4万户,流通存量住宅为515.6万户,二手房交易比例达到90.3%。英国和法国的人口数量不足日本的一半,新房与二手住宅年流通量均少于日本,但其二手房交易比例分别达到85.8%与64%,远远大于日本的34%,可见日本存量住宅的流通市场相比欧美国家要小很多,日本二手房住宅市场有待进一步发展(如图4-1)。

---

① 二手房交易比例=二手房流通量/(二手房流通量+新房流通量)。

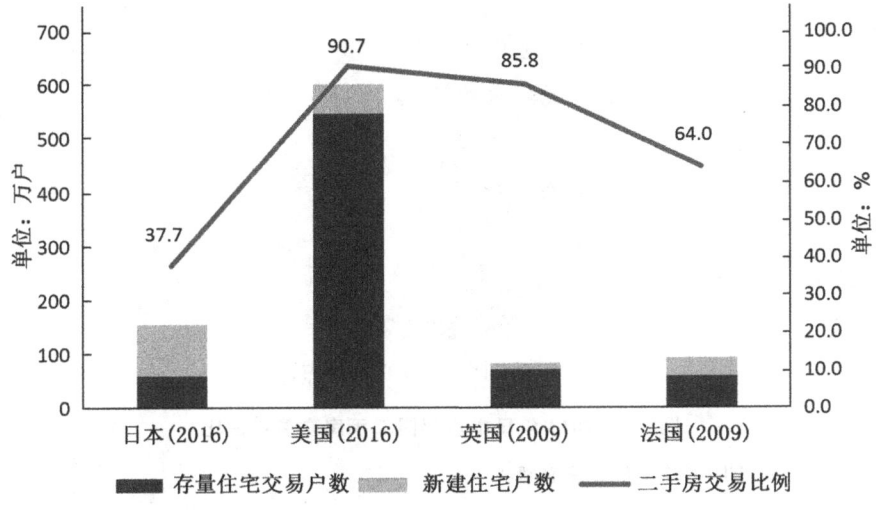

图 4-1 二手房交易比例国际比较

资料来源：FRK，国土交通省，链家研究院整理。

（二）首都圈流通相对活跃

1.43%的二手房交易发生在首都圈①

二手房买卖成交量较低的同时日本二手房交易又集中在首都圈，2013年日本首都圈二手房交易量为22.3万套，占全国交易量的43%；二手房成交量占新房开工量的67%，远高于全国水平的52%。

2.成交量近年稳步上涨

东日本REINs数据显示，2012年至2016年5年间除2014年由于日本消费税变更导致二手房交易量出现下降，其余4年首都圈交易量均为正增长，2016年交易量更是创11年来新高（如图4-2、图4-3）。

---

① 首都圈，即东京圈，包括"一都三县"，即东京都、千叶县、埼玉县、神奈川县。

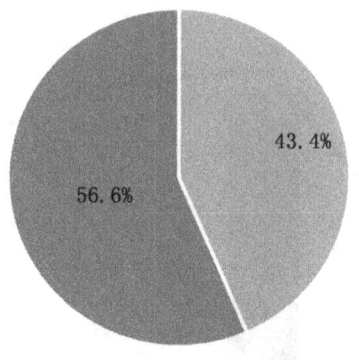

图 4-2　2013 年日本首都圈二手房交易量占比

资料来源:FRK,链家研究院整理。

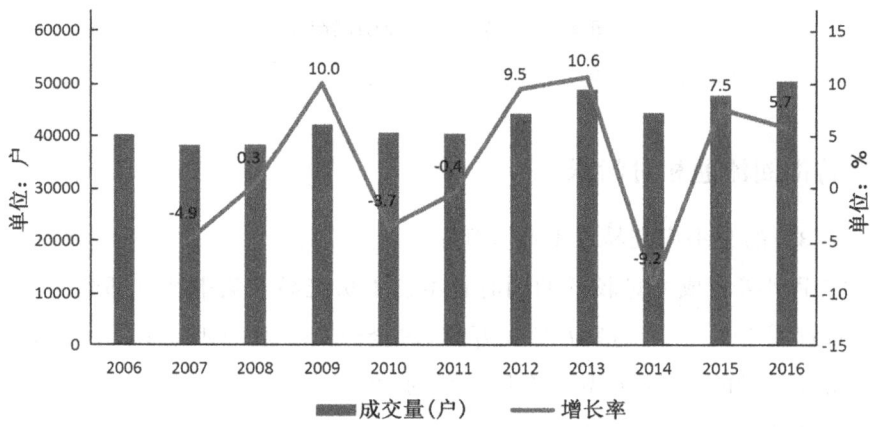

图 4-3　日本首都圈二手房交易量变化情况

资料来源:东日本 REINs,链家研究院整理。

3.东京都核心区域[①]二手房交易量超过新房

东京都核心区域(即东京都 23 区),二手房成交更加活跃。二手房交易比例逐年上升,部分区域的二手房成交量已经超过了新房(如图 4-4、表 4-1)。

---

① 东京都核心区域:东京都行政区划包括东京都下辖 26 市、23 区、5 町、8 村,其中 23 区属于东京都的核心区域。

第四章 日本二手房住宅市场现状分析

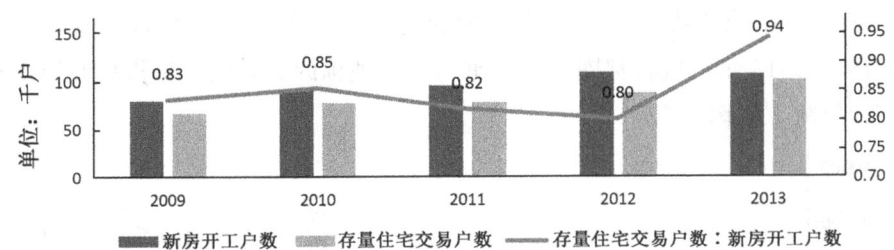

图 4-4　东京 23 区新房开工与存量住宅交易量变化

资料来源：FRK，链家研究院整理。

表 4-1　2013 年东京 23 区新房开工与存量住宅交易量对比

	新房开工户数（千户）	存量住宅交易户数（千户）	存量住宅交易户数/新房开工户数
台东区	2.53	4.06	1.6
涩谷区、目黑区	5.74	7.46	1.3
中央区、文京区、千代田区	6.93	7.8	1.1
港区	4.48	5.02	1.1
新宿区	6.04	6.24	1.0
丰岛区	3.65	3.75	1.0
墨田区、江东区	11.03	10.24	0.9
北区、荒川区	6.74	5.34	0.8
板桥区	5.71	4.37	0.8
杉并区	5.54	4.17	0.8
练马区	5.07	3.62	0.7
品川区	4.92	3.47	0.7
中野区	4.15	2.46	0.6
世田谷区	10.24	5.97	0.6
大田区	8.62	4.44	0.5
江户川区	4.9	2.25	0.5
足立区、葛饰区	12.39	5.62	0.5

资料来源：FRK，日本国土交通省，链家研究院整理。

4.首都圈成交价近年稳步上升

东日本 REINs 成交数据显示，2013 年之前日本首都圈二手公寓的套均成交价格保持平稳的状态,而二手独栋的套均成交价格自 2007 年起一直处于下降趋势。2013 年之后首都圈二手公寓与二手独栋的套均成交价格均开始出现上涨(如图 4-5、图 4-6)。

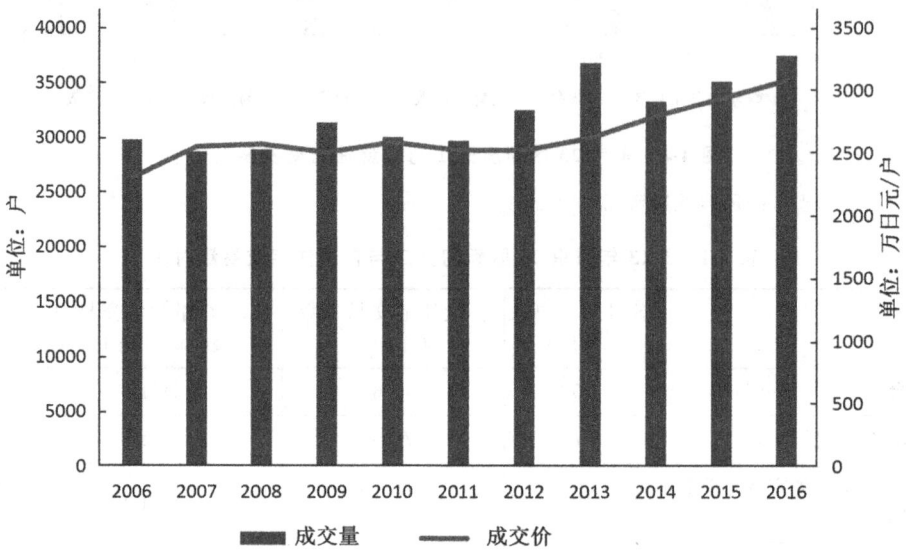

图 4-5　日本首都圈二手公寓交易量、价变化情况

资料来源:东日本 REINs,链家研究院整理。

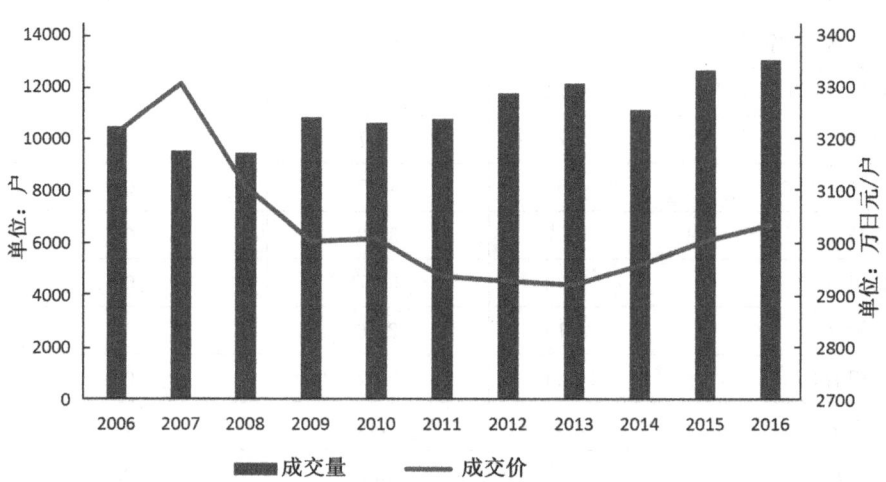

图 4-6　日本首都圈二手独户交易量、价变化情况

资料来源:东日本 REINs,链家研究院整理。

二、日本二手住宅交易量低于新房的原因

(一)住宅存量质量差

日本二手房市场不能像欧美国家一样活跃的主要原因是日本存量房屋质量较差,不能满足增量需求。日本经济飞速发展时期盲目追求数量而忽略住宅质量,同时在后期的维护修缮上投资也较少,使得日本住宅的平均使用年限远远小于英美等发达国家。

根据 FRK 对购买二手房和新房的消费者调查结果(多选),因为对二手房质量的担忧(抗震性与非抗震性)的原因而最终选择购买新房的比例达到 35%(如图 4-7)。

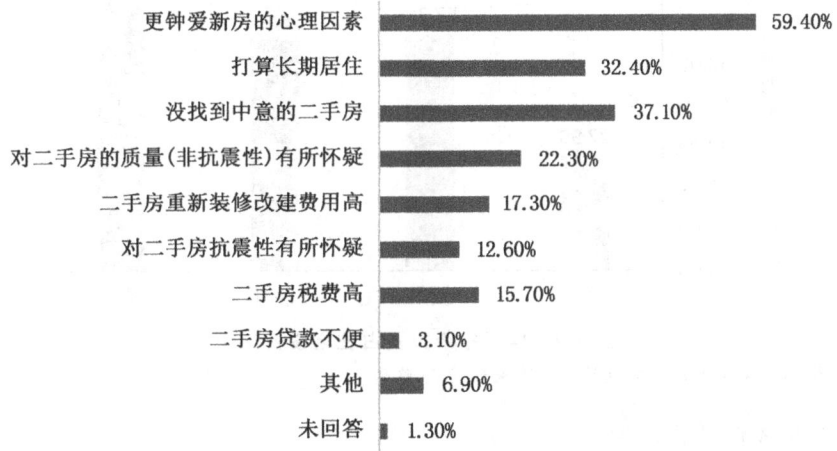

图 4-7 日本人购买新房原因调查(针对购买新房群体,样本量 318)

资料来源:FRK,链家研究院整理。

1.房屋平均寿命短

与英国和美国相比,日本的住宅属于"用完即废型"。历史上日本的房子多以木质独栋别墅为主,税法中规定木质的房子 22 年折旧完毕,残值为 0。日本国土交通省的数据显示日本的房屋平均寿命为 31 年,低于美国的 44 年和英国的 75 年。截至 2013 年,日本现存多户住宅中房龄超过 25 年的占比超过 40%(如图 4-8、图 4-9)。

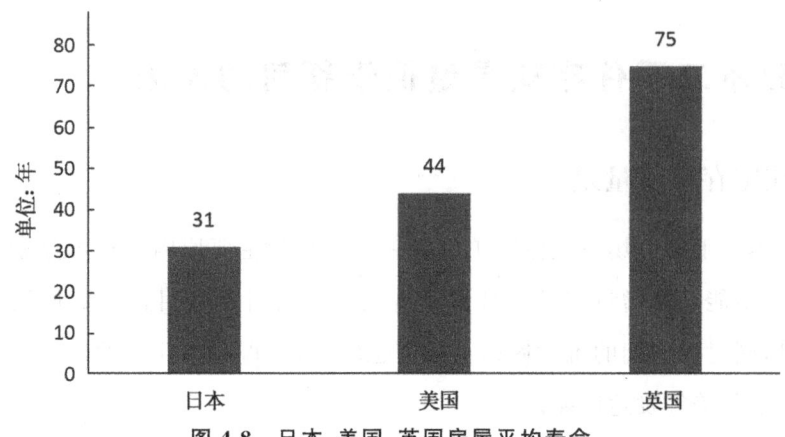

图 4-8 日本、美国、英国房屋平均寿命

资料来源:日本国土交通省,链家研究院整理。

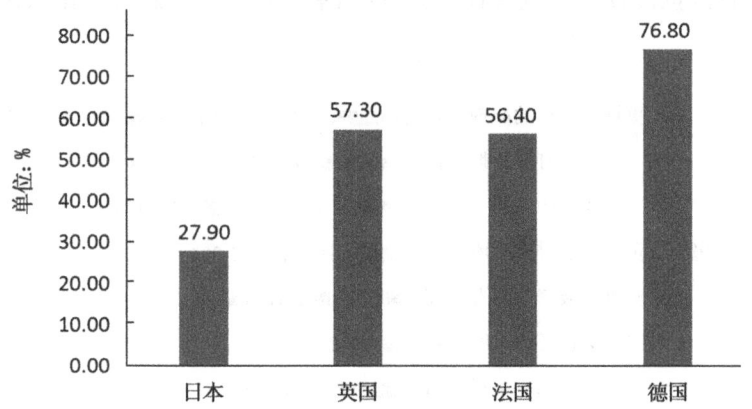

图 4-9 房屋修缮投资占住宅投资比例

资料来源:株式会社 LIXIL,链家研究院整理。

2.房屋修缮投入少

日本房屋修缮投资占住宅投资仅28%,远远低于其他发达国家。随着房屋建筑年限的增加而修缮费用投入较低的情况下,房屋质量不免令人担忧。

(二)可流通有效存量不足

根据日本国土交通省资料,从日本开始建立国民经济核算体系开始42年间(即1969年至2011年间)累计住宅投资约862.1万亿日元,却只有343.8万亿日元的住宅资产存量,这意味着42年间日本每投入一单位的住宅投资,只有40%的住宅投资最终形成住宅资产存量。

对比之下美国1945年至2010年65年间累计住宅投资约13.7万亿美元,国内住宅资产存量约14万亿美元,美国每投入一单位的住宅投资,可以形成102%的住宅资产存量。美国住宅资产累计投资与住房资产总额平衡,而日本住宅资产存量却不到累计投资的一半,这说明日本住宅投资没有充分形成住宅资产,存量住宅留存率低,可流通的高品质有效存量严重不足。

日本可流通有效存量不足的原因,是税法折旧年限以及评估折旧方法导致大量房屋未到使用年限就被拆除。

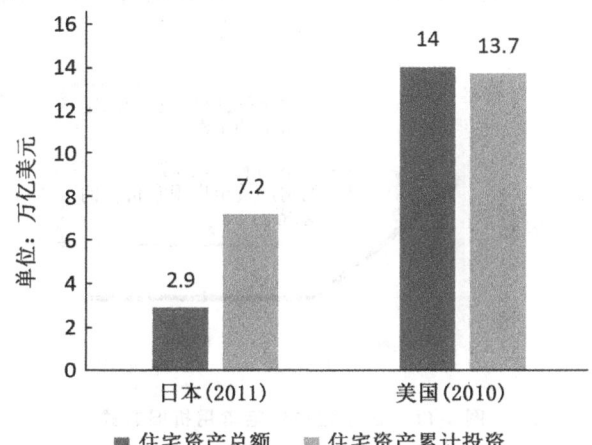

图4-10 日、美累计①住宅投资额与住宅资产总额对比

资料来源:日本国土交通省,链家研究院整理。

1.住宅折旧较快——约20年折旧完毕

根据税法,日本木质结构住宅的法定使用年限为22年,这一标准被广泛运用于日本住宅价值评估与金融担保评估中,日本木结构的独户房屋在建成约20年后价值归零是二手房交易市场和担保评估(金融)公认的一个有关房地产估价的常识,房地产作为资产自购买之日起评估价值快速下跌(如表4-2)。

表4-2 日本税法对建筑构造②使用年限的评价标准

住宅法定使用年限(根据税法对住宅税基计提减值所使用的使用年限)	22年	27年	34年	47年
	木质结构、2×4工艺	铁质结构(轻量)	铁质结构(重量)	RC及SRC

资料来源:大东建托官网,链家研究院整理。

---

① 累计开始时间:两国累计开始时间均从国民经济核算体系建立时间起,日本累计时间为1969年至2011年,美国累计时间为1945年至2010年。

② 日本建筑构造分类:(1)木质结构(2×4工艺也属于木质结构);(2)铁质结构(重量铁质结构、轻量铁质结构);主要承重材料为铁质;(3)RC(钢筋混凝土制造);(4)SRC(铁质加钢筋混凝土制造),由(1)至(4)建筑成本逐渐增加,同时拆除费用也越来越高。

2.直线折旧法——评估方法较为简单

日本木质独户住宅在进入流通市场后所使用的住宅价值评估方法一般多默认为简单的"直线折旧法",这种简单的评估方式不能反映业主在使用房屋过程中的维护效果,即使进行了合理的维护,这部分价值也不会被反映到估价中,导致一些住宅价值在评估过程中被严重低估;一些管理极端不善的房屋还可能为购房者带来一笔不菲的房屋翻新费用,因此有些房屋出现负的价值评估(如图4-11)。

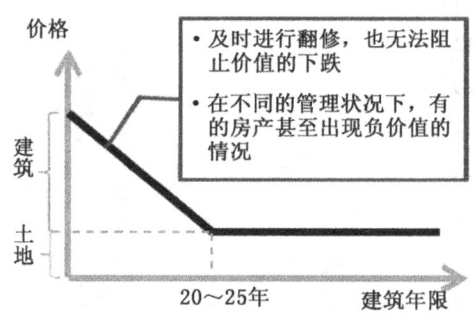

图4-11 日本独户住宅常用折旧方式

资料来源:日本国土交通省,链家研究院整理。

3.房屋未到使用年限被拆

根据日本国土交通省统计,日本木质结构住宅的平均可使用寿命在30～80年,考虑到住宅设计阶段所使用材料与后期维护情况不同可使用寿命波动较大(如表4-3)。

表4-3 各类结构房屋平均可使用寿命

房屋结构类别	可使用寿命
钢筋混凝土结构(包括公寓)	40～90年
木质结构	30～80年
铁质结构	30～60年

资料来源:日本国土交通省,链家研究院整理。

近年随着建筑工艺与技术的提高,日本建筑商建筑住宅的质量越来越好。以大东建托为例,公司使用特有工艺针对不同结构的建筑(木质结构、2×4工艺、重量铁质结构、钢筋混凝土结构等)从设计、施工到建筑完成检查,直接参与施工全过程实行彻底的品质管理,为客户提供安全且高品质的租赁住宅产品。大东建托建筑的木质结构租赁住宅的耐用年限可达75～90年,品质较高。其余住宅建筑商建筑住宅可使用寿命也均超过80年,部分建筑商的建筑技术可以建筑使用寿命超过百年的住宅。

但在日本一般普遍认为木质独户住宅的使用寿命为30年,即木质住宅可使用寿命的最短时间,因此许多日本木质独户住宅在建筑不到30年就被拆毁重建,根据日本国土交通省统计数据,2003年至2008年间日本房屋被拆毁时的平均建筑年数为27年,远远低于美国的66.6年与英国的80.6年(如图4-12)。房屋未到使用年限就被拆除一方面造成了巨大的资源浪费,另一方面导致日本住宅资产总额远小于其累计住宅投资额。

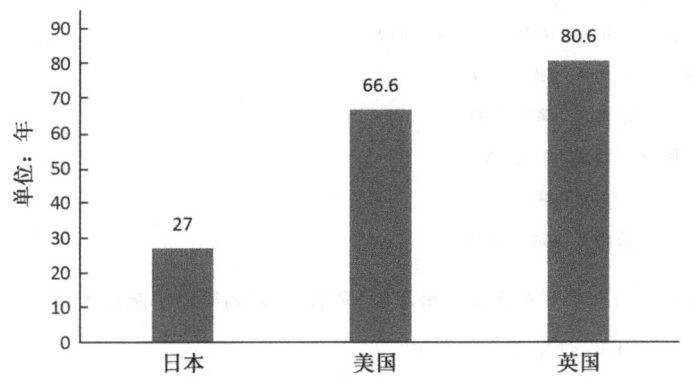

图4-12　日本拆毁住宅的平均建筑年数①的国际比较

资料来源:日本国土交通省,链家研究院整理。

(三)地震频发

日本地处太平洋板块和亚欧大陆板块交界处,集中了全世界80%以上的浅源地震。为了应对多发的地震,日本自古以来建筑多使用木质结构构建,一方面木质结构质量较轻,在地震中损坏掉落不容易对人体造成较大伤害;另一方面木质结构住宅建筑成本相对较小,即使住宅在地震中损坏,居民所受损失也相对较小。

随着建筑技术的发展,日本政府曾经多次提高建筑抗震标准,因此许多早

---

① 数据说明:日本数据出自总务省"2003年、2008年住宅与土地统计调查"(数据:2003年、2008年);美国:U.S. Census Bureau "American Housing Survey 2003、2009"(数据:2003年、2009年),http://www.census.gov/;英国(英格兰):Communities and Local Government "2001/02、2007/08 Survey of English Housing"(数据:2001年、2007年),http://www.communities.gov.uk/

期建筑的住宅已经不再符合现行的抗震要求,日本国民对这种达不到抗震标准的住宅心存担忧,因此国民在心理上比较倾向于直接购入按现行抗震标准建筑的新房。根据 FRK 调查,即使考虑到资金问题与交通便利性购入二手房,也有 17.2% 的日本居民选择将二手房推倒重建(如图 4-13)。

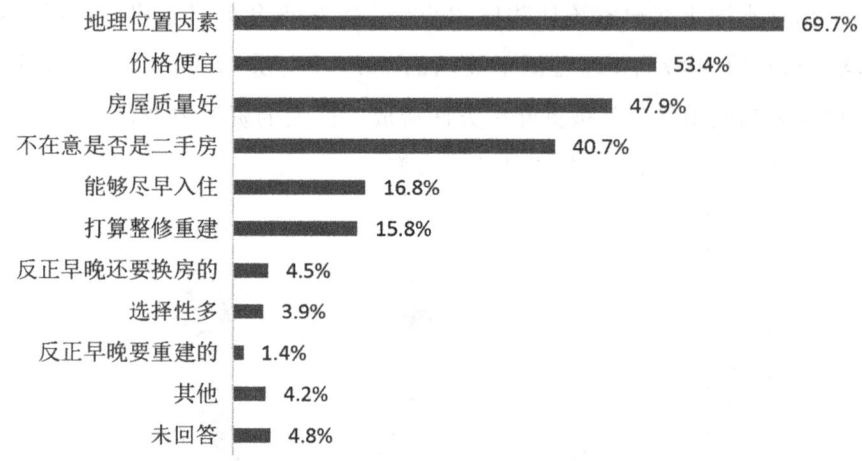

图 4-13　日本居民购买二手房原因(多选/针对购买二手房群体,样本量 641)

资料来源:FRK,链家研究院整理。

三、建立可循环二手房市场体系的必要性与意义

日本二手房市场中存在诸多问题,例如将 20 年左右房龄的木制单户独立住宅一律判定为毫无价值的不合理评价惯例,买卖双方关于房产的信息不对称导致市场透明性降低等。其后果就是日本二手房市场的交易比例较低,二手房交易量仅占总住宅交易量的 37.4%,与欧美国家相差甚远。住宅投资没能形成住宅资产存量,只有 40% 的住宅投资最终形成住宅资产存量,国民资产并没有得到有效利用。

随着少子长寿化社会的发展,二手房市场对日本的意义越发重要。为了实现盘活日本二手房市场的目标,从根本上解决横亘在市场中的诸多问题,行业需要更多的政策支持与更为大胆的改革,来促进各相关主体更恰当地发挥应有的作用。具体来说,卖家应该进一步公开房产信息,在卖房之前做好房子的日常维护并保存好住宅历史记录;中介业者应该在交易过程中满足顾客更快捷、更安全等需求,提高交易过程的透明度;地方政府应该制定符合当地情况的住宅政策设想;国家应该促进二手房市场进入新的阶段,促进市场变革,对市场环境等多加整顿。

(一)建立可循环二手房市场体系的意义

1.二手房与改建市场的扩大可以带来经济效益

合理评估二手房的流通价格使其可以反映真实价值,打破传统房屋购入后持续贬值的预期,使二手房可以在市场上正常流通,能够促进日本二手房市场扩大与发展。此外,可以促进房屋存量品质提高,带动房屋再生市场的日益扩大,有利于促进国民消费、推动国内投资,进而促进日本经济的复兴和持续发展。

2.通过换房满足不同人生阶段的居住需求,实现丰富的居住生活

增加国民对住房的选择自由度,使拥有资产的老年群体、苦于收入不高而导致住房支出比重逐渐增大的年轻群体都能够根据自身人生阶段选择合适的房子居住,实现更加丰富的居住生活。推进城市郊外居民小区等住宅存量的有效利用,能够促进不同年龄阶层之间的相互交流,有助于社区物质与精神的健康发展。

3.空置房屋的流通与有效利用有助于促进地方创新

根据人口预测日本未来可能会有更多的空置房屋出现,可循环的二手房市场体系可以促进空置房屋的流通与充分利用,这不仅有助于城市经济的发展,还能够推进城市结构重建,满足地方城市更新的需求,促进地方经济再生。

(二)如何构建可循环二手房市场体系

1.完善的行业监管体系

完善的行业监管体系是构建可循环二手房市场体系的基础。完善的行业监管体系可以为二手房提供一个健康的流通环境,日本的行业监管体系包括规范经纪人与经纪公司等各方市场参与者的行为,促进行业内公平竞争;设置行业准入门槛与营业保证金制度,降低消费者交易风险;构建房屋信息共享平台,降低二手房交易中的信息不对称性与信息不透明,实现房源信息的最大化曝光,提高交易效率。

2. 充分发挥市场参与主体的作用

充分发挥市场参与主体的作用是构建可循环二手房市场体系的有效手段。在二手房市场中买方与卖方是高度分散的,交易对象是高度异质的,这种情况下需要充分发挥市场与市场参与主体的作用,专业经纪人和经纪公司参与交易可以使房屋流通更加快捷、安全;通过改建、装修让存量房屋符合消费者的多样化需求的同时改善总体存量质量,打破传统住宅单向循环体系。

3. 政策支持与引导

二手房相关政策支持与引导是构建可循环二手房市场体系的保障与方向。单纯依靠市场的力量并不足以从根本上解决横亘在市场上的诸多问题,行业需要更多的政策支持与更为大胆的改革。日本政府在《住生活基本法》与《日本复兴战略》中均明确了构建可循环二手房市场体系的地位与重要性,并根据法律与国家战略制定了一系列促进二手房市场发展的实施政策,包括:住宅瑕疵保险、认定长期优良住宅、普及住宅履历信息、改变建筑评估方式、改善不动产信息共享平台机能、构建一体化住宅存量系统,政策支持与引导明确二手房市场在日本宏观经济中的位置,为企业未来的发展战略指明方向。

第五章

不动产经纪行业监管体系

由于不动产具有特质化、流动性低的特征，导致二手房市场相比其他商品市场更容易出现信息不对称与交易风险。为了降低二手房市场中的信息不对称与交易风险，市场出现了撮合二手房交易的居间角色——不动产经纪公司与经纪人，并随着二手房市场的发展逐渐形成一个行业。虽然经纪行业的存在是为了降低市场信息不对称与交易风险，但是如果政府没有能对行业进行有效监管，不良市场参与者会利用二手房市场的信息不对称与交易风险谋取自身利益，"劣币驱逐良币"最终将形成一个恶性循环。为了保护消费者利益、维护二手房交易市场安全规范，政府需要建立完善的不动产经纪监管体系（如表5-1）。

表5-1 日本经纪行业法律规范建设过程

年份	事件
1952	出台《宅地建物交易业法》
1957	设置宅地建物交易员制度
1962	对不动产相关广告的不正当宣传进行规制
1964	中介从业者登记备案制改为注册制
1967	禁止夸张不符事实的广告宣传
1972	设置营业保证金制度

资料来源：链家研究院整理。

日本在战后重建的过程中，经济飞速增长，居民对住房的需求也随之增长，在需求的推动下，不动产经纪行业的从业者数量激增，但是法律对不动产中介行业几乎处于毫无规制的状态，以至于"黑中介"盛行造成了严重的社会问题。1952年6月日本政府公布《宅地建物交易法》（以下简称《宅建法》），规定不动产中介业者必须进行登记备案，并且严格规定了中介费的收费标准；1957年日本又新设宅地建物交易员制度；1964年将中介从业者登记备案制改为注册制，逐渐提高中介从业者的从业门槛；1967年修订后，禁止夸张不符事实的广告宣传等；1972年《宅建法》修订，设置营业保证金制度。通过对《宅建法》的逐步修订,日本目前已经建立了一个以《宅建法》为中心的相对完善的不动产经纪行业监管体系,构建了一个安全的二手房交易环境。

一、政府对房地产经纪公司与经纪人的监督管理

日本不动产经纪行业的监管体系以政府制定的《宅建法》为核心,国土交通省为主要监管部门,《宅建法》中对信息、经纪公司、保证机构、宅建士行为准则分别进行了详细规定,保证了经纪行业运行健康有序(如图5-1)。

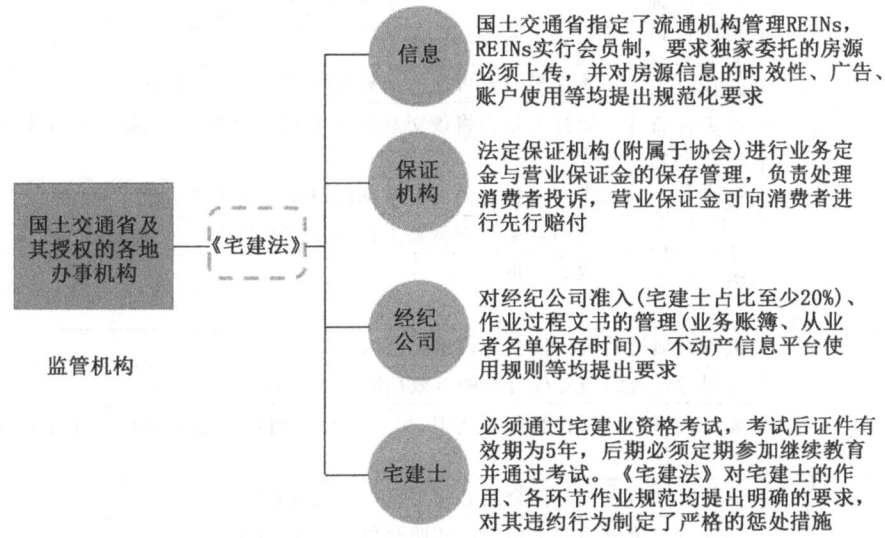

图 5-1　日本不动产行业监管体系概况

资料来源:《宅建法》,链家研究院整理。

(一)经纪业务规范准则

宅建业务规范准则如表5-2所示。

表 5-2　宅建业务规范准则

宅建业务通则		具体内容
宅建交易从业者处理业务的原则		对待客户诚实守信
		抑制投机行为
从业者的教育		从业机构必须对其从业者进行业务相关的教育

77

续表

宅建业务通则	具体内容	
设置宅地建物交易士	必须根据业务规模在固定事务所设置一个或以上的专职宅建交易士	
	个人业者同时是宅建士的情况下,将该个人视为专职宅建交易士	
禁止夸张与虚假广告		
广告开始时间的限制		
业者买卖非所有住宅用地与建筑的限制	一般情况下从业机构不得直接作为不动产交易参与者参与交易	
	国土交通省、内阁府同意机构从个人或者其他机构购入不动产情况除外	
明示交易形式	中介合约还是代理合约	
中介合约	必须即刻制作包括各方签字画押的书面委托合约并交付给委托人(并对委托合约内容有所要求)	委托合约内容要求
		1.交易对象详情说明
		2.该交易对象可能的交易价格或者其评估价格
		3.委托人是否将该交易对象委托给其他中介,是否有义务告知其他中介
		4.中介委托合约的有效期限以及如何解除合约
		5.交易对象是否需要上传指定流通机构
		6.收费标准
		7.其他
	机构必须说明其评估交易价格的原因	
	专属专任合约与专任合约的有效期限为3个月	
	委托人可以延长合约有效期限,但是延长时间从要求延长日开始不得超过3个月	
	专任合约与专属专任合约必须上传指定流通机构	
	必须将上传成功的上传完成证明交付委托人,不得延误	
	上传房源一旦成交必须及时告知指定流通机构,不得延误	
	中介机构两周至少向委托人汇报一次专任合约与专属专任合约的交易情况	
重要事项说明		
保守业务密码的义务		
收费标准		
业务相关禁止事项	为了成交故意隐藏或者告知消费者不实的信息	
	要求不正当的高额报酬	
	以帮助客户获得信用贷款的方式诱使其成交	
	采取威胁、诱导委托人解除委托合同等不正当方式妨碍其他机构营业	

续表

宅建业务通则	具体内容
业务中随身携带证明书	从属机构的从业者在业务中必须携带从业证明书
	任何交易相关者都可以要求从业者出示其证明书
	业务证明书必须说明其事务所地址，从业者名单，该从业人员姓名、住所、证明书编号
	任何交易相关者都可以要求机构出示其所有从业者名单
	记录交易详情的账簿
	必须将从业者的标识在经营场所易于发现的地方明示
	特殊情况不可混业经营
	不动产信托受益权买卖的特例

资料来源：《宅地建物交易法》，链家研究院整理。

(二)违反业务规范的处罚

《宅建法》规定的最高处罚为3年以下有期徒刑或者300万日元以下罚款，最低处罚为10万日元以下罚款。若从业者出现表5-3中(1)、(2)所处罚的行为时，该业者接受表5-3中相应处罚的同时，其所属机构法人或者个人要处以1亿日元罚金；其余情况所属机构法人或者个人处以相同罚款。

表5-3 《宅建法》处罚办法

违法行为	处罚
以不正当方式获得宅建业注册许可证	3年以下有期徒刑或者300万日元以下罚款，可与其他处罚累加(1)
无宅建从业注册许可证从事宅建行业的行为	
将宅建从业许可给他人使用的行为	
违反业务停止命令的行为	
业务中隐瞒或者提供虚假信息以促成交易的行为	2年以下有期徒刑或者300万日元以下罚款，可与其他处罚累加(2)
业务中以不正当的方式对对手方施加压力、威胁或者故意使对方产生误解的方式促成成交的行为	
宅建士考试机构相关人员泄露考试信息的行为	1年以下有期徒刑或者100万日元以下罚款，可与其他处罚累加
宅建士考试机构相关人员从事考试辅导性工作被禁止后继续从事辅导的行为	

资料来源：《宅地建物交易法》，链家研究院整理。

(三)监查手段

1.政府检查

《宅建法》规定国土交通大臣对日本全国的宅建业经营者、都道府县知事对其管理区域内的宅建业经营者是否合法经营负责,因此需要定期对管辖经纪公司的业务情况、门店、经纪人、是否从事其他业务、业务记录账簿、相关书面材料等进行检查,并根据检查结果进行汇报。

2.消费者投诉

日本政府对不动产经纪业务(包括经纪公司与经纪人)的监督管理主要是通过消费者投诉来完成的。日本不动产经纪业务的消费者可投诉的机构有很多种,其中专业受理不动产相关投诉的机构包括法定投诉处理机构、行业内部自发形成的业界团体、国土交通省以及不动产公平交易协会;负责所有行业消费者投诉的机构有消费者厅、国民生活中心以及各都道府县的消费生活中心,这些机构也会受理该类型消费者投诉。

当投诉无法得到调解上升至纠纷,日本还设置了相关纠纷处理机构,其中专业处理不动产相关纠纷的机构有不动产合理交易推进机构与指定住宅纷争处理机关;负责所有行业消费纠纷的机构有国民生活中心(如图5-2)。

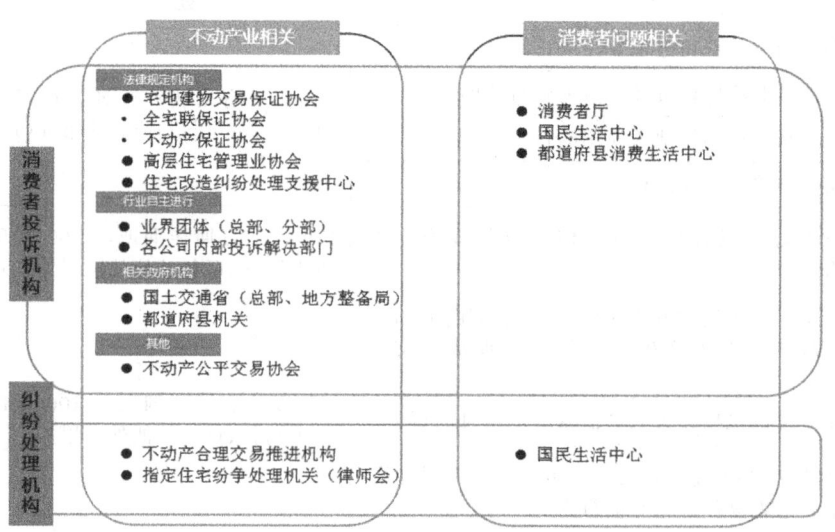

图5-2 不动产经纪业务投诉以及处理机构

资料来源:日本国土交通省,链家研究院整理。

二、日本房地产经纪公司牌照的取得

《宅建法》规定宅地建物交易行业有以下两种行为：(1)作为买方或者卖方参与住宅用地、住宅与建筑的买卖与交换行为；(2)住宅用地、住宅与建筑买卖、交换、租赁过程中进行代理与中介行为，并将该行为作为营收手段。其中，接受业主委托进行租赁中介业务（招募租客等）属于宅建业的范围，但租赁运营行为（例如自持商办、公寓的经营行为）不包含在宅建业的范围内，从事宅建业则必须持有宅建业注册许可证（如表5-4）。

表 5-4 需要宅建业注册许可证的业务

	拥有物业所有权	他人物业的代理	他人物业的中介
买卖	◎	◎	◎
交换	◎	◎	◎
租赁	×	◎	◎

资料来源：链家研究院。

注：◎表示需要注册许可证；×表示不需要注册许可证。

(一)宅建业注册许可证的分类

宅建业注册许可证分为两类：国土交通大臣许可证与都道府县知事许可证。从业机构在两个或者两个以上都道府县区域设置门店并进行营业的，需要注册国土交通大臣许可证；只在一个都道府县区域设置门店并进行营业的，需要注册都道府县知事许可证。注册申请对象没有限制，法人或者是个人都可以申请获得宅建业注册许可证，注册许可有效期为5年，属于国土交通省的管辖范围（如表5-5）。

表 5-5 日本宅建从业者注册授权人

注册授权人	在两个或者两个以上都道府县设置事务所	仅在一个都道府县设置事务所
国土交通大臣	○	—
都道府县知事	—	○

资料来源：日本不动产，链家研究院整理。

(二)宅建业注册许可证申请条件

宅建业注册许可证申请条件如表5-6所示。

表 5-6　宅建业注册许可证的申请条件

	内　　容	具　　体
条件一	设置专门营业门店（日本称为事务所）	可以持续进行营业的场所，并且不可与其他营业机构或者居住生活场所混合
条件二	设置专职宅建士	必须在所有营业场所设置专职宅建士，专职宅建士不可从事混业或者兼业业务
条件三	代表人必须常驻营业场所	代表人必须在经营场所常驻，代表人无法常驻的情况下需要指定其代理人常驻经营场所；支店或者分店也必须设置店长常驻，对该经营场所负责
条件四	无法申请注册的情况（申请宅建业注册许可证的个人或者法人代表、代理人或者支店长有以下行为的，无法申请许可证）	以不正当手段获得从业执照、由于不正当行为导致停业处分并吊销从业执照，距离吊销日不满 5 年的情况
		被怀疑以不正当手段获得从业执照，或者存在不正当行为导致该从业者被公示处分后自行提出废业申请，距离废业申请不满 5 年的情况
		触犯一定程度以上刑法，或者违反《宅建法》被处以罚金后不满 5 年的情况
		破产后没有获得恢复的情况
		可能会从事相关不正当或者不诚实行为
条件五	缴纳营业保证金或者加入相关保证协会	营业保证金：总店 1000 万日元、支店 500 万日元
		国土交通省指定的保证协会为："全国宅地建物交易业保证协会"与"不动产保证协会"。加入保证协会的从业机构总店只需缴纳 60 万日元，支店缴纳 30 万日元保证金。加入国土交通省指定的保证协会可以减少营业保证金的支出

资料来源：链家研究院。

(三)法人单位与个人单位的区别

宅建业注册许可证对申请者是法人还是个人没有规定，因此法人与个人都可以申请，并且申请成本相同。但是以法人身份申请时需要准备资本金以及法人单位成立时所需各类税费等（例如：法人登记税、公证人手续费等），同时作为法人单位成立后需要按法人标准交纳住民税、事业税，每年会计决算时需要支付相应税理士费用等。

开业后从金融机构申请融资、从事不动产买卖业务或者建筑业务等其他非经纪类业务的,设立法人单位有助于获得更高的信用等级评价,从而可以获得更多融资。但是仅仅准备从事经纪业务的,作为个人单位也可以完成相当规模的销售额(如表5-7)。

表5-7 法人单位与个人单位的区别

不同点	法人单位	个人单位
信用度	信用度较高	相比法人单位信用度较低
	需要公开资本金、公司规模、会计决算情况等公司信息	无须公开财务状况与责任人信息
责任	株式会社与有限责任公司在公司破产后,股东与出资人仅在出资范围内负责	公司破产,个人有无限连带责任
决策机制	根据公司组织形式由股东大会、代表人大会等公司决策机关进行决策制定	个人独立决策
业务连续性	没有特殊理由业务将持续	个人死亡则业务终止
利润分配	利润属于公司所有,公司所有人与出资人可以在一定条件下获得分红	利润全部属于个人
税费	企业所得税(固定税率)	个人所得税(累进税率)
	税费项目种类较多	税费项目较少

资料来源:全国宅地建物交易业协会联合会,链家研究院整理。

三、日本经纪人资格考试制度

日本经纪行业从业并没有特殊的门槛,但是《宅建法》规定,不动产交易过程中的重要环节——交易对象与合约内容的说明(重要事项说明)与书面合约的认证过程——都必须由宅地建物交易士完成,同时不动产公司必须保证公司有一定数量以上的宅建士才可以注册为宅建从业者,因此一般经纪行业从业者都会积极参加宅建士资格考试,成为在职宅建士(执照经纪人)。日本经纪人分类如表5-8所示。

表 5-8　日本经纪人分类

项目	经纪行业从业者	宅建士	
		非在职宅建士	在职宅建士
进入门槛	没有学历、从业资质门槛	宅建士资格考试合格 (1)从事经纪业务； (2)申请前10年内有2年以上的从业经验或者过去10年内有完成经纪行业实务培训记录	
从业限制	可从业，但没有中介合约签字权	非在职	可从业，同时有中介合约签字权

资料来源：链家研究院整理。

(一)在职执照经纪人——宅建士

想要成为一名在职执照经纪人首先需要通过"宅地建物交易士资格考试"，但是通过考试后并不代表从业者一定可以成为一名在职执照经纪人，考试通过者必须满足一定的条件，并且到所在地区指定机关申请并完成登记后，才可以正式作为一名在职执照经纪人从事经纪业务。

1.通过宅地建物交易士资格考试

宅地建物交易士资格考试属于国家资格考试，是保证不动产公平公正交易不可缺少的资格证明。由于法律规定不动产交易行业门店每5个经纪人必须配备1名宅建士资格持有人，因此市场对宅建士资格持有者的需求较大，宅建士资格考试每年的考生超过20万人，这也是现在日本国家资格考试中报考人数最多、最有人气的资格考试。考试内容等概要信息见表5-9。

表 5-9　宅地建物交易士(简称宅建士)资格考试概要

考试内容	1.土地的形状与质量；建筑的形态、构造以及种类相关内容 2.土地及建筑权利及权利变动相关法律知识 3.土地及建筑相关法律上的限制 4.住宅用地以及建筑相关税法规定 5.住宅用地和建筑供需相关法律及实务知识 6.住宅用地及建筑价格评估相关知识 7.宅地建物交易法及其他相关法令知识
考试方式	50题；四选一选择题
考试资格	无年龄、性别、学历限制(但是考试合格后，登记成为在职宅建士有条件限制)
考试地点	居住的都道府县
考试时间	一年一次；每年10月的第三个星期天为考试日
考试费用	7000日元

资料来源：日本不动产正当交易推动机构，链家研究院整理。

就考试难度而言,2015年日本宅建士资格考试通过率为15.4%,与中国注会考试的通过率相当,由此可以看出日本宅建士资格考试并不是那么容易通过,需要付出相当的努力。

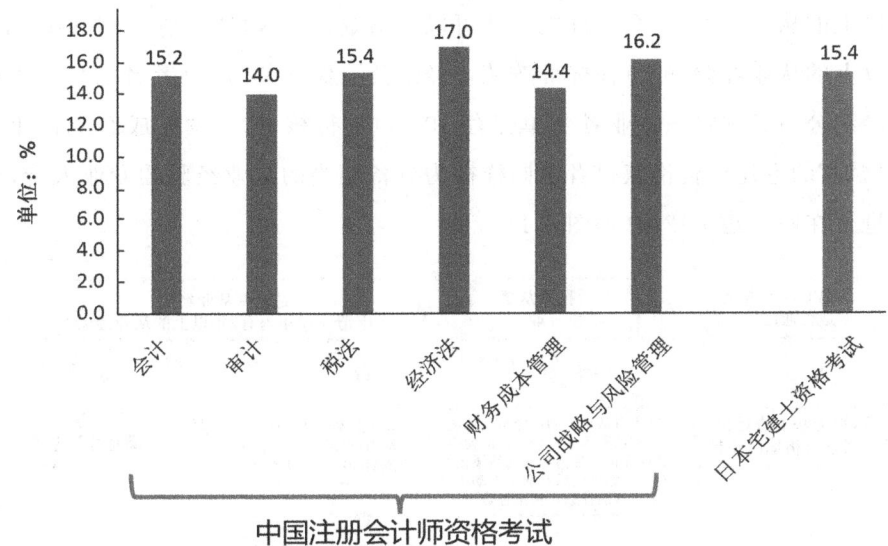

图5-3 2015年日本宅建士资格考试与中国注册会计师资格考试通过率对比

资料来源:日本不动产正当交易推动机构、中国注册会计师协会,链家研究院整理。

日本公寓管理士与宅建士同属于不动产方向的资格考试,考试内容均涉及大量《民法》《区分所有法》《宅建业法》,但是公寓管理士资格考试难度相对更大,其每次考试的通过率仅7%左右,宅建士资格考试的学习可以帮助考生提高公寓管理士资格考试通过率,而现实中准备参加公寓管理士资格考试的考生一般都会选择先通过宅建士资格考试,为公寓管理士资格考试[①]做准备(如表5-10)。

表5-10 宅建资格考试与日本其他资格考试难易度对比

考试难度	资格考试名称
难度等级A	税理士、公寓管理士
难度等级B	宅建士
难度等级C	财务顾问(financial planner)、日商簿记(类似于中国的会计资格考试)

资料来源:链家研究院整理。

---

① 公寓管理士:属于日本国家资格考试之一,持证者需要掌握公寓组合管理专业知识,保证管理公寓资产组合运营良好,对管理公寓建筑进行定期修缮,延缓老化速度,具备完善法律知识预防纠纷产生等。

2.申请成为在职执照经纪人

通过宅建士资格考试后想要成为在职宅建士必须在当地相关部门进行登记,登记申请条件必须满足"完成经纪行业实务培训"与"申请前 10 年内有 2 年以上的从业经验"两个条件之一才可以申请登记。这里"申请前 10 年内有 2 年以上的从业经验"的审核标准按从业经纪公司保存的"从业者名单"(法律规定经纪公司必须将该从业者名单保存 10 年)进行核实。而"完成经纪行业实务培训"的宅建士资格获得者也同样视为具备相当的从业经验的专业人士,可以进行在职宅建士登记(如图 5-4)。

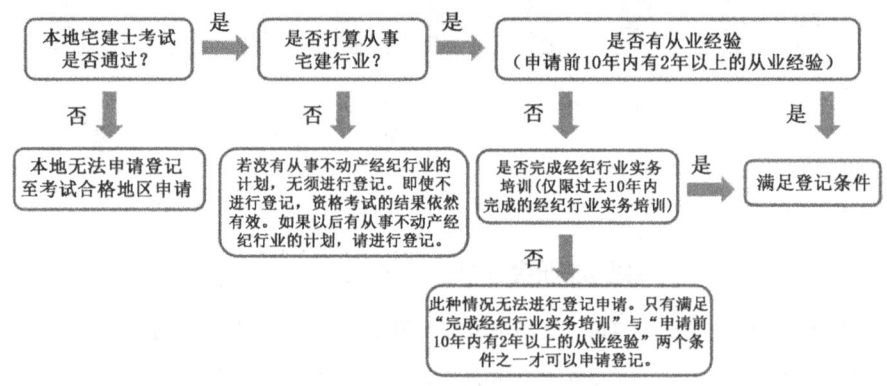

图 5-4　在职宅建士登记申请条件(东京都版)

资料来源:东京都都市整备局,链家研究院整理。

根据《宅建法》施行规则第 13 条 16-1 号规定,经纪行业实务培训必须在国土交通省认证的经纪行业实务培训机构完成,2017 年 5 月 1 日更新的日本认证经纪行业实务培训机构有 16 家,机构名称如表 5-11 所示。

表 5-11　日本国土交通省认证的经纪行业实务培训机构

登记编号	机构名称	登记编号	机构名称
1	不动产流通推进中心	13	职能研修会
2	东京 LEGAL MIND	14	住宅新报社
3	日建学院	15	Social Bridge
4	TAC	16	Ken Business School
5	综合资格	17	Heart Station
7	九州不动产专门学院	18	Pricing Japan
8	日本商业法研究所	19	新潟县宅建支援中心
12	宅建实务教育中心	20	At Home

资料来源:日本国土交通省,链家研究院整理。

3.执照更新与继续教育

宅建士证书的有效期为 5 年,每 5 年需要持证从业者参加继续教育后通过考试完成证书更新。继续教育为 6 个小时课程学习,继续教育内容包括:宅建法主要的修订点以及实务操作中的注意事项、纠纷事例与相关法令学习以及实务操作中的注意事项、宅建士的使命与作用、税法主要修订点、税务纠纷学习与实务操作中的注意事项(如表 5-12)。

表 5-12 宅建士执照更新与继续教育

项 目	执照更新与继续教育
证书有效期	5 年
更新方式	通过法定继续教育考试
更新费用	16500 日元(约合 1000 元人民币,包含 4500 日元证书更新费与 12000 日元继续教育费)
继续教育内容	·宅建法主要的修订点以及实务操作中的注意事项 ·纠纷事例与相关法令学习以及实务操作中的注意事项 ·宅建士的使命与作用 ·税法主要修订点 ·税务纠纷学习与实务操作中的注意事项
学时	6 个小时

资料来源:东京都都市整备局,链家研究院整理。

(二)在职专职宅建士与非专职宅建士

《宅建法》规定不动产公司要获得不动产经纪业务从业注册资格证必须保证每个门店必须设置 1 名专职宅建士,同时每雇佣 5 个经纪人必须在门店加设 1 名专职宅建士。虽然不动产交易过程中的重要事项说明由非专职的宅建士也可以完成,但是根据法律规定,从业经纪公司必须在门店按照比例设置专职宅建士,并且对专职宅建士的行为进行相应的约束。

专职宅建士与非专职宅建士的最大不同体现在"专职性"上。"专职性"需要满足全职性与专职性两个必要条件,以下情况宅建士无法指定为专职宅建士:其他公司的法人代表或者全职员工;从事其他职业的公司员工;公务员;营业时间无法保证全职在岗者;兼职人员(上班时间有限);居住地距离工作地过远不适合通勤者;兼业从业者;在两家或者两家以上门店工作者。

2016 年日本在职宅建士为 30.6 万人,其中 20.7 万人为专职宅建士,占比约为67%；9.9万人为非专职在职宅建士,占比约为33%(如图5-5)。

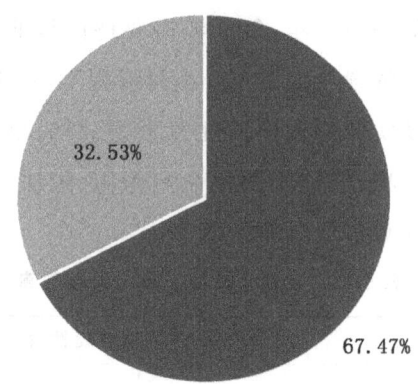

图5-5 2016年专职宅建士与非专职宅建士占比

资料来源:日本不动产正当交易推动机构,链家研究院整理。

四、营业保证金制度和指定保证机构

由于经纪公司业务过失导致消费者产生高额的损失,经纪公司需要对消费者进行相应的赔偿。为了预防经纪公司没有足够赔偿的经济能力,导致被害人受到严重损失,日本《宅建法》规定经纪公司在营业开始前需向相关部门缴纳一定数量的保证金,被害者可直接向保证金保管相关部门申请赔偿。

(一)营业保证金制度

《宅建法》规定新开业的经纪公司必须在获得宅建业注册许可证的3个月内至附近保证金保存处缴纳相应的营业保证金。总店所需保证金额为1000万日元,每家支店所需保证金额为500万日元,保证金可以为现金、国债、地方债或者国土交通省承认的有价证券。经纪公司开业后每新开设一家门店都需要事先通知其营业注册许可证注册授权人(国土交通大臣/都道府县知事),同时缴纳营业保证金,否则新增门店无法营业。

若注册许可证注册授权人(国土交通大臣/都道府县知事)在3个月内没有收到经纪公司的营业保证金缴纳通知书,需向该经纪公司发出催费通知书。经纪公司在发出催费通知书日起3个月内依然没有递交营业保证金缴纳通知书的,注册许可证注册授权人需取消该经纪公司的营业注册许可证。

针对个别经纪公司运营状况较差、经纪人出现破产等情况,保证协会会要求会员经纪公司提供临时营业保证金追加,这部分追加的营业保证金被称为特殊偿还营业保证金。经纪公司需要在收到供临时营业保证金追加通知的1个月以内完成追加保证金的缴纳,否则会失去指定保证机构的会员资格。

(二)指定保证机构简介

根据《宅建法》第64条第2项的规定,日本指定保证机构有公益社团法人"全国宅地建物交易业保证协会"与公益社团法人"不动产保证协会",经纪公司只能选择成为一个指定保证机构的会员,约80%的经纪公司选择"全国宅地建物交易业保证协会",约20%的经纪公司选择"全日本不动产保证协会"。

1.全国宅地建物交易业保证协会

全国宅地建物交易业保证协会隶属于全国宅地建物交易业协会联合会(以下简称"全宅联"),其成立于1968年5月,致力于服务消费者、会员机构以及不动产业,加强会员机构之间团结合作、为消费者提供更加安全安心的不动产交易服务,促进日本不动产经纪行业健康发展。日本全国共有不动产经纪公司12万家,其中83%的经纪公司属于全宅联的会员,在日本不动产经纪行业内具有相当的影响力(如表5-13)。

表5-13 全国宅地建物交易业协会联合会简介

协会名称	全国宅地建物交易业协会联合会	全宅联保证协会
成立日期	1968年5月9日	
业务范围	调查研究,政策提案,信息平台的运营	消费者投诉处理
	提供房地产交易的相关情报,消费者问卷调查,发行房地产综合性情报杂志	经纪业务纠纷损失赔偿
	教育研修,举办消费者研讨会、经纪人研讨会	经纪人继续教育
	各种标准格式的交易相关的资料(交易合同书、租赁合同书等)	押金保管与保证
	支援各地方协会,促进与其他协会的沟通交流	举办面向消费者的业务介绍会
会员数	47个都道府县地方协会共98008家(约占总经纪公司数量的83%)	
保证金	2011年3月末约为600亿日元	

资料来源:日本协会官网,链家研究院整理。

2.全日本不动产保证协会

全日本不动产协会于1952年设立,是日本不动产业界历史最悠久的团体,由日本中小不动产公司自发组成的公益社团法人,简称"全日"。不动产保证协会属于全日本不动产协会关联的保证协会,保证协会于1973年设立(如表5-14)。

表5-14 全日本不动产协会与全日本不动产保证协会

协会名称	全日本不动产协会	全日本不动产保证协会
成立日期	1952年	1973年
事业内容	教育研修、指导	不动产经纪业务指导、研修
	举办房地产专业研讨会等	营业保证金等各类保全制度实施
	对一般国民普及房地产交易的基础知识	会员机构牵扯经纪业务纷争解决
	为会员之间相互交流创造更好的条件	
	促进与其他协会的沟通交流	
会员数	个人会员2875人,法人会员25354家	

资料来源:协会官网,链家研究院整理。

(三)营业保证金制度与指定保证机构的作用

根据《宅建法》第63条第3项的规定,指定保证机构有责任及时处理会员经纪公司业务相关消费者投诉、由于交易纠纷引起的经济损失赔偿以及经纪人的继续教育等。

1.处理消费者投诉

指定保证机构的业务范围仅限于"会员机构经纪业务相关消费者投诉",不接受其他消费者投诉处理。一般情况下,保证机构接到消费者的投诉申请后会联系消费者了解投诉详情,随后在对投诉事项进行核实的同时通知被投诉机构并要求其迅速解决该投诉事项。保证机构在对投诉事项进行核实的过程中可能需要被投诉单位提供必要的书面或者口头说明资料,根据《宅建法》第64条第5项,被投诉单位无权拒绝该请求。

若该投诉无法自主解决或者撤回,保证机构会将该投诉移至纠纷损失赔偿部门,并判断是否需要对该投诉人进行必要的经济赔偿。

2.纠纷损失代为赔偿

保证机构在会员机构与交易对象产生交易纠纷并由此造成一定的经济损失的情况下,会代会员机构优先赔付该经济损失。当经纪公司被卷入纠纷,该纠纷无法自行解决,需要进行赔付时,会员机构可以选择向保证机构递交代为赔付的申请,代为赔偿的金额上限为总店1000万日元,有分支门店的,按分支门店个数追加500万日元的倍数(如图5-6)。

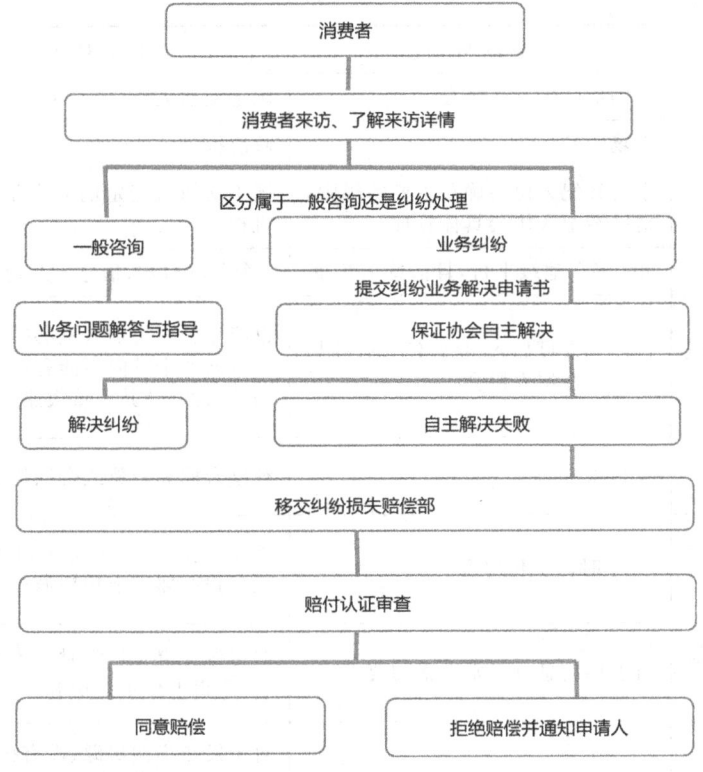

图 5-6 指定保证机构业务流程

资料来源:全宅联官网,链家研究院整理。

五、信息共享平台

REINs是由国土交通厅指定的不动产流通机构运营的不动产流通标准信息系统(Real Estate Information Network System)的简称,《宅建法》规定不动产经纪公司接到专任合约与专属专任合约的,必须将该委托的房源信息上传①至REINs系统中,所有REINs会员公司均可以通过该信息共享平台查看和提供信息,及时交换最新的信息,促进不动产流通。由于指定流通机构对宅建从业者提供的不动产信息负有"保密义务",因此在房屋未成交之前,房源信息一般不对外公开美国MLS与日本的REINs对比,如表5-15所示。

表5-15 美国MLS与日本REINs对比

		美国MLS	日本REINs
	发起人	美国地区经纪人协会	国土交通大臣
	发起形式	市场自发	政府推动
	管理主体	全美经纪人协会确立主要的规则,地区经纪人协会具体管理	国土交通省指定的4个不动产流通机构
	数量规模	900多个地级平台,且信息不互通	4个区域机构,信息不互通
规则	加入对象及条件	仅经纪人可加入,且经纪人必须加入三级经纪人协会	仅经纪公司可加入且必须加入,成为会员前6个月内不能有违反《宅地建物交易法》及其他重大违法记录
	委托方式	仅独家合同	独家合同和开放式合同均可
	经纪人义务	24小时内上传房源	独家委托5~7天上传房源,多家委托不强制要求上传房源
	房源信息管理	对上传信息有非常严格的要求	对房源上传、下架时效有较高的要求,不得上传重复房源
	惩罚	视情节严重程度给予罚金、吊销执照等处罚	对于发布虚假房源、没有按时处理交易流程,故意行为对其他会员造成伤害等行为依照情节严重程度给予阶段性停止使用REINs,除名公示等处罚。
	信息分发	对外分发信息需要经纪人同意	对外分发信息需要经纪人同意
	开放对象	经纪人	经纪人

资料来源:链家研究院。

---

① REINs上传规则:专任合约与专属专任合约强制上传,多家委托不强制上传;上传物业类型不仅限于住宅,还包括土地与其他非住宅类建筑。

第五章 不动产经纪行业监管体系

(一)信息共享平台(REINs)的发展与使用情况

1.系统升级管理外包后每年新增物业数量大幅提高

1996年日本全国多个不动产信息共享系统合并为4个,并且统一使用REINs系统后,REINs每年新登录物业量逐年增加,1997年增长9.21%,1998年增长11.23%。但增长率在1998年之后开始迅速下滑,1999年增长率为4.68%,至2000年新增物业增长率仅为0.37%。针对这一情况负责REINs系统管理的不动产流通机构开始对REINs系统进行升级,将REINs的使用方式从原来的主机形式变更为利用互联网IP的分散端口形式,降低使用成本。至2002年3月,IP型系统使用率过半,REINs管理运营机构决定废除之前的主机形式。2003年1月,为了提高管理运营效率,不动产流通机构将REINs系统管理外包,而与此同时REINs每年新登录物业量增长率大幅提高,2003年新登录物业量比2002年增加30.76%,效果显著(如图5-7)。REINs的发展历程见表5-16。

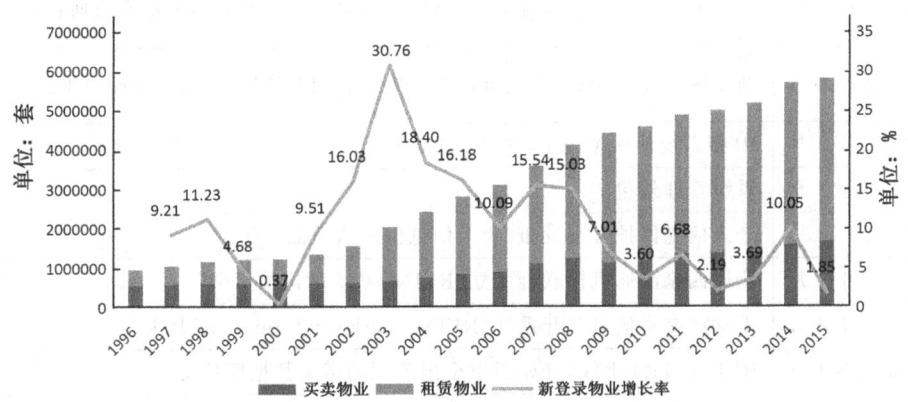

图5-7 1996年至2015年REINs新增登录物业类型以及数量变化

资料来源:东日本REINs,链家研究院整理。

表5-16 东日本不动产流通机构历史发展

时间	事件
1980年11月	财团法人不动产流通近代化中心设立
1982年5月	中介合约制度正式施行
	认定流通机构制度施行

续表

时间	事件
1985年4月	近代化中心开始组建"不动产流通标准信息系统(REINs)设计开发委员会"
1986年3月	REINs设计开发完成
1986年10月	社团法人东京宅地建物交易业协会开始使用REINs系统
1987年7月	社团法人不动产中心(现社团法人不动产流通经营协会)开始使用REINs系统
1988年3月	社团法人全日本不动产协会开始使用REINs系统
1988年5月	第10次修订宅建法,专属专任合约需要上传指定流通机构
1990年3月	除北海道以外东日本地区各个REINs系统开始合并
1990年5月	第10次修订宅建法正式施行,全国指定流通机构合并为37个,其中东日本除了北海道的12个机构均使用REINs系统
1993年5月	REINs ver.3更新,REINs 93版正式上线
1995年7月	Windows版REINs B型上线
1996年8月	开始接管北海道不动产流通机构系统运营
1997年4月	业务范围扩大至全东日本,名称变更为财团法人东日本不动产流通机构
1997年8月	新系统上线,从原来的主机形式变更为利用互联网IP的分散端口形式
2002年3月	IP型系统使用率过半,B型系统废止
2003年1月	系统管理外包
2005年4月	个人信息保护方案发布(个人信息保护法全面实施)
2006年1月	全国四家流通机构联合成立"REINs系统讨论委员会"
2007年4月	不动产交易信息公开系统"REINs market information"上线
2009年1月	REINs ver.4上线,开始提供全国范围的房源数据库信息
2012年4月	组织变更为公益财团法人

资料来源:东日本REINs,链家研究院整理。

2.REINs买卖成交占全国存量住宅流通比例较低

REINs运营伊始,通过系统成交的比例较低,数据显示2001年汇报成交的住宅(包括独户与公寓)仅7万件,占日本存量住宅流通量的17%;2001年至2013年REINs成交占日本存量住宅流通量的比例从17%缓慢提高至24%,但是2014年这一占比又回落至22.7%(如图5-8)。利用率较低的原因主要有以下两点：

（1）一些经纪公司担心一旦将物业信息共享至 REINs，原本可以获得买卖双方的中介费收入，变成仅仅收获一方的中介费，因此上传信息动力不足，加之 REINs 系统给予了经纪人在独家委托 5～7 天上传的缓冲时间以及开放式委托（多家委托）无须上传提供了操作空间。

（2）随着互联网的普及，各类不动产信息门户网站与不动产经纪公司自己的信息网站可以充分保证房源曝光度，且信息向所有人公开，购房者可以自行搜索到相应的房源并直接联系经纪人。

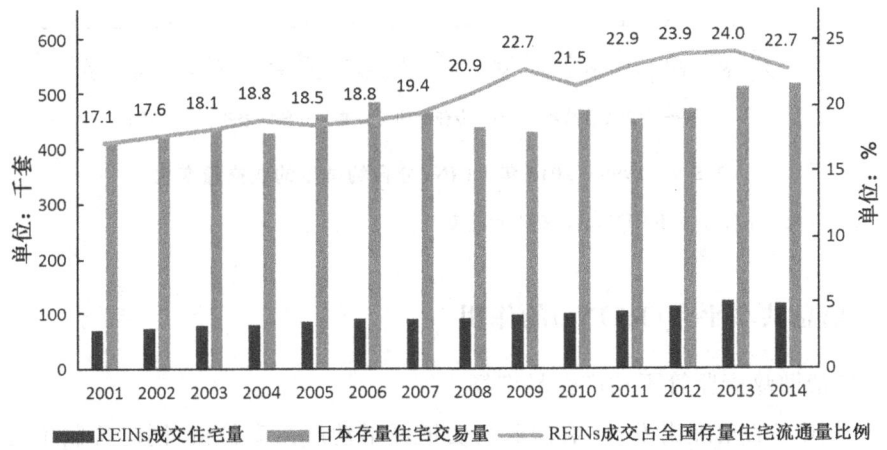

图 5-8　REINs 成交占全国存量住宅流通量比例变化

资料来源：东日本 REINs、FRK，链家研究院整理。

3.专属专任合约成交占比明显增加

日本是一个独家委托与多家委托方式并存的市场，得益于近年大的房地产经纪公司为专任合约与专属专任合约的客户提供很多免费服务，REINs 成交合约类型变化显示，2008 年专属专任合约在成交量中的占比为 19.7％，至 2015 年已经上升至 31％，2008 年之后 REINs 专属专任合约在成交量中的占比明显上升。开放式委托占比保持稳定，不动产中介机构作为卖主的新登录物业量占比增加（如图 5-9）。

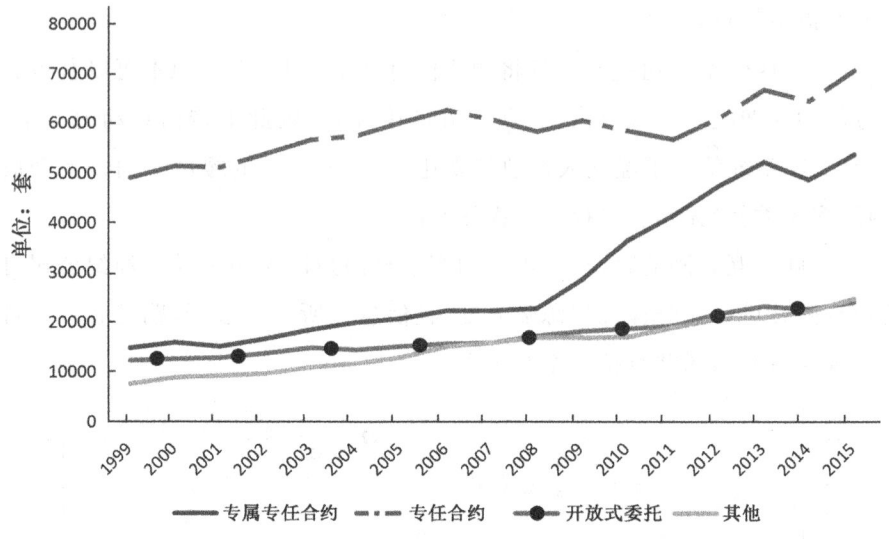

图 5-9　1999—2015 年 REINs 分合约类型的成交量变化

资料来源：东日本 REINs，链家研究院整理。

(二)信息共享平台(REINs)的作用

1.帮助政府监管不动产交易市场

从国家的角度出发，政府需要密切把握不动产买卖价格，同时抑制不动产买卖过程中的各类不正当行为。日本由于经历过一次不动产泡沫破裂，因此全国上下对不动产价格上涨十分敏感，政府对不动产价格的监控也十分重视。而房地产信息共享平台的建立可以帮助政府收集市场真实的成交状况以及成交细节，同时可以规范经纪人与经纪公司的不正当行为。

2.为消费者提供真实的历史成交信息

1997 年《宅地建筑物交易行业管理法》修正，要求专任合约与专属专任的合同都需要在指定流通机构登记，指定流通机构的登记房源数量从 1998 年之后的 60 万件增加至 2008 年的 124 万件，2015 年全年登记数量达到 168 万件。

REINs 系统新登记的房源情况虽然不对公众公开，但是在 REINs 上登记并最终顺利成交的历史成交记录通过"REINs Market Information"网页免费向公众公开。公众查询时可以选择最近的地铁站等地理位置信息，还可以选定价格、面积、房龄等选项查询历史成交记录，方便消费者及时了解房屋成交信息，帮助其对房屋进行初步估计。

3.REINs系统为房源提供了业内最大范围曝光的渠道

2015年REINs会员数量为13.3万人,2015年末宅建行业从业机构数量为12.3万个,几乎所有宅建行业从业机构都为REINs的会员,因此在REINs上传房源信息,地区内几乎所有宅建行业从业机构都可以看到该房源,可以实现房源信息的业内最大范围的曝光。

4.抑制大型不动产公司结盟垄断房源信息

早期日本不动产交易市场混乱,信息不透明,20世纪70年代大型不动产公司进入不动产经纪行业后迅速占领市场并逐渐有了垄断市场之势。为了防止大型不动产公司之间结盟垄断房源信息,日本政府开始建立不动产信息交易平台,在政府与不动产流通协会的努力下日本逐步增加中介委托种类,法律承认两类独家中介合同(专任合约与专属专任合约),并强制要求独家中介合同必须上传信息共享平台,通过法律强制要求部分房源信息行业内共享的方式,防止了大型不动产中介垄断市场后获得定价权侵害消费者,也为众多中小不动产经纪公司提供了生存空间。

六、信息共享平台的管理与运营

REINs的运营机构是根据《宅建法》由国土交通大臣指定的不动产流通机构,日本全国范围根据区域分为东日本不动产流通机构、中部圈不动产流通机构、近畿圈不动产流通机构和西日本不动产流通机构,覆盖日本所有的区域(如图5-10)。它们除了运营REINs系统外,还会定期发布房地产市场观察报告和热点问题的报告。

REINs系统的运营机构通过规定用户ID与密码使用准则确保物业信息上传责任人处于严格监管范围之内;不动产交易信息登录规制要求经纪人上传的所有物业信息均与书面委托合同一致,保证信息的真实准确性;设置交易状况更新环节,预防卖方经纪人随意拒绝介绍物业详情、妨碍物业正常交易;最后要求所有在登录有效期内成交的物业,必须在成交后及时在REINs上传成交报告以便系统及时下架物业信息,保证登录物业的真实在售性。

图 5-10　日本四大指定流通机构负责区域

资料来源：日本不动产，链家研究院整理。

(一)会员制

加入不动产指定流通机构会员需要有相关机构的推荐并且满足一定的条件。不动产流通机构的会员是无法直接加入的，中介和房地产公司只能通过付费加入地区协会，间接自动成为不动产流通机构的会员，从而获得 REINs 使用权限。被承认的协会有宅地建筑物交易业协会、全日本不动产协会、不动产流通经营协会支部，各县分支机构又组成了全国性的组织(如表 5-17)。

表 5-17　不动产流通机构承认的协会

名称	宅地建筑物交易业协会	全日本不动产协会	不动产流通经营协会
标志	REAL PARTNERS	BEST INFORMATION ON REAL ESTATE	FRK
创立时间	1968 年	1952 年	1973 年
会员数	约 9.8 万家	约 3 万家	287 家

资料来源：协会官网，链家研究院整理。

作为REINs平台管理机构的不动产流通机构只向不动产公司按次数收取极少量检索费用,而向会员所在的机构收基础运营费(如表5-18)。

表5-18　东日本REINs收费标准(2016年4月1日新标准)

收费项目	单价(日元)	备注	免费次数
房源搜索	5	一次最多显示500件	3000次/月
房源信息详细搜索	5	一次显示一件	3000次/月
成交条件搜索	5	一次最多显示500件	300次/月
成交详情搜索	5	一次显示一件	300次/月
成交登记	－30	一次登记一件	—
上传图片	－30	一次上传一张	—

资料来源:东日本REINs,链家研究院整理。

1.加入会员的条件

不动产流通机构的会员条件需同时满足:(1)加入Sub-centor(不动产指定流通机构附属机构)构成成员同时从事宅建交易行业;(2)原则上必须配备REINs专用登录终端设备;(3)成为会员前6个月之内没有由于违反《宅建法》而受到处分,并且没有其他重大违反法律的记录。

2.会员需要遵守事项

不动产流通机构的会员应遵守经纪人道德规程、REINs使用规程、REINs使用手册以及其他机构制定的相关规程与事项。

3.会员需要配合指定流通机构的相关调查

会员需要配合不动产指定流通机构与Sub-centor就REINs使用与信息上传等相关事项的调查和指导。

4.会员信息变动时的手续

会员的商号、名称、法人代表者名称、事务所所在地、联系方式等信息变更,或者希望退出会员时,需要向所属Sub-centor提出相关变更申请。

(二)用户ID与密码管理细则

用户ID与密码管理细则如表5-19所示。

表 5-19　REINs 用户 ID 与密码管理细则

ID 与密码管理细则	具体内容
目的	根据 REINs 使用规程提出的要求制定相应 ID 与密码管理细则
用户 ID 与密码的管理	会员作为用户 ID 与密码的管理者与使用者对其负责,出现第三者使用或者 ID 与密码的不正当使用的情况,会员负全部责任
	会员使用纸张记录用户 ID 与密码时需要对纸张进行合理的保存管理
	用户 ID 与密码可能泄露给第三者的情况下需要及时更改密码
	密码必须随时变更
	从属会员的用户 ID 与密码知情从业者辞职或者不在使用 REINs 情况下,会员需要及时变更密码
	密码不得使用名字、生日等易于被第三者推测出的排列组合
用户 ID 与密码租赁给第三者使用的限制	不得随意租赁给第三者使用
	客户委托会员上传信息的情况不属于本细则限制范围
	除以上情况以外,租赁 ID 与密码给第三者的行为需求提前向不动产指定流通机构申请并获得许可

资料来源:东日本 REINs,链家研究院整理。

(三)REINs 使用守则

1.使用者

原则上使用者只能为会员,会员必须妥善管理 REINs 用户 ID 与密码,不得转借给第三方使用。

2.不动产交易信息登录

REINs 不动产信息上传准则如表 5-20 所示。

表 5-20　REINs 不动产信息上传准则

项　目	具体内容	
不动产交易信息上传	专任合约与专属专任合约必须登录	专属专任合约限 5 天内
		专任合约限 7 天内
	其他信息积极上传	
	专任合约与专属专任合约交易信息变更需要在规定时间内完成	
	上传信息发生变更、需要删除等情况应及时处理	
	禁止重复上传,无正当理由的删除、变更与再上传	
	不得在上传信息中使用暗号	
	推荐会员积极上传图片信息	

续表

项 目	具体内容
不动产交易信息上传规则	所有上传信息必须经调查属实
	签订中介委托合约的不动产交易,其上传信息需与书面合同信息一致
上传不动产范围	根据交易对象位置确定该信息需要上传的指定流通机构
上传者	会员直接上传
	委托会员上传
上传完毕证明	信息上传完毕系统会派发信息上传完毕的证明,会员需要随即交给委托人(卖方/买方),不得延误
成交报告	上传不动产交易信息若已成交,会员需要及时上传成交报告,不得延误
上传信息有效期	不论信息是否更新、变更,上传信息有效期均为 3 个月

资料来源:东日本 REINs,链家研究院整理。

3.信息搜索

REINs 不动产信息搜索与利用准则如表 5-21 所示。

表 5-21　REINs 不动产信息搜索与利用准则

不动产信息搜索与利用准则	具体内容	
信息搜索	REINs 上传的所有房源信息	
	成交信息	
	会员信息	
	其他机构提供的信息	
信息利用	遵守《宅建法》的信息保密义务	
	会员没有得到原上传会员的允许不得进行的行为	将 REINs 上传房源信息显示在广告或者宣传中
		带领购入意向者去房源周围考察
		联络卖方并进行交涉
		其他可能会损害其他会员营业活动的行为

资料来源:东日本 REINs,链家研究院整理。

4.交易状况更新

REINs 不动产交易状况更新如表 5-22 所示。

表 5-22　REINs 不动产交易状况更新

交易状况更新	具体内容	
上传	所有专任合约与专属专任合约的待售房源均需要根据交易状况进行更新上传	
更新	房源信息公开中	待售房源的交易状况发生变更时,原则上需要在征得卖方同意的前提下在 2 天内执行该变更
	接到书面购入申请	
	征得卖方同意后暂时停止介绍该房源	
就交易状况更新对卖方进行说明	房源交易信息更新时,原则上需要向卖方确实是否可以进行变更后执行	

资料来源:东日本 REINs,链家研究院整理。

5.成交报告

上传不动产交易信息若已成交,会员需要及时上传成交报告,不得延误;同时禁止提供虚假的成交报告。

开放式委托的情况下,REINs 上可能存在多家会员上传房源信息,这种情况下,只有成交的中介会员需要提供成交报告,其他会员需要及时删除房源信息。

6.成交信息利用限制

成交信息只能用于买卖双方商讨交易价格时所使用的历史参考资料,会员不得将成交信息作为广告、宣传使用。

7.买卖方委托中介机构的义务

买卖方委托中介机构的义务如表 5-23 所示。

表 5-23　买卖方委托中介机构的义务

买方中介从业者		卖方中介从业者
带看前通知原房源信息上传者	并尽量将买方的要求告知卖方代理机构	房源详情咨询核验	房源信息上传方无正当理由不得拒绝买方中介从业者关于房源信息详情咨询核验或者带看请求
购买申请	买方中介从业者确认买方购入意向之后需要向原房源信息上传者确认房源是否存在后,递交购入申请	根据购买申请确认交涉顺序	原则上卖方中介从业者应该按照收到购买申请的顺序来决定第一个交涉对象
		接到购买申请后需要尽快向卖方确认是否可出售	
		买卖方交涉过程的联络与汇报	
		成交后及时通知提出购入申请的买方中介从业者	

资料来源:东日本 REINs,链家研究院整理。

(四)违规处分

REINs 违规处分如表 5-24 所示。

表 5-24　REINs 违规处分

分类	原因	除名并公示	停止使用(1年以内并公示)			警告(公示)	提示(公示)	劝告
			6个月以上	3个月以上不到6个月	不到3个月			
上传与报告	延迟执行上传、变更、删除义务							○
	没有履行上传、变更、删除义务						○	
	上传不适当内容(含有暗号等)						○	
	上传不完整信息						○	
	虚假信息上传			○				
	没有中介委托合约的上传(口头合约或者合约到期)					○		
	没有中介委托合约的上传(盗用其他会员的上传信息)					○		
	没有将上传完成凭证交给委托人						○	
	成交报告推迟上传						○	
	没有履行上传成交报告义务				○			
信息使用	没有得到原信息上传者允许的情况下将信息转载至广告宣传中					○		
	成交信息不正当使用					○		
	ID与密码管理不当						○	
	ID与密码不正当使用或租赁给第三方使用				○			

续表

分类	原因	除名并公示	停止使用(1年以内并公示) 6个月以上	停止使用(1年以内并公示) 3个月以上不到6个月	停止使用(1年以内并公示) 不到3个月	警告(公示)	提示(公示)	劝告
业务	没有得到原信息上传者允许的情况下擅自带购入意向者看房						○	
业务	没有得到原信息上传者允许的情况下擅自联系卖方并交涉					○		
业务	没有履行向委托人汇报业务情况的义务						○	
业务	拒绝介绍房源						○	
业务	切户行为				○			
业务	切户行为惯犯	○						
交易	由于过失对其他会员造成重大损害的行为					○		
交易	故意行为对其他会员造成重大损害			○				
交易	由于过失对消费者造成重大损害的行为				○			
交易	故意行为对消费者造成重大损害		○					
指定不动产流通机构	损害机构信用行为					○		
指定不动产流通机构	对机构造成重大损失的行为		○					
指定不动产流通机构	其他违反机构规则的行为						○	
重复违规	对于机构的劝告置之不理行为						○	
重复违规	对于机构的提示置之不理行为					○		
重复违规	对于机构的警告置之不理行为				○			
重复违规	劝告、提示、警告的重复惯犯				○(上位处分适用)			
重复违规	停止使用REINs或者其他处分的重复惯犯		○(停止使用延长1至3个月)					

资料来源:东日本REINs、链家研究院整理。

第六章

日本经纪行业概况

与大多数国家类似,日本房地产经纪行业不仅局限于二手房交易,还兼售新房、土地、写字楼、商业地产等其他物业类型,以及房屋租赁中介业务。而且行业准入门槛低导致行业高度分散,日本60%的经纪公司混业经营,兼营租赁管理、装修、建筑等其他业务。

一、佣金规模测算

日本经纪行业佣金规模接近510亿人民币,其中二手房佣金规模398亿人民币,占比78%;其次为新房销售佣金规模109亿人民币,占比22%。

(一)二手房买卖佣金规模

二手房年成交量使用FRK统计口径,二手房成交均价使用样本范围覆盖全国的住宅金融支援金融机构提供的独户与公寓成交价用交易量加权后的价格进行计算,可以得出2013年日本二手房买卖的佣金规模约为6629亿日元,约合398亿人民币,2013年二手房住宅套均成交价与中国持平,佣金规模为中国的一半左右(如图6-1)。计算过程如下:

$$二手房买卖GMV = 房屋均价 \times 二手房成交量$$

$$= \frac{2561.8 \times 5065 + 2252.7 \times 3605}{5065 + 3605} \times 51.4$$

$$= 12.5 万亿日元(约合7504.2亿人民币)$$

平均中介费率为5.3%,日本二手房经纪渗透率接近100%,因此可以得出:

$$二手房买卖中介收入 = 房屋均价 \times 二手房成交量 \times 佣金率 \times 中介渗透率$$

$$= \frac{2561.8 \times 5065 + 2252.7 \times 3605}{5065 + 3605} \times 51.4 \times 5.3\%$$

$$= 6628.7 亿日元(约合397.7亿人民币)$$

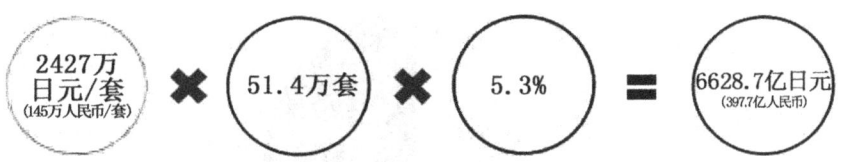

图 6-1　日本二手房买卖佣金规模测算

资料来源：链家研究院。

(二)新房买卖佣金规模

新房销售多为开发商与建筑商旗下经纪公司直销以及代理销售为主，收费模式为单边收费，代理费率为 3%，可以视经纪公司的中介渗透率为 100%；全国成交均价使用样本范围覆盖全国的住宅金融支援金融机构提供的 2013 年新建独户与公寓价格进行计算；不动产经济研究所数据显示，2013 年首都圈与近畿圈新建商品房公寓的签约率均在 80% 左右，首都圈新建独户商品房的签约率为 50%（如图 6-2），具体计算如下：

新建商品房 GMV ＝ 新建商品公寓 GMV ＋ 新建商品独户 GMV

＝ 公寓房屋均价 × 新建公寓供给量 × 签约率 ＋ 独户房屋均价 × 新建独户供给量 × 签约率

$= 3862 \times 12.4 \times 80\% + 3320 \times 13.5 \times 50\%$

＝ 60721.0 亿日元（约合 3643.3 亿人民币）

新建公寓中介代理收入 ＝ 公寓房屋均价 × 新建公寓供给量 × 签约率 × 佣金率 × 中介渗透率

$= 3862 \times 12.4 \times 80\% \times 3\% \times 100\%$

＝ 1149.4 亿日元

新建独户中介代理收入 ＝ 独户房屋均价 × 新建独户供给量 × 签约率 × 佣金率 × 中介渗透率

$= 3320 \times 13.5 \times 50\% \times 3\% \times 100\%$

＝ 672.3 亿日元

新房中介代理收入 ＝ 新建公寓中介代理收入 ＋ 新建独户中介代理收入

$= 1149.4 + 672.3$

＝ 1821.7 亿日元（约合 109.3 亿人民币）

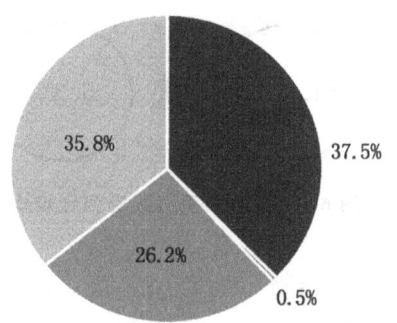

图 6-2　2013 年日本新建住宅结构情况

资料来源:日本国土交通省,链家研究院整理。

(三)佣金规模分布

根据以上计算,2013 年日本买卖经纪中介费收入规模可以达到8450.4亿日元(约合 507 亿人民币),其中二手房买卖占比最高为 78.4%,其次为新建公寓买卖占比为 13.6%,独户买卖占比 8%。

日本每年新建住宅量虽大但商品化率低,以 2013 年为例,其中 37.5% 的租赁住宅与 35.8% 的自建自住型住宅不进入新房市场流通,仅有 26.2% 为参与市场流通的商品住宅。2011 年以来日本存量住宅流通量逐年增加,考虑到日本政府近年来对存量住宅流通十分重视与支持,未来二手房买卖的市场规模可能会进一步扩大(如图 6-3)。

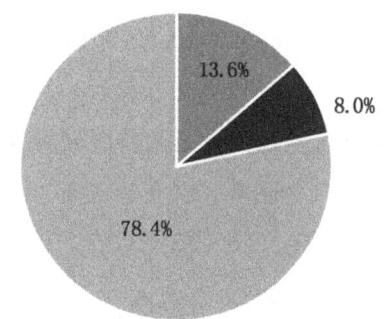

图 6-3　2013 年日本买卖经纪行业中介费收入规模分布

资料来源:链家研究院。

二、经纪行业特征

日本经纪行业整体可以用"既分散又集中"来形容,分散体现在行业进入门槛较低,行业以中小不动产经纪公司为主,80%的经纪公司人员不超过5人,98%的经纪公司业务范围仅限于一个都道府县;集中则又体现在行业存在大公司,大公司在不动产流通量较为集中的首都圈与近畿圈内以直营店的方式密集布点,主要交易对象为二手房,在二手房交易中的市占率比较高。

(一)行业门槛较低,以中小不动产经纪公司为主

日本对经纪人从事不动产经纪业务没有设特殊门槛,仅在不动产交易过程中的重要环节——交易对象与合约内容的说明(重要事项说明)与书面合约的认证过程——必须由宅地建物交易士完成;经营者成立公司时可以选择以法人方式成立公司,也可以选择以个人方式成立公司,需要启动资金少且成本较低,行业整体进入门槛较低,导致行业中小型公司占比较多。

第一,98%的经纪公司的业务范围只覆盖一个都道府县。

2016年统计数据显示,日本目前全国经纪公司数量为12.35万家,其中法人公司数量为10.65万家,个人公司数量为1.7万家,法人公司占比86%,远高于个人公司数量。但法人公司中有0.24万家持有国土交通大臣注册许可证,约占所有经纪公司数量2%,其余12.1万家经纪公司仅持有都道府县知事注册许可证,这意味着在日本只有不到2%的经纪公司的业务范围覆盖2个或者2个都道府县以上的区域,98%的经纪公司的业务范围只覆盖一个都道府县,业务区域性较强(如图6-4)。

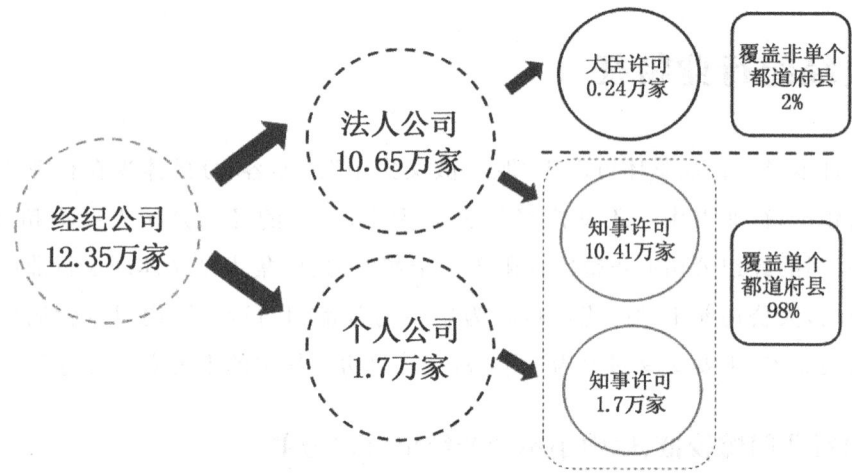

图 6-4　2016 年日本经纪公司结构情况

资料来源：不动产正当交易推动机构，链家研究院整理。

第二，80％的经纪公司经纪人数量低于 5 人（如图 6-5）。

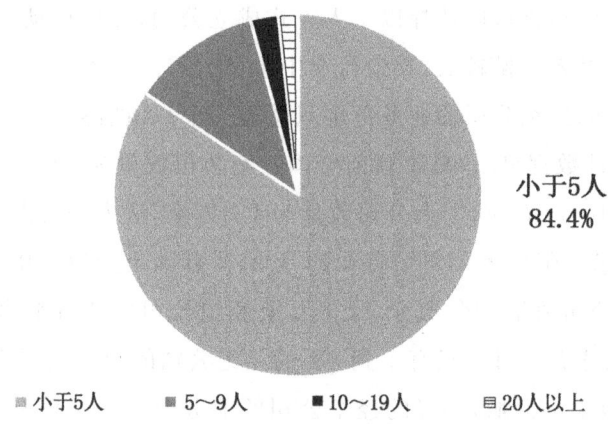

图 6-5　2016 年日本经纪公司人员规模占比

资料来源：不动产正当交易推动机构，链家研究院整理。

第三，80％的经纪公司注册资本金低于 2000 万日元（如图 6-6）。

第六章 日本经纪行业概况

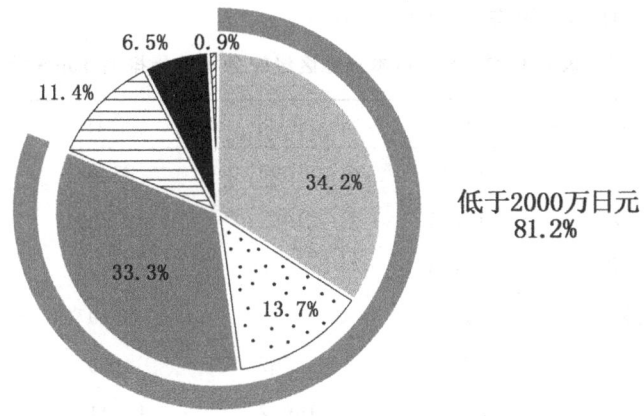

图 6-6　2016 年日本经纪公司注册资本金规模占比

资料来源：不动产正当交易推动机构，链家研究院整理。

(二)34%的经纪公司集中在东京圈

从都市圈来看，60%的经纪公司分布于三大都市圈内，其他都道府县占比仅为 40%；经纪公司数量最为集中的区域为东京圈，达到 34%（如图 6-7）。

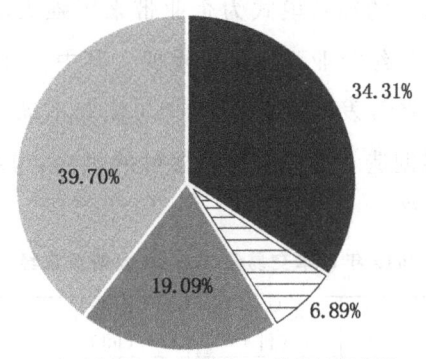

图 6-7　2016 年日本经纪公司区域分布占比

资料来源：不动产正当交易推动机构，链家研究院整理。

从区域来看，2016 年日本经纪公司数量最多的地方为东京都，拥有 23703 家经纪公司；其次为大阪府，拥有 10265 家经纪公司、经纪公司最少的地方为鸟取县,仅有 288 家经纪公司(见表 6-1)。

表 6-1　2016 年日本分地区经纪公司数量排名 Top 5 地区

Top 5	法人	个人	合计	占比(%)
东京	22610	1093	23703	19.21
大阪	10265	1991	12256	9.93
神奈川	7738	375	8113	6.57
爱知	4968	1229	6197	5.02
埼玉	5502	557	6059	4.91
全国	106494	16922	123416	100

资料来源:不动产正当交易推动机构,链家研究院整理。

(三)Top 3 二手房经纪公司市占率达 19%

三井不动产 Realty、住友不动产贩卖、东急 Livable 是日本目前不动产经纪行业 Top 3 企业,主要从事都市圈核心区域二手房买卖中介业务,这三家不动产经纪公司均采用区域密集型直营店方式,门店数量均超过 100 间(如表 6-2)。2013 年三井不动产 Realty、住友不动产贩卖、东急 Livable 交易量合计为 9.7 万件,Top 3 行业集中度[①]达到 18.9%。

这些大型企业占据了包括房源、店面位置与优秀的经纪人等核心资源,同时区域密集型直营店的经营模式为企业带来了强大的集客能力,这对整体处于买方市场的日本经纪行业而言十分重要。其中三井不动产 Realty 与住友不动产贩卖为综合地产开发商三井不动产与住友不动产旗下子公司,开发商背景为两家中介公司创造了更多与业主接触的机会,与业主之间关系更为密切,可以更好地掌控房源。

表 6-2　2013 年日本交易量 Top 10 大型买卖经纪公司经营业绩

企业名称	交易量[②] (件)	门店数量 (间)	中介费收入 (百万日元)
三井不动产 Realty	42550	273	74657
住友不动产贩卖	35455	251	52666

① 行业集中度=2013 年 Top 3 经纪公司交易量合计/2013 年全日本二手房交易量。
② 交易量反映了 2013 年日本大型买卖经纪公司买卖中介数量,但值得注意的是买卖对象不仅局限于二手房,还包括新房、土地、写字楼、商业地产等其他物业类型。不同企业背景和企业战略定位,交易量中二手房买卖占比有高有低,且具体占比无从得知。

续表

企业名称	交易量② (件)	门店数量 (间)	中介费收入 (百万日元)
东急 Livable	19435	138	40069
野村不动产集团	7437	60	24520
三菱 UFJ 不动产贩卖	5949	41	13965
三井住友信托不动产	7029	71	15114
瑞穗不动产贩卖	4062	45	10103
大京集团	6840	62	7987
三菱地所集团	3052	26	10578
大成有乐不动产贩卖集团	4269	37	6546
合计	136078	1004	256205

资料来源:《住宅新报》,链家研究院整理。

(四)混业兼业占比过半

1.经纪公司混业兼业占比约60%

日本经纪行业的混业兼业现象比较常见,同时由于从业门槛相对较低的原因,有很多从业者是从其他行业退出后加入经纪行业的。

日本总务省统计局经济调查显示,2014年不动产代理与中介业门店为4.9万间,从业人员为21.2万人,而日本不动产正当交易推动机构调查2014年注册的经纪公司为12.3万家,远大于统计局调查的门店数量;2014年经纪行业从业人员为53.4万人,其中专职宅建士为20.4万人(见表6-3)。因此可以推测日本不动产正当交易推动机构统计的注册经纪公司数量包括所有可以从事经纪业务的不动产公司,其中包括专业从事不动产经纪业务的公司与兼营租赁管理、装修、建筑等其他业务的不动产公司;而统计局调查的不动产代理与中介业门店数量为非混业或者主营业务为经纪业务的经纪公司,公司混业兼业占比约为60%。

表6-3 2014年不动产各行业门店与从业者数量

行业	绝对值		相对值	
	门店数	从业者数	门店数	从业者数
不动产业	353558	1184373	100.00%	100.00%
不动产交易业	65516	323477	18.53%	27.31%
管理与辅助性事务所	46	1416	0.01%	0.12%
建筑与土地买卖业	15932	110484	4.51%	9.33%

续表

行　业	绝对值		相对值	
	门店数	从业者数	门店数	从业者数
不动产代理与中介业	49538	211577	14.01%	17.86%
不动产租赁管理业	288042	860896	81.47%	72.69%
管理与辅助性事务所	125	1055	0.04%	0.09%
不动产租赁业（主要为土地、办公场所、店铺）	42967	172277	12.15%	14.55%
租客与租赁间业（主要为住宅）	161379	372628	45.64%	31.46%
停车场业	31928	75942	9.03%	6.41%
不动产管理业	51643	238994	14.61%	20.18%

资料来源：总务省统计局《2014年经济调查——基础篇》，链家研究院整理。

2.经纪人混业兼业占比约62%

2016年统计数据显示，日本目前全国经纪人规模达到55.1万人，其中在职宅建士有30.6万人，非执照经纪人有24.5万人，在职宅建士规模高于非执照经纪人。而在职宅建士中有20.7万人为专职宅建士，即这部分经纪人无法从事任何混业或者兼业业务，只能进行不动产经纪业务；有9.9万人为非专职宅建士，这部分经纪人可以从事混业或者兼业业务，例如二手房中介撮合成功之后帮助新业主进行二手房翻新业务，或者在租赁中介撮合成功后接受业主委托进行租后一系列租赁物业管理业务等（如图6-8）。

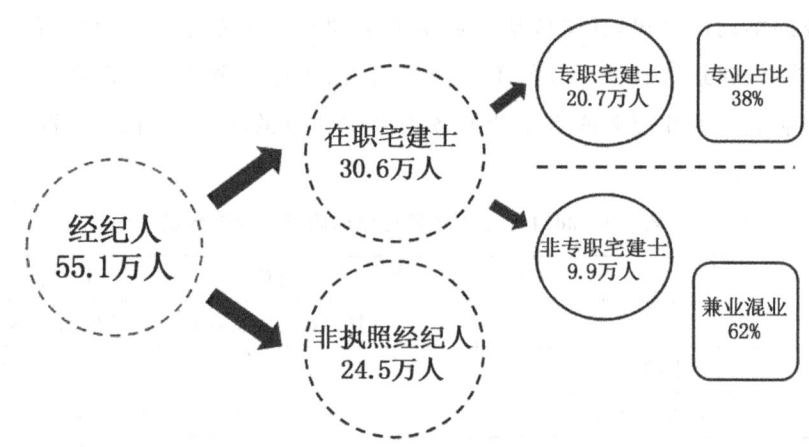

图6-8　2016年日本经纪人结构情况

资料来源：不动产正当交易推动机构，链家研究院整理。

根据以上分析可以估算出,按公司数量维度衡量日本经纪行业混业占比约为 59.6%,按从业者数量维度衡量的混业占比约为 62%,因此可以初步得出日本经纪行业混业占比约为 60%,专门从事经纪行业的专业经纪公司占比仅约为 40%(如图 6-9)。

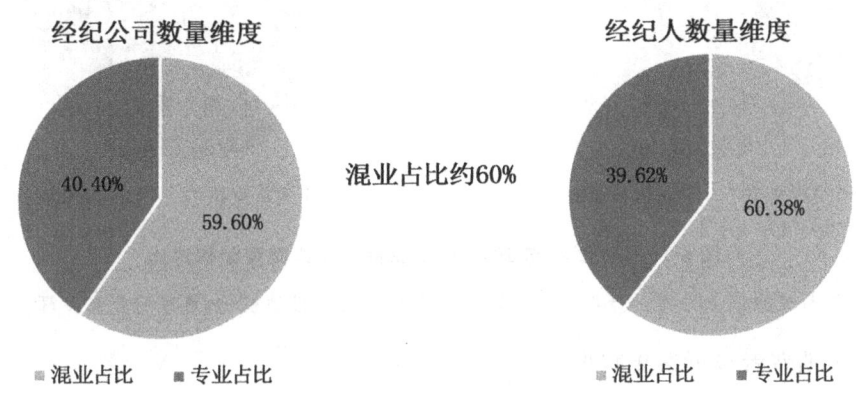

图 6-9 日本经纪行业混业占比估计

资料来源:链家研究院。

三、行业竞争环境

(一)行业逐步规范化

1.法人公司占比逐年提高,个人公司逐渐退出历史舞台

法人经纪公司数量稳定,个人经纪公司数量下降。2016 年日本不动产经纪公司中法人经纪公司数量为 106494 家,同比增长 0.8%;个人经纪公司为 16922 家,同比减少 4.0%。根据日本国土交通省统计,1995 年至 2016 年经纪行业法人公司数量稳定在 10.7 万家左右,而个人经纪公司数量从 1995 年的 3.4 万家,一路下降至 1.7 万家。

目前日本经纪公司中法人数量占绝对优势,法人经纪公司占 86.29%,个人经纪公司仅占 13.71%。对比《宅建法》开始实施的 1952 年,1952 年个人经纪公司数量居多,占 90%;法人经纪公司仅占 10%。可见,随着行业法律法规的不断完善,门槛的逐步提高,行业更加规范的环境下,法人公司可以为客户提供更专业优质的服务(如图 6-10)。

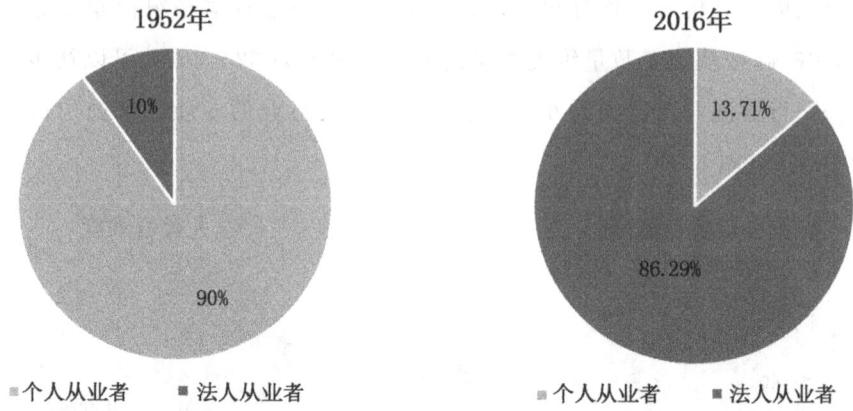

图 6-10 1952 年与 2016 年从业机构组织类型结构对比

资料来源:《三井不动产四十年史》、不动产正当交易推动机构,链家研究院整理。

2.消费者投诉逐年减少

日本二手房和租赁中介的服务改善与进步仍然明显,近 10 年向国土交通省或地方主管机构投诉的案件减少了一半以上(如图 6-11、图 6-12)。

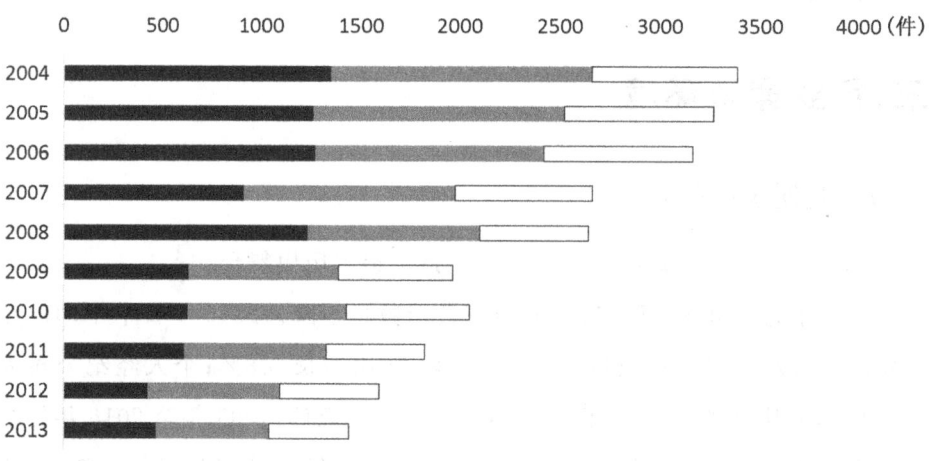

图 6-11 不动产相关投诉案件数量变化

资料来源:日本国土交通省,链家研究院整理。

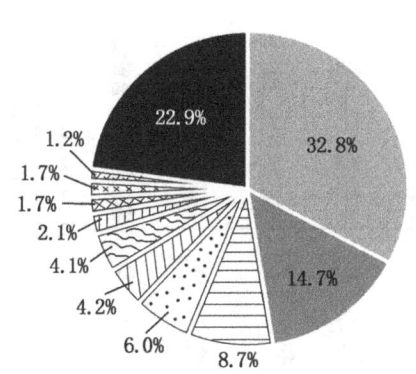

图 6-12　2013 年日本不动产主要投诉事由

资料来源：日本国土交通省《宅地建物取引业法施行状况调查结果》，链家研究院整理。

（二）隐藏房源以获取双边交易

在房源曝光、搭便车、道德风险构成的"不可能三角"中，美国通过以独家委托和 MLS 为核心的体系部分解决了"搭便车"和"房源曝光"的问题，但是对"道德风险"无法有效控制。日本交易体系的不成熟使得矛盾更多。REINs 的存在一定程度上解决了房源曝光的问题，而多家委托却反而带来了搭便车现象，因此多家委托日趋萎缩是必然的。

此外，允许双边交易的道德风险问题更加严重。中介公司倾向追求双边交易获取双方佣金，选择不向 REINs 公开房源。美国有约一半的州明确禁止双边交易，而日本不存在类似规定（如图 6-13）。尽管 REINs 构成协会规定中介公司有义务尽快向市场公开发布房源信息，但仍然存在中介公司谎称已在 REINs 上公开房源而实质上将信息登记后立即删除，或者对咨询房源的买方经纪人声称已被预定等试图独享房源的欺诈行为。这使得卖方有可能错失更高报价或延长成交时间。事实上，隐藏房源的情况是比较普遍的，这成为日本房地产交易中饱受诟病的问题（如表 6-4）。

日本不存在如美国一样的独立经纪人制度，多数经纪人作为公司雇员，公司资源集体共享。美国大型连锁中介公司的核心竞争力是品牌，而日本经纪公司除了具备品牌优势还有客源优势，取消双边交易对大型中介公司的利益损害明显，改变制度仍然阻力重重。

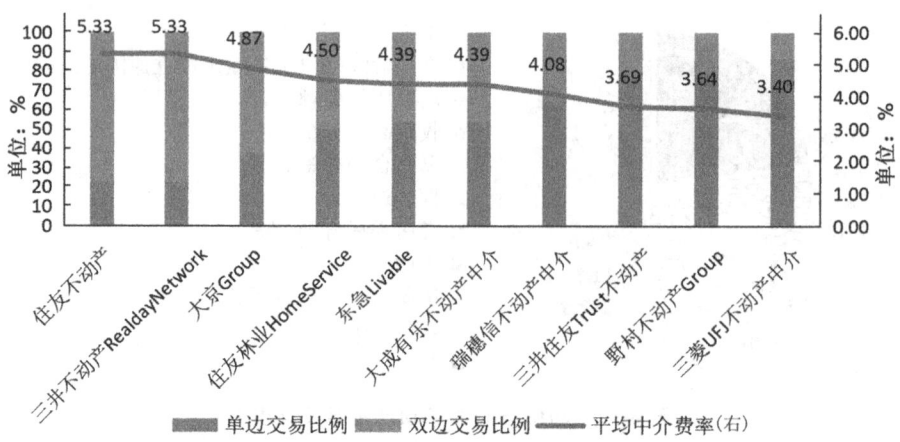

图 6-13 2013 年大型经纪公司双边交易与单边交易比例

资料来源:链家研究院整理。

表 6-4 日本 Top 3 经纪公司房源隐藏率调查

公司名称	调查房源数	隐藏房源数	隐藏率(%)
三井不动产 Realty	189	40	21.2
住友不动产	147	8	5.4
东急 livable	52	3	3.8
合　计	388	50	12.9

资料来源:Diamond 调查,链家研究院整理。

第七章

市场参与主体的作用

首先，互联网使得人们可以随时随地收罗到原本只能通过纸质媒体获得的支离破碎的房源信息。其次，房源共享平台的建立与普及使得房地产经纪公司和顾客之间的信息差越来越小。购房者可以免费、轻松地收集到房源信息以及人们对房屋本身与周边环境的评价、市场行情、风险信息等，可以从多个角度对房屋进行考查。因此，有购房意向的顾客对房地产经纪公司信息搜索职能的依赖越来越低，顾客选择房地产经纪公司的标准也随之改变。以往顾客偏向于选择房源信息持有量多的公司，但现在更偏向于能够提供迅速、高品质服务的公司。

这种趋势使中介行业的工作方式发生了变化，房地产经纪公司的工作标准由房源信息持有量的多少变为"能切切实实地为顾客提供安全、快捷的房地产交易"。因此，各个房地产经纪公司相比掌握、垄断更多信息，更专注于"为顾客提供安全的房源""让房屋流通更加快捷"，房地产流通业由"信息流通业"转变为"服务流通业"。与此同时，为了响应国家号召，改善存量房屋质量，房地产经纪行业推出了各类可以改善房屋质量的配套服务，让客户进行房屋交易的同时可以改善购入房屋的质量，让原本流通的低品质住宅变得更加适宜居住，在提高客户居住质量的同时也间接达到改善日本存量住宅质量的目的。经纪公司服务内容的改变对促进二手房更安全、更便捷、更高质量的流通具有重要意义，也直接促进了可循环住宅供应体系的构建。

一、让二手房流通更加安全

(一)日本房屋交易经纪渗透率几乎达到100％

不动产交易的直接当事人为买方与卖方,当事人有权决定不动产交易内容,同时也是买卖合约约定权利与义务的归属主体。由于不动产交易涉及交易额较大、交易周期较长,交易主体被卷入纠纷后面临损失较大,但是多数情况下买卖双方一般缺乏不动产交易的专业知识与经验,因此需要专业经纪从业者与相关业务的专业人士帮助,委托专业人士帮助成交可以大大降低交易风险(如表7-1)。

表7-1 日本二手房买卖双方交易流程

卖 方	买 方
1.确定出售意愿	1.确定购买意愿与偏好
2.了解市场概况	2.确定预算
3.选择经纪公司	3.搜集房源信息(网上、广告、不动产中介)
4.经纪公司进行价格评估	4.实地考察(居住环境等)
5.签订中介委托合约	5.试算购入各类税费及贷款利息
6.与购房者交涉	6.委托中介公司提出购买申请
7.经纪公司进行房屋核验与重要事项说明	7.重要事项说明
8.签订买卖合同	8.签订买卖合同
9.过户	9.贷款
	10.过户

资料来源:日本不动产,链家研究院整理。

日本法律规定卖方对卖出物业的瑕疵有担保责任,若卖方隐瞒或者在没有将物业存在的一些瑕疵问题向买方清楚说明的情况下将物业卖出属于违法行为,买方可以以此为依据追究卖方法律责任。考虑到委托中介机构参与交易不论对买方还是卖方都可以起到一定的约束作用,防止交易双方逃避自身责任,于双方有益,日本政府鼓励中介参与不动产交易过程,以降低不动产交易风险,保障消费者权益不受侵害。除此之外,个人之间的直接交易申请贷款时会给银行带来很多麻烦,一般银行不会受理个人之间直接交易的购房贷款申请,因此在日本就算是亲戚之间做交易,一般也会通过中介公司,日本不动产买卖中介渗透率几乎可以达到100%。

(二)签订书面中介委托合同

为了减少业主与中介从业者之间可能出现的纠纷,业主决定将不动产委托给不动产经纪公司进行买卖时一定要签署书面委托合同,即书面的"中介委托合约",合约中需要将业主卖出条件、成功卖出后支付给中介公司的中介费、中介合约的有效期限、合约有效期限内经纪公司的义务等详细列示,一切非书面(如口头约定)约定均视为无效约定。

1.中介委托合约类型

日本不动产中介委托方式有三种:专任合约、专属专任合约与开放式委托。专属专任合约只可以委托一家中介公司,同时不允许自行成交;专任合约只可以委托一家中介公司同时允许自行成交;开放式委托可以委托多家中介公司,也允许自行成交。这三类委托方式的特征如表7-2所示。

表7-2 三种委托方式及其特点

	专属专任合约	专任合约	开放式委托
是否可以委托多家中介公司	×	×	○ (明示型委托需要告知中介公司具体委托了哪些中介)
是否可以自行成交	×	○	○
合约有效期	3个月以内	3个月以内	法律上没有明确规定(但行政指导有效期为3个月以内)
是否需要在指定流通机构登记	签订中介委托合约5日内	签订中介委托合约7日内	法律上没有明确规定(可以选择性登记)
是否有义务报告业务处理情况	一周一次或者一次以上	两周一次或者一次以上	法律上没有明确规定(可以选择性报告)

资料来源:日本不动产、链家研究院整理。

2.独家与多家中介合约的优缺点

(1)专属专任合约与专任合约的优缺点

◎优点一:更快出售

由于日本不动产市场依然属于新房主导的市场、二手房流动性较差,同时由于日本住宅常用的评估方式为单纯的直线折旧法,因此随着时间流逝住宅的价值在不断贬值,对于二手房卖方而言尽快将住宅出售变得更加重要。

站在卖方的角度来看,业主为了快速将不动产出售一般会选择可以委托多家经纪公司的开放式委托。但是站在经纪人角度来看,对于经纪人而言只有成交了才可以获得中介报酬,多方委托有可能会产生经纪人辛苦找寻买家的过程中房屋却被其他中介成交的情况,打击经纪人的积极性,因此经纪人相比可能会被其他中介优先成交的开放式委托一般会优先处理专任合约与专属专任合约的合约,最终结果反而是专属专任合约与专任合约可以更快成交的可能性更大。

◎优点二:经纪公司的优惠政策

为了提高成交效率,一些不动产经纪公司比起开放式委托更愿意受理专属专任合约与专任合约,因此为了鼓励客户选择签订专属专任合约与专任合约,日本经纪公司会为消费者提供一些优惠政策。以东急 Livable 为例,日本法律规定不动产买卖中,卖方需要对卖出后的住宅设备的正常使用负责,若住宅设备出现故障卖方有责任对其进行修缮。"Livable 安心中介保证"服务是东急 Livable 为卖方提供的一款住宅设备故障保险,可以保障住宅卖出后两年间最高 500 万日元(约合 30 万人民币)的维修费用,另外还有一些下水道清洗服务、地板划伤修复服务等,选择专属专任合约与专任合约的卖家可以免费享受这些服务。

◎优点三:卖方只需与一家经纪公司联系

不动产经纪行为涉及买卖双方,经纪人在进行交易撮合的过程中买卖双方都可能经历多次调价,经纪公司带客户实地看房的过程中需要与买卖双方协商看房时间,对于开放式合约的卖方每次调价都需要联系多个经纪公司,多方协商实地看房的时间,过程相对麻烦,专属专任合约与专任合约下卖方只需与一家经纪公司的一位经纪人联系即可,对于卖家来说会相对轻松。

◎缺点:可能无法获得最优成交

专属专任合约与专任合约的缺点是只委托一家经纪公司,若这一家经纪公司的集客能力不够强,可能无法快速为卖方匹配买方,或者即使寻找到了买方,最终成交价格也并不是市场最优成交价格。

(2)开放式委托的优缺点

◎优点:多次询价机会

开放式委托可以委托多个经纪公司,房源曝光范围更广,意味着房源可能获得更多的询价次数,卖方获得更高成交价格的概率更高,特别是物业质量好与交通方便的物业,卖方选择开放式委托比较有利。

◎缺点:卖方需要同时与多家经纪公司沟通,操作复杂

不动产经纪行为涉及买卖双方,经纪人在进行交易撮合的过程中买卖双方都可能经历多次调价,经纪公司带客户实地看房的过程中需要与买卖双方协商看房时间,对于开放式合约的卖方每次调价都需要联系多个经纪公司,多方协商实地看房的时间,操作相对麻烦。

3.中介费

《宅建法》中明确规定了日本二手房交易中单边费率的上限,调查显示绝大部分日本中介公司使用的均为法律规定的最高中介费率。中介费一般在买卖合约签订时支付一半,在二手房成功过户后支付另外一半(如表7-3、表7-4)。

表7-3 日本二手房中介单边费率

交易额	佣金率上限(含税)
200万日元以下	5.4%以下
200万~400万日元	4.32%以下
超过400万日元	3.24%以下

资料来源:链家研究院。

表7-4 日本中介收费标准调查

中介费收费标准	企业数量(个)	占比(%)
使用《宅建法》规定的中介费上限	102	81.0
使用独自的中介费基准	3	2.4
使用低于《宅建法》规定的中介费上限的中介费率	11	8.7
无回答	10	7.9
合　　计	126	100.0

资料来源:土地综合研究所问卷调查(2015年1月实施),链家研究院整理。

(三)重要事项说明

若事先没有将交易对象相关权利关系、法律上的限制、交易条件等重要事项说明清楚,不动产交易过程中很容易给买方造成较大的经济损失。但是一般的买方缺乏不动产交易相关知识与经验,为了防止买卖双方在交易过程中遭受不必要的损失,尽量降低交易风险,日本在不动产经纪业务过程中设置了一个"重要事项说明"环节。根据《宅建法》,重要事项说明必须由在职宅建士来完成。宅建士需要在双方签订交易合约前再次重申交易对象相关物理状

态、附带权利,该交易涉及的各项费用、交易解除事项、违约金、房屋瑕疵保证等,保证双方是建立在对合约内容充分理解的基础上签订合约。重要事项说明环节是宅建士业务中的一个重要事项,也是日本不动产经纪行业中把控交易风险的一个关键环节(如表 7-5)。

表 7-5　重要事项说明书包含内容

	重要事项说明书记载说明事项
物业相关事项	不动产登记中记载的权利种类、内容、登记所有人名称
	法律限制相关事项
	水电、天然气供应设施、上下排水设施情况
	若存在未完成工事的情况需要将工程完成时工程详情进行说明
	确认是否在土沙灾害警备区域内,若在警备区域内需要向双方明示
	确认是否在防灾区域内,若在防灾区域内需要向双方明示
	确认是否在海啸防灾区域内,若在海啸防灾区域内需要向双方明示
	建筑用地与建筑用途的使用限制
	委托管理方的姓名与住所
	确认建筑是否为接受过住宅性能评价的新建住宅,并向双方明示
	厨房、浴室、卫生间情况介绍
	建筑抗震等级
	调查建筑是否使用石棉材料,汇报调查结果
	是否需要负担私人道路费用
	与该建筑相关都市计划法(现有规制以及未来可能变更)事项
	与该建筑相关宅地开发法制事项
交易相关事项	除定金、交换差价等以外各类金钱的额度以及目的说明
	合约解除事项
	损失赔偿与违约金事项
	定金保管
	贷款事项以及贷款不成功后的应对措施
	瑕疵担保责任
	定期借地借家事项
	合约时限以及合约更新相关事项

续表

其他	重要事项说明书记载说明事项
	公寓住宅（即中国商品房）整栋楼的土地权利的种类，共有部分的规定内容，专有部分的用途与利用限制等，以及公寓维修基金和物业费等
	定金保管所相关事项

资料来源：日本国土交通省，链家研究院整理。

（四）经纪人职业化

房地产经纪行业提供的是一种服务而非商品，直接为客户提供服务的就是经纪人，因此房地产经纪行业可以视为"人"的产业，房地产的所有劳务都是通过"人"来进行的。根据三井不动产 Realty 调查，相较于"手续费便宜""信息持有量多""高价出售"等优势，日本的顾客更注重经纪人在是否可以保证二手房交易更加安全、快捷，服务优质到位与经纪人的专业程度，客户在选择房地产经纪公司时倾向于选择可以提供更高质量服务的公司。基于这一认识，日本的房地产经纪行业公司为了提供让客户放心与快捷的交易，积极地投资经纪人的培养与发展项目（如图 7-1、图 7-2）。

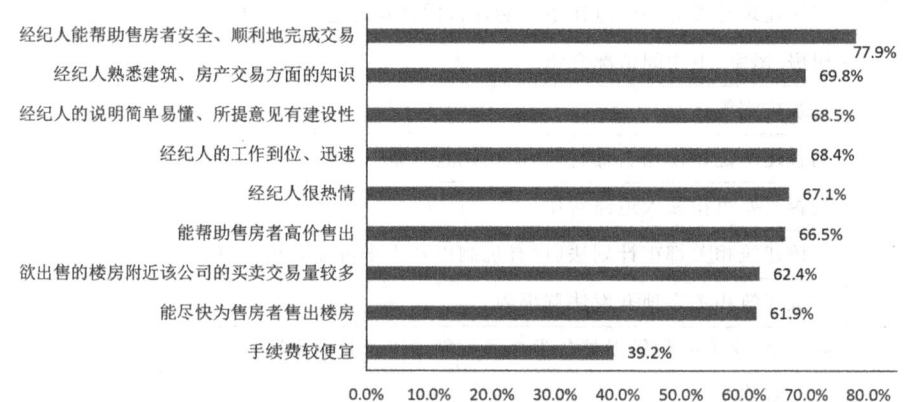

图 7-1 售房者选择房地产经纪公司时最重视因素调查[①]

资料来源：三井不动产 Realty，链家研究院整理。

---

① 调查时间：2014 年 2 月时点；调查对象：过去 3 年内在首都圈进行过房屋买卖交易的普通民众（售房者 1945 位，购房者 3268 位）；调查为多项选择，统计结果为选择"非常重视＋重视"的受访者所占的比例。

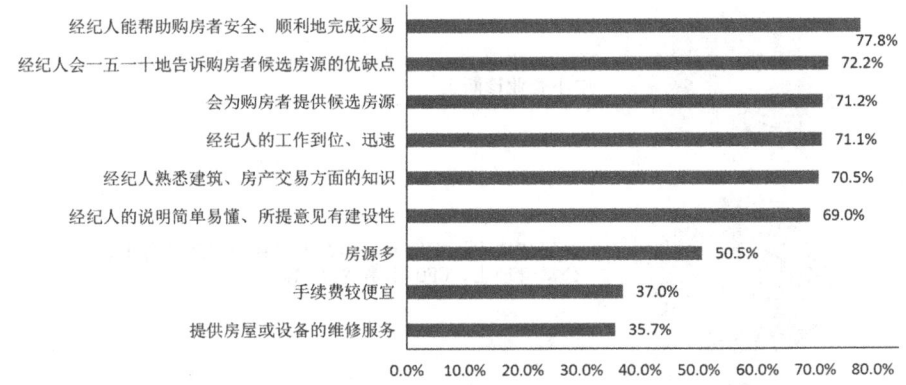

图 7-2　购房者选择房地产经纪公司时最重视因素调查[①]

资料来源：三井不动产 Realty，链家研究院整理。

1.鼓励经纪人学习各类相关专业知识

(1)大经纪公司宅建士证书持证率均超过 90%

目前日本 TOP 10 房地产经纪公司如表所示，这些大型房地产经纪公司销售人员的宅地建筑交易士资格证持有率均超过 90%。截至 2015 年 2 月，野村不动产 Urbannet 的销售人员宅地建筑交易士资格证持有率达到 99%，东急 Livable 买卖中介营业员（含管理者）宅建士牌照持有率达到 97%[②]，三井不动产 Realty、住友不动产贩卖、三菱地所 Real Estate Services 等各个公司均超过了 90%，职业证书的高普及率体现了经纪公司对经纪人专业能力的高要求。

(2)表彰经纪人的各类能力开发成绩

经纪公司每年会对经纪人的各类能力开发成绩进行表彰，东急 Livable 2015 年共表彰 180 名经纪人，奖励等级分为：金奖、银奖与铜奖，主要表彰标准为各类职业能力考试，表彰等级越高考试难度越大（如图7-3）。

[①] 调查时间：2014 年 2 月时点；调查对象：过去三年内在首都圈进行过房屋买卖交易的普通民众（售房者 1945 位，购房者 3268 位）；调查为多项选择，统计结果为选择"非常重视＋重视"的受访者所占的比例。

[②] 截至 2016 年 12 月 1 日时点。

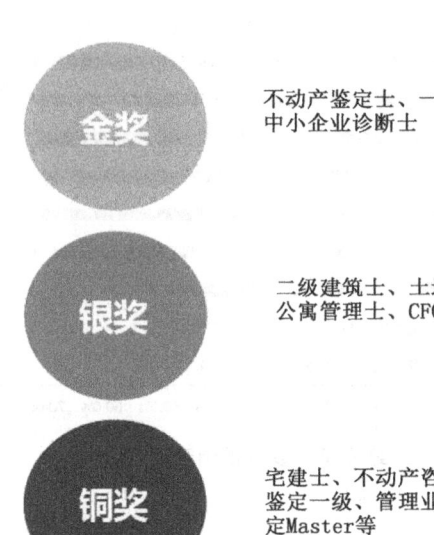

图 7-3 东急 Livable 对经纪人的表彰标准

资料来源:东急 Livable 官网,链家研究院整理。

2.清晰的职业规划

大型不动产经纪公司对经纪人的入职学历要求较高,一般均要求大学及以上学历,但同时为新入职经纪人提供了一个清晰的职业规划。以三井不动产 Realty 为例,三井为入职经纪人提供了清晰的职业规划,入职后的 4 年为熟悉业务的阶段与积蓄实力的阶段,前 4 年经纪人以学习专业知识确保交易安全顺利为主要工作任务;从第五年起进入副主任阶段,这一阶段经纪人已经充分理解各类交易中可能会出现的风险点,因此可以发挥自身实力,提高业绩;职业规划具体到入职后 10 年内经纪人可以达到的职位与业务水平。清晰的职业规划为经纪人提供了确切的工作目标与晋升机制,可以在提高经纪人的专业化水平与服务意识的同时降低员工流失率(如图 7-4)。

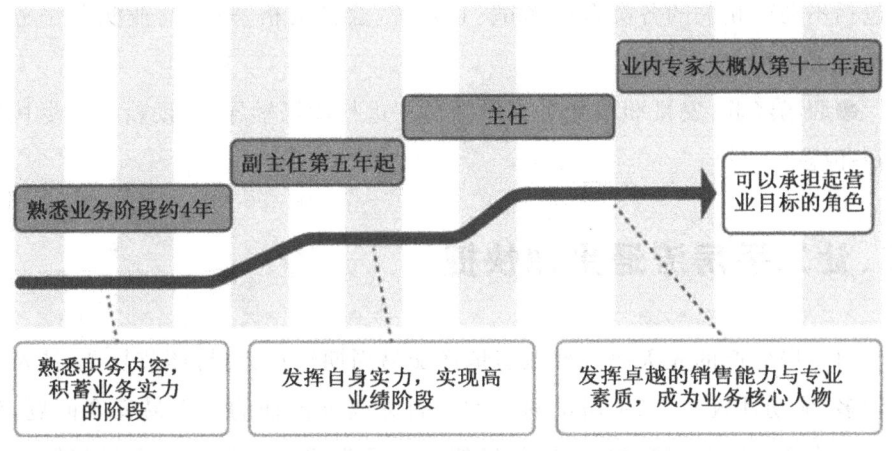

图 7-4　三井不动产 Realty 对旗下经纪人的职业规划

资料来源：三井不动产 Realty 官网，链家研究院整理。

3.丰富的职业培训课程

职业培训是提高经纪人专业化程度与服务质量的一个基础，日本不动产经纪公司均有自己的经纪人能力开发职业培训课程体系，新员工入职起就需要完成这些培训课程。经纪人职业培训课程主要由实践经验丰富与专业知识扎实的实操经验人士制作完成，同时考虑到员工学习的便利性，这些课程被制作成动画的形式，可以在各类移动设备上播放。

三井 Realty 提供的培训课程的内容包括：不动产基础知识、不动产中介业务、重要事项说明书、买卖合约书、住宅贷款与税金计算、房屋调查研修、商务礼仪学习、计算机能力学习、领导力学习、人事与劳务相关学习、管理能力学习等。

东急 Livable 提供的培训体系包括以下五大类型：

● 按职阶分的学习体系：根据入职时间与职务等级的学习体系，公司强制所有人员必须参与；

● 业务部门学习体系：根据员工所属业务部门的分类不同，各个学习体系的侧重点有所不同，突出锻炼各个业务部门人员的专业化能力；

● 选修讲座：包括税金计算、财务知识、获取必要资格证书的相关讲座等，内容较为灵活丰富；

● 自行学习支援计划：鼓励员工自学并参与各类资格考试的制度，公司报销考试合格者的考试报名费并为考试合格者提供奖励金，资格考试的认定范围包括不动产相关的各类资格考试、TOEIC、会计资格考试、商业实务法务认定考试等多种资格考试；

●职场经验：安排职场老员工对新员工进行职场辅导，帮助新员工尽快融入新环境。

二、让二手房流通更加快捷

由于房地产的先天属性导致房地产交易周期较长、交易环节复杂、涉及主体较多、流动性较差，二手房交易过程中首先需要保证的是交易安全问题，但是在解决交易安全问题的前提下，经纪公司还需要满足客户对于经纪服务的更高要求，即让房屋交易更加快捷的需求，让房屋实现快速流通，让房屋交易不再困难。在这一点上日本房地产经纪公司为了更好地满足客户的这一需求，提供了各类高品质经纪服务，通过让评估价格更加合理实现房屋的快速流通。

(一)合理的评估价格让房屋快速实现流通

对于房屋出售者而言，一个需要考虑的首要问题就是"出售价格"。日本住宅由于土地形状各异、城市建设法对不同地段的住宅建筑形态规定，以及业主自建自住个人偏好等导致日本不动产的非标准程度比中国更严重，其价格的判断也更加困难。同时日本二手房交易比例较低，大部分日本人倾向于购买新房，二手房的价值也随着房龄的增长下降，因此二手房市场与中国不同，属于买方市场。在买方市场下，卖方合理的心理预期以及合理的挂牌价会直接影响该房屋是否可以成功交易、成交周期长短，在这样的环境下在交易前确定一个合理不动产评估价格显得更为重要。

为了快速成交不动产，中介需要合理评估物业价格，保证该价格可以顺利成交，同时积极与卖方沟通给卖方传递正确的市场行情信息，消除卖方的不合理预期。一般卖方会参考不动产中介给出的价格意见，但实际成交价格具体多少会受很多因素影响，目前并没有一个估算最终成交价格的成熟办法。但是作为卖方定价的参考，一般日本有以下几种不动产评估办法（如表7-6）。

表 7-6　不动产买卖过程中涉及的价格类型

价格类型	具　体
希望卖出价格	卖方希望卖出的价格（一般比经纪人评估的价格要高）
经纪人评估价格	经纪人使用专业评估工具评估得出的评估价格（一般使用由不动产流动推进中心开发的价格评估系统"价格查定手册"进行评估，经纪人有义务说明价格评估的依据）
挂牌价格	综合考虑业主希望卖出的价格与经纪人评估价格协商得出的可以在市场中卖出的价格，这个价格将记载入中介合约中
希望购入价格	买方希望购入的价格
成交价格	买卖双方交涉后同意的价格，即最终买卖成交价格

资料来源：链家研究院整理。

1.常用的评估方式——机器评估与实地评估

在确认卖出不动产后卖方需要在确认委托给哪家经纪公司之前先对出售物业的可能售价进行评估，日本各大经纪公司的官网都可以提供免费住宅网上评估（机器评估）服务，还有一些专门进行住宅评估的网站可供消费者选择，卖方可以通过住宅评估的过程和评估结果来对各家经纪公司的服务水平及专业程度做出一个初步的判断，为下一步选择委托不动产中介机构做一些参考。常用的评估除了网上机器评估还有经纪人实地评估，一般经纪人实地评估可能发生在卖方选择不动产中介并签订委托合同之后。

◎机器评估

参考周边历史成交记录、公示地价等价格信息与土地面积、建筑面积、建筑年限等住宅物理信息，通过计算机算法计算的住宅评估价格。该方法一般不考虑住宅采光、交通环境、内部装修程度等，因此评估价格与实际成交价格可能有较大的误差。

◎实地评估

一般发生在卖方与经纪公司签订中介合约之后，卖方确认交易意向并选择了委托经纪公司后，经纪公司开始进行产权调查，包括向法务局申请产权调查、房屋的物理状况调查、税费的清算、物业费缴纳状况查询、水电气的检查等，通过产权调查，保证了房屋产权的清晰及可交易性。房源核验与不动产实地评估过程同时进行，在房源核验的过程中经纪人可以形成一个大概的物业评估价格。根据经纪人对出售物业进行实地考察后计算得出住宅评估价格。

一般经纪人会参考历史成交价格、物业物理状况、物业周边状况三个角度进行评估，相比机器评估更加准确。

机器价格评估需要30分钟至1个小时；实地考察评估需要不动产经纪公司相关专业人士进行实地考察，确认住宅物理状态、去当地法规局调查确认住宅相关基础设施信息，直到最终形成住宅价格，评估价格一般需要数日不等。

2.实地评估中常用三种评估软件

◎价格查定手册

由不动产流动推进中心开发的价格评估系统，评估（每年）费用为3240日元（含税），可以评估的不动产种类包括：独户住宅、土地与公寓。需要注意的是该系统仅适用于个人自住型不动产，在宅建从业者中利用率约为20%。

◎标宅大师

依据政府地价公示进行土地价格评估，这是一款专为不动产鉴定士设计的评估软件，每次评估的定价为125000日元（含税），可以评估的不动产种类包括：住宅用地、商业用地、工业用地等各类型土地。评估方法支持现金流折现法与相似不动产成交估计法，非不动产鉴定士无法使用。

◎Excel交易导航

Excel交易导航主要是为不动产从业者设计的一款免费软件，可以帮助从业者免费快速计算不动产交易过程中所需的各类税费和贷款相关计算等。但是Excel交易导航软件不能用于计算租赁住宅相关税费与贷款。

3.面向个人的专业住宅价格评估网站

日本虽然有类似于美国MLS的不动产信息共享平台REINs，法律规定专任合约与专属专任合约的物业必须上传REINs，并且在成交之后及时向REINs提交成交报告，但是并不强制开放式委托物业上传REINs，因此存在部分物业的成交信息并没有上传REINs而是保存在不动产中介公司的数据库内。根据仲量联行调查，日本房地产市场的透明程度属发达国家最低水平，在这样的信息不透明市场诞生出一批基于其获取的庞大真实成交数据而建立的面向个人的网上住宅价格评估公司。这些互联网公司通过与不动产公司合作的方式，一方面可以由该网络平台获取多家不动产中介的估价从而帮助卖方评估更准确的价格，另一方面可为合作不动产中介共享大量房源信息，帮助其获得房源委托（如表7-7）。

表 7-7 日本面向个人的住宅价格评估网站

网站名称	合作不动产公司	适用地区	使用人数	运营开始年份	优势	劣势
Home4U	550 家	全国	500 万人（2016 年 12 月）	2001 年	(1)不论是使用者数量还是运营时间都是第一；(2)隶属于 NTT 集团，品牌保证	合作不动产公司数量较少
索尼不动产	未公开	仅适用于东京、神奈川、千叶、埼玉	未公开	2014 年	国内唯一导入经纪人（代理商）制度的评估网站，强化卖家地位	仅可以评估一都三县地区的不动产
Yeay	1000 家	全国	300 万人（2016 年 2 月）	2007 年	(1)严格审核合作不动产公司,剔除黑心商家；(2)服务体制较为完善	信息储备不足
sumaistar	1000 家	全国	350 万人（2015 年 12 月）	2006 年	不仅服务不动产交易，也可以服务不动产租赁价格评估	运营机构为广告公司,无法深入渗透不动产行业
ieul	1400 家	全国	450 万人（2015 年 3 月）	2013 年	(1)合作不动产公司数量最多；(2)使用者评价较好	运营时间较短

资料来源：链家研究院整理。

(二)高品质的不动产经纪服务

日本各个不动产经纪公司均在为客户提供更加优质服务而努力，大型不动产经纪公司的服务质量更高，这里以东急 Livable 与野村不动产为例，简单介绍日本不动产经纪公司为客户提供的高品质服务的类型。

1.东急 Livable 提供的不动产经纪服务类型

东急 Livable 目前设有六大业务板块，分别为：买卖中介业务、租赁中介业务、不动产咨询业务、新房代理销售业务、公司参与的不动产买卖业务和其他业务。东急 Livable 以买卖中介业务为营业重点，为客户提供了丰富的买卖中介服务。除了基本的不动产购入与卖出服务以外，东急 Livable 还为有需求的客户提供"安心中介保证"与"安心土地检查"，为客户规避交易后可能面临的风险损失；为有换房需求的客户提供"卖出保证服务"，保证在一定时期内将房屋卖出，否则将按约定价格收购该房屋。截至 2017 年 3 月，"安心中介保证"

服务使用人数已经累计超过 28000 人。首都圈买卖中介店铺客户回访问卷调查显示,2016 年 4 月至 2017 年 3 月客户对东急 Livable 买卖中介服务的满意度达到 91%,客户满意度水平较高(如表 7-8)。

表 7-8 东急 Livable 买卖中介提供服务类型

服务类型	详细
卖出服务	基于公司历史成交为客户提供最佳卖出方案,利用全国直营店铺网络提供高效的营销活动,让客户早日实现成交
购入服务	为客户提供区域内丰富的房源信息,同时提供各类贷款、资金计划,帮助客户准确计算各类复杂税金,处理复杂法律关系
Livable 安心中介保证	为二手房提供建筑检查与建筑保证,为住宅内设备进行检查与保证,对交易土地中是否有填埋物进行调查与保证,对地基改良工事的施工质量进行调查并保证等
安心土地检查	提供买卖土地中需要进行的五项土地质量检查
卖出保证服务	若在一定时间内没有将房屋顺利卖出,公司按事先约定价格将房屋购入的服务,解决客户换房时可能出现的风险

资料来源:东急 Livable 公司官网,链家研究院整理。

2.野村不动产中介提供的不动产经纪服务类型

野村不动产为购入需求客户、卖出需求客户、置换客户与继承需求客户均设置了丰富且有条件免费的高质量服务,以下就卖出客户与购入客户可以享受的免费服务进行简单的介绍。

◎卖出客户

符合以下条件的卖出房屋客户可免费享受的服务有:物品补修保证、物品临时保存服务、房屋布置与装饰服务、房屋清洁服务等。

● 与野村不动产签订专任合约或者专属专任合约的个人与法人;
● 已经按规定支付中介费的客户;
● 首次挂牌价格在公司评估价格的 125% 以内;
● 野村不动产提供的所有免费服务只可以选择一项;
● 居住用住宅(租赁房屋除外)。

(1)物品补修保证

野村不动产中介 2012 年 12 月开始的房屋检查数据显示,有 55.4% 的二手房需要对房屋内的部分物品进行必要的补修后才能正常使用,2012 年 12 月后加入公司"物品补修保证"的二手房中有 15.6% 的房屋在一年内出现了物品无法正常使用的情况并获得了补偿金(如图 7-5)。

第七章 市场参与主体的作用

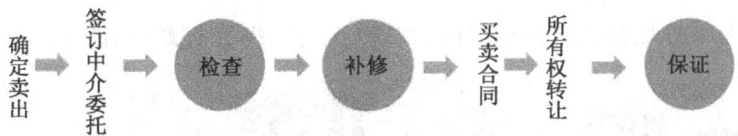

  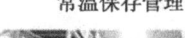 

图 7-5　野村不动产中介提供的物品补修保证服务

资料来源:野村不动产中介官网,链家研究院整理。

(2)物品临时保存服务

野村不动产中介为在本公司进行出售房屋的客户提供一定数量与重量的物品临时保存服务,物品保存时间最长可以达到 90 天(如图 7-6)。

图 7-6　野村不动产中介提供的物品临时保存服务

资料来源:野村不动产中介官网,链家研究院整理。

(3)房屋布置与装饰服务

经纪人带看过程中发现,精心整理过的房屋比没有经过整理的业主在住房屋或者已经搬空的房屋的成交概率要高,因此野村不动产中介开始为在该公司出售的二手房提供房屋布置与装饰服务,由专业的设计师为这些待出售的房屋进行装饰布置,提高房屋的成交概率(如图 7-7)。

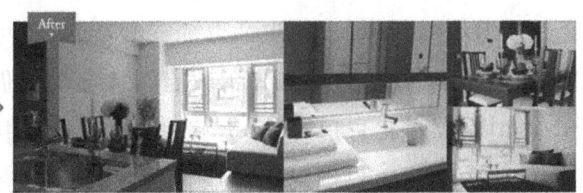

图 7-7　野村不动产中介提供的房屋布置与装饰服务

资料来源:野村不动产中介官网,链家研究院整理。

(4)房屋清洁服务

房屋清洁服务有两个套餐可供客户选择：一种是普通的房屋清洁服务，清扫内容包括厨房、浴室、玄关、玻璃、洗漱台等；另一种是抛光打蜡服务，客户可以选择为厨房灶台、浴缸或者洗漱台进行清洁、抛光打蜡（如图7-8）。

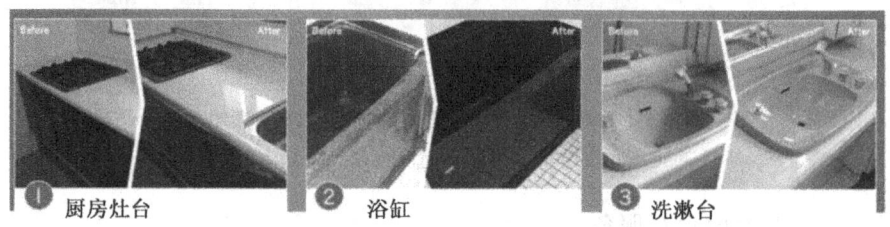

图7-8　野村不动产中介房屋清洁套餐

资料来源：野村不动产中介官网，链家研究院整理。

◎买入客户

符合以下条件的卖出房屋客户可免费享受的服务有：住宅购入福利礼包、装修10年质量保证、三代近居福利礼包等。

●购入房屋价格在1500万日元以上；

●房屋成功交易转让；

●已经按规定支付中介费；

●野村不动产中介提供的所有免费服务只可以选择一项；

●居住用住宅（租赁房屋除外）。

①住宅购入福利礼包

住宅购入福利礼包中包含四个选项，客户可以从中选择一项，选项分别为：住宅设施保证（附带设施维护服务）、房屋清洁服务、住宅安保服务与由三越伊势丹①提供的乔迁庆祝home party（家庭聚会）服务。

②三代近居福利礼包

基于"双亲近居可以使生活更加安心，同时也可以为孩子的培养提供更好的教育环境"的理念，近年来日本政府与社会均提倡三代近居的居住方式。为了实现和应援"三代近居"居住方式，野村不动产中介为父母与孩子居住在半径5000米内的客户提供三代近居福利礼包，礼包包含四个选项，客户可以从

---

① 三越伊势丹是日本著名的百货商店。

中选择一项,选项分别为:家族写真套餐;家庭收纳盒套装;父母安全安保服务(服务期1年,为父母发放附带GPS的安全专用移动装置,以防出现意外);方便孩子与老人居住的简易房屋改造物品套装(扶手安装、防止老人与儿童摔倒简易改造物品)。

③住宅设备机器10年质量保证

一般制造商的质量保证时间仅为1~2年,野村不动产中介提供的质量保证可以延长至10年,在此期间无论设备故障多少次均可以修理,无法修理的情况下可以更换新品。

(三)积极推荐关联服务促成成交

原则上,不动产经纪业务的范围仅限于促成买卖达成交易意向,顺利出售或者购入不动产后结束。但不动产交易从买卖双方确定购入或者卖出意向直到签订买卖合约至房屋过户,过程复杂,其中不仅涉及不动产经纪业务还有可能涉及许多必需的关联性业务(见图7-9),关联业务如下:

◎税务咨询;

◎法律咨询;

◎不动产鉴定评估;

◎不动产登记相关权益调查;

◎不动产登记;

◎贷款设定;

◎住宅性能评价;

◎土地污染等的详细调查;

◎改建咨询等。

买卖过程中可能参与的专业人士包括律师、税理士、司法书士、不动产鉴定士、土地家屋调查士、各类金融机构、改建从业者、不动产咨询公司等。对消费者而言,单独委托各类专业人士效率较低,因此从促进不动产交易成功的角度来看,在经纪业务交易过程中经纪人需要积极协助消费者与其他相关业务的专业人士进行沟通交流。日本政府鼓励经纪人员向消费者提供关于交易的非经纪类建议、根据消费者意向为其介绍相关专业人士等,同时也明确经纪从业者不得向客户收取"介绍费"等非中介费的额外费用。

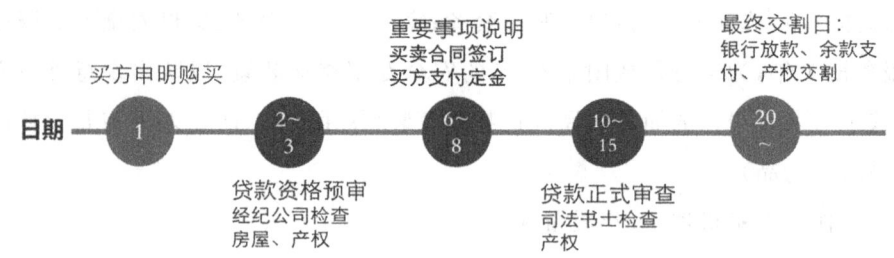

图 7-9　日本二手房交易时间节点

资料来源：链家研究院整理。

三、住宅再生提高存量住宅质量

住宅再生的价值在于时间与空间的价值发现和溢价提升，日本土地价格在过去 20 年中较平稳，也很难寻求明显的价值洼地，因此日本住宅再生的主要目的在于住宅质量提高带来的溢价提升，在新房与质量较差的存量二手房之间创造新的价格带，满足客户对于品质居住的需求。

(一)经纪公司参与住宅再生的意义

日本不动产经纪公司早期已经开始就二手房更新改造联合住宅检查业者、改建业者、不动产鉴定士、金融机构等专门人员携手合作，为了使消费者享受一条龙服务进行多方面的努力，经纪公司作为其中最接近客户的群体最具有资源整合的优势。

经过再生改造后的房屋有着不亚于新建筑的内部装修设计与规范，有改造房独有的设计变更应对方法，也具有独创性的内部装修设计；卖家为瑕疵担保责任、售后服务投保，让消费者可安心购买；作为住宅再生房屋，可通过住房贷款借入包括建筑物部分在内的与房屋整体价格等同的资金，凭借合格的抗震标准书享受住房贷款优惠政策。通过住宅再生可以将难以流通的房屋改造得便于流通，也可以承接不还贷款任意变卖房产的行为。与个人进行的改建工程相比，机构参与的住宅再生可以更具通用性、更合理的成本提供住宅，成为盘活二手房市场的起爆剂。

(二)行业概况

住宅更新商业模式在日本已存在超过 20 年，但主要由地方性、专业企业主导,其中小部分是专业住宅再生企业,部分是开发商旗下不动产经纪公司,另一部分是同时参与住宅与商业物业改造的企业,后两者合计有10家左右上市公司,最大的专业住宅再生企业Sun Frontier市值440亿日元(市盈率4.6倍)。三大房地产巨头中,三井不动产与三菱不动产几乎没有直接参与住宅再生领域,而住友不动产的住宅再生业务主要是二手房的改建与装修,不发生产权流转。最近几年大京等大中型开发商也开始进入这一领域,市场份额上升很快(如图7-10)。

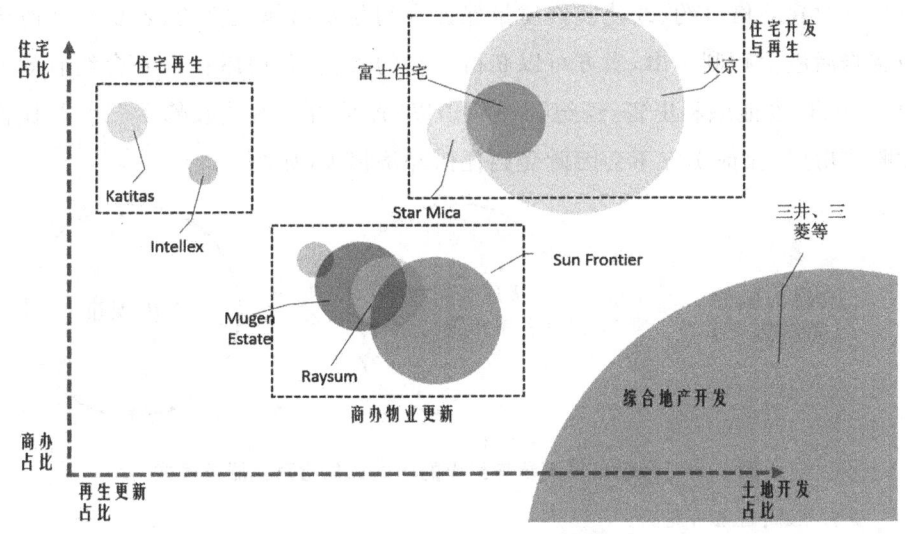

图7-10 日本住宅再生行业概况

资料来源:链家研究院。

(三)政策环境

日本政府鼓励居民对住宅持续投入维护以提高资产价值,减少重建造成的资源浪费,对企业或个人从事住宅再生有税收优惠。如企业购买不动产的目的为重新改造提高住宅品质后再次销售,满足一定的耐火耐震性、面积超50平方米、再次销售时间2年以内、施工费用占住宅价格20%以上、加入存量住宅瑕疵担保责任保险等前提下,所有权转移时的登记税费可从2%(特殊情况为0.3%)下调至0.1%。

(四)住宅再生模式

1.一站式住宅再生服务模式

一站式住宅再生的服务模式,是指经纪公司依然是居间者,其将二手房中介业务与改建装修业务更加紧密地结合,形成一个面向个人的一站式服务模式。

一站式住宅再生服务模式下,卖方在与经纪公司签订中介委托合约的同时签订改建装修合约、改建装修质量保证合约与卖出保证合约,若房屋在改建与装修后溢价顺利卖出,卖方可以获得更多的收益;若房屋在中介合约有效期内(3个月)没能顺利出售,经纪公司承诺以"评估价+改建装修费"100%比例收购该房屋,保证卖方不会因此受到任何经济损失(如图7-11)。

图7-11 经纪公司不参与买卖的一站式住宅再生服务模式

资料来源:链家研究院。

2.经纪公司购入改建再售模式

购入改建再售模式是指经纪公司直接买入二手房并对住房进行改建装修后再销售给消费者的住宅再生商业模式。受2014年和2015年日本税制改革的影响,流通税降低,该类商业模式迅速发展(如图7-12、表7-9)。

图7-12 经纪公司购入改建再售的再生模式

资料来源:链家研究院。

表 7-9　再生住宅产品的主要特点

特点	详情
价格策略	削减内装的设备、材料成本,提供低价产品,20%～30%的产品附带电视、空调等家电,帮助客户减少搬家的费用,并通过将家电费用加入房产套餐,增加住房按揭贷款额度,主要是 2000 万日元以下的产品(地方 1000 万日元)
服务策略	长期保修服务(如长达 10 年); 附赠多个项目检查(如多达 300 个); 回访检查(如提供 1 年后检修)
质量策略	内装材料在工厂加工后整体移入室内,减少对邻居的干扰; 根据购房者的需要进行装修; 标准化装修

资料来源:链家研究院。

第八章

日本政府发展二手房市场的政策与效果

日本目前住宅存量已经较为充分（如图8-1），根据家庭数量增加的预测，日本家庭增加量逐年减少，继续进行住宅建设只会加剧全国空置率的上升，加剧社会资源浪费。因此，日本住宅政策需要从增加住宅建设量转变为重视存量住宅的利用率。日本为形成一个以存量住宅为中心、让房屋再生的住宅市场，要转变现有单向流通体系，形成一个良好的存量住宅循环体系（如图8-2）。

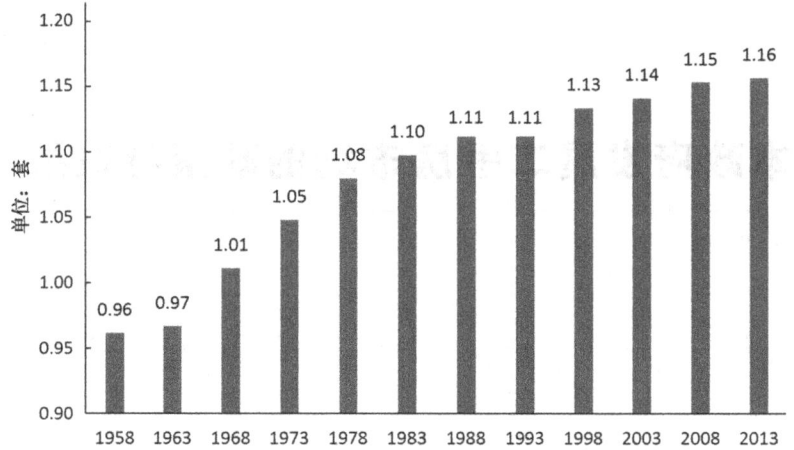

图8-1　日本户均住宅量变化

资料来源：日本国土交通省，链家研究院整理。

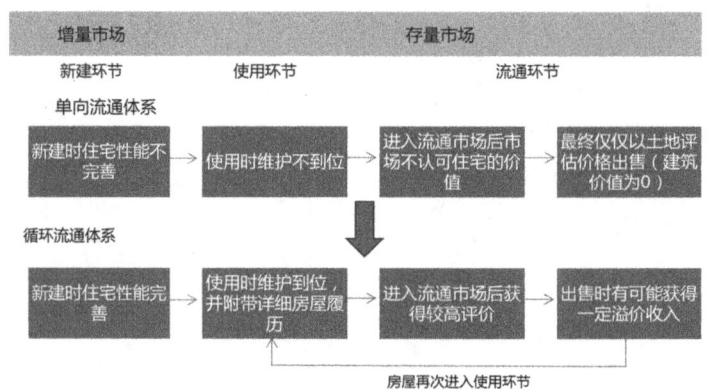

图8-2　日本住宅供给与流通模式转变

资料来源：链家研究院。

一、日本政府改善住宅存量市场的政策

日本政府于 2006 年废止"住宅建设计划",并于 2006 年 6 月 8 日公布并即日实行《住生活基本法》,《住生活基本法》是以为国民提供安全、安心并且充足的住宅为中心的住宅法律。各届首相及其内阁同样把改善住宅存量市场视为一项重要的政治任务,安倍内阁于 2013 年提出的《日本复兴战略》中明确了改善住宅存量市场的重要性。

(一)《住生活基本法》

为了打破日本住宅市场一贯的单向流通体系从而形成循环流通体系,日本政府提出诸多改革政策,包括日本政府 2006 年废止"住宅建设计划",并于 2006 年 6 月 8 日公布且即日实行的《住生活基本法》、提出《住生活基本法》的第一个十年目标。截至 2011 年,第一个十年政策目标实施效果并不理想。2011 年 3 月,日本政府推出了新的住生活基本计划,并将计划期间缩短为 5 年(如表 8-1)。

表 8-1　2011 年日本住生活基本计划(住宅存量部分)

住宅存量	构建可循环的住宅流通体系	存量住宅流通的市场规模 4 兆日元(2013)→8 兆日元(2025)
		交易二手房中加入存量住宅买卖瑕疵保险的比例 5%(2014)→20%(2025)
		新建住宅中被认定为长期优良住宅的比例 11.3%(2014)→20%(2025)
	通过重建与改建提高住宅存量的安全性与质量	不满足 1981 年抗震基准的住宅存量比例 18%(2013)→尽快消除
		改建改造市场规模 7 兆日元(2013)→12 兆日元(2025)
		符合节能标准的存量住宅比例 6%(2013)→20%(2025)
		公寓重建件数(累计值) 约 250 件(2014)→约 500 件(2025)
		附带公寓修缮基金的分售公寓比例 46%(2013)→70%(2025)
	推进空置住宅的再利用与销毁	制定空置住宅政策的区域数量占比 0%(2014)→80%(2025)

资料来源:日本国土交通省,链家研究院整理。

(二)《日本复兴战略》

《日本复兴战略》是安倍内阁提出的日本成长战略,于 2013 年 6 月内阁会议上提出,主要目标是强化日本制造业国际竞争力,为附加值更高的服务产业创造更好的发展环境,为医疗、能源战略领域创造良好的市场空间,加强国际合作,提高日本企业在海外市场的份额。

2013 年"日本复兴战略——JAPAN is BACK"指出,日本要提高城市竞争力,需要改善城市与城市居住环境。为了提高日本不动产市场的透明性与客观性,需要对不动产信息公开体制进行改革;为了增加存量住宅的多样性、改善存量住宅质量,需要尽快普及对存量住宅的建筑检查、尽快完善长期优良住宅的认证标准与存量住宅评估标准。

2016 年"日本复兴战略 2016——第四次产业革命"重申了住生活五年计划中的关于存量住宅流通与改建市场规模翻倍的计划,证明了日本政府对待存量住宅市场的重视之高(如表 8-2)。

表 8-2 2013 年至 2017 年安倍内阁提出的日本复兴战略

年份	名　　称
2013	日本复兴战略——JAPAN is BACK
2014	日本复兴战略修订 2014——挑战未来
2015	日本复兴战略修订 2015——投资未来·生产革命
2016	日本复兴战略 2016——第四次产业革命
2017	未来投资战略 2017——实现改革 Society 5.0

资料来源:日本首相官邸,链家研究院整理。

二、具体实施政策

具体实施政策包括:在新增环节,认定一些住宅为长期优良住宅、强制新建住宅必须保障住宅 10 年的质量问题;新建及使用环节,推行住宅履历制度;流通环节,改变住宅估值方法、提供存量住宅交易瑕疵保险制度、完善住宅改建市场等(政策实施经纬详情见本章【附录】)。

(一)住宅瑕疵保险

住宅瑕疵保险主要是针对住宅可能存在的一些隐性瑕疵,通过使用保险的方式对购房者进行保障,保险产品的范围包含:新房、二手房与住宅改建等;保险对象主要为住宅构造的承重质量、房屋防水质量与供水排水管道的质量等。

1.强制保障新建住宅10年的质量问题

日本于2009年全面落实《住宅瑕疵担保履行法》,强制开发商对新建住宅构造与防水作业10年质量保证。但对一些抗震强度不足的商品房进行大规模改修加固工事中需要花费相当多的费用,并且一些开发商在此期间破产,无法继续履行质量保证义务。为了应对这种情况,日本政府要求开发商进行"资力保证"。新房开发商"资力保证"有两种方式:(1)提供与开发住宅数量成正比的保证金;(2)加入住宅瑕疵担保责任保险。

2.存量住宅交易瑕疵保险制度

存量住宅交易瑕疵保险是主要针对二手房买卖环节的保险制度,参保不强制;保险范围主要是交易住宅的构造与防水部分等,保险单位为专业住宅瑕疵担保责任保险法人。根据二手房交易卖方是否为机构从业者,分为"卖方为宅建从业者"与"卖方为宅建从业者以外(个人间买卖)",其参保模式也有所不同。

◎存量住宅交易瑕疵保险对象以及赔付(如表8-3)

表8-3 存量住宅交易瑕疵保险对象及需要赔付的情况

保险对象	需要进行保险金赔付的情况
(1)构造	构造承重能力不能达到基本要求
(2)防水(漏雨等)	房屋防水部分的防水性能不达标
(3)供水排水管道	供水排水管道无法正常供水排水
(4)交付前的修缮工事	交付前实施修缮工事的全部或部分无法达到社会上认为的必要性能
(5)供水排水管道+交付前的修缮工事	供水排水管道无法正常供水排水+交付前实施修缮工事的全部或部分无法达到社会上认为的必要性能

资料来源:日本住宅保险检查机构,链家研究院整理。

注:(1)、(2)项为默认保险对象,(3)~(5)项为附加项目。

◎普及方式

日本政府通过灵活调整保险产品满足市场的需求,提高住宅瑕疵保险的使用率;针对国民需求对存量住宅交易环节的瑕疵保险产品的保险期限、保险金额进行灵活调整,推出轻量化产品,缩短保险期限、降低保险金额,满足市场中的多样化需求。同时针对个人间买卖二手房参保瑕疵保险时,可能会出现二次检查,从而带来双重住宅检查收费问题,政府规定凡是住宅经过满足一定条件(接受相关住宅检查培训)的建筑士检验合格,保险法人现场检查可省略为书面审查,从而可以为个人减轻检查费用的负担。

提供税收优惠与金融支持提高住宅瑕疵保险的普及率。

2013年税制修订,在购买二手住宅可以获得税收特殊优惠(例如贷款购买二手房的情况下,对个人所得税进行适当减免等)的适用范围中加入存量住宅交易瑕疵保险的既存住宅。2014年税制修订,针对机构从业者购买老旧二手房进行改造装修然后再次出售的情况,个人购买此类住宅享受房屋登记税特殊税收优惠,同时机构对住宅进水管道、排水管道、防水等进行改造装修时花费超过50万日元以上的,强制机构必须为改造装修部分加入存量住宅交易瑕疵保险,保障消费者权益。

金融支持方面,住宅改建贷款利息优惠:贷款用于住宅改建,并承诺加入改建瑕疵保险或者存量住宅交易瑕疵保险的住宅所有者,可以获得一定程度的利息优惠(一般为0.5%的利率优惠)。

(二)认定为长期优良住宅

2009年6月,日本出台《长期优良住宅普及促进相关法律》,认定满足一定标准(主要包括住宅使用寿命较长、达到节能标准、适合高龄人群等)的住宅为长期优良住宅,此类住宅享受税收(所得税、固定资产税、不动产取得税、房屋登录税)减免、金融优惠政策(住宅金融机构贷款时的利率优惠),同时适用政府提供的其他辅助制度。

1.认定标准

长期优良住宅的认定标准主要包括住宅使用寿命较长、符合抗震要求、达到节能标准、适合高龄人群等。详情如表8-4所示。

表 8-4　长期优良住宅认定标准概要

认定项目	概　　要
结构劣化对策	在普通维护管理下,建筑结构可以维持跨世纪(100年以上)居住时间
抗震性	可以对抗极端强震级地震或者可以降低地震对住宅伤害、住宅设计方便震后修复
方便维护管理与住宅更新	由于住宅内装与设施的使用期限短于住宅结构使用期限,因此住宅内装与设施需要设计为方便后续维护管理与更新的安装模式
可变性	考虑到在住宅可使用期间其居住人员的生活方式可能出现改变(自住、租赁的转换),住宅设计时需要方便未来可能会出现的住宅改造
高龄者对策	设计预留部分空间方便住宅未来改造成适合高龄者使用的住宅
节能对策	设置隔热层提高住宅节能性能
居住环境	与周围环境相配合,形成较好的居住环境
住户居住面积	为了保证良好的居住条件,住宅居住面积需要在一定规模以上
设定维护管理计划	为了保证住宅可以长期使用,需要设定定期住宅检查、修补等维护管理计划

资料来源:日本国土交通省,链家研究院整理。

2.普及方式

认定为长期优良的住宅可以在四类不动产相关税收(所得税、固定资产税、不动产取得税、房屋登录税)上获得税收优惠(如表 8-5);在取得住房贷款时可以申请最长 50 年的住宅贷款,而一般住宅最长可以申请 35 年住宅贷款,使用住宅金融支援机构的 35 年住宅贷款产品时可以获得每年 0.3% 的利率优惠。

表 8-5　长期优良住宅适用税收优惠

税　　种	优惠政策
固定资产税	延长减税政策的适用时间
不动产取得税	增加课税标准扣除额
房屋登录税	降低适用税率
所得税	增加课税标准扣除额

资料来源:日本国土交通省,链家研究院整理。

(三)普及住宅履历信息

住宅履历主要是在住宅新建、改造、修缮、检查时点将住宅相关设计图、施工内容与检查结果汇集至"住宅履历信息表"中。日本于 2010 年 5 月设立"住宅履历信息积累、活用推进协会",截至 2010 年末收集到的住宅履历信息约 79 万份。住宅履历可以记录住宅所有者在购买、持有至出售住宅期间住宅的所有信息,有利于住宅在住宅流通市场中获得一个合理的估值,鼓励业主进行住宅维护与改造,有利于存量住宅质量的维持与提高(如表 8-6)。

表 8-6　住宅履历信息所含内容

	项目名称	内　　容
新建阶段	确认建筑	地基调查、确认建筑、工程监理、建筑完成后检查、与开发相关的各类文件和图纸
	住宅性能评估	住宅设计性能评估、建设性能评估相关的文件与图纸
	认定长期优良住宅	认定所需各类文件与图纸
	新建工程相关	住宅开始建筑至竣工中所制作的所有相关文件与图纸
维护管理阶段	维护管理计划	制订住宅维护管理计划的详细内容
	定期检查	自行进行定期住宅检查,并妥善保管检查文件
	修缮	住宅修缮计划相关的文件与图纸
	改建	为了提高住宅性能进行改建,以及改建过程中形成的各类文件
	维持认定长期优良住宅	保存作为认定长期优良住宅有义务收集保管的各种维护管理资料的记录
	性能评估	保存住宅性能评估文件与图纸

资料来源:日本国土交通省,链家研究院整理。

(四)改变建筑评估方式

2015 年 7 月,根据《住生活基本法》,日本国土交通省开始逐步推出关于改善存量住宅评估方式的综合政策方针,具体实施政策包括:针对不动产鉴定评估环节出台《存量独户住宅评估注意事项》,对不动产鉴定士业务方式提出相应建议,同时对不动产流通推进中心提供的《存量住宅价格查定手册》进行修订。

1.《存量独户住宅评估注意事项》

日本国土交通省土地建设产业局地价调查科于 2015 年 7 月 30 日,就不动产鉴定士对存量独户住宅进行评估时需要注意的事项出台《存量独户住宅评估注意事项》(以下简称《注意事项》),该《注意事项》指出,独户住宅评估结果要可以反映建筑性能与改建成果,为市场提供一个值得信赖的价格参考。

◎对住宅性能与管理维护等关键评估要素进行调查

在进行实地调查的前提下,灵活使用住宅性能评价书与长期优良住宅认定书确定住宅初期建筑性能,通过建筑调查结果与住宅履历信息了解住宅使用过程中的管理维护情况。

◎重置成本法使用时的注意事项

重置成本法是在现时条件下,被评估资产全新状态的重置成本减去该项资产的实体性贬值、功能性贬值和经济性贬值,估算资产价值的方法。不动产鉴定士确定该独户住宅的评估方式比较适合使用重置成本法后,在使用重置成本法进行估值时需要注意"重置成本的确定"与"减值方式的运用"。

重置成本的确定。在重置成本的确定过程中需要考虑被评估物件实际的建筑费用、每个部位的单价,根据建筑的构造与规模对其原值进行估价,尤其是该建筑若进行过增筑改筑,则该重置成本必须可以反映该增筑改筑部分的价值。

减值方式的运用。(1)可使用年限确定法,使用经济性剩余可使用年限的同时要体现增改建效果(如图8-3和图8-4)。与法定剩余可使用年限相对应,经济性剩余可使用年限要综合考虑物理因素、机能因素与经济因素对建筑可使用年限确定法进行评估。(2)观察减值法,通过实地调查与观察把握建筑老化情况,确定减值大小。(3)可使用年限确定法与观察减值法结合使用,将可使用年限确定法与观察减值法并用可以更好地确定减值大小。

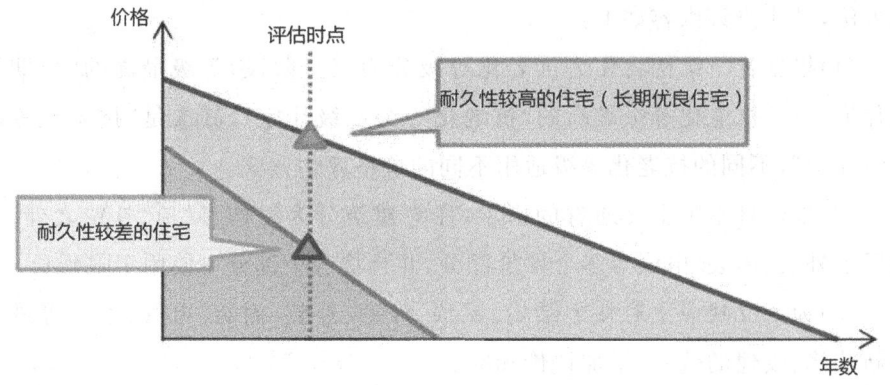

图8-3 经济性剩余可使用年限示意图

资料来源:日本国土交通省,链家研究院整理。

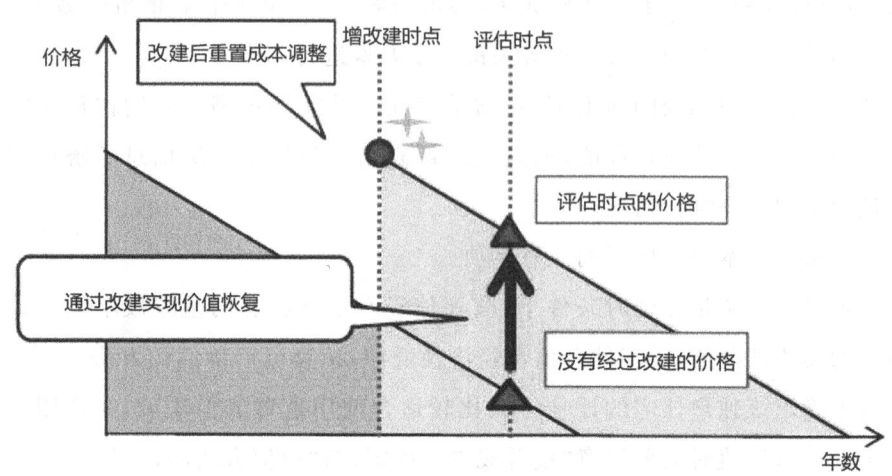

图 8-4 改建对评估价格的改善效果示意图

资料来源：日本国土交通省，链家研究院整理。

2.修订《存量住宅价格查定手册》

根据日本国土交通省 2014 年 3 月关于《改善二手房独户住宅建筑评价的指示》，不动产流通推进中心对《存量住宅价格查定手册》进行修订。《存量住宅价格查定手册》是由不动产流通推进中心开发、经纪从业者在帮助消费者进行不动产交易时使用的一款不动产评估系统，评估费用为每年 3240 日元（含税），可以评估的不动产种类包括：独户住宅、土地与公寓。需要注意的是该系统仅适用于个人自住型不动产，在宅建从业者中普及率约为 20%。

2015 年《存量住宅价格查定手册》修订部分为针对存量独户住宅的价格评估方法，具体修订内容如下：

（1）根据建筑结构将住宅抗老化等级分为五个阶段，等级最高的"长期优良住宅"位于抗老化等级最高的"抗老化等级三级住宅"，其次是"抗老化等级二级住宅"，不同的抗老化等级适用不同的价格评估方式。

（2）根据日本国土交通省的指示，住宅建筑分为结构、屋顶、外壁之外，还设置了外装、内装、电气等多个评价部分，并且将各个部分可使用年限延长。

（3）为了反映业主对住宅结构、屋顶、外壁、外装、内装、电气、家具等进行重新装修、改建的效果，增加评价标准。

（4）进行瑕疵保险检查后证明合格的住宅与建筑，可以获得更高的价格评估。图 8-5 为改善后的住宅价值评估模式。

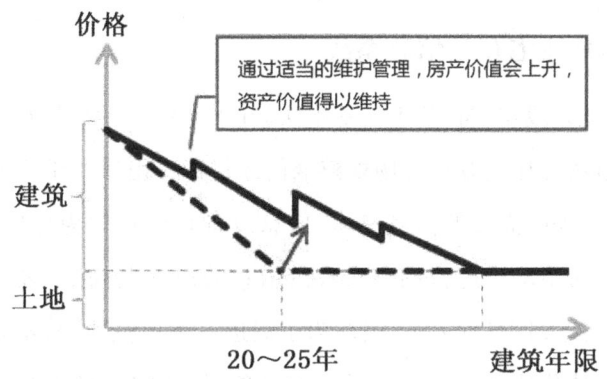

图 8-5　改善后的住宅价值评估模式

资料来源：日本国土交通省，链家研究院整理。

(五)改善不动产信息共享平台机能

东日本房地产流通机构（以下简称"机构"）为确保其会员能够恰当使用 REINs，对有关 REINs 使用部分登记业务的规程进行了变更，并自 2013 年起开始实施。

(1)禁止没有正当理由的情况下不介绍一些房产。在买方经纪人关于房产的详细信息提出信息核实要求时，卖方经纪人除有正当理由的情况外任何情况下均不可拒绝介绍，同时在机构的处分理由中追加"不介绍房产"这一项（如表 8-7）。

表 8-7　东日本 REINs 登记业务规程变更

变更前	变更后
对房屋信息核实没有明确规定	追加了卖方经纪人在接到买方经纪人关于房屋细节核实的要求时，除非有正当理由的情况下不得拒绝介绍房源
"拒绝介绍房源"不属于获得提醒和警告的处分范围内	将无正当理由的"不介绍房产"添加到机构警告、提醒以及纠正的事由当中。※在进行警告和提醒处分时，将实名公布

资料来源：日本国土交通省，链家研究院整理。

(2)严禁将 REINs 的用户名和密码向第三方出售，禁止使用行话等进行不当的房产登记等，通过追加这些措施来确保 REINs 的正确使用。

(3)对于有不当行为的会员，机构有指正和告诫权，同时扩大附带公开会员姓名的处分的适用范围，处分范围有所扩大，也越来越严格等。

(六)构建一体化住宅存量信息系统

根据《日本复兴战略》与《住生活基本法》五年计划,日本到2020年要实现二手房住宅流通市场与住宅改建市场规模翻倍的目标。由于二手房与新建住宅不同,在买卖交易过程中需要的信息量多、信息复杂且信息较为分散,不动产经纪从业者在交易前对不动产进行调查与收集信息的成本较高,很多时候很难满足消费者对不动产相关信息的需求,因此为了促进二手房流通,日本政府目前正在讨论关于构建一体化住宅存量信息系统的事项,将住宅存量相对分散且复杂的信息统一至一个信息平台,方便不动产经纪从业者低成本、快速满足消费者对于二手房相关信息的需求(如表 8-8)。

表 8-8 一体化住宅存量信息系统需要整合的信息类型

信息		项目	信息保存与管理机构
房屋信息	房屋历史交易记录	成交价格	REINs
		成交时房屋物理状态	
	住宅履历信息	建筑计划概要	卖方
		设计图	
		建筑完成认证书、住宅性能认证	
		瑕疵保险使用与否	
		住宅维护管理历史记录	
	公寓管理信息	管理信息(委托管理公司的委托合同)	公寓管理机构
		会计信息(管理费、修缮投资)	
		修缮记录、修缮计划	
周边信息	基础设施	燃气、电气、供水与下水道	地方政府
	土地规划	土地用途、容积率	地方政府与国土交通省
		是否属于防火区域等	
	是否属于容易出现积水区域		地方政府
	周边公共设施情况	政府机构、医院、消防大队、警所、学区、公园分布	国土交通省
	周边不动产价格	交易价格、公示地价、调查地价、路线价格	地方政府与国土交通省

资料来源:日本国土交通省,链家研究院整理。

三、政策效果

从二手房交易量来看,日本一系列促进存量住宅流通的政策总体效果较为显著,但并不是所有的实施政策都可以获得较好的政策效果,存量住宅交易瑕疵保险政策的实施效果较好,长期优良住宅的认定与住宅履历信息政策普及力度有待加强。

(一)二手房交易量逐步提高

日本住生活基本计划第一个五年开始的 2011 年,日本存量住宅流通量仅为 45.4 万户,至 2014 年这一数字已经增长至 51.9 万户,并且在计划实施的头 3 年,存量住宅流通量逐年增加,政策效果显著(如图 8-6)。

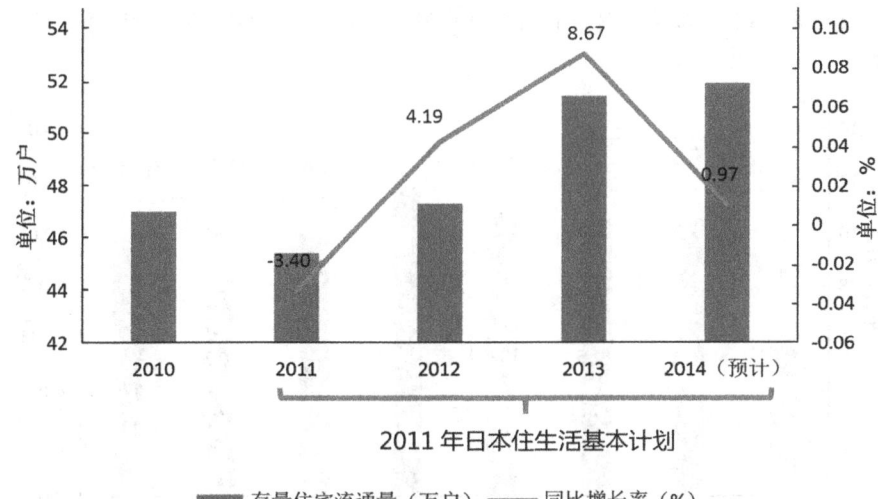

图 8-6　日本存量住宅流通量变化

资料来源:FRK、链家研究院整理。

(二)存量住宅交易瑕疵保险实施情况

截至 2015 年,日本二手房交易中有 5.5% 的交易对象加入存量住宅交易瑕疵保险,根据《住生活基本法》制订的总计划,日本计划至 2025 年将这一比例提高至 20%。根据目前的政策实施情况,这一比例在逐步提高,说明政策实施效果较好(如图 8-7、图 8-8)。

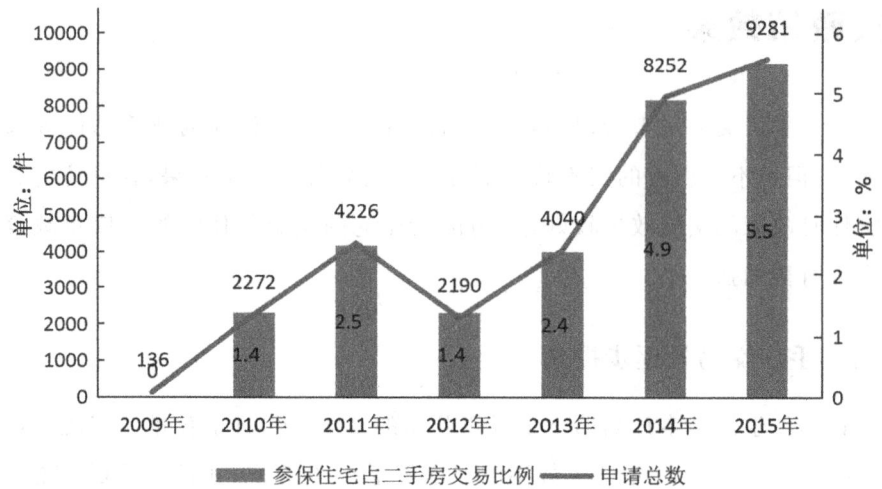

图 8-7　日本存量住宅交易瑕疵保险申请件数与占比变动

资料来源:住宅瑕疵担保履行制度推广研究委员会、土地综合研究所,链家研究院整理。

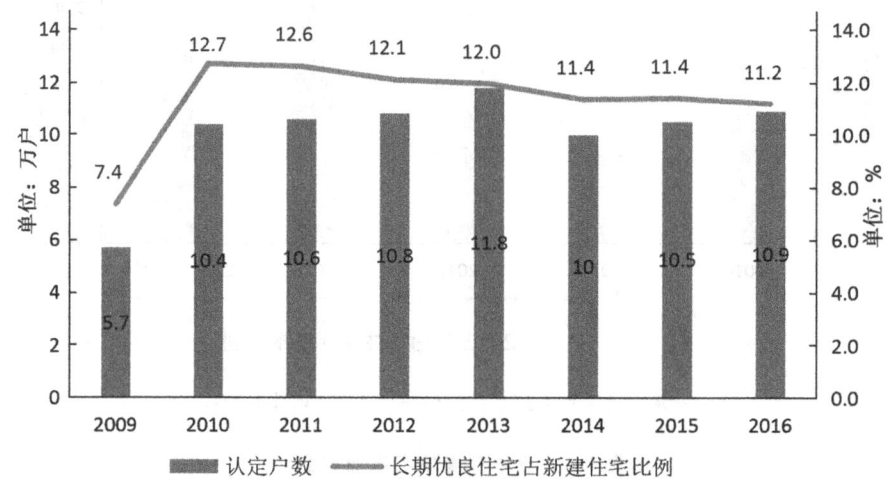

图 8-8　日本长期优良住宅认定实施情况

资料来源:日本国土交通省,链家研究院整理。

(三)长期优良住宅认定情况

自 2009 年 6 月长期优良住宅认定政策开始实施,每年日本新建住宅中被认定为长期优良住宅的数量一直稳定在 10 万户左右,根据《住生活基本法》制订的总计划,日本计划至 2025 年将新建住宅中被认定为长期优良住宅的比例提高至 20%,但这一比例从政策开始实施至今一直处于下降趋势,政策普及力度有待进一步加大。

(四)住宅履历信息普及情况

日本于 2010 年设立住宅履历信息积累与活用推进协议会,2011 年末积累住宅履历信息约 267 万件,2014 年末积累住宅履历信息约 300 万件,至 2015 年 9 月底积累住宅履历信息约 320 万件,日本最新住宅存量为(2013 年)6062 万户,目前住宅履历信息普及率仅为日本全部住宅存量的 5% 左右,普及率有待提高(如图 8-9)。

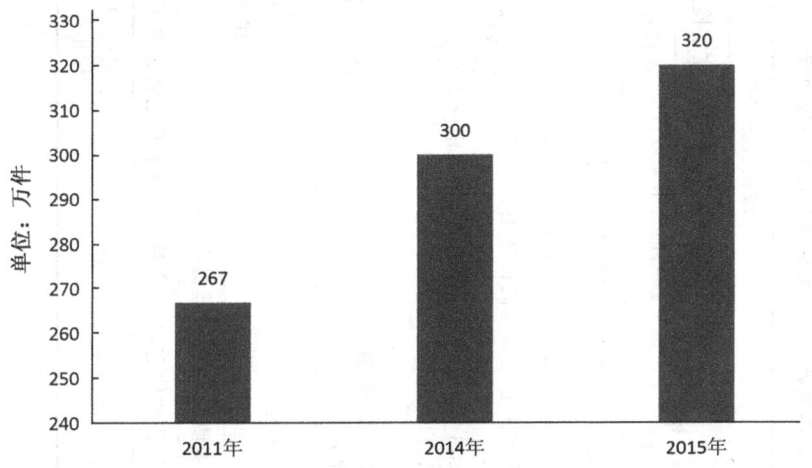

图 8-9　日本住宅履历信息积累情况

资料来源:日本国土交通省,链家研究院整理。

【附录】日本促进二手房流通具体政策实施历程

日本促进二手房流通具体政策实施历程

解决问题	政策实施经验	
	政策实施历程	住宅检查普及
把握住宅存量现状（老化情况等）	存量住宅瑕疵保险 (1)存量住宅交易瑕疵保险(2009年12月)； (2)改建瑕疵保险(2010年3月)	住宅检查指导方针	存量住宅交易瑕疵保险修订(2013年10月)
住宅履历信息的积累与使用	普及住宅履历信息：(1)设立住宅履历信息积累与活用推进协议会(2009年5月)；(2)2014年末积累履历信息量约300万件		
住宅性能与质量提升	存量住宅性能表示制度(2002年)；截至2012年9月累计交付性能评价书3770件	认定新建住宅为长期优良住宅(2009年6月)；截至2013年9月累计长期优良住宅认定户数43.4万户	经过改建后认定长期优良住宅的标准讨论	辅助住宅经过改建后认定为长期优良住宅
				存量住宅性能表示制度的讨论
鼓励二手住宅流通与改建相关企业发展	(1)鼓励企业提供购入二手房一站式服务 (2)鼓励企业开展存量住宅再生业务		加强不同从业者之间的业务合作
住宅资产评估价值的改善	《价格查定手册》修订讨论(2009年)	修改建筑评估方法： (1)直线折旧法使用修订； (2)建筑评估价要可以反映改建后的质量提升
充分利用住宅资产	将存量住宅改建为适合高龄者使用，通过改建提高抗震标准	帮助高龄群体换住到适合高龄者的原有住宅，并将高龄者的原有住宅转租给年轻群体
关联政策	促进建筑抗震标准相关法律的修订(2013年11月)	机构购入住宅通过一定改建后再次出售行为的税收优惠政策讨论(2014年4月)

资料来源：日本国土交通省，链家研究院整理。

第三篇 租赁市场

第九章

庞大而温和的日本租赁市场

房子与家的关系在重新界定,随着生命历程步入不同阶段(工作、求学变换居住地点),由居住衍生的社会关系也因此重构。租赁市场满足了这样灵活的居住需求,也衍生出了不同的居住关系。

租赁市场作为可循环供应体系的重要有机部分,是住宅使用权在业主让渡下,不同租住者之间的循环使用,实现了房屋资源的高效配置,提供了更为灵活多样的居住方案。截至2013年,日本租赁市场满足了35.4%的家庭居住需求,表明租赁市场同样是日本住房供应体系的重要组成部分。同时,民营租赁在租赁市场扮演的角色愈发重要,市场力量在不断加强。近20年,日本租金长期维持在较低水平,甚至呈现不断下降的趋势,租赁家庭占比不断上升,人均租房面积不断扩大,租房人群愈发多元化。诸多迹象表明,日本进入主动租赁时代,租赁市场在可循环供应体系的地位越来越重要。

一、千亿级市场规模

日本已经培育出成熟的租赁市场,租赁家庭占比长期保持在35%左右。在1945—1975年快速城镇化时期,随着人口大规模向城市流动,高企的房价使得广大的年轻人选择租赁,租赁家庭占比升至40%。1975年以后,随着城镇化进程进入新阶段,二代城市人口的出生、人口老龄化的到来、大城市人口流入规模的减小,租赁家庭占比缓慢下滑至目前的35.4%(如图9-1)。

第九章 庞大而温和的日本租赁市场

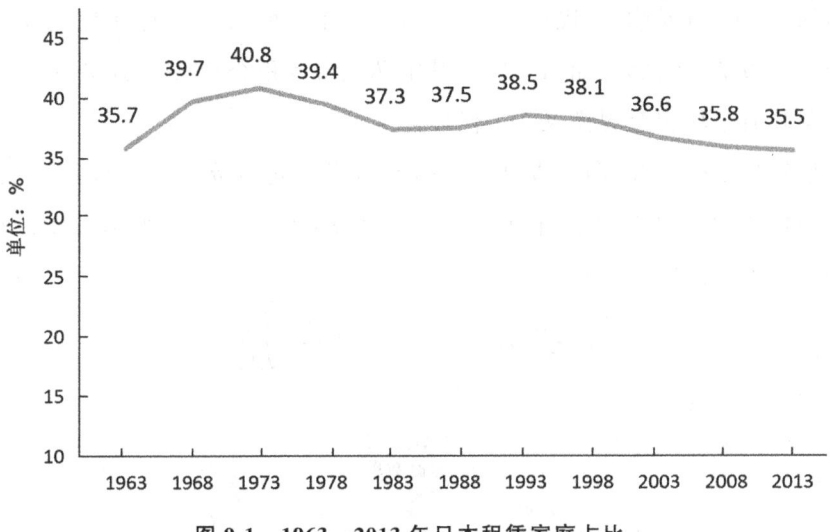

图 9-1　1963—2013 年日本租赁家庭占比

资料来源：日本国土交通省，链家研究院整理。

日本租赁房屋结构整体呈现以私人房源供给为主，政府及单位住房供给为辅的格局。私人房源占比 78.7%，政府及单位房源供给分别占比 19.3%、6.1%。不同于自住家庭以独栋或联排房屋为主的房屋类型，81% 以上的租赁房屋为高层楼房，房龄 20 年以上房屋占比约 44%（如图 9-2）。

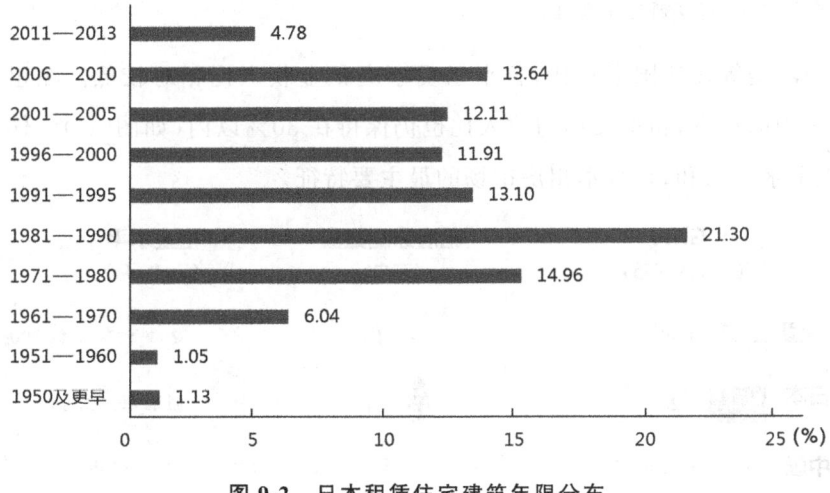

图 9-2　日本租赁住宅建筑年限分布

资料来源：链家研究院整理。

截至 2013 年，租赁家庭 1856 万户，租赁家庭户均人口 1.83 人，人均居住面积约 25.14 平方米。租赁房屋约 1852 万套，套均面积 45.95 平方米，套均月租金约54040日元(合人民币3255元),租房市场的租金规模为12万亿日元,折合人民币7234亿元(如图9-3)。其中私人市场租金规模约1033万亿日元,公营及政府市场租金规模仅731亿日元。

根据日本《住宅动向报告书》,2016年日本民间租赁住宅平均房龄17.2年,租客平均通勤时间35.2分钟,租客平均年龄39.2岁,平均年收入491万日元,套均居住人数2.3人。

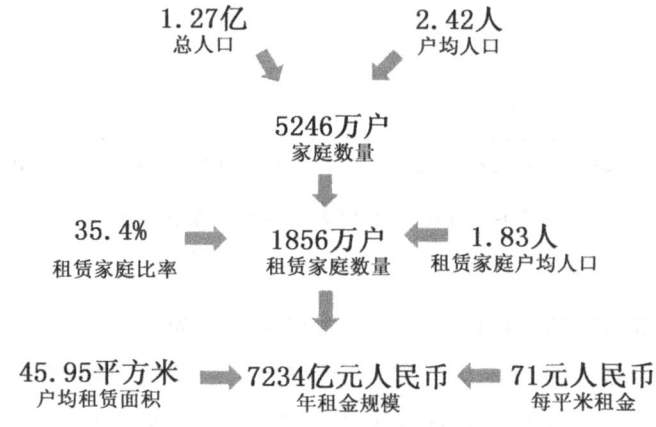

图9-3　2013年日本租赁市场概况

资料来源:链家研究院整理。

与欧美等发达国家相比,日本租赁家庭租金收入比相对较低。在租房人口最集中的东京,租房支出与收入比也仍保持在30%以内(如图9-4)。体量庞大、租金水平温和,是日本租房市场的最主要特征。

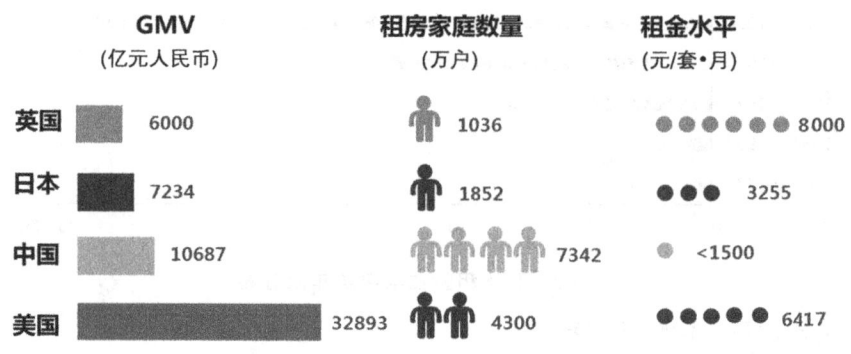

图9-4　美国、中国、日本、英国租房市场规模对比

资料来源:链家研究院整理。

预计未来10年,日本的租赁市场规模将小幅下降。主要原因在于房屋供大于求带来的租金水平下降,以及单身、少子现象长期导致家庭数量下降。据日本瑞穗银行预测,到2030年,日本整体房租收入规模将下降30%,三大都市圈的租金规模将下降20%左右。

二、GMV背后的推动因素

促成日本租房市场体量庞大、租金水平温和的原因,在于家庭数量特别是单身家庭数量的增加、居民租房意愿的提升以及租金水平较低且呈现缓慢下降的趋势。

(一)家庭数量短期上涨、长期下降,单身家庭数量占比上升

家庭数量由两个方面决定:人口总量和户均人数。在人口总量保持不变的背景下,晚婚、少子将导致家庭数量在短期内增加、长期内下滑。

截至2013年,日本的家庭数量为5246万户。预计2020年家庭数量将达到顶峰,然后出现缓慢下降(如图9-5)。

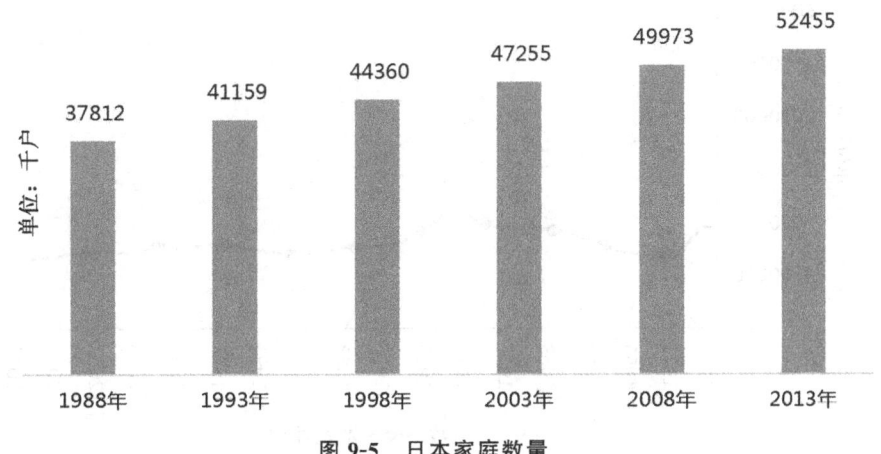

图9-5 日本家庭数量

资料来源:国势调查,链家研究院整理。

1.人口总量保持稳定

目前日本人口共计1.27亿,自20世纪90年代以来增速持续放缓。2006年起,人口增速首次出现连续4年为负。预计短期内日本人口总量较稳定,长

期内将持续下滑(如图9-6)。

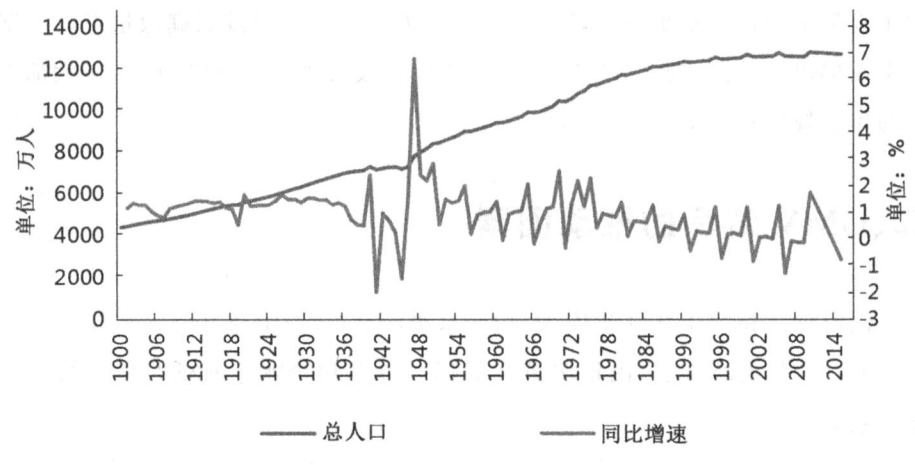

图 9-6 日本人口总量及同比增速

资料来源：Wind,链家研究院整理。

2. 家庭核心化趋势

自20世纪70年代以来,日本人口的出生数与结婚数量持续下降。晚婚、不婚、少子化趋势的加深,导致家庭日益核心化(如图9-7)。

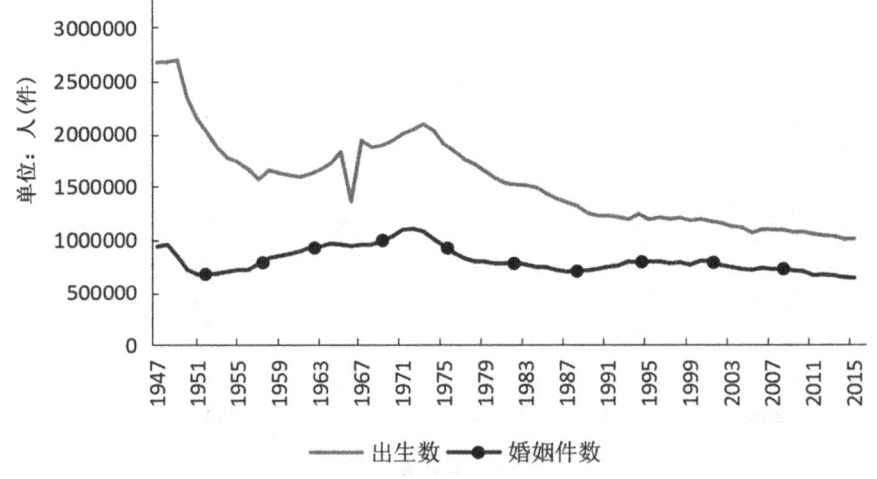

图 9-7 日本人口出生数量及结婚数量

资料来源：Wind,链家研究院整理。

短期来看,在总人口数量维持稳定的前提下,家庭核心化会导致家庭数量的增加。半个世纪以来,随着日本的家庭户均人口从4.14下降至2.1,日本的家庭数量增长超过 1 倍（如图 9-8）。

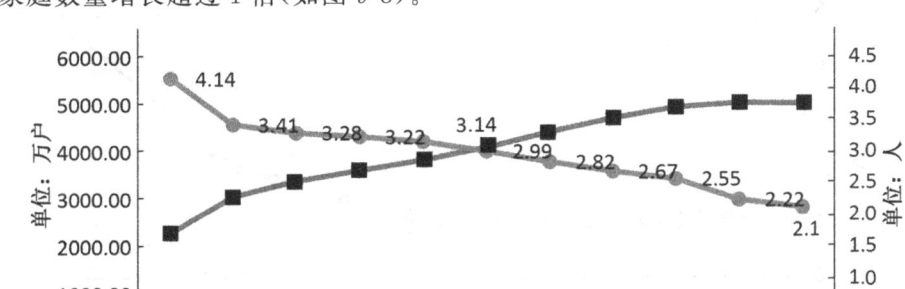

图 9-8　日本家庭数量及户均人口对比

资料来源：国势调查，链家研究院整理。

不婚、晚婚导致单身家庭占比升高，促使更多的人进入租赁市场。从 1990 年到 2010 年，租户家庭增加了 420 万户，其中单身一人家庭的增加数量达到 461 万户（如图 9-9）。2010 年，租住给单身人士的房屋在总租赁房屋中占比达 54.7％。

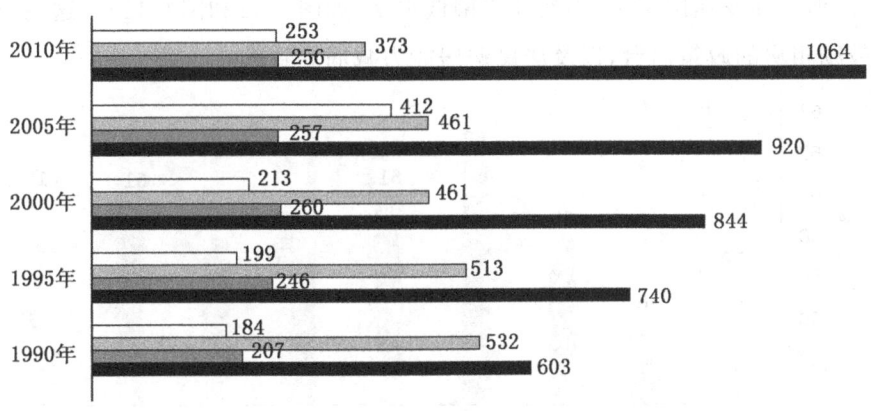

图 9-9　日本租赁人群家庭构成

资料来源：国势调查，链家研究院整理。

但从长期来看，晚婚、少子现象会导致老龄化趋势更加严重，从而使人口总量进一步减少。目前，日本 65 岁以上人口占比达到 23％；近 10 年来，人口年龄中位数从 44.3 上升到 46.72（如图 9-10）。

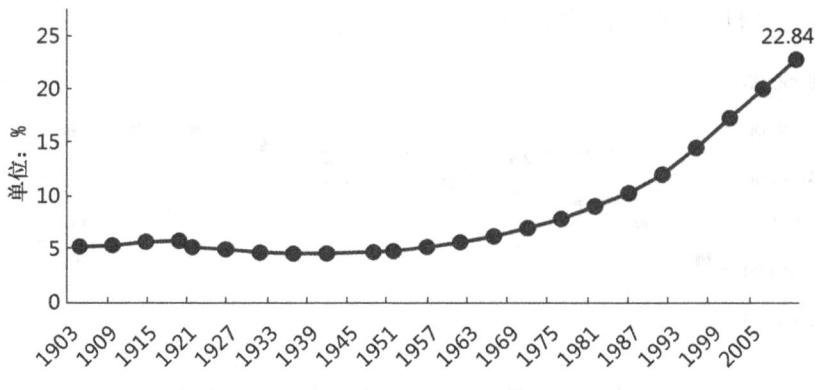

图9-10　日本65岁及以上人口占比

资料来源：Wind，链家研究院整理。

(二)居民租房意愿上升

居民的租房意愿上升，主要表现为无法购房导致的被动租房人群增加，以及追求居住品质带来的主动租房人群上升。

1.被动租房：受政策和宏观经济影响

近40年来，日本住宅自有率始终稳定在60%～62%，虽然近年来有缓慢上升，但是在发达国家中，仍然处于偏低水平（如图9-11和图9-12）。这主要是由鼓励租房的政策出台，以及居民购房能力减弱导致的。

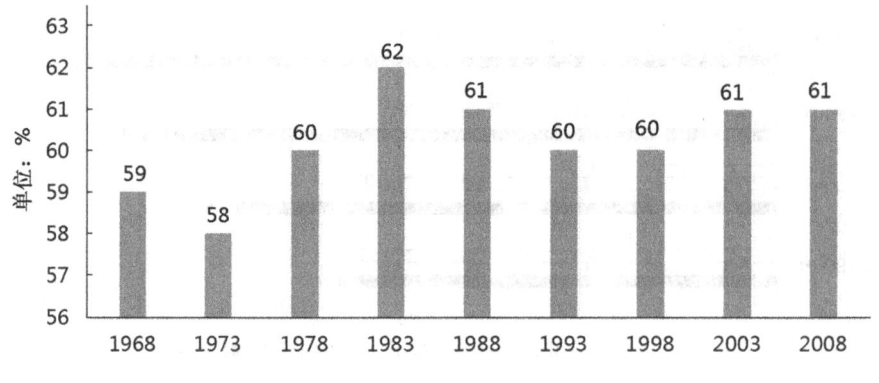

图9-11　日本住房自有率

资料来源：Wind，链家研究院整理。

第九章 庞大而温和的日本租赁市场

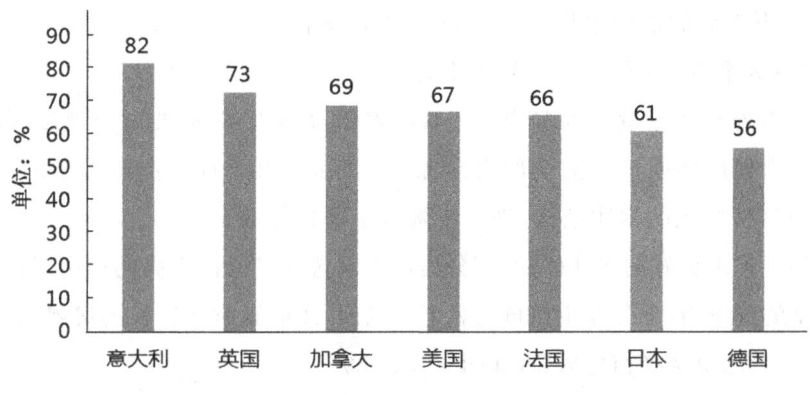

图 9-12　G7 国家住房自有率（2009 年）

资料来源：Wind，链家研究院整理。

首先，日本政府多次出台鼓励租房政策。二战结束后，日本政府颁布了对土地和房屋租金进行限价的《房屋统制令》，低廉的房租诱使超过 3/4 的居民选择租房居住。随后，日本政府也出台了多项政策，包括兴建廉租房、鼓励业主对外出租等。

其次，就业率下降导致居民的购房能力减弱。20 世纪 90 年代，日本房地产泡沫破裂击碎了房地产市场正反馈机制下的的劳动者、企业与政府的三角关系。企业盈利能力下降，只能通过减少正式职工、雇佣临时工和派遣员工等方式减少成本支出。其中，34 岁及以下的年轻人失业率上升幅度最大（如图 9-13）。

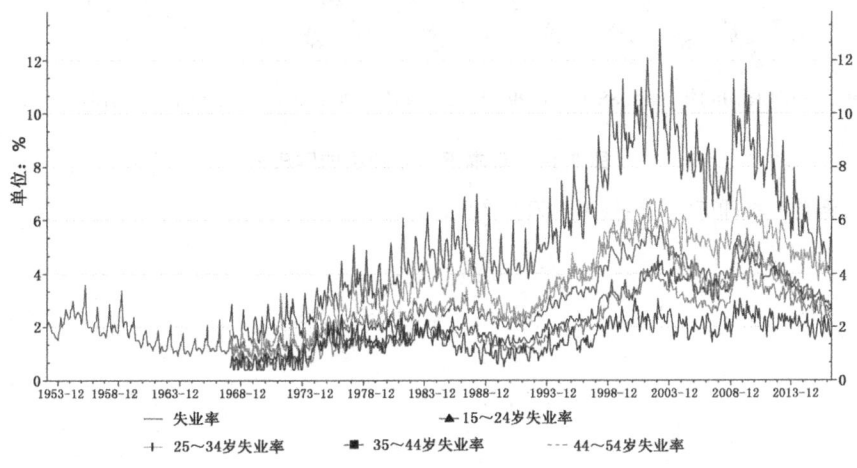

图 9-13　日本不同年龄层的失业率

资料来源：Wind，链家研究院整理。

工资收入较低、收入来源不稳定，导致年轻人购房难度加大。40 年以来，

25岁以下人群的购房率从10%下降至2%(见图9-14)。

2.主动租房:对居住品质要求提升

日本现有的存量房大多修建于日本经济高速发展期,当时对速度、数量的过度追求使房屋质量无法全部得到保证。同时,由于日本占比过半的独栋房屋多为容易老化的木质结构,进一步降低了居住体验。

为了追求更好的居住体验,部分居民主动选择灵活性更高的租房居住方式。最典型的现象为,部分业主将自己名下较老旧,或通勤时间较长的房屋闲置或出租,同时自己也选择租房居住(如图9-15、图9-16)。

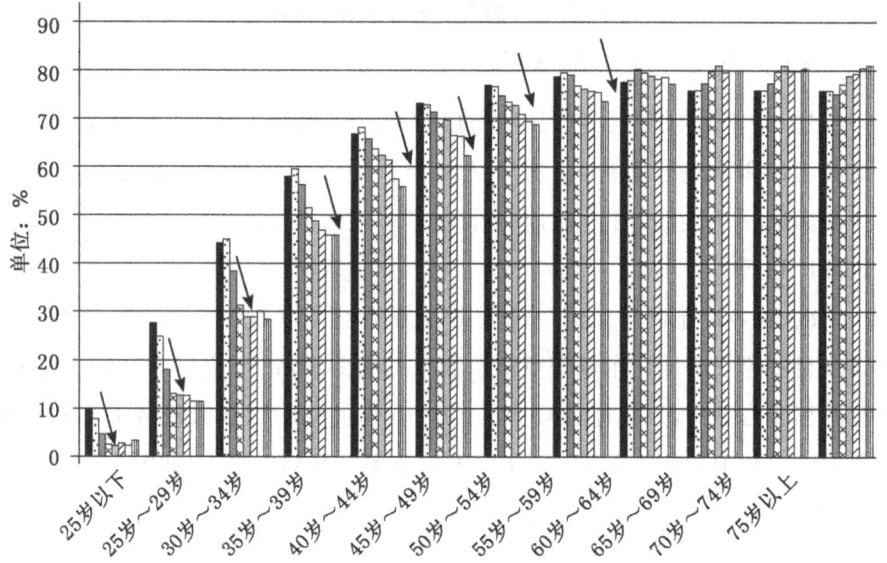

图9-14 日本不同年龄层的购房率

资料来源:国势调查,链家研究院整理。

第九章　庞大而温和的日本租赁市场

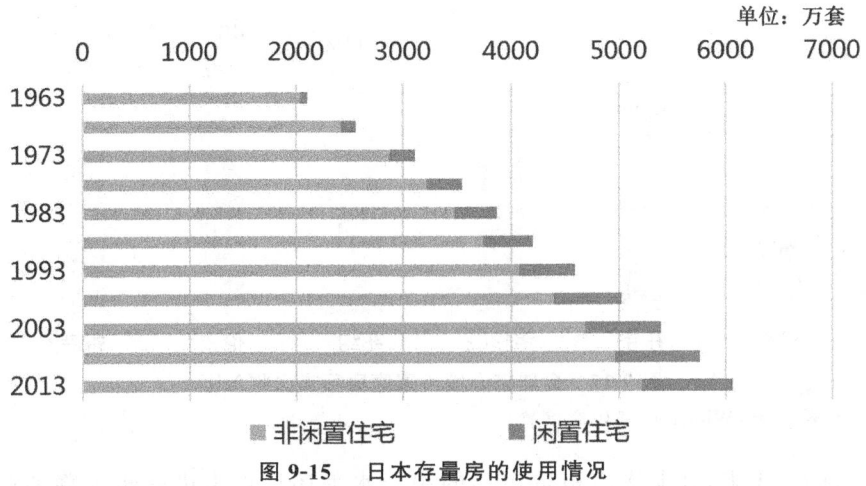

图 9-15　日本存量房的使用情况

资料来源：国势调查，链家研究院整理。

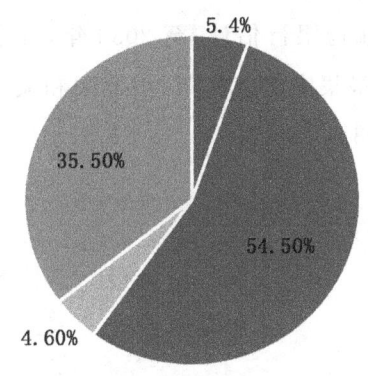

图 9-16　日本闲置房屋的用途

资料来源：国势调查，链家研究院整理。

（三）租金水平较低并呈下降趋势

目前日本的租金水平处于较合理的水平。据 2013 年日本国土交通省调查，套均租金水平约 3255 元/月，套均面积约 45 平方米，每平方米租金 71 元/月。这一水平值远低于其他发展中国家。

结合日本人均可支配收入，得到日本的家庭租房支出与收入比约 11.24%。即便是在租房压力最大的城市东京，房租收入比也仅为 26.7%，均处于 30% 的合理范围内。相比而言，其他全球核心城市的该比例均接近 50%（如图 9-17）。

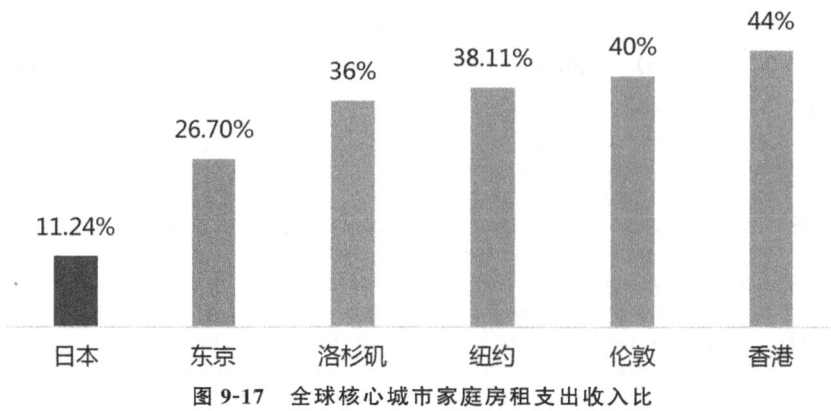

图 9-17　全球核心城市家庭房租支出收入比

资料来源：Wind，链家研究院整理。

近 20 年来，日本住宅租赁市场的租金水平还呈现出进一步下降的趋势（如图 9-18）。其中，租金水平相对较高、新建数量更多的非木质房屋的租金下降幅度更大。据日本瑞穗银行估计，至 2030 年，日本的整体房租收入规模将下降 30%。租赁人口最集中的首都圈、中部圈和关西圈的租金下降幅度将分别达到 19%、23% 和 23%。

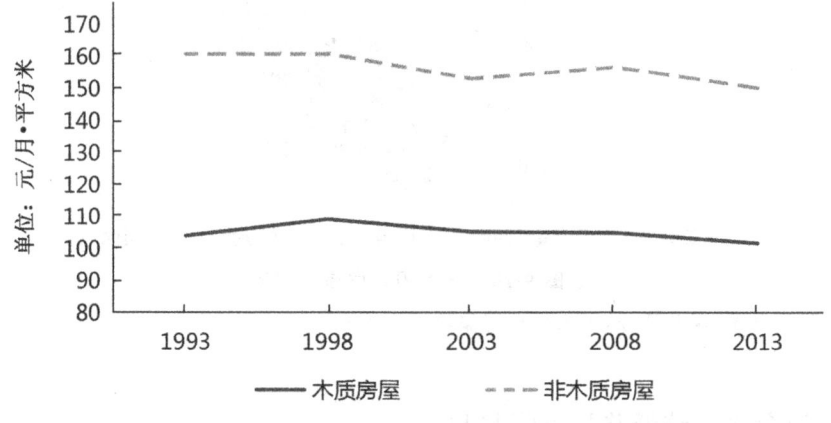

图 9-18　日本住宅租金水平

资料来源：Wind，链家研究院整理。

租金下降的主要原因在于租赁市场供给与需求出现错配：总量上，空置房屋过多、新房建设速度过快，导致市场供给大于需求；结构上，房屋老化过快，房屋质量与品质需求不匹配。

2013 年，日本的广义闲置率已上升至 13.5%，房屋闲置造成的资源浪费已成为重要课题。不少地方政府成立了专门的基金为年久失修的老空房提供修缮费用,并积极联络当地的房地产中介协助业主出租(如图9-19)。

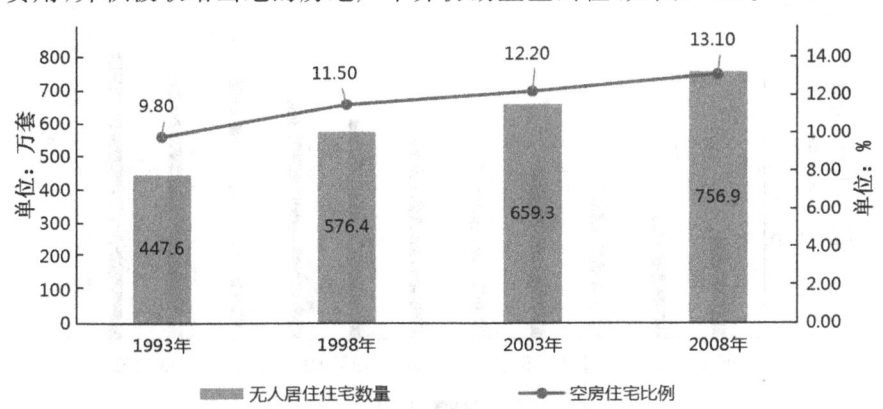

图 9-19　日本闲置房屋数量与闲置率

资料来源:日本总务省《住宅土地统计调查·2013年》,链家研究院整理。

同时,增量开发市场仍然保持着每年近80万套的住宅供给,其中租赁用住宅的数量在30万套以上(见图9-20)。大量的住宅兴建在满足租客日益提升的住房品质要求的同时,加大了市场的供需不平衡。

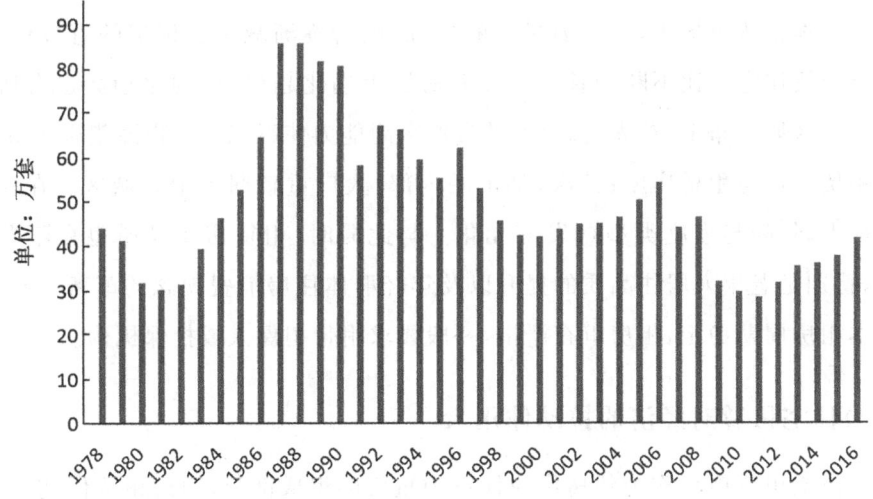

图 9-20　日本每年新开工租赁住宅数量

资料来源:日本国土交通省,链家研究院整理。

2008年至2013年,日本平均每年新增家庭户数为50万户,住房供给为60万套(见图9-21)。随着房屋供给的持续增加、存量房空置率居高不下,租赁供给与租赁需求的差距将持续加大,从而导致租金水平进一步下跌。

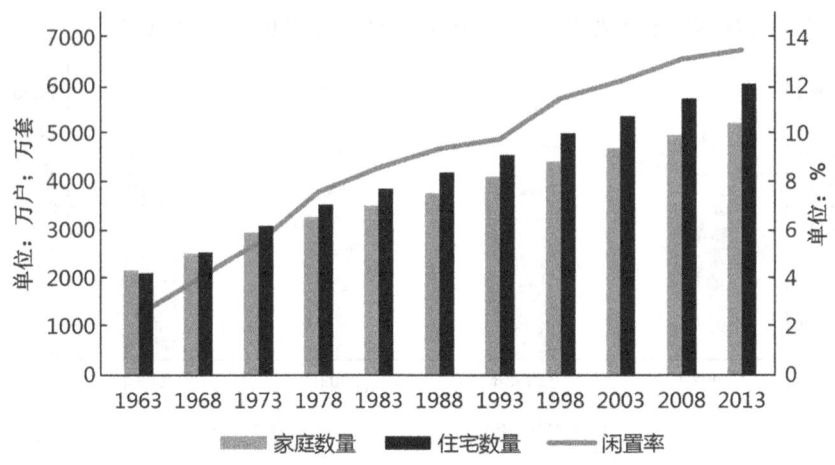

图 9-21 家庭数量与住宅数量对比

资料来源：日本国土交通省，链家研究院整理。

三、十大市场特征

日本租赁市场中，市场力量不断增强，政府逐渐减少公租房的直接供给，民营租赁住宅占比不断增长。伴随着房源市场化趋势，机构化趋势也有所显现。在区域分布上，首先，都市圈的资源吸附能力使得三大都市圈集聚了58%的租赁人口与租赁房屋；其次，都市圈内部，人口重新回到中心城区。在租客特征上，年龄与家庭类型愈发多元化。与此同时，租赁房屋品质也在不断提升，特别是老年人居住品质的提升以及年轻群体住房消费观念的革新。此外，日本租房周期稳定，租房审查严格，一般要求附带担保人或担保机构。

(一)住宅租赁对经济的拉动作用大

住宅租赁市场作为住房供应体系中重要的组成部分，通过租赁住宅开发、企业管理运营、租客消费拉动经济和促进就业。据日本国土交通省数据，2012年日本住宅租赁对GDP的贡献约11%，超住宅投资对GDP的贡献度。而且随着房地产市场的发展和社会住房消费观念的革新，1994—2012年，住宅租赁市场对GDP的贡献度是逐渐递增的，而住宅投资占GDP的比重逐年下降（如图9-22）。

第九章 庞大而温和的日本租赁市场

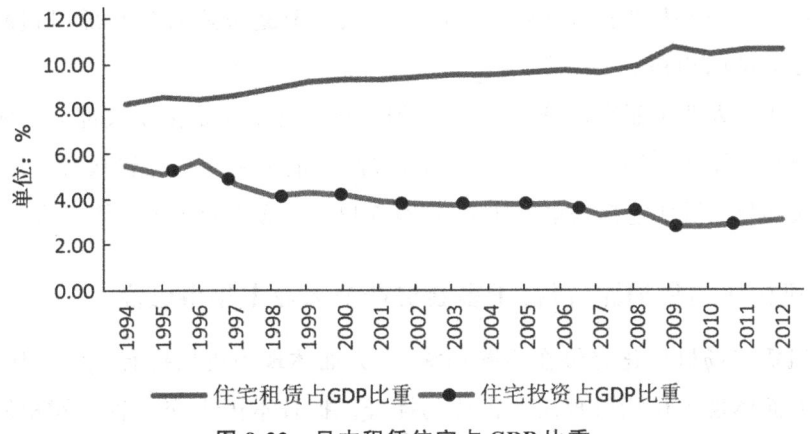

图 9-22 日本租赁住宅占 GDP 比重

资料来源：日本国土交通省，链家研究院整理。

(二) 市场化比例上升，私人房源增多

日本租赁住宅分为民营出租房、政府提供廉租房、非营利法人提供廉租房、企业或政府宿舍（给予住宅）四类。

从 1978 年到 2013 年，民营租赁住宅的数量增速明显高于廉租房和宿舍，占比由 65.91% 上升至 73.12%（如图 9-23）。在民营租赁住宅中，绝大部分的房源为个人业主提供，机构占比仅为 17%。租赁市场房源端的日益市场化，主要是由于廉租房申请难度大、个人业主闲置房源较多造成的。

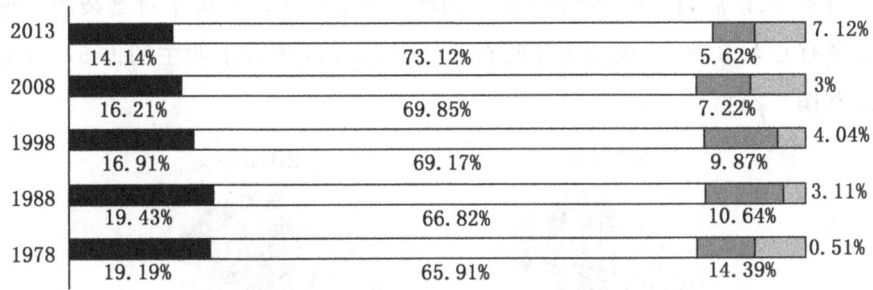

图 9-23 日本可供租赁的房源类型占比

资料来源：日本国土交通省，链家研究院整理。

从 2003 年以来，政府或非营利法人提供的廉租房数量一直稳定在 300 万套左右。由于房源供给没有随特定人群数量的增长而增长，日本公营住宅的

平均申请倍率①达到了28.85,导致许多低收入家庭被迫从公共部门租房转移到从私人部门租房。

对于私人业主而言,出租倾向也更加明显。这主要是由于大部分房源掌握在部分收入较高、年纪较大的人群手中,致使大量房屋处于空置状态。据调查,因为大部分租赁住宅都是集合住宅,拥有5户以上房产的房东比例多达87.4%。

(三)机构化趋势加深,得益于多套房产个人业主年事已高

租赁市场机构化趋势在不断加深,一方面体现为机构持有房源占比提升,另一方面体现为机构管理房源占比的提升。据日本国土交通省民间租赁市场动向调查,市场房源以个人业主持有为主,占比超80%,但机构持有房源比例缓慢上升,由2003年的15%增长至2010年的16.8%(见图9-24)。租赁住宅管理方面,日本租赁住宅管理公司渗透率极高,达80%,其中,14.3%为房屋托管模式,65%为包租模式。

租赁市场机构化趋势的加深,背后有着更深层次的原因:首先,1980年代后期以来,日本政府对租赁住宅建设的鼓励政策下出现了大量依靠借款建起的租赁住宅,这些住宅业主和提供贷款的银行都期待能有连续稳定的租金收入来偿还贷款;其次,日本超高层住宅的平均户数为291户,集合住宅的大型化和高档化使得个人或非专业企业的管理变得困难,需要委托专门的住宅管理公司进行管理;最后,日本社会不可逆转的严重的老龄化使得房东对繁杂的管理房屋事务有心无力,80%的业主年龄在50岁以上,60岁以上业主约占59%(见图9-25和图9-26)。

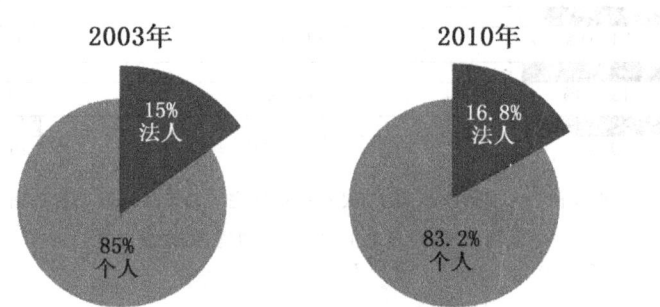

图9-24 日本租赁住宅产权结构分布

资料来源:日本民间租赁市场动向调查,链家研究院整理。

---

① 申请倍率:公营住宅申请人数与可供申请住宅数量之比。

第九章　庞大而温和的日本租赁市场

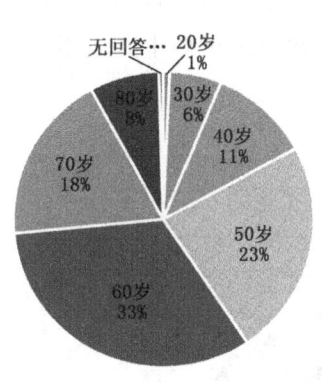
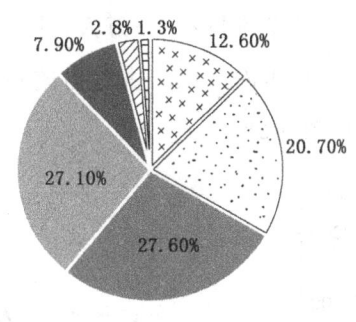

图 9-25　日本业主年龄分布　　　图 9-26　日本业主拥有租赁住宅套数分布

资料来源：日本民间租赁市场动向调查，链家研究院整理。

（四）租房人口向三大都市圈聚集，区域集中度高

二战结束以来，日本的人口迁移出现了两种趋势：从全国范围来看，人口先不断向三大都市圈集中，然后仅向首都圈集中；从城市圈内部来看，人口迁入方向经历了从城市中心转移到郊县，再回到城市中心的过程。因此，都市圈强大的人口吸附能力，使得三大都市圈聚集了日本 58% 的租赁人口和租赁房屋。而这些租赁人群正逐步回归市中心（如图 9-27）。

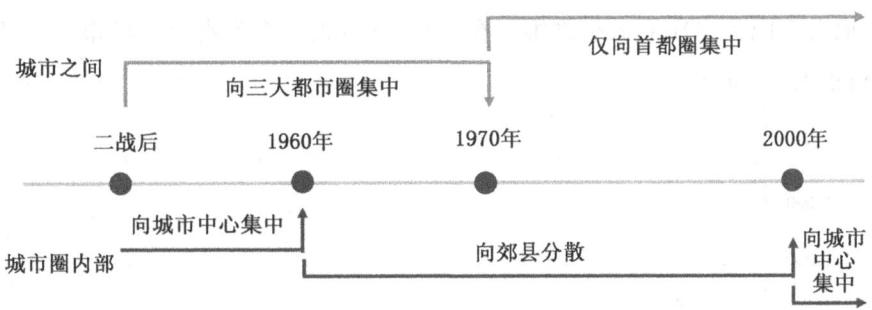

图 9-27　日本人口迁移方向

资料来源：链家研究院整理。

1. 全国范围内：向三大都市圈聚集

在日本城镇化的前期，人口大量向三大都市圈聚集，迁移人口数量占据迁移总量的一半。20 世纪 70 年代以前，日本人口尚不足 1 亿，按照每年 1% 的城镇化速度计算，每年约有 90 万人从农村转移至城市。而三大都市圈的合计

净流入几乎长期维持在 50 万人，其中又有一半的净流入发生在首都圈。以大阪为核心的近畿圈和以名古屋为核心的中部圈也有数万人至数十万人不等的净流入（见图 9-28）。

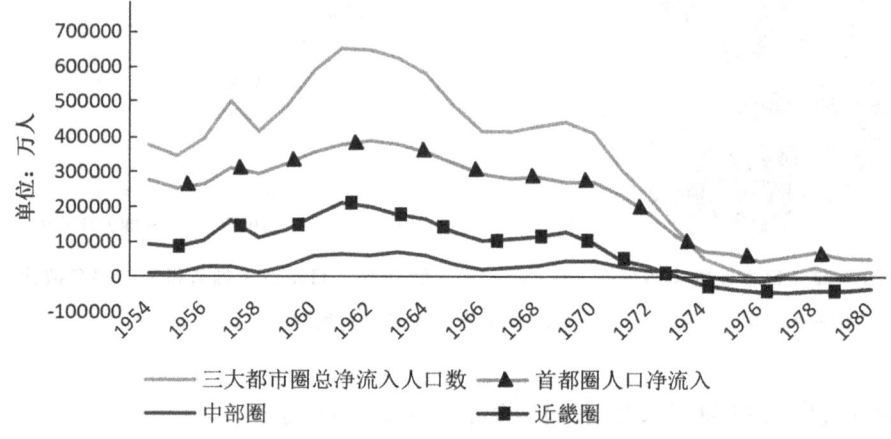

图 9-28　20 世纪 50—70 年代日本三大都市圈人口流入数量

资料来源：国势调查，链家研究院整理。

进入 20 世纪 70 年代以来，尽管城市人口总量不再迅猛增加，但人口向特大城市的集中却从未停止。1975 年以后，中部圈和近畿圈的净流入人口长期在±3 万人的狭窄区间内波动，地方的净流出几乎完全等同于首都圈的净流入；而首都圈人口净流入始终维持在年均 10 万人左右的高位。城市之间的分化愈加明显（如图 9-29）。

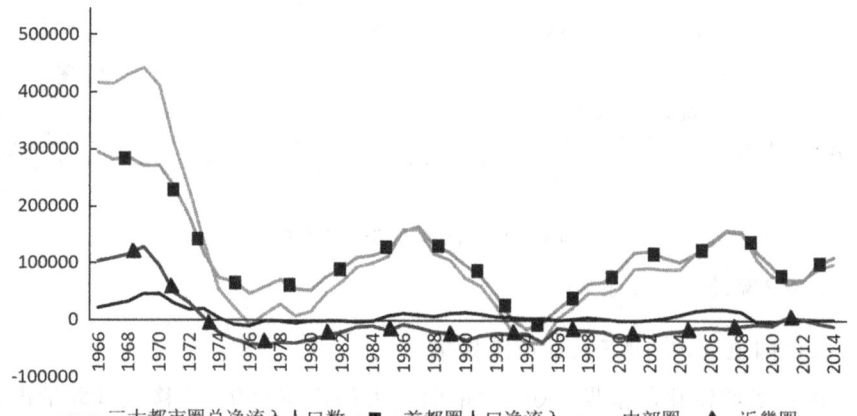

图 9-29　20 世纪 70 年代以后日本三大都市圈人口流入数量

资料来源：国势调查，链家研究院整理。

持续50年的人口净流入,为以首都圈为首的城市圈带来了源源不断的新鲜血液。在25~34岁人群的占比中,三大都市圈均高于全国平均水平,其中首都圈的占比更是接近30%。这部分人群不仅是主要的劳动力,也是房屋租赁的主要对象(如图9-30)。

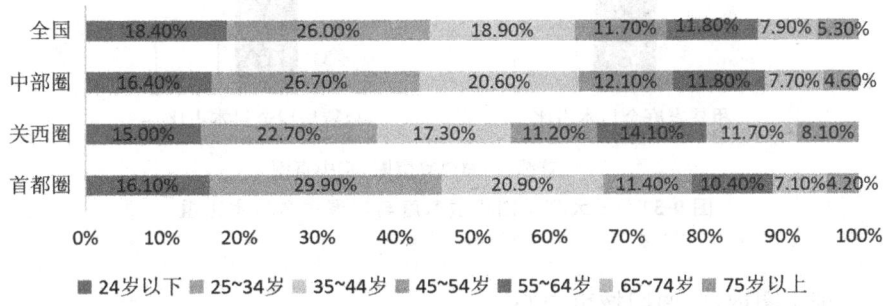

图9-30　日本三大都市圈人口年龄结构
资料来源:国土交通省,链家研究院整理。

由于流动人口具有较强的工作地点不确定性与年龄偏轻的特征,加上都市圈房价一般较高,所以大多选择租房。这导致三大都市圈的住房自有率显著低于其他地区,容纳了全日本58%的租赁家庭和租赁住宅(如图9-31、图9-32)。

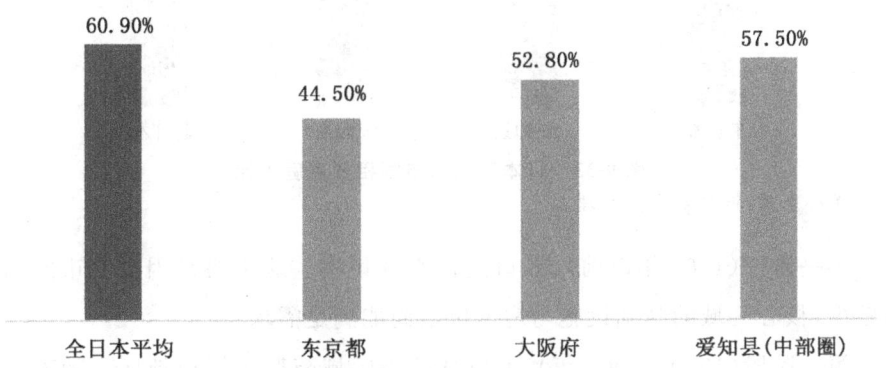

图9-31　全日本及三大都市圈住房自有率
资料来源:日本国土交通省,链家研究院整理。

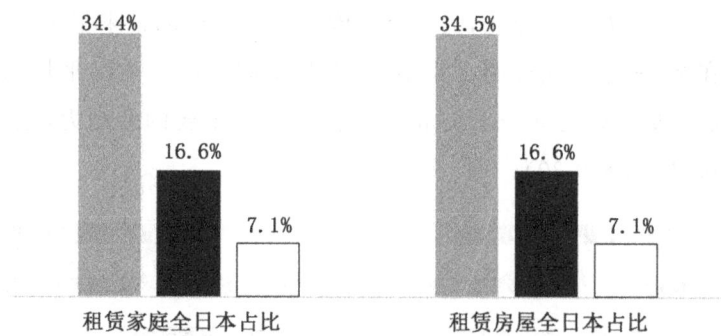

图 9-32　三大都市圈租赁家庭与房屋占全日本比重
资料来源：日本国土交通省，链家研究院整理。

2.都市圈内部：回归城市中心

从都市圈内部来看，人口的迁移分为三个阶段：向核心区集中—疏散至周边—回到核心区。这一现象在首都圈尤为明显（如图 9-33）。

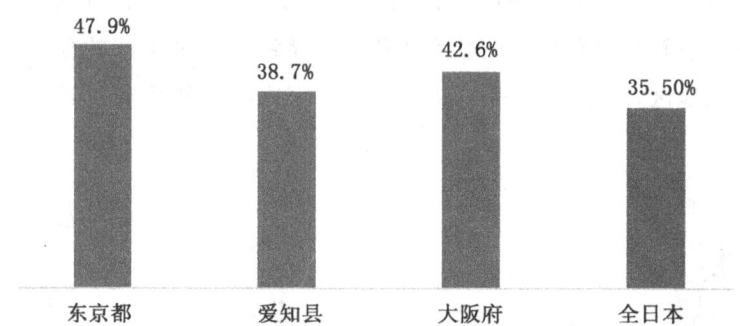

图 9-33　日本三大都市圈租赁家庭占比
资料来源：链家研究院整理。

第一阶段（1960 年以前），人口向核心区集中。这主要是因为城市圈内人口较少，核心区域的基础设施与房屋供给尚能满足需求。

第二阶段（1960—2000 年），人口从核心区域疏散至周边地区。随着核心区域供给不足，房价和租金大幅上涨，以及公共交通的完善、通勤圈概念增强，大量人口迁移到周边的神奈川县、埼玉县、千叶县等区域。

第三阶段（2000 年至今），人口重新回到核心区域。主要原因是随着 20 世纪 90 年代房地产泡沫的破灭，东京地价的下跌造成了"都心回归现象"。在租赁市场中，东京都内闲置出租的住宅数量增加；同时，新生代劳动阶层追求生活质量，倾向于居住在通勤时间较短的市内（如图 9-34、图 9-35）。

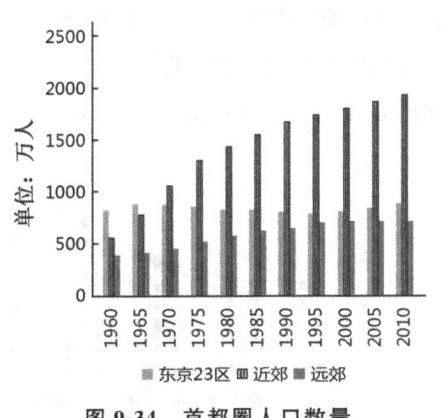

图 9-34 首都圈人口数量

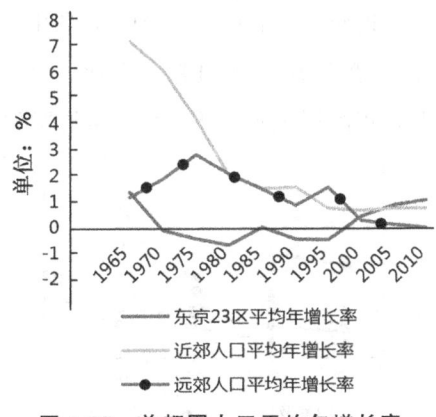

图 9-35 首都圈人口平均年增长率

资料来源：日本国土交通省，链家研究院整理。

（五）全民单身化，租客年龄、家庭与收入的多元化

租客年龄多元化、老龄化是日本租赁市场的重要特征。不同于我国青年为主的租赁人群，日本30岁以下租赁住户仅占比18.7%，30～50岁的中青年人群占比41.7%，约1/4的租赁住户为60岁以上的老年人（如图9-36）。政府公租房租户群体老龄化特征尤为突出，60岁以上老年人住户占比58%。2015年，日本单身老年人家庭高达601万户，其中很多老年人由于配偶死亡等原因收入减少或生活不便，选择租房生活。

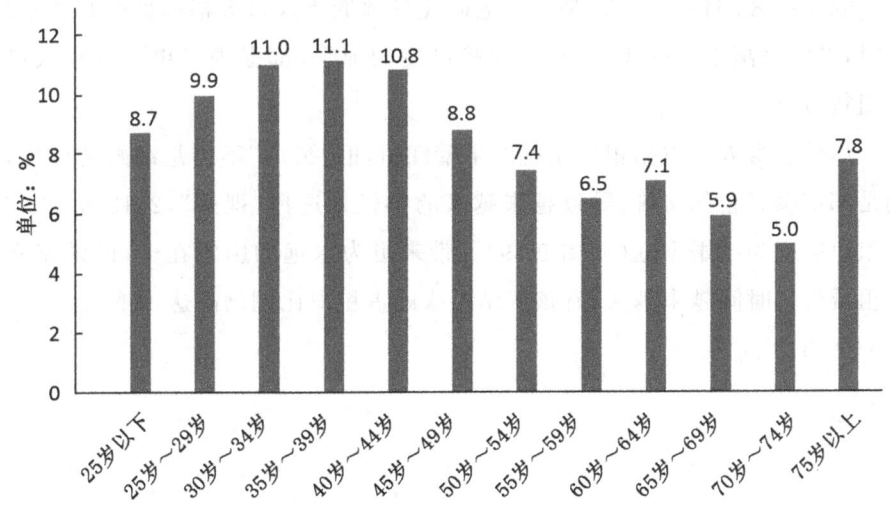

图 9-36 日本租赁住户年龄分布

资料来源：日本国土交通省，链家研究院整理。

近年来,日本全年龄的单身化趋势加深,单身租客构成了新增租客的绝大部分,数量在全部租客中占比55%。而在单身租客中,出现了低龄占比下降,中间年龄层加速上升,中老年龄层匀速增加的新现象(如图9-37、图9-38)。

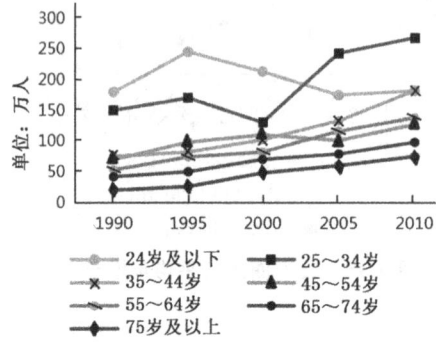

图9-37　不同年龄层单身租客人数
资料来源:链家研究院整理。

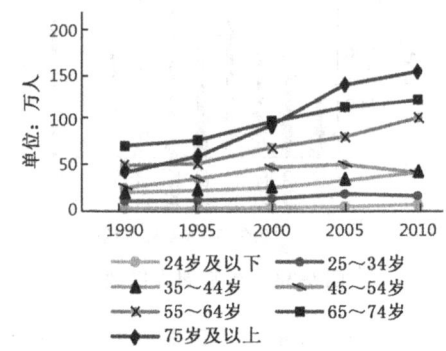

图9-38　单身居住自有住房人数

24岁以下的单身租客数量显著下降。对比拥有自住房的情况可知,这部分租客并没有将租赁需求转化为购房需求。数量下降的原因可能在于收入水平偏低,部分刚工作的人群选择父母家附近的工作并与父母同住。

25～34岁的人群是租房主力,主要是由于日本社会"全民单身"新社会特征,离异、不婚、晚婚、晚育的普遍化。这种趋势的加深,还体现在35～44岁单身租客与总体租客的同步增加。

老年租客的持续增加,是人口老龄化导致老年人口大幅增加的必然结果。同时,老年公寓市场的成熟、政府保障制度的加强,都促进了更多老年人口进入租赁市场。

尽管单身人士占据租户家庭的半壁江山,但"买房"不再是结婚的标配,特别是都市圈高企的房价,导致越来越多的年轻人选择"裸婚",2013年,32.6%的租户家庭为已婚家庭(如图9-39)。带来更为深远的影响在于,已婚家庭停留租赁市场时间越来越久,有孩的结婚家庭占租户比例已高达19%。

第九章　庞大而温和的日本租赁市场

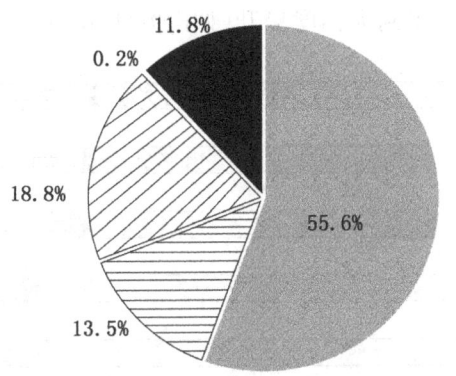

■ 单身家庭　■ 夫妇无孩　▨ 夫妻有孩　▥ 夫妻有孩与老年人居住　■ 其他

图 9-39　2013 年日本不同租赁家庭类型占比

资料来源：链家研究院整理。

租赁不再是低收入人群的"聚集地"，高收入人群为了获取更灵活的居住方式、更便利的居住环境以及更好的租住品质，选择了租房（如图 9-40）。

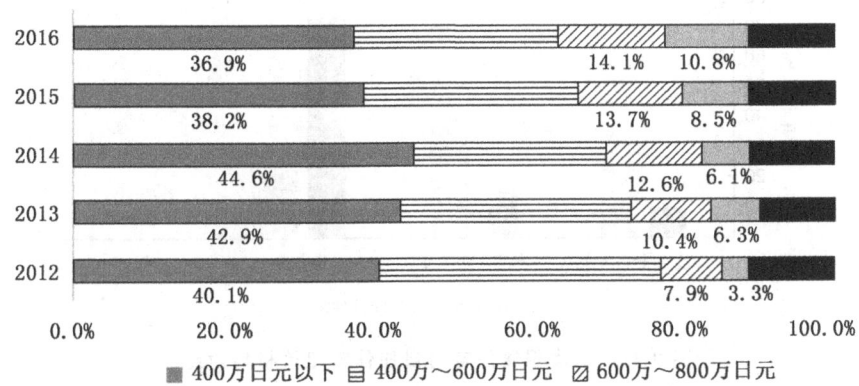

■ 400万日元以下　▤ 400万~600万日元　▨ 600万~800万日元
▥ 800万日元以下　■ 未回答

图 9-40　日本租赁住户收入分布变化

资料来源：日本统计局《住宅土地统计调查》，链家研究院整理。

（六）租房品质提升

租住房屋质量的改善主要体现在房屋质量和住房面积上。

在过去，独栋的木质房屋占房屋总量的绝大部分。这种房屋建造成本低、抗震性能好，但是极易受潮和被虫腐蚀，同时火灾危险性高。总体而言居住体验较差。而随着混凝土结构的高层多户的租赁住宅逐渐占据租赁住宅的主导地位，74% 以上住宅为非木造，独栋的租赁住宅以及独栋自住住宅的比例都急

| 183

剧降低,租客的居住体验得到大幅度提升(如图9-41、图 9-42)。

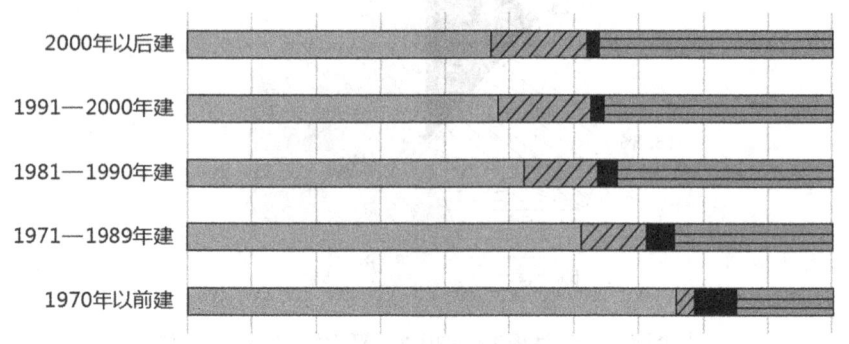

图 9-41　日本不同时期新建的房屋类型占比

资料来源:链家研究院整理。

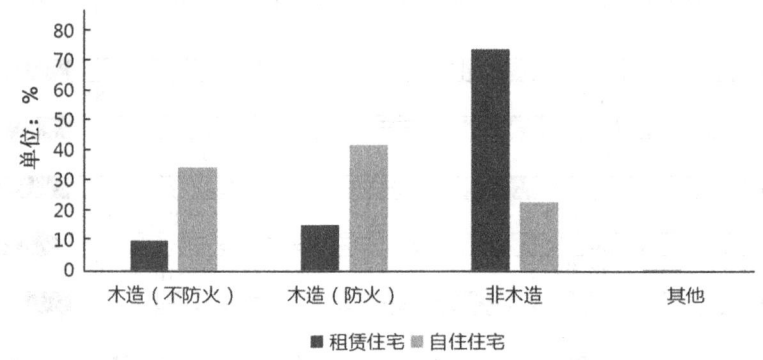

图 9-42　日本租赁住宅与自住住宅建筑材料对比

资料来源:链家研究院整理。

其次,租客的居住面积也大幅度增加,普遍在居住标准以上。租赁住宅的套均面积从二战后的 36 平方米上升至 45 平方米,人均居住面积约 25 平方米。之所以租赁住宅的面积普遍小于自住住宅,是因为日本政策中对租赁住宅和自住住宅进行了严格的划分,导致租赁住宅在设计时多为小户型,更符合单身人群的居住特点(如图 9-43、图 9-44)。但以日本国内最小居住标准来看,2013 年 81.6% 的租赁房屋在最低居住标准以上。

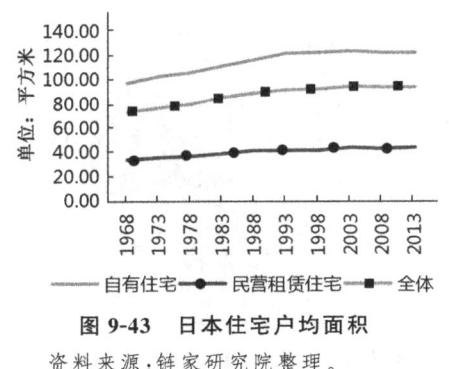
图 9-43　日本住宅户均面积

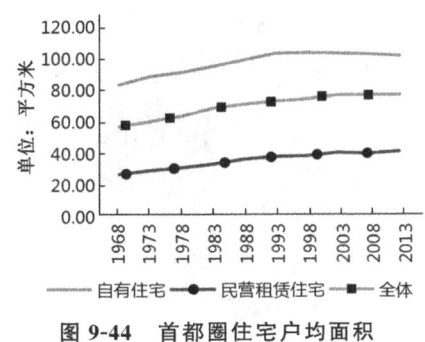
图 9-44　首都圈住宅户均面积

资料来源：链家研究院整理。

（七）注重老年人居住品质

人口老龄化作为日本社会无法回避的问题，政府不断优化升级房屋设施以符合老年人的居住特征，因此服务于老年人的分散式住宅不断增加，而且老年人的出行、医疗、邮政服务等便利度极高。

2013 年，日本租赁住户中，超 1/4 住户年龄在 60 岁以上，因此对于设施的便利性及医疗的便捷需求尤为迫切。随着 2011 年 9 月《老年人居住法》的修订和 2012 年 4 月《看护保险法》的修订，日本社会设立了"带服务的老年人专用租赁住宅"制度。

2013 年，老年人租户中，43.7% 距离最近医院少于 250 米，约 75% 距离医院 500 米以内。类似的，约 42% 距离最近公园少于 250 米，67.9% 距离公园 500 米以内。在生活便利程度方面，55.5% 高龄租户距离最近老年人日间服务中心 500 米内，65% 距离最近邮局或银行 500 米以内（如图 9-45、图 9-46、图 9-47、图 9-48）。

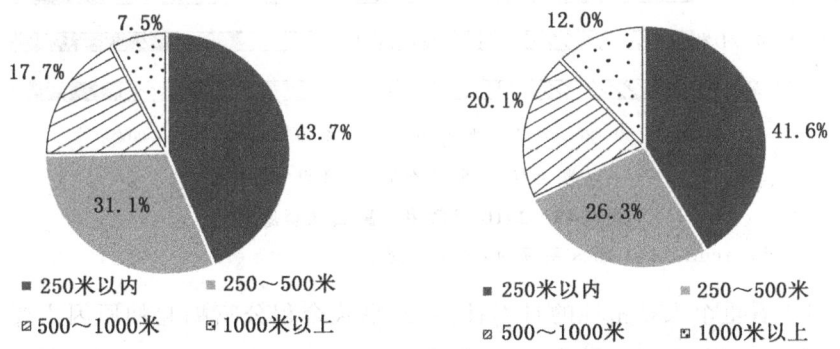

图 9-45　老年人住户与最近医院距离的分布　　图 9-46　老年人住户与最近公园距离的分布

资料来源：日本国土交通省，链家研究院整理。

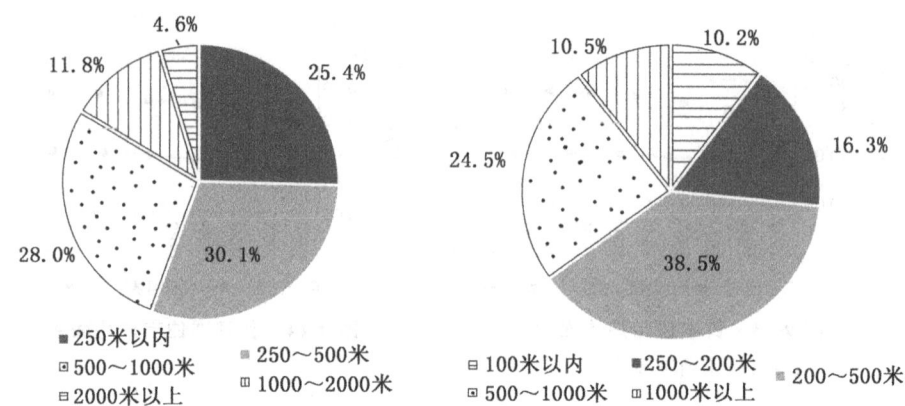

图9-47 与最近老年人日间服务中心距离分布　图9-48 与最近银行、邮局距离的分布

资料来源：日本国土交通省，链家研究院整理。

（八）住房消费观念革新，共享居住崛起

随着日本社会住房消费观念的革新，年轻租客群体中，共享居住已经成为一种新的生活方式，除了卧室这样隐秘环境外，社交正在成为不可或缺的一部分，首都圈这一现象尤为明显。因此，合租公寓在快速崛起。不同于以往设计布局千篇一律的单身公寓，共享集中式公寓不少来自旧楼的重新改造与设计，而且不同房间具有不同的主题设计（如图9-49）。

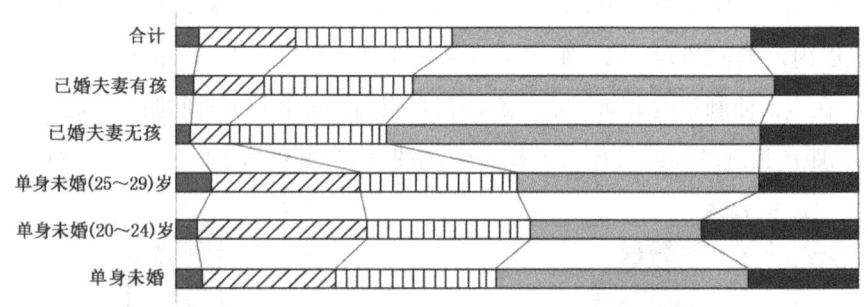

图9-49　2010年合租公寓居住意愿调查

资料来源：culture studies 研究所，链家研究院整理。

对于看重个人私密性的日本社会，共享式合租公寓崛起的原因主要是经济、安全、社交与个性。首先，合租公寓入住成本较低，一般不需要支付礼金与押金，而且不同于普通租赁，合租公寓配备家电家具，不需要租客额外花费配

置。其次,多人合租可以使得大家相互照应,防盗防灾作用明显。再次,在保证个人私有空间外,与不同人群的交往对于年轻人特别是年轻女性来说可以排遣工作的疲劳,带来心理的愉悦。最后,合租公寓改建设计时都具有主题和理念,可以满足不同人群的个性需求。

(九)换房成本高,租期稳定

对于日本租客,换房成本约为 5 个月的租金。高昂的换房成本和对租客权益的保护,使得租赁关系非常稳定。具体来看,日本首次租房成本很高,除中介费和第一个月的房租外,通常还需支付数千至数万日元不等的清扫费、约一个月房租的礼金、约两个月房租的保证金,礼金为直接支付给房东的一次性费用,向房东表示感谢之意,而保证金类似于押金,在合同解除后根据房屋使用情况部分退还。因此,除必要情况外,日本人换房频率很低,租期非常稳定。据日本住宅改良开发公社调查,在同一套房屋中居住 1~5 年的租客接近 50%,而租住时间超过 5 年的比例达到 40%(如图 9-50)。

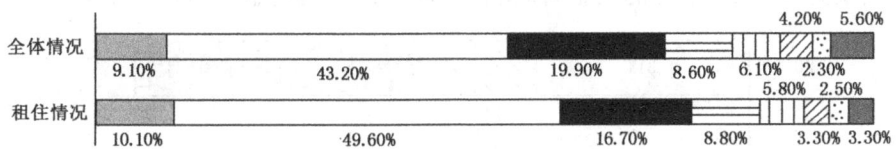

图 9-50 日本居民在同一套房屋中居住时间占比

资料来源:住宅改良开发公社,链家研究院整理。

(十)附带担保人,租金支付保障高

在日本,为了获取优质租客,避免租金损失与影响社区形象,业主、中介公司、租赁住宅管理公司对租客审查较为严格,要求租客的入住申请提供连带责任担保人。在没有担保人(连带责任担保人)时,也可委托房屋租赁(租金)债务担保公司。连带保证人主要责任是在租客无法支付房租时,代替其承担租金,降低租客违约时的租金损失(日本租赁私人住宅流程图 9-51)。

图 9-51　日本租赁私人住宅流程

资料来源：日本租赁住宅管理协会，链家研究院整理。

由于老龄少子化和人际关系的淡薄，越来越多的业主需要担保公司提供房屋租赁债务担保服务，担保人类型中担保公司比例由 2009 年的 17％ 增长至 2016 年的 44％，担保公司参与比例高达 60％（如图 9-52）。

通常来讲，房屋租赁债务担保公司担保对象不仅仅是拖欠的房租，还可以是原状恢复费用、诉讼费用、残留物搬离费用，担保费用多为半个月的房租，担保额度为少于 24 个月的租金，而租赁合同续约时续费金额为每年 1 万日元。

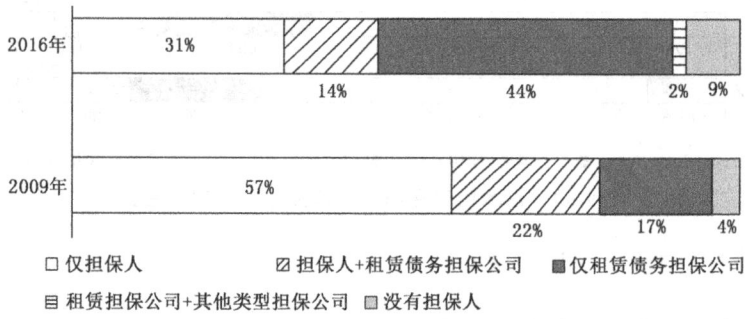

图 9-52　日本租赁担保人类型分布

资料来源：日本租赁住宅管理协会，链家研究院整理。

第十章

从开发到管理的日本租房产业链

租赁市场能够作为重要的可循环住宅供应体系的组成部分,与其行业生态丰富、参与者众多不无关系。具体来看,日本的房屋租赁市场已经形成了从专业的租赁房屋开发,到房屋出租、租后管理、租金担保以及资产证券化的全产业链。在这样的产业生态中,租赁住宅形成"建造—使用—改造翻新—再使用"的独特的生命周期。

其中最为核心的是专业化租赁运营,其实现房源与客源的匹配并提供租后管理服务,具体分为重资产管理的持有运营与轻资产管理的房屋托管或包租。

持有运营模式是指通过开发或购买持有并管理住宅物业,基于专业化管理、标准化服务向租户提供品质住房,从而获取租金收益以及资产未来的增值收益。持有运营参与主体主要为具有金融属性的住宅类REITs或有建筑开发背景的公寓开发商。房屋托管作为房屋资产管理的轻资产模式,接受个人业主或持有机构的委托,提供寻找租户、房屋日常管理、租户维护等服务,是租赁中介业务的消费升级,准入门槛相对较低。

在个人私有的土地制度、独特的社会居住习惯、鼓励出租的税收政策以及不断求变的建筑商等多种因素综合作用下,日本租赁产业链中,轻资产管理业务在租赁住宅领域覆盖率更高,约65%的租赁住宅由房屋托管公司管理。尽管日本在不动产资产证券化起步早于亚洲其他国家,也是亚洲最大的REITs市场;但由于住宅回报率不如商业资产更有吸引力,加之日本不允许REITs进行内部管理,住宅持有运营在租赁产业链的影响力相对较弱。

房屋租赁债务担保公司则是日本严格的租客筛查的衍生品,实际上是对房东的一项租金保险,由租客在入住时支付本质为保险费的担保费,在租客违约无法支付房租时,由担保公司支付相应的租金(如图10-1)。

第十章 从开发到管理的日本租房产业链

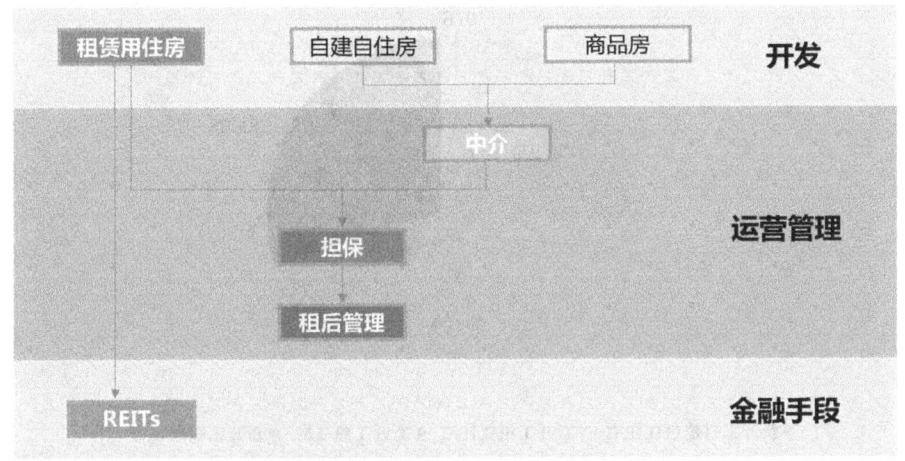

图 10-1　日本租赁市场产业链及重要参与方

资料来源：链家研究院整理。

一、租赁开发

与中国房地产链条"商品房开发—进入存量房—自住或出租"的简单逻辑不同，由于土地私有制和居民居住习惯复杂，日本的房地产开发领域分为"商品房开发""自建自住住宅开发""租赁住宅开发"三种类型。在之后的使用和流通过程中，自建自住住宅与租赁住宅的市场构成也泾渭分明，形成了两条不同的产业链。

在新建的房屋中，自建自住住宅和租赁住宅数量最多，占比均超 1/3。2012 年以来，租赁住宅开工再次超过商品房，占比不断上升，2016 年达 43.3%。大量独立开发的租赁房屋，可以更好地满足租客对房屋品质的需求，并缓解了由有效供应不足带来的租金上涨压力（如图 10-2）。

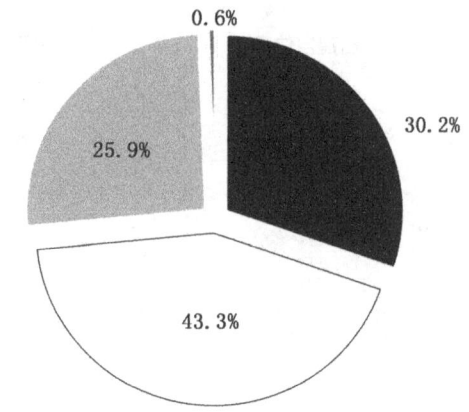

图 10-2　2016年新开工住宅按使用类型分类

资料来源：日本国土交通省，链家研究院整理。

(一)千亿规模的租赁住宅开发市场

除去土地购买费用，日本租赁房屋开发的市场规模约为5万亿日元，折合人民币3100万元。与欧美等发达国家中存量房主导市场的情况不同，日本的新房建设仍然是规模占比近50%的巨大市场。其中，租赁住宅开发的数量在新房市场中占比超过1/3，收入规模占比为22%（如图10-3）。

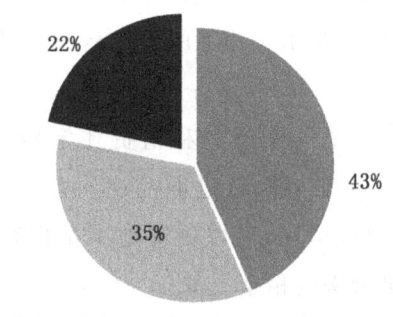

图 10-3　新房市场中不同类型房屋收入规模占比

资料来源：日本国土交通省，链家研究院整理。

近10年来，日本新开工的租赁住宅数量有所波动，但是仍然保持在每年30万套左右的供给。日本整体新开工房屋数量较多，主要原因在于日本房屋使用年限较短，翻新速度快（如图10-4）。

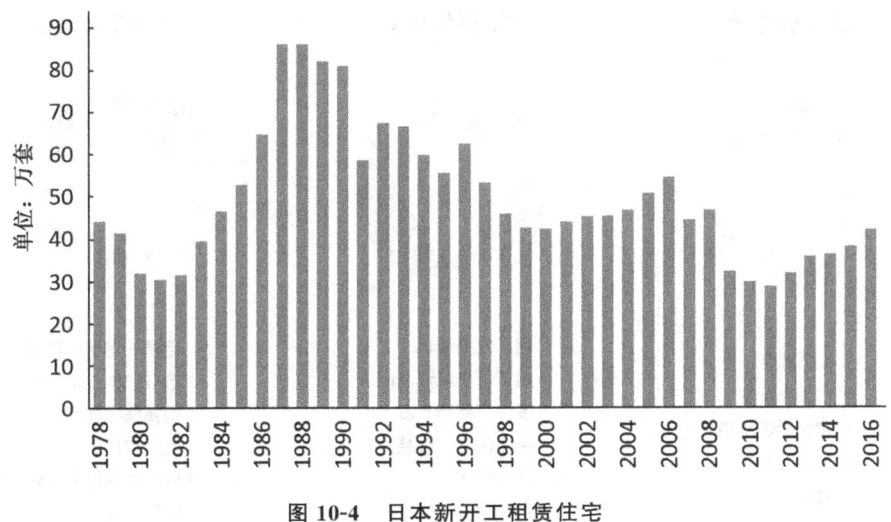

图 10-4 日本新开工租赁住宅

资料来源：日本国土交通省，链家研究院整理。

(二)"建筑＋资产管理"业务模式

日本的房地产开发市场实际是住宅开发商与建筑服务商共同分享的市场：住宅开发商主要从事商品住宅的开发，建筑服务商从事自建住宅、租赁住宅的开发。两者的最大区别在于：住宅开发商往往自己拿地，建成后再售出；建筑服务商则为业主服务，提供设计、施工等建筑服务，土地获取费用和建筑费用为业主承担。

日本的租赁住宅建筑服务商往往不只从事建筑业务，还以租赁为主线，提供从上游建造到下游资产管理的全方位服务。典型的企业有大东建托（市值604亿元）、Leopalace 21（市值90亿元），以及横跨建筑与开发业务的积水House（市值720亿元）、大和House工业（市值1142亿元）等（如图10-5）。

对于大型建筑开发商而言，租赁住宅的开发业务收入占比往往不足30%。开发业务更多承担起增强与业主黏性、贯穿后续租赁业务的角色。

让房屋再生：来自日本的经验

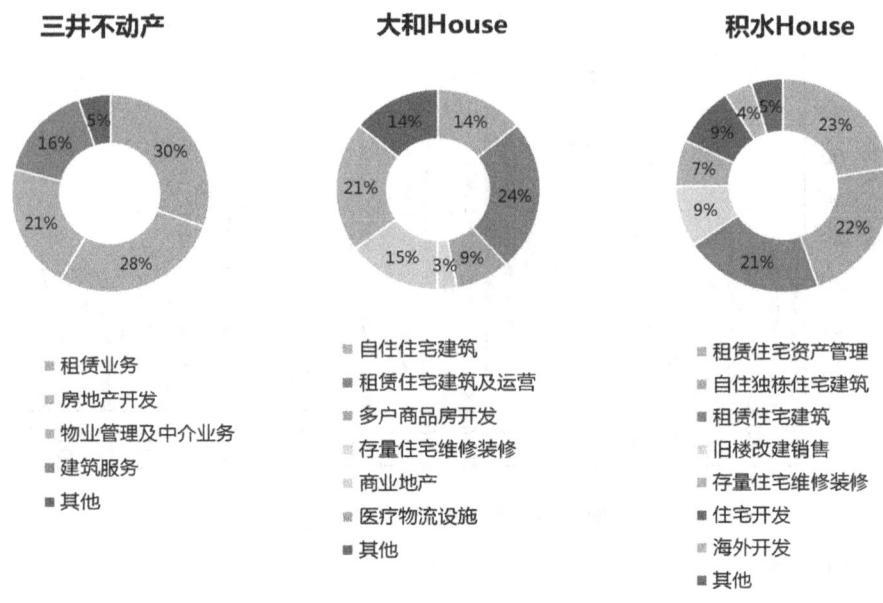

图 10-5　日本开发商、建筑商收入结构

资料来源：公司年报，链家研究院整理。

开发商业务往后端延伸的趋势也体现在美国的房地产市场中。美国排名前列的房地产企业中已很少看到开发商的身影，最大的住宅开发商 Pulte Homes（市值 64.7 亿美金）也同时从事金融等业务（如图 10-6）。相比之下，中国房地产上市公司的商品房开发收入平均占总体营收的 93%，而最大的房地产企业万科 99% 的营收都来自于住宅开发（如图 10-7）。

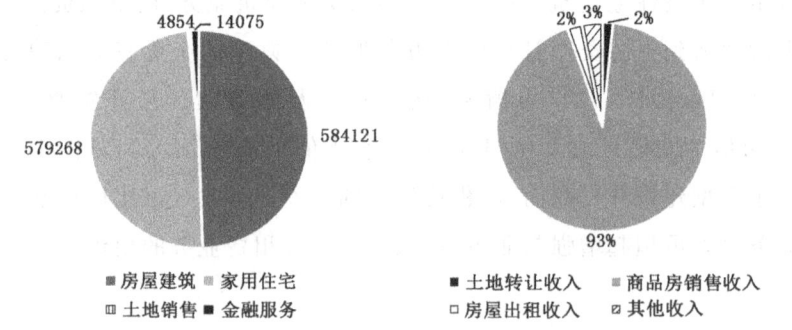

图 10-6　Pulte Homes 收入结构　　图 10-7　中国房地产上市公司收入结构

资料来源：公司年报，链家研究院整理。

(三)较为集中的市场格局

日本租赁建筑住宅市场格局较为集中,行业 Top 3 企业开发占比 34.3%,行业 Top 2 企业市场占比 26.1%。值得注意的是,20 世纪 90 年代以来,租赁建筑住宅市场格局具有集中趋势,Top 2 企业市场占比由 10% 逐渐增长至 2015 年的 25.6%(如图 10-8、图 10-9)。

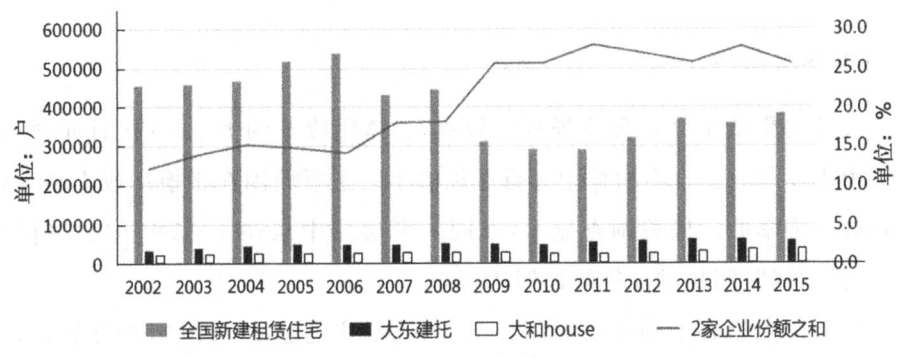

图 10-8　日本租赁住宅建筑市场格局

资料来源:日本国土交通省、大东建托公司资料、大和 house 公司资料,链家研究院整理。

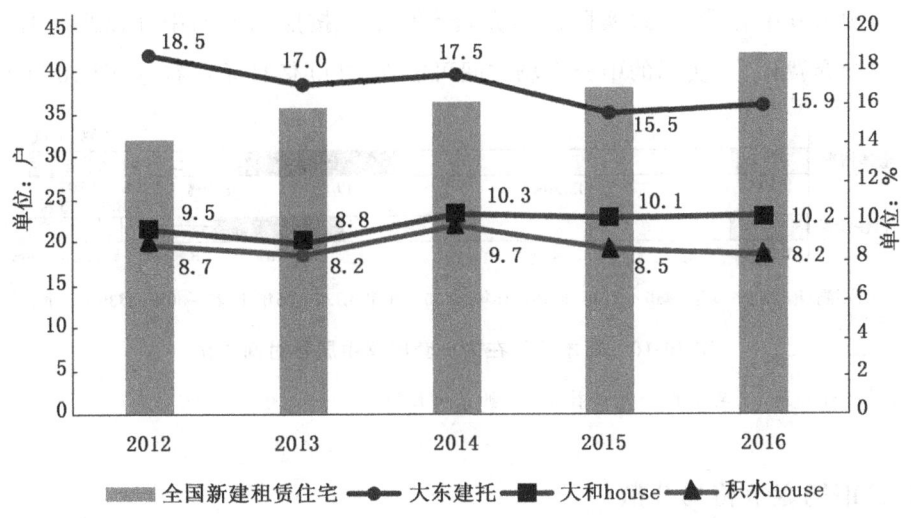

图 10-9　日本租赁住宅建筑市场格局

资料来源:日本国土交通省、大东建托公司资料,链家研究院整理。

二、中介市场

租赁中介服务的对象主要为自住房屋或租赁住宅的业主。由于换手率低等原因,中介业务的规模较小。因此,日本的租赁中介企业往往也同时提供业务管理服务,使前者成为增强用户黏性的手段。

(一)市场规模较小

纯粹的租赁中介业务市场规模较小,整体年收入约为2200亿日元,折合人民币136亿元。日本租赁中介行业规模小的主要原因在于换房成本高导致的租客换手率低。相关调查显示,在同一套房屋中居住1~5年的租客接近50%,而租住时间超过5年的比例达到40%。

结合日本租客平均换房时间为4年、民营住宅总量1400万套计算,租赁住宅每年的签约数量保守估计为300万件以上,中介费用总计为2600亿日元。但是,因为包括ABLE、MiniMini等大型中介在内的越来越多的中介加入中介费价格战,部分地区的中介费从原先的一个月房租降低至半个月,甚至某些房源为0中介费,导致实际的中介费率更低。按照1/4的中介以半个月房租的中介费计算,实际的中介市场空间可能在2200亿日元左右(如图10-10)。

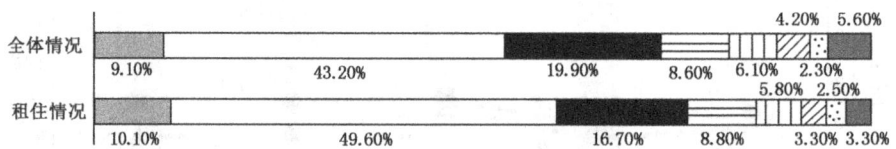

图10-10 日本居民在同一套房屋中居住时间占比

资料来源:住宅改良开发公社,链家研究院整理。

(二)市场竞争格局分散

中介服务渠道非常分散,市场集中度不高。市场中成交数量最高的大东建托2014年的签约件数为23.1万件,占比小于7.7%;前5名中介签约总件数为68万套,占比小于23%(如图10-11)。

第十章 从开发到管理的日本租房产业链

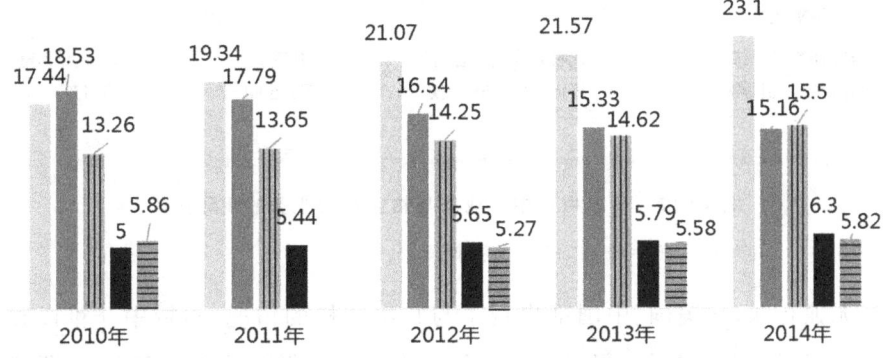

图 10-11 日本前 5 名房产中介签约件数

资料来源：大东建托年报，链家研究院整理。

2006 年，日本从事房屋租赁或管理的中介公司约 5.8 万家，算上分店则多达 7.3 万家。其中 4 人及以下的公司占据近九成（如表 10-1）。

表 10-1 日本租赁中介与物业管理公司员工数量

租赁中介与物业管理公司员工数（人）	公司数量（家）	门店数量（家）
0～4	51198	52133
5～9	3462	4281
10～19	1677	2722
20～29	568	1269
30～49	482	1349
50～99	403	1744
100～299	267	2802
300～999	82	2861
1000～1999	21	2333
2000～4999	5	1120
5000 以上	1	606

资料来源：日本国土交通省，链家研究院整理。

（三）与房屋管理相结合的租赁中介业务

日本的租赁中介业务很少独立存在，中介机构一般会同时提供物业管理服务。据调查，仅仅依靠相关机构提供中介服务的业主占比仅为 11%，而同时委托机构提供中介及物业管理服务的业主占比高达 80%（如图 10-12）。

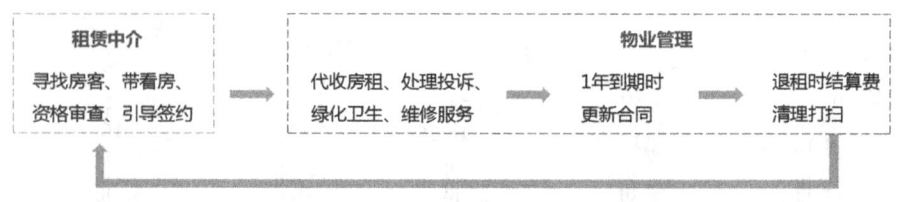

图 10-12　日本租赁中介业务与物业管理业务的闭环链条

资料来源：大东建托年报，链家研究院整理。

无独有偶，在美国、中国都出现了与日本同样的情况：租赁中介难以独立存在。美国与日本类似，租房中介业务与物业管理紧密结合。在中国，租房中介业务一般与二手房中介业务联系起来。究其原因，主要有两方面因素：(1) 租赁交易环节服务价值较小，业主及租客的付费意愿较低；(2) 需要频繁获客/房，且获客/房成本较高。

首先，租赁中介提供的服务价值较小。和房屋交易相比，租赁具有换手率高、单笔价格低的特点，所以客户对于房屋核验、业主及租客身份担保等服务的付费意愿较低。同时，由于大部分国家都没有推行强制性的租房合同备案等政策，中介机构的服务价值一般只体现在信息的匹配上。随着 C2C 信息平台的成熟化，租赁中介的这一功能也将被削弱。

其次，住宅位置分散，获客及获房的成本较高。以北京为例，租赁经纪人的平均人效约为 2 单/月。与二手房交易相比，租赁经纪人所花费的时间成本相差无几，但获取的利润却不足前者的 1/10。反观日本，虽然独立租赁中介公司不多，但仍有少数得以生存，主要原因就在于大量房源掌握于少数业主手中，房源比较集中。

三、租赁住宅管理的轻资产管理模式

日本现代租赁住宅资产管理公司发展已超过 50 年的历史，管理业务体系、法律制度、人才培养和行业的社会认知都较成熟。登记备案的资产管理公司超过 3000 家，其中多数规模很小、经营范围局限于本地，而且 90% 为房地产企业兼业经营租赁住宅管理，也有少数不受地域限制的大型公司。在日本人口老龄化、单人持有多套租赁房屋大背景下，目前日本租赁住宅管理公司管理房屋数量超 1200 万套。

(一)资产管理比例高,收入规模达万亿日元

日本业主中将自家房产交由租赁住宅管理公司(住宅资产管理公司)进行统一管理的比例近80%,其中,14.3%为房屋托管模式,65%为包租模式(如图10-13)。以2013年日本民营租赁住宅约1458万户计算,资产管理房屋总规模约1160万户。除去免费租赁的房屋,日本租赁住宅套均月租金约55200日元,按照3%~5%的房屋托管费、10%~15%的包租租金差收入计算,管理费收入空间可能在6700亿~1.2万亿日元,折合人民币500亿~700亿元。

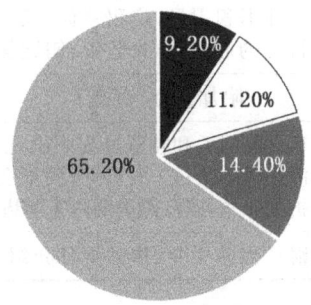

■业主完全自己管理 □业主委托中介寻找租客自行管理 ■托管 ▓包租

图10-13 日本2013年房屋管理方式分类

资料来源:日本国土交通省,链家研究院整理。

(二)根据义务范围划分的托管和包租模式

日本资产管理业务在租赁住宅领域覆盖率高、与租房中介业务融合度高,并且根据住宅管理公司对房东附有的义务的多少形成了两种主要模式,分别类似于中国通常意义上的托管和包租。

托管,即资产管理公司提供代业主进行招租、收缴租金、设备管理、清洁卫生等一般服务,业主以其所收租金的一定比例作为管理费用,这个比例通常为3%~6%,均值为5.2%,而且托管年限一般在3~5年。包租,即资产管理公司与业主签订租期长达25~30年的房屋租赁协议,将房子以整租形式全权委托资产管理公司进行租赁运营,除一般房屋管理服务外,资产管理公司还承担房屋租赁空置期风险的租金损失,但以业主与租客之间10%~20%的租金差为稳定的盈利点。

一般来说,房屋管理的主要内容如表10-2所示。

表 10-2　日本资产管理公司的常规业务

常规业务	
押金的收取与返还	向入住者收取押金,向退租者返还清算后的押金
解约	计算保证金退还金额,复原房屋
清扫	建筑物内的卫生打扫,周边的清扫,除草和绿植
建筑物、设备、土地管理	定期巡回检查、保管和维修
房租收取	房租、物业费的收取,物业费的代交
租约更新	到期租约更新,租约条款的更新
入住人员管理	入住退租引导,房租督促,长期无人居住情况检查,不正当行为的监督,防火防灾,钥匙保管,应急情况
附加业务(可选)	
房租保证	房屋新建后和经营过程中出现闲置时损失的代付,房租出现滞纳时的垫付。有时,合同里会规定新建成时和退租后的保护期条款,即在保护期内无须垫付房租
服务业务	财产保险中介、律师会计介绍、生活用品贩卖

资料来源:链家研究院整理。

无论哪种类型,作为租赁住宅管理公司一般均承担表 10-2 中的常规业务,包括收缴房租、卫生清洁、解约服务等。但是托管方仅作为房东的代理人,房客直接与房东签订租赁合同。而包租模式则是物业管理人从房东处将房子整租,房客与资产管理公司签订租赁合同,资产管理公司承担费用和风险(如表 10-3)。

表 10-3　托管与包租业务范围的不同点

不同点	托管	包租
盈利来源	租金的 4%~8%	租金的 10%~20%
房租决定者	房东	管理公司
保证满租房租	无	有
保证房租按时缴纳	无	有
入住中问题处理	有	有
退租清点	有	有
房屋维护	另行签约	有
入住者合同更新	有	有
礼金	房东收取	管理公司收取
更新合同手续费	房东收取	管理公司收取
押金	管理公司收取	管理公司收取

续表

不同点	托管	包租
与房东的合同期限	2年	20～35年

资料来源：链家研究院整理。

包租业务的主要稳定的盈利来源于租金差，通常公司仅将收到租金的85％～90％给业主，公司赚取10％～15％的租金差，此外新租客需缴纳一个月的租金作为礼金，老租客每2年更新一次租约的同时收取一次礼金。不同于中国青年公寓的包租模式，日本包租模式下业主承担装修费用，大型的建筑商通常能为其提供装修服务，获取收入(如图10-14)。

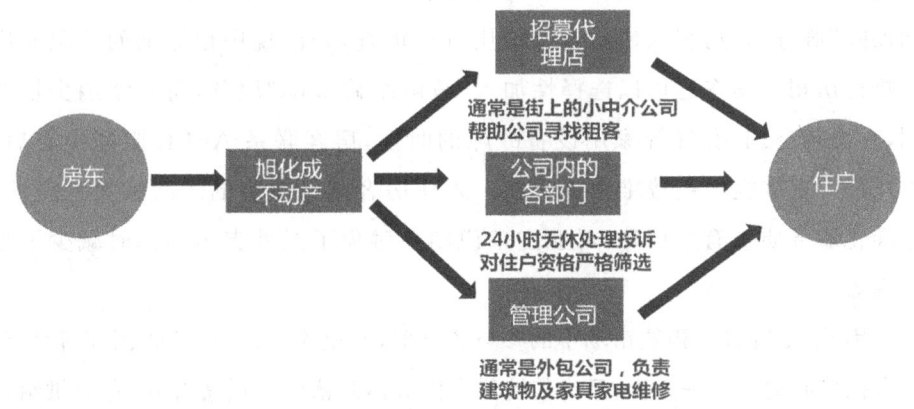

图10-14　日本旭化成公司的包租运营模式

资料来源：链家研究院整理。

(三)两种典型商业模式

日本租赁市场形成"建筑服务＋租赁管理"为代表的商业模式，从租赁房屋供给端介入，提供一站式全产业链服务，贯通租赁住宅和自住住宅的建造，兼顾运营端租赁管理。该种商业模式之下，建筑服务与包租业务相辅相成，管理业务特别是包租模式为业主解决了运营问题，建筑服务能够更早地触达业主。

同时，形成以ALBE为代表"存量住宅更新＋租赁管理"的模式。ALBE不具备房屋的建筑设计能力，更注重的是存量住宅的更新和面向入住者的物业管理。ABLE共有直营店417家，加盟店370家，网点覆盖率很高，这使得它每年的签约数量位居前三。

与主打从土地规划建设开始的"租赁住宅建筑＋租赁管理"模式不同，ABLE 的转租模式着眼于存量市场。一种方式是和业主直接签协议转租；另一种方式是寻找入住率低的老旧房屋，与业主签订重装和转租的一站式服务协议，对业主房屋重新装修后再对外出租。ABLE 与房东约定，转租房屋发生空置时 ABLE 向房东交纳 90% 的房租。目前 ABLE 管理的转租房屋共 75000 户。

另外，ABLE 也向业主提供房屋的委托管理业务，估算委托管理户数在 25000 户左右。除招揽客户、代收房租、卫生打扫等基本服务外，ABLE 还设立了房客 24 小时服务中心，及时解决入居中的问题。针对房东提供"12 个月滞纳保险"服务，在房客入住前对其信用进行审查，若出现房租滞纳的情况向房东垫付房租。房东还可以选择性加入"故障维修 plus"服务，每月缴纳少量费用，在出现空调、燃气等家用设备故障的时候，房客联系 ABLE 服务中心后，ABLE 将直接提供免费维修或更换。入住房客问题解决的时间被大大压缩，标准化服务质量有所保障，对业主来说则在避免了意外支出的同时减少了很多麻烦。

因此，尽管日本租赁市场中的参与者众多，但建筑公司、开发商、资产管理公司占据核心地位。一方面，日本传统住房供应体系依赖于增量开发，存量供给占比不足 15%。因此在新建供给占据主导地位的环境下，得开发者得天下，而由于存量业务较少，对中介的需求也没有那么旺盛，导致日本始终无法出现以中介为业务重心的大企业。另一方面，租赁住宅建筑商借助距离业主更近的优势，为其向包租业务渗透提供了天然的契机。

(四)住宅管理公司竞争格局依然分散

住宅管理公司的竞争格局也呈现出分散的特征。日本国土交通省根据备案率推算，日本租赁住宅管理企业约有 3.2 万家，其中由房地产企业同时经营租赁住房管理的约 2.94 万家，兼业率为 90%。但根据日本国土交通省 2011 年调查，包租房屋中 75% 的资产管理公司管理房屋数量少于 50 户，管理规模超 3000 户的企业占比仅为 3%。以民营租赁住宅 1458 万套为基数，前 5 名资产管理公司管理房屋比例为 20.24%；以行业管理房屋管理规模 1175 万套为基数，前 5 名资产管理公司管理房屋比例为 25%，行业第一的大东建托占比

7.86%（如表 10-4、表 10-5）。

表 10-4　日本租赁住宅管理行业集中度

排　　名	累计管理户数（户）	占民营租赁市场比重（%）	包租率（%）
1～5 名	2951206	20.2	82.6
1～10 名	3863441	26.5	70.9
1～100 名	6042666	41.4	56.9

资料来源：日本租赁住宅管理新闻，链家研究院整理。

表 10-5　2011 年日本租赁住宅管理企业管理规模分布

管理规模（户）	托管（%）	包租（%）
0	0.30	42.30
1～20	10	21.90
21～50	13.20	11.10
51～100	13.40	5.20
101～500	33.60	11.50
501～1000	10.90	3.50
1001～3000	11.40	1.50
3001 以上	7.10	3.00

资料来源：日本国土交通省 2011 年民间租赁住宅管理行业调查，链家研究院整理。

日本全国租赁住宅报发布的 2016 年管理户数排名如表 10-6 所示。

表 10-6　日本前 10 位资产管理公司

排　　名	管理公司	管理户数（户）	市场占比（%）	包租比率（%）
第 1 位	大东建托集团	923624	7.86	98.5
第 2 位	积水 House	565471	4.81	91.8
第 3 位	Leopalace 21	561961	4.78	100.0
第 4 位	大和 Living	462997	3.94	90.7
第 5 位	STARTS Group	437153	3.72	6.0
第 6 位	ABLE	243153	2.07	——
第 7 位	东建公司	200605	1.71	93.2
第 8 位	House Mate	196125	1.67	51.7
第 9 位	Minitech	184352	1.57	7.1
第 10 位	学生情报中心	88000	0.75	——

资料来源：链家研究院整理。

注：市场占比是以日本 2013 年国土调查的 1458 万户民营租赁住宅为基数。

总体来看，大规模包租业务对于公司的现金流和风险承受能力都有比较高的要求，因此大型资产管理公司大多采用包租模式，而委托管理因门槛较低，总体规模大于转租形式。因此管理户数排名前列的物业公司诸如大东建托、Leopalace 21、积水 House 等绝大部分管理房屋都是包租的。

(五)包租的发展逻辑

日本包租物业在租赁物业中占比高达65.2%，并向上游延伸形成"建筑＋包租"的商业模式，其背后对应的是相对均衡的供需市场、利好的政策支持、土地估值制度，核心在于土地私有制。

(1)需求端——业主对包租模式的需求不断上升

第一，单个房东拥有租赁房屋数量不断上升。据日本国土交通省租赁环境调查报告表明，截至2011年，日本单个房东拥有租赁房屋数量在6套以上占比高达87.4%，个人业主难以管理如此大规模的租赁物业。

第二，人口老龄化大背景下，房东对房屋管理有心无力。据统计，60岁以上房东占房东总人数的60%，50～60岁房东约23%，日本土地神话破灭前土地主陆续步入老年阶段，对包租需求上升。

(2)供给端——建筑商向多元化业务模式转型需求

包租业务的供给端通常是大型的建筑商，在业务模式上易于向包租业务渗透，日本房地产市场也迫使传统的建筑商向多元化业务转型。从业务来看，由于建筑商为土地主提供租赁物业建造业务，为其向包租业务渗透提供了天然的契机。此外，核心区可建筑面积越来越少，传统的房屋建筑收入也随之减少，发展包租模式是多元化业务的拓展需求。随着建筑技术的进步，房屋抗震性能不断提升，日本房屋的质量越来越优，为长租期的包租模式发展提供了契机。

(3)政策端——税收和土地制度推动租赁供给

第一，新型税制改革增大市场租赁房源供给，多户型的租赁住宅供给增加，业主对包租模式依赖度与日俱增。1991年，日本为了抑制土地上涨推出持有税，并将城市内农业用地视同住宅用地征税，大量土地主在农业用地上建造租赁住宅获取租金收入覆盖税收成本，市场租赁物业急速增加。

第二，遗产税的调整将大量土地主推入租赁市场。一方面日本取消对农业用地遗产税的税收优惠政策,将农业用地视同住宅用地征收遗产税,此外降低遗产税的征税门槛,提高税率上限(1000万日元以上按照10%征收遗产税,1亿日元以上征收30%,6亿日元以上征收55%),高额的税负迫使土地主建造租赁物业获得租金收入覆盖税收支出。

第三,特殊的土地估值制度催生土地主对包租模式的需求。推崇土地为王的日本,土地上建造建筑物后会使土地的价值下降。大量的土地主为了降低其税负,从而委托开发商在自有土地上建造租赁物业,减少持有税及继承税的支出,土地主成为大量租赁物业的持有人,繁杂的租赁物业管理使得大量土地主对包租模式产生需求。

第四,土地主建造租赁物业,可豁免大量遗产税。日本规定土地主建设租赁住宅,土地遗产税的税基要减少20%,加之建造租赁住宅的负债也能够抵扣税基,因此刺激了土地主大量修建租赁住宅。

四、持有运营的重资产管理模式

在日本,租赁住宅的持有机构主要为金融属性的公募及私募REITs、私募股权基金。截至2015年底,REITs及私募基金管理资产价值约27.2万亿日元,折合人民币1.6万亿元,年租金GMV占总体年租金约0.78%。

目前,日本住宅公募REITs仅有8家,持有房屋总量约7.5万套,在日本租赁房屋中占比甚至不足0.36%。日本租赁住宅套均租金54040日元,入住率按照2015年住宅REITs平均水平96.62%测算,日本住宅REITs年租金GMV约29亿人民币,占2015年日本总体租金GMV的0.4%。2015年,日本私募基金持有房屋数量约7.1万套,年租金约27亿人民币,在日本总体租金GMV占比约0.38%。由此可见,日本住宅REITs的市场渗透率远低于房屋托管的66%。

(一)开发商与信托银行合作下的J-REITs运营模式

日本第一支REITs于2001年推出,主流管理模式是信托银行和住宅开发商共同成立REITs,并委托资产管理公司进行运营管理(如图10-15)。

20世纪90年代,日本泡沫经济破灭后地价大幅跌落,不动产开发商及民间民营企业土地主产生迫切处置不动产需求,危机中的物业持有人需要新型融资方式盘活持有的不动产,开发商尤为突出。投资人对REITs主体信用能力要求较高,开发商与信托银行合作模式应运而生,大部分情况下,开发商和信托银行还会成立专业的资产管理公司进行运营管理。

之所以形成现阶段日本租赁住宅所有权和管理权分离的局面,是因为受土地价格下跌影响,传统住宅持有公司为避免产生大量的浮亏,住宅 REITs 出现之后,便将其持有物业尽量出表。这也就造就住宅 REITs 和私募基金成为日本租赁住宅物业最大的机构持有者。

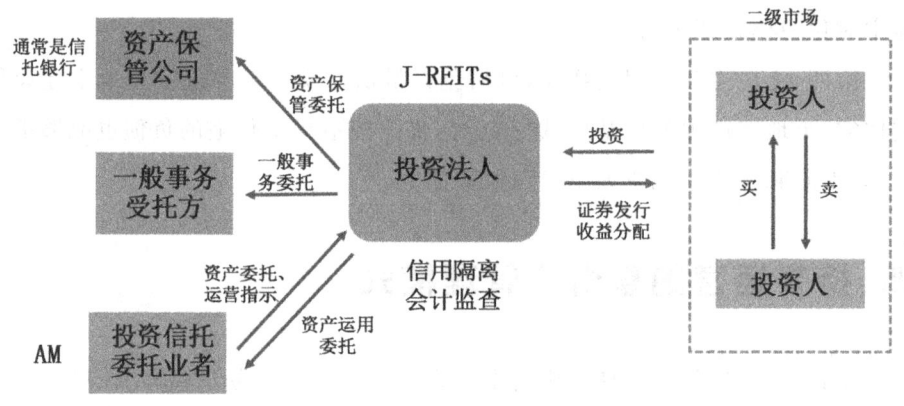

图 10-15　J-REITs 组织架构

资料来源:链家研究院整理。

(二)住宅 J-REITs 行业现状

与美国一致,日本住宅 REITs 回报率常年跑赢 REITs 平均水平,经营管理水平较高,物业大多沿核心城市布局,物业空置率维持在较低水平。

1.占比不断上升的住宅 REITs

从 J-REITs 各类型 REITs 市值分布来看,住宅 REITs 占比不断上升。截至 2016 年,日本在东京/大阪证券交易所公开上市的 REITs 共有 58 家,住宅 REITs 在 REITs 总市值中占比约 10%。而 2004 年,日本各类 REITs 中写字楼类占比高达 72%,商业占比 19.2%,住宅类占比仅 5.5%,由此可见,住宅 REITs 在日本 REITs 市场中扮演着越来越重要的角色。

私募基金规模的逐渐萎缩,J-REITs 规模的持续扩大,意味着住宅 REITs 持有物业的比重在租赁市场中不断上升。早年日本住宅租赁市场以私募基金为主导,但 2012 年以来,私募基金管理房屋价值逐年萎缩的过程中,J-REITs 持有及管理物业总量平稳上升,在此过程中住宅 REITs 在 J-REITs 中所占比重同样不断上升,日本住宅 REITs 机构化力量不断增强(如图 10-16、图 10-17)。

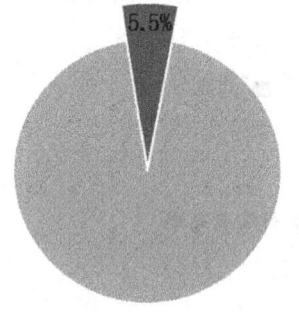
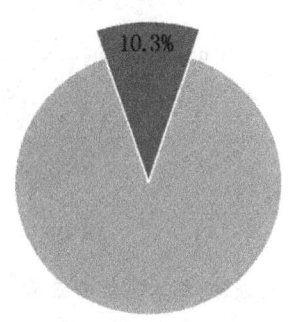

图 10-16 2004 年及 2016 年住宅 REITs 占比变化

资料来源:日本不动产证券化协会,链家研究院整理。

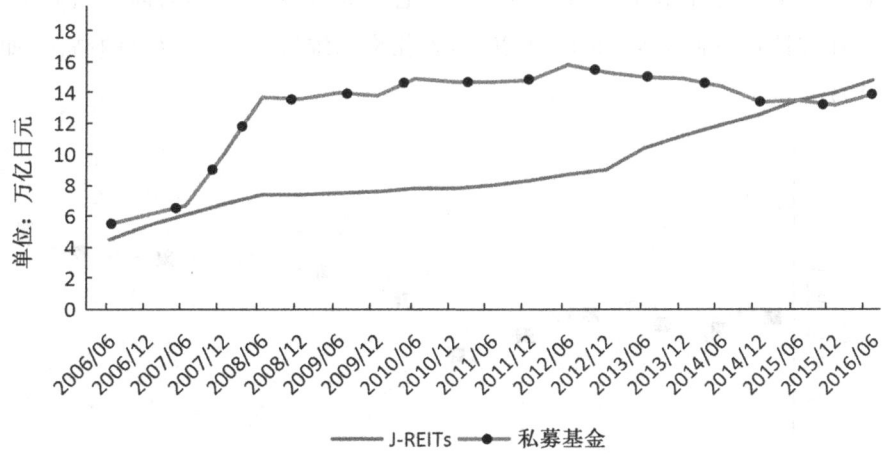

图 10-17 2006—2016 年 J-REITs 及私募基金管理资产价值变化

资料来源:三井研究所,链家研究院整理。

2.高集中度的核心大都市

与美国住宅 REITs 类似,日本住宅 REITs 也呈现出集中核心城市布局的特征。日本 8 家住宅 REITs 在东京 23 区及以内持有物业占比普遍高于 80%,以日本最大的专业住宅物业运营 REITs 为例,其在东京持有物业市值占比超过 72%,且核心都市入住率显著高于整体水平,核心区域整体呈现高集中度、高入住率的特征（如图10-18）。

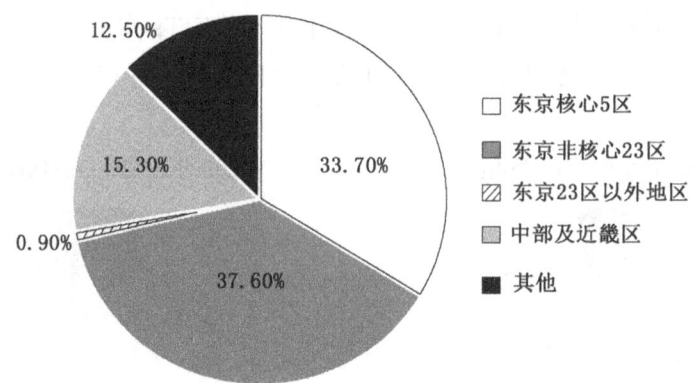

图10-18 Advance Residence 持有物业布局

资料来源：日本不动产证券化协会，链家研究院整理。

3.较高的管理水平

REITs整体具有较高的经营管理水平，2005年至今，日本REITs类物业空置率水平始终控制在3%以内水平，住宅类REITs空置率略高于整体水平，但整体维持在较低水平；2011年以来，入住率均维持在95%以上的高位（如图10-19）。

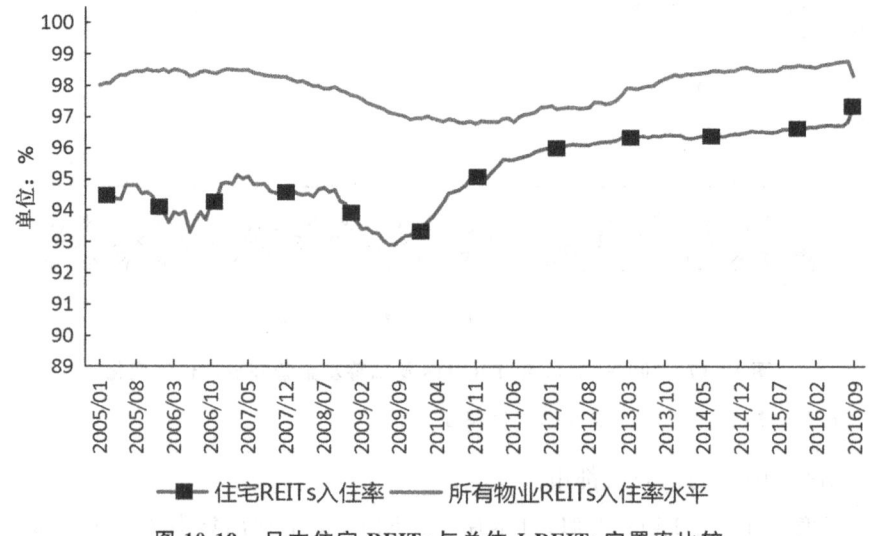

图10-19 日本住宅REITs与总体J-REITs空置率比较

资料来源：日本不动产证券化协会，链家研究院整理。

第十一章

日本租赁政策

近代日本居民居住结构更迭的最大拐点出现在二战后。1941年日本共有住宅1400万户，房屋自有率仅有22%，多数居民居住在租赁的房屋中。究其原因之一是1939年日本政府为备战安民，颁布了对土地和房屋租金做出最高价限制的《房租统制令》，低廉的房租使得居民具有更强的意愿租房而非购房。

二战结束后，美军轰炸致120座城市受灾，210万户住宅被毁，同时日本政府为疏散居民拆毁住宅55万户。加之战败后从海外撤回的人员，住宅缺口约为420万户。在此情况下，日本政府出台一系列政策，大力支持住房建设、奖励居民出租房屋、兴建保障住房。此后日本经历了战后复兴到经济成长，具有稳定工作和收入的中产阶级大量涌现，推高了房地产市场的需求，住房自有率和住房质量一路提高。

20世纪90年代日本房地产泡沫破裂击碎了房地产市场正反馈机制下的三角关系。企业盈利能力下降破坏了终身雇佣制度，企业通过减少正式职工、雇佣临时工和派遣员工等方式减少成本支出。低龄的非正规雇佣员工收入较低且无稳定经济来源支撑房贷偿还，年轻人拥有房产比例呈下降趋势。

所以说，房地产泡沫的后30年是房地产市场再生与租房观念不断深化的30年，租赁政策在此期间不断演化迭代，为可循环住宅供应体系的建立提供了制度土壤。

一、完善的租赁立法

完善的租赁立法能够稳定租赁关系，从制度上平滑租赁市场摩擦，从而稳固租赁市场在可循环供应体系中的地位，保证租赁市场能在更大范围内满足更多群体的需求。

日本租赁立法与德国相近，以民法典为核心，并通过专门立法确立房屋租赁法律体系。日本关于租赁的法律主要有《民法》《建筑物保护法》《借地借家法》，以及修改后的新《借地借家法》。

日本《民法》中关于租赁的规定同时适用于动产租赁与不动产租赁,立法从平等角度出发,并没有考虑住房民生需求。1921年的《借地借家法》则是针对不动产租赁的专门立法,旨在保护承租人的租赁需求,但由于对承租人的过度保护使得租赁市场成为典型的"柠檬市场",业主缺乏提供优质的租赁住宅的意愿,租赁住宅品质差、流通率较低。为此,《借地借家法》于1991年进行修订,新《借地借家法》在以往半永久型租赁合约的基础上添加了一种定期租赁合约,当事人可以自由选择合约类型。政府希望这种定期租赁合约的出现可以改善日本租赁住宅质量差、流通率低的困境。

(一)租期规定

日本《民法》将最初租期分为定期与不定期租约,定期租约最长不得超过20年。无论出租人或承租人均可随时提出解除租约。定期租赁的房屋在租约期限未满之前不得收回,且出租人可以在契约中特别约定解除权,从而可以随时终止租赁。此外还规定了短期租赁。

旧《借地借家法》规定,最初租期不受民法中最长租赁时间不得超过20年的制约,租期由当事人协商决定,没有租期上限。租期不满1年的租赁契约,视为没有约定租期契约。没有正当理由的情况下,自动更新租约。

新《借地借家法》合约分为普通借家与定期借家契约。普通借家合约的租期由当事人协商决定,没有租期上限,租期不满1年视为没有约定租期契约,在没有正当理由的情况下,自动更新租约。定期借家合约的租期由当事人协商决定,低于1年超过20年均可,没有租期上下限,不承认没有约定租期的合约,合约必须有纸质证明。合约到期之后不自动续约。

(二)租金规定

二战及其战后初期,日本政府为严控物价,颁布《物件统制令》,严格管控租金增长,但租金管制由于其降低业主出租意愿、减少租赁市场房源供给等消极影响而备受争议,因此日本已经解除了租金管制,实现私人租赁市场租金自由调整。尽管该法制作为特殊时期产物,但日本社会对于出租人增加租金仍然保持谨慎。

旧《借地借家法》规定在公租房租金出现调整、土地价格大幅变动,或者与周围类似物业的租金相比租金差距较大,可以在中途对租金进行调整。特殊租金约定视为无效。

新《借地借家法》中,普通借家契约对于租金调整的规定与旧《借地借家法》基本一致,区别在于,定期借家契约下,签订合同时若对修改租金的方式进行特殊约定,租金增减请求权不再适用,即出现普通借家契约中的特殊情况,也无法调整租金(如表11-1)。

表 11-1　普通借家与定期借家契约的区别

不同点	普通借家	定期借家
租约更新	到期自动更新,默示更新	不自动更新租约,必须有明确意向
租期	不限制租期,未满1年的租期视为未定期租赁合约	2000年3月以后不限制,2000年3月以前,不超过20年
租金	依据合约决定	仅在公租房租金出现调整、土地价格大幅变动等情况下,或者与周围类似物业的租金相比租金差距较大的情况下,可以在中途对租金进行调整,特殊租金调整规定无效
解约	建筑面积小于200平方米的建筑物,其承租人因工作调动、医疗、照顾家人或其他不得已原因导致该建筑物无法作为长期居住点时可中途解约;其他情况依据租约	依据租约

资料来源:链家研究院整理。

(三)业主与租客权益规定

《民法》与新旧《借地借家法》对于出租人与承租人权责规定一致:出租人拥有要求承租方缴纳租金、退租时租房原状恢复的权利,同时承担住房使用权益转让、建筑修缮、必要费用偿还、有益费用偿还的义务;而承租人享有使用建筑、要求出租方偿还必要费用、有益费用等权利,同时承担支付租金、保管建筑物、退租时恢复原状的义务。

此外,相关立法确立了买卖不破租赁、建筑物交易租客具有优先购买权等原则。

(四)对高龄者的保护

随着日本人口结构的持续老龄化,如何保障老年租户更好地居住与事实上无障碍租赁房屋不足0.3%的矛盾,促使日本政府于2001年8月5日出台《高龄者法》,旨在为老年人提供安心居住的房屋。《高龄者法》规定了赋予独居老年人或老年夫妇的终身租赁权,即独居老年人或老年夫妇在世时租约自动续约,只有在其逝世后租约终止。

2011年日本政府修订《高龄者法》,新增"附服务式老年人住宅登录制度",对在系统内备案建设符合标准的高龄住宅的民间机构提供住宅经费补助、租金税收减免以及低利率等贷款措施。

日本政府相应地修订《借地借家法》,明确规定民间机构兴办社会住宅证券化、信托机制取得的资金,如果租用共有土地或建筑物,可申请租用20年以降低投资者风险。

二、促进可循环利用的租赁政策

1968年,日本住宅数量首次超过住户数量,房地产市场的重心由量向质转移。近年来,生育率下降、人口老龄化、家庭少子化深刻地改变了日本人的居住方式,如何有效提高现有房屋居住质量和空置房屋的居住率更为迫切。因此,促进可循环利用的租赁住宅政策能够更大效力地保证不同人群多样化需求,解决现有供给结构与需求错配的问题。

(一)目标一:支持安全、安心的丰富居住生活与住宅环境

该目标下的主要措施:公共租赁住宅群与民营企业合作推动医疗等生活服务设施的建设;有计划改建公共租赁住宅,提高老龄人口居住的便利性。

①联合医疗机构、护理机构,推动附服务式老年住宅,确保老年人安心居住;②为老年人、残疾人以及育儿家庭在公共租赁住宅群内建立福利办公室,与民间组织合作推动医疗、福利、育儿援助等生活设施建设;③有计划改建公共租赁住宅,借助都市再生机构,提高老年人居住者的便利性;④推动住宅无障碍化,应当设置两处以上的扶手,解决房屋内的高低水平差以保证轮椅可通过。

高龄住宅小区需包含看护型高龄住宅、自立型高龄住宅、多代同堂家庭租赁住宅、一般家庭含医疗照顾租赁住宅,附加日间照顾中心、居家照顾服务、日常餐饮服务、交谊中心、药店以及一般商业服务设施,并定期办理交流活动使

得老龄租户融入社区生活。

(二)目标二:住宅的适当管理与再生

在住宅适当管理与再生的目标下,为民间租赁住宅构建合理与适当的维护制度,盘活民间租赁住宅,推行住宅更新,主要举措为提出承租人负担 DIY 型租赁式契约或者对出租房屋的装修改造给予补贴,以提高空置房屋品质,提升租赁市场房源品质。

在日本传统的租赁关系中,为了获得与市场水平相当的租金,无论是业主直租还是租赁管理公司管理,都需要在租客入住前进行清扫、必要的修缮、设备更新,原则上禁止承租人重铺壁纸、地板等装修,也不受理承租人购买家具的请求,同时要求承租人退租时恢复入住时原状。即便是入住期间承租人自费安装的空调,退租时也必须撤走。此外,日本自住住宅与租赁住宅在户型、面积、功能上存在显著的差别。而由于因工作变动、改善换房等因素搬离的自住家庭往往交易经验与信息不足,难以像一般的租赁业务一样花钱修缮住房、招募租客。上述种种限制导致大量自住住宅空置。

因此,日本政府鼓励设定新型的租赁关系,即出租人原则上不承担修缮义务,但可以提供低廉的租金,由承租人按照自己的喜好自费修缮、更新设施、进行改装,而且改装后的出租屋免除退租时承租人的原状恢复义务,通过这种手段盘活空置的自住房屋。

对产权所有者,即房东而言,不必费钱费时费力订购装修材料、确认施工情况,直接保持原状出租即可。而且因为承租人自费 DIY,长时间入住的可能性大,有望获得稳定的房租收入,甚至承租人有意购房时,还能获得一笔售房款。此外,退租后,更新设备、装修极有可能导致租金的升值。

对于租客来说,主要的吸引力在于可以按自身喜好更换房屋设施,进行装修改装,改善居住的品质,提升居住体验,而且因为修缮和 DIY 费用自费,房租也比周边市场价格更低。更重要的是免除了 DIY 部分的原状恢复义务,既不会产生后续费用,也可以避免退租时的纠纷。

(三)目标三:提升住宅市场环境,实现多样化的居住需求

该目标下,主要政策措施为:①运用现有住宅存量,支援老龄人口租赁住宅的供给,促进三代一起居住或就近居住。②通过高龄者住宅支援机构 JTI

"包租租赁制度(借上型租赁制度)"鼓励拥有大面积住宅的高龄人士将房屋出租给育儿家庭,自身租赁或购买符合老年人居住需求的住宅。JTI 包租住宅,负责出租给育儿家庭,即便房屋空置也要向老龄家庭支付租金。③提供空置房屋装修与拆除等相关信息,促进空置房屋的有效配置(如图 11-1)。

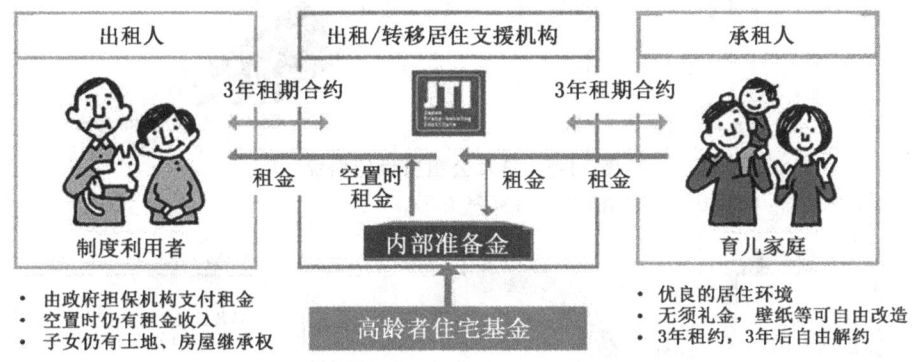

图 11-1　JTI 老年人包租制度

资料来源:日本国土交通省,链家研究院整理。

(四)目标四:确保中低收入等弱势群体居住需求与居住安全

为促进低收入、高龄、残疾以及年轻育儿家庭的住宅供给,日本新的《住宅安全网络法(修正案)》于 2017 年 10 月 25 日实施,主要内容包括受保障对象的租赁住宅备案制度、受保障对象的经济援助(提供租金补助、翻新租赁房屋补助与贷款)以及设立居住支援机构,提供必要的支援协助。

该制度背景在于近 10 年日本政府公租房供给数量微弱减少,而大城市申请家庭排队现象严重,轮候时间长,东京都申请比率高达 22.8 倍。而与公租房供给不足相对的则是市场化房源空置率逐年攀升,其中不乏具有较好抗震性、距离车站 1 公里以内品质尚佳的住宅,特别是租赁住宅有 137 万户可利用空置房源。因此日本政府考虑充分利用空置住房增加弱势群体住房保障供应。此外,低收入、高龄、残疾以及年轻育儿家庭被租金担保公司担保比例低(如图 11-2、图 11-3)。

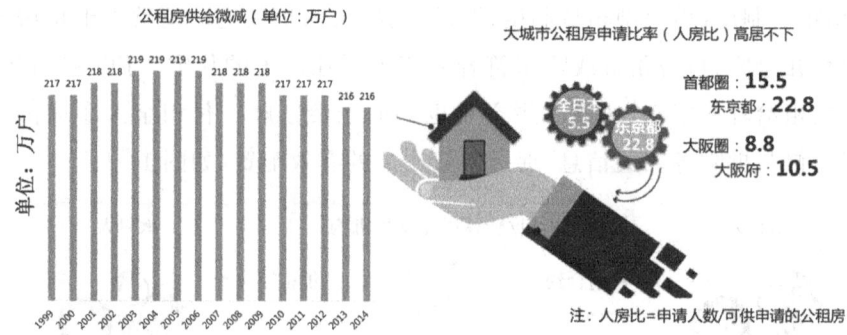

图 11-2　日本公租房供给情况

资料来源：日本国土交通省，链家研究院整理。

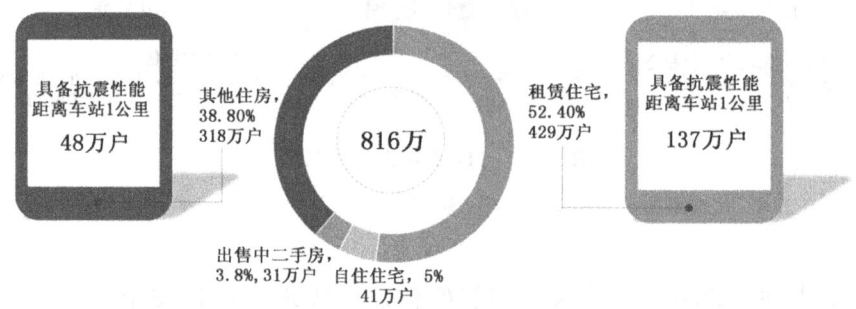

图 11-3　日本房屋空置情况

资料来源：日本国土交通省，链家研究院整理。

为此，日本政府提出"充分利用现有住房，减轻年轻家庭、育儿家庭的房租负担，构建一个充分利用空置房屋、民间租赁住房的新机制，使得年轻家庭、育儿家庭可以低价租到质量、规模都达到所需要求的住房。

2007年日本政府通过《住房安全网络法》，确定了促进住房保障对象的租赁住房的基本方针，明确由国家等来增加公共租赁住宅的供给、协助受保障对象顺利入住市场化租赁住宅、实施稳定并提高受保障对象生活水平的相关政策(如图11-4)。

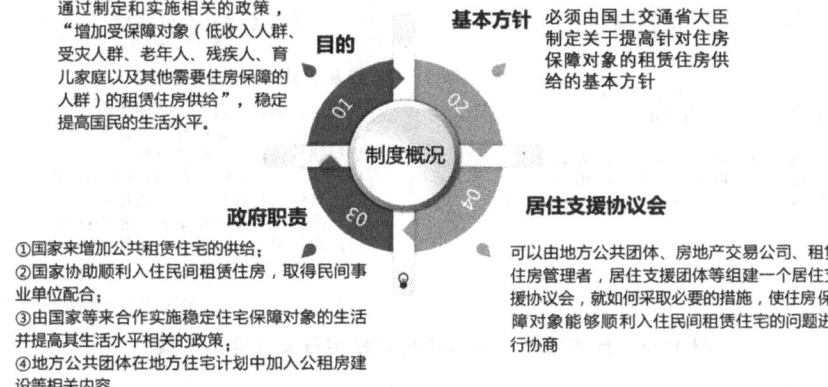

图 11-4　日本《住房安全网络法》概况

资料来源：日本国土交通省，链家研究院整理。

新住宅安全网络制度主要由以下三方面组成：①针对住房保障对象的租赁住房备案制度；②备案住房的翻修援助与针对入住者的经济援助；③针对住房保障对象的居住支援。

1.住房保障对象租赁住宅备案制度

住房保障对象租赁住宅备案制度是新住宅安全网络制度的基础，在此基础上实施经济援助。具体来看，其由都道府县、市区町村等各级日本政府来制定促进住房保障对象的租赁住房供给计划，业主（出租人）向指定的政府机构备案表明不会拒绝住房保障对象入住，进而由都道府县等公布备案住房的信息，并监督指导出租人（如图 11-5、图 11-6）。

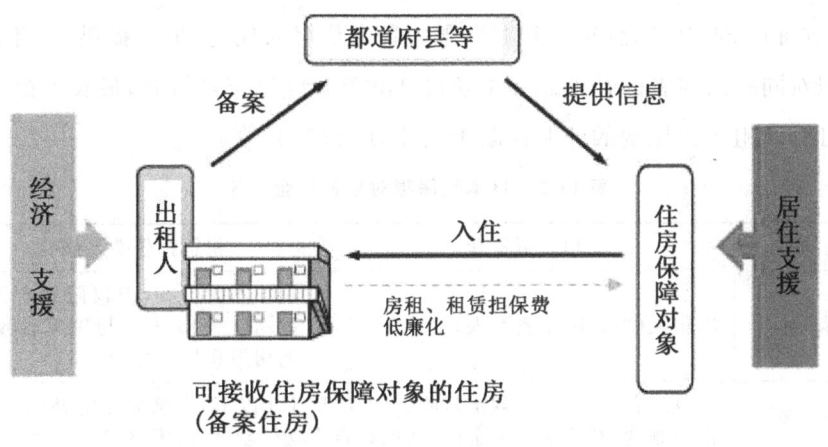

图 11-5　日本住房保障对象租赁住宅备案制度

资料来源：日本国土交通省，链家研究院整理。

备案标准(草案)	备案手续(草案)
• 地板面积达到25平方米以上（合住型住房另有规定） • 有抗震性 • 有洗手间、厕所、洗脸台、浴室等 • 房租与周边同种住宅的房租相差不大 • 符合基本方针和供给促进计划的要求等	申请表之外，还需提交以下材料 • 周边示意图、配置图、每层平面图 • 建筑论证完毕的证明材料、标明完工时进行建筑认证的时间的材料 • 1981年5月以前接受过建筑认证的，需提交该住房符合抗震标准的证明 • 都道府县在接收了申请表及相关材料后，进行审查，看是否符合等级标准等，再进行备案

图 11-6　日本住房保障对象租赁住宅备案标准与手续

资料来源：日本国土交通省，链家研究院整理。

2.住房保障对象经济援助

针对住房保障对象的经济援助主要分为三部分：①由国家和地方公共团体向低收入人群直接提供补助金，仅限入住时；②国家和地方公共团体向业主提供翻修补助金或由住宅金融支援机构负责为翻修工程贷款；③由国家为居住支援协议会等的居住支援活动提供补贴。这些政策核心在于实现住房保障对象居住品质的提升和减轻房租、租赁担保费负担的目标。

对于月收入15.8万日元以下且未领取住宅补助及住房保障金的低收入家庭，其入住备案住房时，国家和地方公共团体可以向房东以及租赁担保公司提供补助，以减少其房租和租赁担保费用。补助率为地方和中央各负担1/2，房租补贴限额为每户2万日元/月，租赁担保费限额每户3万日元，两项合计不得超过每户24万日元/年。补贴期限为备案住房入住起，最长提供10年的补助，但对同一入住者的补助总额不超过240万日元国家经费时，最长可提供20年补助，而租赁担保费的补贴仅限于入住时（如表11-2）。

表 11-2　日本受保障对象补助金政策

对比项目	房租低廉化	租赁担保费低廉化
申请主体	出租人(但仅限于备案人)	租赁担保公司，但仅限政府认定的居住支援法人与国家注册过的房屋租赁担保公司
补助对象	低收入者(根据相关规定月收入15.8万日元以下)但领取住宅补助(生活保障制度)及住房保障金(生活困难自立支援制度)的家庭除外	
补助原因	减轻入住者的房租负担，使其房租低于市场平均水平所需的费用	减少入住者入住时的租赁担保费所需的费用

续表

对比项目	房租低廉化	租赁担保费低廉化
补助率和限额	补助率：中央1/2＋地方1/2 限额：每户2万日元/月	补助率：中央1/2＋地方1/2 限额：3万日元/户
补助期限	入住后最长提供10年的补助，对同一入住者的补助总额不超过240万日元 国家经费时，最长可提供20年补助	只包括入住时的担保费
出租房管理	房租和周边同类型住房的房租水平保持相对平衡； 原则上是公开招募入住者，再通过抽选等其他公正的方式来选择入住者； 不向入住者征收超过3个月房租的押金、礼金、酬谢金等不合理的费用	保证租赁担保费的金额水平公道合理； 申请主体或出租人不向入住者要求提供额外担保人

资料来源：日本国土交通省，链家研究院整理。

翻修的目的在于提高老年租赁家庭的便利性和育儿家庭居住品质，主要为无障碍化翻修工程、抗震翻修工程、平面布局更改工程。无障碍化翻修工程主要包括增设栏杆，消除地面高差，走廊、门口等的扩建，楼梯翻修，安装电梯等工程。翻修工程补助原则上由业主在备案后申请，根据中央直接补助与中央地方联合补助的差别，补助金额与补助水平存在差异（如图11-7、图11-8）。

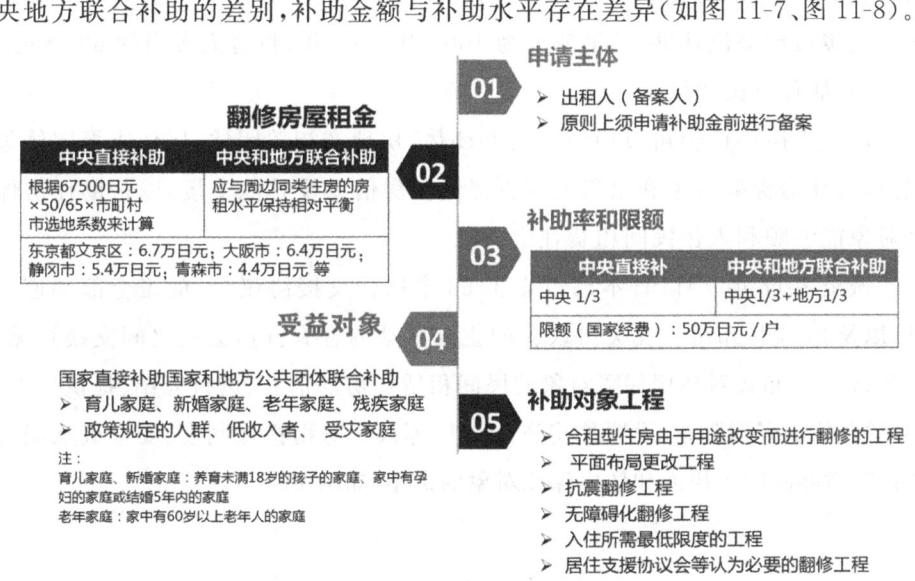

图 11-7 日本住房保障对象租赁住宅翻修简介

资料来源：日本国土交通省，链家研究院整理。

> **由住宅金融支援机构提供备案住房翻修费的贷款（草案）**
>
> ○ 由住宅金融支援机构为负责备案住房翻修的出租人等提供翻修费用的贷款服务，使住房保障对象能够在环境良好的备案住房居住
> ○ 贷款额的上限：贷款（翻修）工程费用的八成
> ○ 返还期限：20年以内（以1年为单位）
> ○ 贷款利息：全程固定利息（今后将在主页公示具体的利息水平）
> ○ 贷款对象：包括翻修费补贴对象工程在内的翻修工程

图11-8 金融机构翻新工程贷款草案

资料来源：日本国土交通省、链家研究院整理。

3.住房保障对象的居住支援机构补助

日本居住支援机构是实施住宅安全网络制度的主体，负责丰富居住支援活动，代缴最低生活保障对象的住房补助金，执行优良租赁担保公司的备案制度，以及针对居住支援活动的补贴。目前，居住支援机构核心为居住支援协议会和居住支援法人。日本政府对居住支援协议会、居住支援法人所开展的居住支援活动提供补助，补助额度为1000万日元/年，折合人民币约60万元。

（1）居住支援协议会

居住支援协议会可以由地方公共团体、房地产相关团体、居住支援团体等组建，为住房保障对象和出租人双方提供住房信息及其他支援，以帮助住房保障对象能够顺利入住民间租赁住宅。

截至2017年5月，日本已设立了68个居住支援协议会，覆盖全部都道府县，以及21个区市町。支援协议会的主要活动内容有：(1)会员之间交换意见、信息；(2)发布针对住房保障对象的民间租赁住房的信息、进行介绍、提供帮助；(3)举办住房咨询服务、设置住房咨询人员等；(4)房租担保制度、安全确认服务等；(5)举办面向出租人和住房保障对象的讲座（如图11-9）。

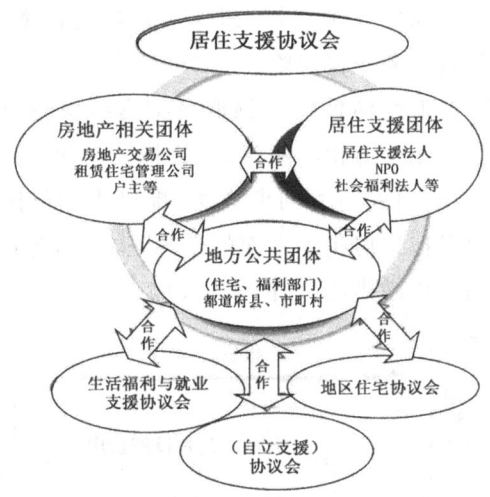

图 11-9 居住支援协议会

资料来源:日本国土交通省,链家研究院整理。

(2)居住支援法人

各都道府县可指定为备案住房入住者提供房租担保、提供租赁住房入住的相关信息、咨询服务、看护等使承租人能顺利入住租赁住房的生活支援机构为居住支援法人。居住支援法人并非必须开展以上所有业务,而且同一地区可以有多个居住支援法人。

居住支援法人资格门槛较低,非营利机构法人、一般社团法人、一般财团法人、社会福利法人以及以居住支援为目的的公司均可,申请流程为意向机构向市区町村申请,市区町村再向都道府县推荐,最后由都道府县认证指定(如图 11-10)。

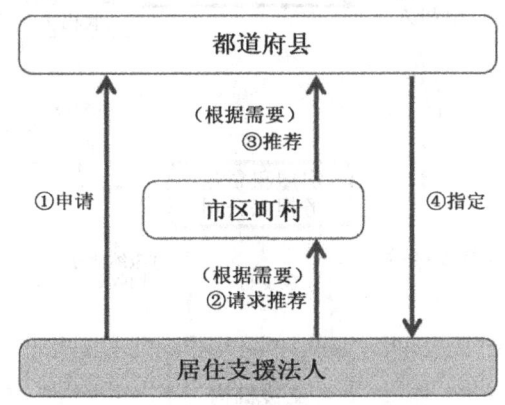

图 11-10 居住支援法人申请流程

资料来源:日本国土交通省,链家研究院整理。

在该举措下仍有附属的政策支持,即住房补贴的代缴以及由住宅金融支援机构提供的房屋租赁债务担保保险。

由于个人业主对最低生活保障金领取者抱有抵触感,以及部分最低生活保障金领取者没有将其用于房租的缴付,导致拖欠房租,住房补贴代缴制度便应运而生。该制度下,出租人向福利事务所(提供生活保障的政府部门)提供最低生活保障金领取者拖欠房租等方面的信息,福利事务所确认后,判断是否有必要采取住房补贴的代缴措施(如图11-11)。

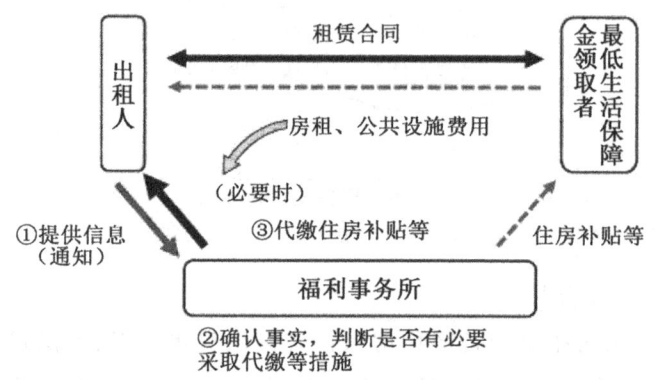

图 11-11　住房补贴代缴流程

资料来源:日本国土交通省,链家研究院整理。

住宅金融支援机构提供的房屋租赁债务担保保险实质上是一份再保险,向租赁担保公司兜底,其设计的激励在于,若房屋租赁债务担保公司为住房保障对象房租做担保,那么住宅金融支援机构为担保公司提供保险(如图11-12、图11-13)。

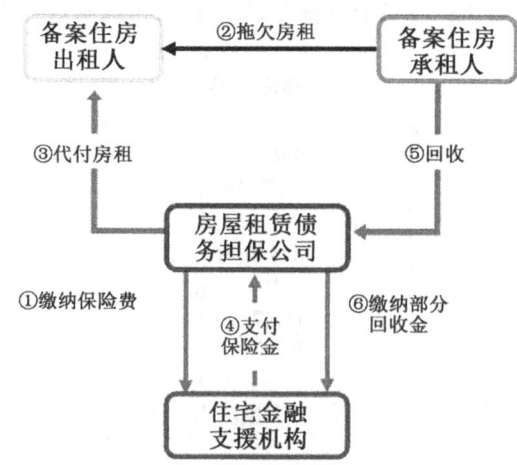

图 11-12　住宅金融支援机构租赁债务担保保险流程

资料来源:日本国土交通省,链家研究院整理。

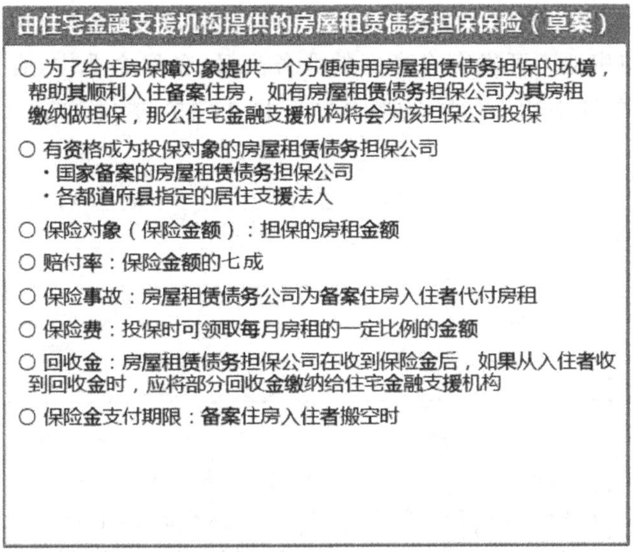

第十一章　日本租赁政策

> **由住宅金融支援机构提供的房屋租赁债务担保保险（草案）**
>
> ○ 为了给住房保障对象提供一个方便使用房屋租赁债务担保的环境，帮助其顺利入住备案住房，如有房屋租赁债务担保公司为其房租缴纳做担保，那么住宅金融支援机构将会为该担保公司投保
> ○ 有资格成为投保对象的房屋租赁债务担保公司
>   · 国家备案的房屋租赁债务担保公司
>   · 各都道府县指定的居住支援法人
> ○ 保险对象（保险金额）：担保的房租金额
> ○ 赔付率：保险金额的七成
> ○ 保险事故：房屋租赁债务公司为备案住房入住者代付房租
> ○ 保险费：投保时可领取每月房租的一定比例的金额
> ○ 回收金：房屋租赁债务担保公司在收到保险金后，如果从入住者收到回收金时，应将部分回收金缴纳给住宅金融支援机构
> ○ 保险金支付期限：备案住房入住者搬空时

图 11-13　住宅金融支援机构租赁债务担保保险草案

资料来源：日本国土交通省，链家研究院整理。

三、抓取重点的行业监管

行业的健康有序发展是租赁市场规范发展的重要前提，与市场、行业相匹配的行业监管也就十分必要。在日本，民间租赁业务最高监管机构是国土交通省住宅局，地方则由相应的住宅部门负责。由于租赁房屋管理与租赁中介行业和个人地主/业主与租客直接相关，因此政府对于租赁行业的监管主要围绕着这两个行业。

(一)租赁住宅管理行业

为了规范和优化租赁住宅管理行业，2011年，日本国土交通省颁布《租赁住宅管理业者备案制度》与《租赁住宅管理业务处理准则》，针对备案企业业务设立一定的业务规则，以实现业务的公正化，保护承租人和出租人的利益。

《租赁住宅管理业者备案制度》是对租赁住宅管理机构与从业人员的备案制度，同时适用于房屋托管与包租模式，备案有效期为5年。该备案制度要求备案企业报告每年度业务等情况，帮助个人业主获取相关企业信息以选择更好的房屋管理者。截至2011年11月，备案企业数量为3735家，其管理房屋户数合计 574 万户,约占 1458 万户民营租赁住宅的 40%。值得注意的是,租赁管理企业与房地产开发存在高度的业务交叉,备案企业中,有 3383 家兼业房地产业务,兼业率达 90.3%(如图 11-14、图 11-15、表 11-3)。

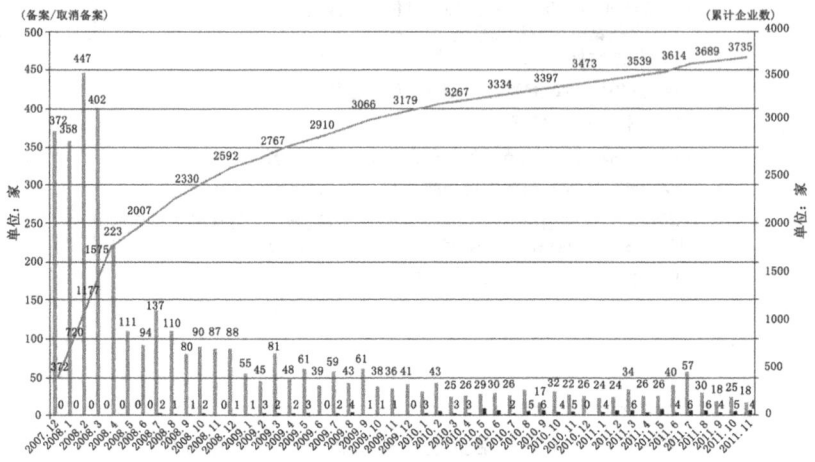

图 11-14　租赁住宅管理企业备案情况

资料来源:日本国土交通省,链家研究院整理。

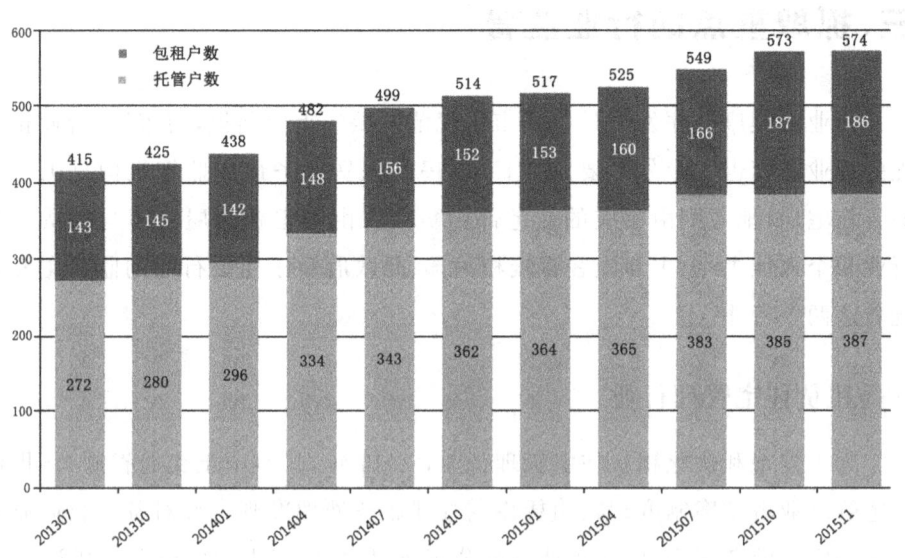

图 11-15　备案企业租赁住宅管理情况

资料来源:日本国土交通省,链家研究院整理。

表 11-2 不同规模租赁住宅管理公司备案情况

排名（管理户数）	租赁住宅管理公司			管理的租赁住宅		
	公司数	备案数	备案率	管理户数	备案公司管理户数	备案率
1～100(10053～864678 户)	100	67	67	5846876	4111363	70.3
101～200(5400～10000 户)	100	64	64	715624	457416	63.9
201～300(3282～5280 户)	100	51	51	408450	206281	50.5
301～400(2145～3269 户)	100	56	56	266345	150091	56.4
401～497(1500～2135 户)	110	55	50	192628	95249	49.4
511～600(1050～1497 户)	90	39	43.3	113941	49774	43.7
601～698(650～1040)	101	41	40.6	86158	33150	38.5
702～801(300～645)	102	32	31.4	48874	15390	31.5
合　　　计	803	405	50.4	7678896	5118714	66.7

资料来源：日本国土交通省，链家研究院整理。

《租赁住宅管理业务处理准则》要求从业人员签订服务合约时充分说明合约的重要事项并形成书面内容，包括更新合同、合同终止清算押金时提交书面合同文件，此外从业机构与人员定期报告管理事务，对承租人的管理事务终止时应发出通知，制作、保存业务管理账簿，企业定期进行员工培训。日本国土交通大臣就从业人员造成出租人或承租人损害的情况进行指导、咨询与劝告，情节重大且未按劝告改进者将取消其从业资格（如图 11-16、图 11-17）。

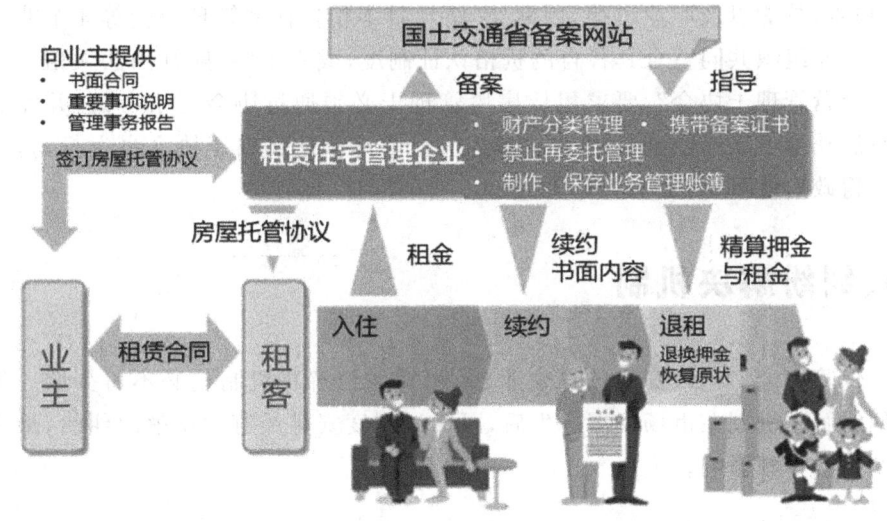

图 11-16　委托管理企业业务处理准则的业务流程

资料来源：日本国土交通省，链家研究院整理。

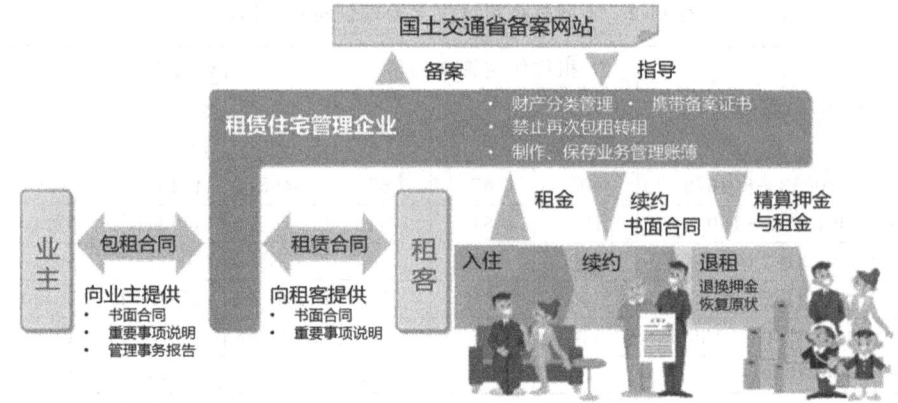

图 11-17　包租企业业务处理准则的业务流程

资料来源：日本国土交通省，链家研究院整理。

（二）房屋经纪行业

在日本，《宅地建物交易法》规定宅建士可从事房地产租赁业务，因此宅建士在实施租赁业务时需要对租赁房屋及其业务条件进行充分的事项说明。

（三）民间资格认证

尽管租赁行业门槛相对较低，但房屋运营管理仍然需要专门的房地产知识、技术、技能以及职业道德，因此 2007 年日本租赁住宅管理协会等 4 个非营利性公益组织共同整合其各自的资格认证制度，成立了"一般社团法人租赁不动产经营管理士协会"，要求租赁房屋管理士必须通过协会资格考试，并完成备案后获得不动产经营管理士证书。但目前该认证仍属于协会自发行为，尚未获得政府认可。

四、纠纷解决机制

保障安全、安心、安定的居住生活，租赁纠纷解决机制是必不可少的。租赁纠纷解决机制在市场摩擦产生后，可通过制度安排最有效率解决纠纷，最小化摩擦的不利影响。

（一）租赁纠纷处理机制

近年来，日本租赁住宅纠纷事件呈逐年增加的趋势，纠纷事件数量约 3 万件,其中租金占比1/3,其次为押金(如图11-18)。为此,一方面,日本政府主要通过制定标准的租赁合约和通过行业监管提高租赁从业人员素质,减少纠纷事件;另一方面,在万不得已的诉诸诉讼外,日本政府提供了多元的调解通道。

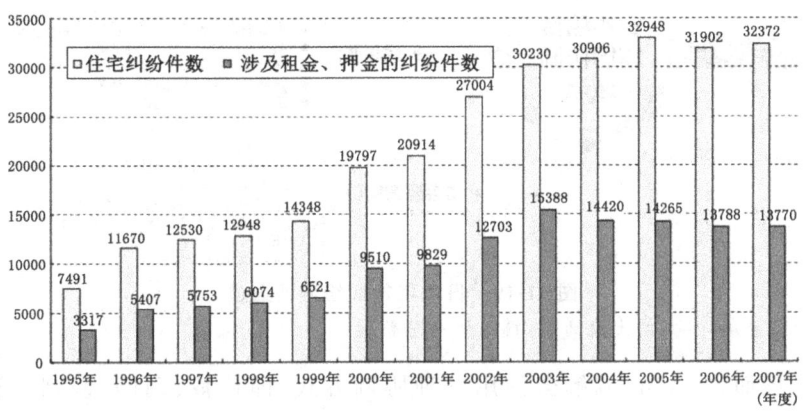

图11-18　日本租赁纠纷事件数量

资料来源:日本国土交通省,链家研究院整理。

住宅租赁纠纷部分是由于租约内容不明确或不完整导致的,因此国土交通省依据民法制定标准的租赁合约,供出租人和承租人参考,明确双方权利义务;良好的从业人员素质能够减少潜在纠纷,因此国土交通省通过设立专门的课程培训租赁中介人员,2015年培训人员达3000人。

对于租赁纠纷事件,日本政府部门并不会直接介入处理,仅提供咨询服务,但日本民众可以通过各地区消费者协会、不动产协会、司法书士协会等渠道进行非诉讼纠纷调解(ADR)。

非诉讼纠纷调解方式主要包括民事调停、家事调停、诉讼和解、仲裁以及行政机关和民间机关帮助和解、谈判等。与基于法律基准的判决相比,ADR不一定受法律约束,但重要的是根据纠纷的实际情况寻找更合理、更容易接受的解决方式(如图11-19)。

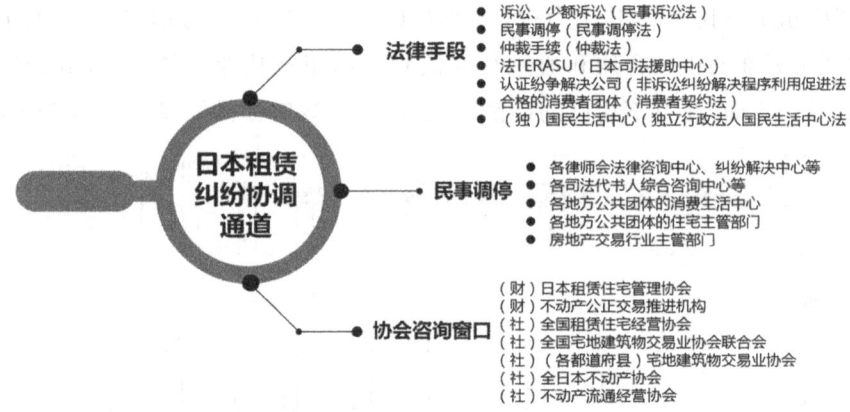

图 11-19　日本租赁纠纷协调通道

资料来源：日本国土交通省，链家研究院整理。

一般而言，ADR调解会使用三种协调方式，即仲裁、调停、谈判（斡旋）。选择仲裁意味着主动放弃了诉讼的权利；调停更倾向于调解机关积极参与，对纠纷当事人进行引导；谈判（斡旋）则更强调纠纷当事人的自主性（如图11-20）。

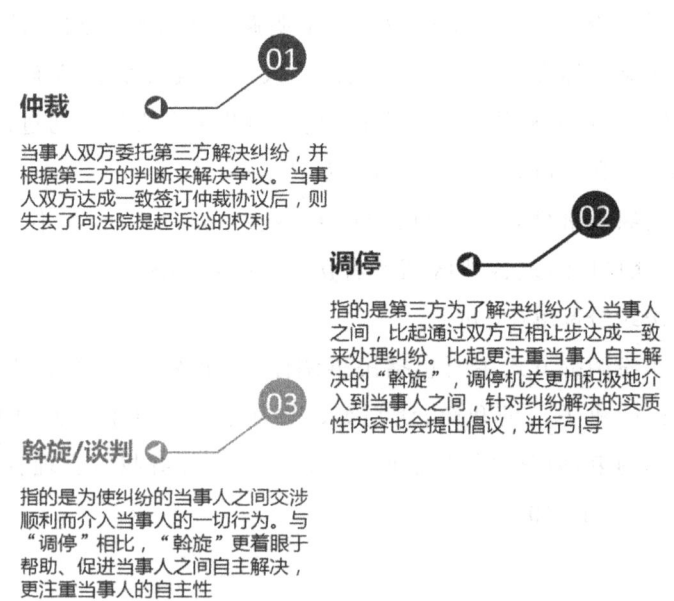

图 11-20　日本租赁纠纷协调方式

资料来源：日本国土交通省，链家研究院整理。

国民生活中心纠纷解决委员会纠纷处理程序根据纠纷等级进入两个通道，国民生活消费中心接受消费者或消费团体的申诉后，通过咨询部确定纠纷等级，一般性纠纷则通过地区申诉处理委员会自主解决，而性质较为严重的重要纠纷则通过 ADR 制度解决,由国民生活中心成立相应的纠纷解决委员会进行处理(如图 11-21)。

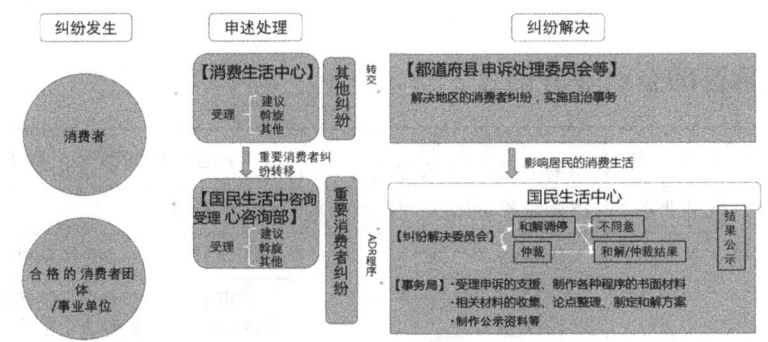

图 11-21　日本租赁纠纷的 ADR 程序
资料来源:国民生活中心纠纷解决委员会,链家研究院整理。

(二)纠纷处理相关条例

全日本范围内还未专门出台针对纠纷处理的法规,可根据《民法》以及新《借地借家法》相关条例进行双方责任界定。但在东京都这样租赁家庭比重高的国际都市,2004 年制定了《东京都关于防止住宅出租租借纠纷的条例》及其实施细则。该条例对于租赁管理行业等从业人员在签订租约时需对业务属性、房屋性状、退房、房屋维修责任等权责划分进行充分说明,并形成完整的书面文件。倘若从业人员未完全履行说明义务,如部分说明、隐瞒事实或提交虚假材料,则政府部门要对其进行指导和劝告,并修正其错误行为。2017 年,东京都政府对于该条例进行了修正,主要针对租赁中介从业人员关于重要事项说明方式进行了修正,由修改前口头说明即可改为递交书面文件的同时对文件内容进行解释说明。

五、附录

(一)租赁管理企业业务内容

业务类型	业务区分	业务内容 (标准合同＋管理报告)	全宅管理标准化记载事项
入住支援业务	招募业务	招募业务(和中介配合调整)	招募承租人
	签约、入住手续	入住审查	签订合同、入住时的应对措施
		入住准备	入住审查、签约准备、住房的陪同确认、应对新承租人、和中介保持密切合作
		交换钥匙	
		室内检查	
		重要事项说明(租赁管理相关记载)	
		递交管理受托合同相关的书面材料	
合同管理业务	1.房租等征收业务	(1)房租等的征收	
		(2)催促缴付未缴费用	拖欠房租时的应对措施:如何应对房租拖欠者(承租人本人)、联保、担保公司,解除合同时的应对措施
		(3)代付管理费用	
		(4)制作并发送月度报告	
	2.运营、调整业务	(1)入住时在场见证	
		(2)处理建筑、设备相关的投诉	发生纠纷时的应对措施
		(3)处理承租人等的投诉	和邻居的纠纷、地区纠纷、设备故障、漏水等问题
		(4)针对有害行为采取措施	噪声等入住者之间的纠纷、违约行为,建筑内事故、和律师等的合作
		(5)基于租赁合同联系甲方和承租方并从中调整双方关系	
		(6)到各个政府行政机关的代为申请业务	
		(7)底账管理	
		(8)空房管理	

续表

业务类型	业务区分	业务内容 (标准合同＋管理报告)	全宅管理标准化记载事项
合同管理业务	3.合同更新业务	(1)确认承租人有无更新意愿	合同期满时的应对措施:确认有无更新、续约的意愿,普通房屋租赁合同的更新、定期房屋租赁合同的续约手续,不更新、不续约时的应对措施
		(2)提出新租赁条件并进行交涉	提出租赁条件变更申请时的应对措施:使用目的变更,重新确定房租的申请,租赁权转让的申请,承租人中途解约,出租人中途解约贷主,更换联保人的申请,承租人破产,因买卖、继承等原因导致出租人更换
	4.解约业务	(1)解约所需的甲方和承租方的联络与调整	合同终止时的应对措施,退房日期的确认
		(2)退租交房确认、递交钥匙	在场陪同、确认现状、确认退房情况
		(3)就住户部分的原状恢复问题与承租人进行协商	计算原状恢复所需费用返还押金、清算费用,空室管理
		(4)清算押金	
物资管理业务	清洁业务		
	设备管理业务	(1)建筑物	《建筑物维持管理》中规定的法定检查
		(2)室外设施	定期巡检
		(3)电器设备	紧急时巡检
		(4)排给水卫生设备	共用部分的清扫等
		(5)电视机共用设备	修缮
		(6)消防、防灾设备	

资料来源:日本国土交通省,链家研究院整理。

(二)民间纠纷处理认证机构名单

序号	认证纠纷解决单位名称	处理纠纷的范围	所在地
1	日本体育仲裁机构	与体育有关的纠纷	东京都涉谷区
2	大阪律师会	民事纠纷(全部)	大阪市北区
3	财团法人家电制品协会	制品责任等相关纠纷	东京都港区
4	财团法人汽车制品责任咨询中心	制品责任等相关纠纷	东京都港区

续表

序号	认证纠纷解决单位名称	处理纠纷的范围	所在地
5	京都神师会	民事纠纷（全部）	京都市
6	大阪土地房屋调查员协会	土地分界相关纠纷	大阪市
7	社团法人日本商事仲裁协会	商事纠纷	东京都千代田区
8	爱缓县土地房屋调查员协会	土地分界相关纠纷	爱缓县松山市
9	横滨神师会	民事纠纷（全部）	横滨市中区
10	社团法人日本消费生活顾问·咨询协会	商业交易纠纷	东京都目里区
11	财团法人全国中小企业交易振兴协会	承包交易等纠纷	东京都中央区
12	爱知县律师会	民事纠纷（全部）	爱缓县名古屋市
13	京都府社会保险律师协会	劳动关系纠纷	京都市
14	神奈川县司法代书人协会	民事纠纷（仅限涉及金额在140万日元以下的纠纷）	横滨市中区
15	日本证券业协会	金融商品交易纠纷	东京都中央区
16	财团法人东京都中小企业振兴公社	承包交易等纠纷	东京都千代田区
17	全国社会保险律师协会联盟	劳动关系纠纷	东京都中央区
18	财团法人软件信息中心	软件相关纠纷	东京都港区
19	社团法人日本产业咨询人协会	劳动关系纠纷 夫妻关系等相关纠纷	东京都港区
20	兵库县律师会	民事纠纷（全部）	神户市中央区
21	企业重建实业家协会	企业重建相关纠纷	东京都新宿区
22	东京司法代书人协会	民事纠纷（全部）	东京都新宿区
23	特定非营利活动达人福冈公寓管理工会联合会	公寓相关纠纷	福冈市中央区
24	冲绳县社会保险律师协会	劳动关系纠纷	冲绳县那霸市
25	静冈县司法代书人协会	民事纠纷（仅限涉及金额在140万日元以下的纠纷）	静冈市
26	滋贺县司法代书人协会	民事纠纷（仅限涉及金额在140万日元以下的纠纷）	滋贺县大津市
27	社团法人家庭问题信息中心	夫妻关系等相关纠纷	东京都丰岛区
28	鹿儿岛县社会保险律师协会	劳动关系纠纷	鹿儿岛县鹿儿岛市

续表

序号	认证纠纷解决单位名称	处理纠纷的范围	所在地
29	滋贺县土地房屋调查员协会	土地分界相关纠纷	滋贺县大津市

资料来源：日本国土交通省，链家研究院整理。

(三)律师会所运营的纠纷解决中心

地区	一级行政区	纠纷解决中心
北海道	北海道	札幌律师会纠纷解决中心
东北	宫城县	仙台律师会纠纷解决支援中心
东北	山形县	山形县律师会和解斡旋中心
东北	福岛县	福岛县律师会和解斡旋中心
关东	东京都	东京律师会纠纷解决中心
关东	东京都	第一东京律师会仲裁中心
关东	东京都	第二东京律师会仲裁中心
关东	神奈川县	横滨律师会纠纷解决中心
关东	埼玉县	埼玉县律师会和解斡旋·仲裁中心
关东	山梨县	山梨县律师会民事纠纷处理中心
关东	新潟县	新潟县律师会和解斡旋仲裁中心
关东	静冈县	静冈县律师会斡旋·仲裁中心
中部	富山县	富山县律师会纠纷解决中心
中部	爱知县	爱知县律师会纠纷解决中心
中部	爱知县	爱知县律师会纠纷解决中心西三河支部
中部	岐阜县	岐阜县律师会民事纠纷处理中心
近畿	大阪府	大阪律师会民事纠纷处理中心
近畿	京都府	精度律师会纠纷解决中心
近畿	兵库县	兵库县律师会纠纷解决中心
近畿	奈良县	奈良律师会仲裁中心
中国	广岛县	广岛律师会仲裁中心
中国	冈山县	冈山律师会冈山仲裁中心
中国	冈山县	冈山律师会行政仲裁中心
中国	岛根县	岛根县律师会石见法律咨询中心
四国	爱缓县	爱缓律师会纠纷解决中心

续表

地区	一级行政区	纠纷解决中心
九州	福冈县	福冈县律师会纠纷解决中心（天神律师中心）
		福冈县律师会北九州法律咨询中心
		福冈县律师会久留米法律咨询中心
	鹿儿岛县	鹿儿岛县律师会纠纷解决中心

资料来源：日本国土交通省，链家研究院整理。

第四篇 典型公司

第十二章

三大不动产综合开发商

美国房地产市场价值链的切割更细,但随着市场成熟度的加深和开发市场的缩小,开发商中的大型房地产企业已不多见,取而代之的是西蒙集团、波士顿地产(BXP)等大型房地产REITs,它们多数通过内部管理方式运作,采取以并购为主的扩张方式。日本房地产行业的整体格局则是几家大企业纵向覆盖整个产业链,但在细分领域也留给小而美企业一定的生存空间。三井不动产、三菱地所与住友不动产是日本综合房地产开发领域最典型的三大巨头,它们都起源于旧日本财阀,从诞生之日起就拥有核心资产和资源,与金融、经贸企业乃至日本政府之间产生千丝万缕的联系,在政策制定和资源分配上具有一定的影响力(如表12-1)。

表 12-1 美、日大型房地产企业对比

区 别	美 国	日 本
扩张方式	并购	自主开发
上市方式	REITs	普通上市公司
覆盖领域	单一	综合型,通常商办、住宅等全覆盖
典型企业 (市值与类型)	西蒙:3900亿元,商业REITs; 波士顿地产:1340亿元,办公楼REITs; 普洛斯:1870元,物流开发+REITs; 帕尔迪:420亿元,住宅开发商	三井:1650亿元,综合地产商; 三菱地所:1930亿元,综合地产商; 住友不动产(不含销售子公司):915亿元,综合地产商

资料来源:链家研究院整理。

此外,它们并未因此丧失动力,在更加激烈的相互竞争中,表现出强者愈强的态势,从开发到运营管理、从住宅到商办物流,业务跨越整个房地产领域,商业模式经过几十年牛熊周期的自我演化和调整,护城河不断加深,构成了独特的生态。

尽管三大房地产巨头的发展路径极为相似,但由于其核心资产、企业文化、集团资源的种种差异,在侧重上又有所不同,并且随着房地产市场的成熟和走向细分,这种差异正在逐步扩大。三井、三菱与住友的主要资产都集中于东京圈,但三菱地所的资产更加聚焦于东京站附近的核心商业区"丸之内",区位上优于三井与住友的持有物业,在原有物业基础上的城市更新相比大幅扩张风险更低、收益更好,加之三菱地所的企业风格更加保守,其在商业模式创新和多元化经营上的尝试落后于三井不动产,但企业的稳定性和利润相对更好。三井不动产持有的资产不如三菱地所那样优质,其策略是自主开发大型的城市综合体,培育新的商圈,持有高资产收益率的物业,相对风险较低、收益中型的物业则装入私募基金和公募 REITs,同时保留了外部管理的权利。住友不动产是三者中实力最弱的一家,在竞争中另辟蹊径,其在住宅领域,特别是在二手房中介、改建装修等与存量相关的市场中占据了一席之地。

一、多元化均衡发展——三井不动产

(一)"开发+持有+管理"的商业模式

三井不动产集团共有 200 多家子公司和 1.7 万名员工,主营业务横向围绕办公、商业、住宅、物流、酒店和房地产金融等,纵向覆盖开发、交易、持有、运营等多个环节。从区位上,三井不动产的主要业务近 90% 集中于日本国内,国内业务则高度集中于东京,正是因为三井不动产在全产业链的深度布局和各个业务间的高度协同,使得一个城市的市场支撑起三井 1600 亿元人民币的市值(如表 12-2、图 12-1)。

表 12-2 三井不动产的主要业务板块

业务板块	覆盖区域	主要数据
写字楼	国内:大城市 国外:美、英	出租面积:279.9 万平方米; 物业:133 栋; 企业租户:3000 家
商业设施	国内:大城市 国外:中国大陆、中国台湾、马来西亚	出租面积:202.3 万平方米; 企业租户:2300 家
住宅开发/租赁/存量房	国内:大城市 国外:美、英、中、马来西亚、新加坡、泰国、印度尼西亚	多户商品房销售:4391 套; 独栋商品房销售:751 套; 二手房中介:37827 套
酒店·度假区	国内:全国 国外:夏威夷、新加坡	三井 Garden Hotel:18 家,4809 间
物流设施	国内:首都圈、中部圈、近畿圈、九州圈	设施:22 处
投资机构业务	国内:大城市 国外:美、英	受托资产:3.47 万亿日元

续表

业务板块	覆盖区域	主要数据
其他	国内:全国	停车场资产管理:19.1万个车位; 太阳光发电:5个设施,72 MW

资料来源:公司年报,链家研究院整理。

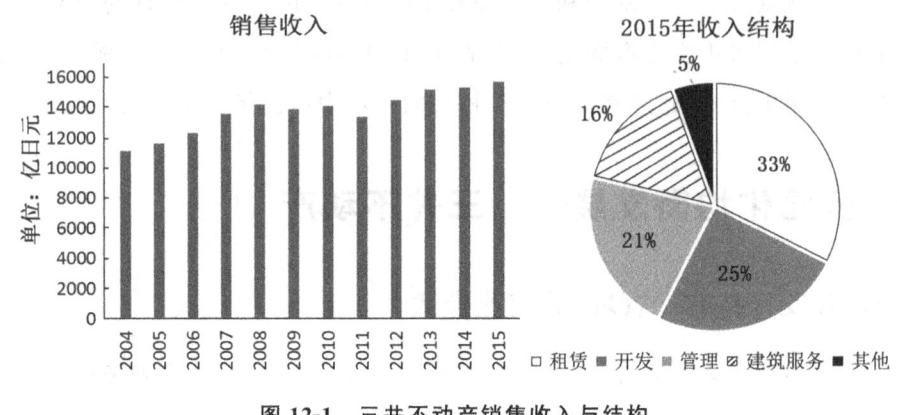

图 12-1　三井不动产销售收入与结构

资料来源:公司年报,链家研究院整理。

宏观来看,三井不动产形成了"开发+持有+管理"的大生态圈。以开发为源头,一部分物业销售给三井不动产做资产管理方(AM)的REITs,REITs反过来将购买的物业委托给三井不动产的AM公司运营,三井虽不持有产权,但获取了其中最有价值的管理业务;另一部分更优质的开发物业则被置入三井不动产长期持有的资产组合,以获取稳定的租金收入,或通过三井的销售管理部门卖给个人与其他机构。

微观来看,三井不动产在每个部门又建立了小生态圈。以住宅领域为例,三井打通了新房、流通、建筑服务、装修、租赁、资产管理和家居服务等各个环节,并不断强调三井品牌整体的入口作用,在少子化、老龄化的宏观背景下,加强客源的复用价值,保持了稳定的利润水平。

(二)开发:持有与管理的原动力

开发是三井不动产持续扩张的源泉。三井不动产的开发物业包括写字楼、商业、住宅、物流等多个品类。

日本房地产市场则与此不同,日本相关法律规定REITs不得通过其子公司进行物业管理,必须将管理业务进行外部委托,此外日本都市开发与再开发的价值仍然存在,开发业务仍然是主流房企激烈竞争的赛道。REITs 为商办物业开发业务找到一个合适的出售对象,可以迅速将开发成本回收,提高资金周转率。优质物业可遇不可得,在公开市场上寻找适合 REITs 的优质物业较为困难,而三井不动产自身的开发业务与物业再生业务可以持续为 REITs 提供优质物业。

具体来看,三井不动产 2015 年开发业务营收 3916 亿日元,其中个人销售营收 2953 亿日元,占比 75%;机构销售 963 亿日元,占比 25%。机构销售的营业利润率 21.4% 远高于个人的 8.1%,最终两者营业利润相差不多大(如图 12-2)。

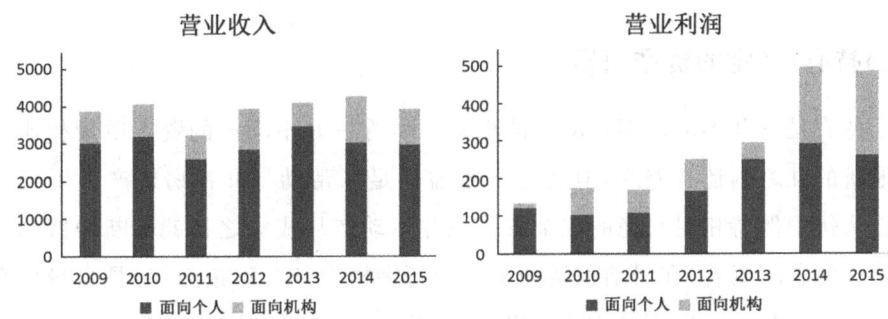

图 12-2　三井不动产开发业务的营业收入与营业利润

资料来源:公司年报,链家研究院整理。

机构销售主要客户为三井不动产相关物业管理子公司的 REITs 或私募 REITs,它们获取物业的所有权后,将运营再交还给三井不动产(如图 12-3)。

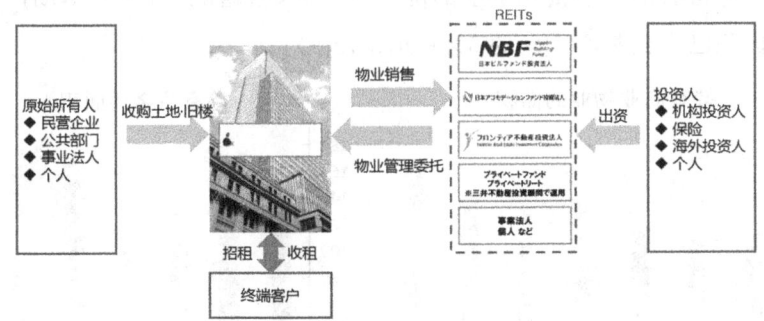

图 12-3　三井不动产 REITs 运营模式

资料来源:NBF 资产运用报告,链家研究院整理。

举例来说,日本最大的写字楼 REITs(市值超 9000 亿日元)"日本写字楼基金投资法人"(简称 NBF)的 AM 公司是三井不动产控股的子公司,其物业主要来自三井不动产(如图 12-4)。

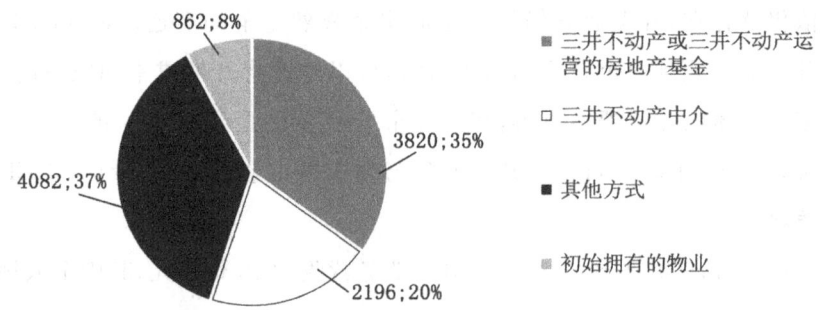

图 12-4　NBF 累计物业获取方式（截至 2015 年）

资料来源：NBF 资产运用报告，链家研究院整理。

（三）持有：稳定的资产积累

持有是三井不动产不可动摇的根基。尽管三井不动产的资产质量相比三菱地所的丸之内还有差距，但其稳定收益仍足以帮助三井在房地产大周期的起起伏伏中保持相对平稳的现金流。三井不动产从成立之初就不断增持和迭代持有的管理组合，在目前租赁的 133 处写字楼中，58％（按面积）是自身持有的；78 处商业物业中，持有比例（按面积）约 74％。写字楼与商业的持有面积分别为 162 万平方米和 150 万平方米。

日本的写字楼市场高度集中于东京，东京 23 区集中了日本六大城市 2/3 的写字楼，东京的写字楼又高度集中于城市中心的 5 区，主要以超大型写字楼为主。三井持有的写字楼几乎全部位于核心区，粗略测算，三井不动产持有的写字楼面积已占到都心 5 区的 5％（如图 12-5）。

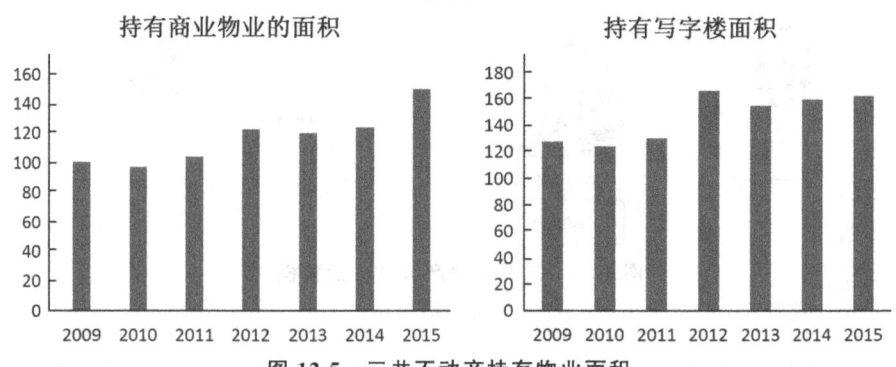

图 12-5　三井不动产持有物业面积

资料来源：公司年报，链家研究院整理。

(四)管理:存量资产的价值创造

在"开发+持有+管理"的大生态圈中,管理是创造存量资产价值的途径。三井不动产的管理包含 AM 和 PM,品类覆盖写字楼、商业、住宅和停车场(如图 12-6)。

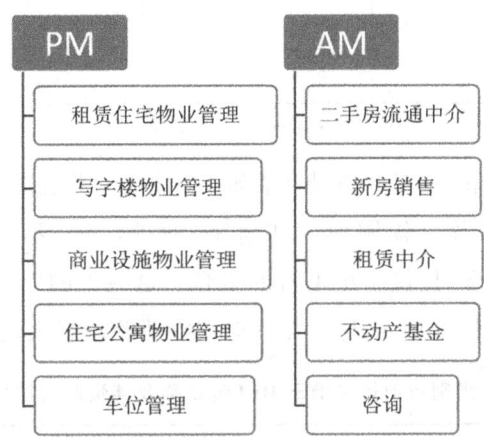

图 12-6　三井不动产物业管理与资产管理公司的业务范围

资料来源:链家研究院整理。

仍以写字楼板块为例,对于 REITs NBF,日本写字楼基金管理和 NBF 写字楼管理分别是为其专门设立的资产管理(AM)和物业管理(PM)公司,两家公司的大股东均为三井不动产(如图 12-7、表 12-3)。

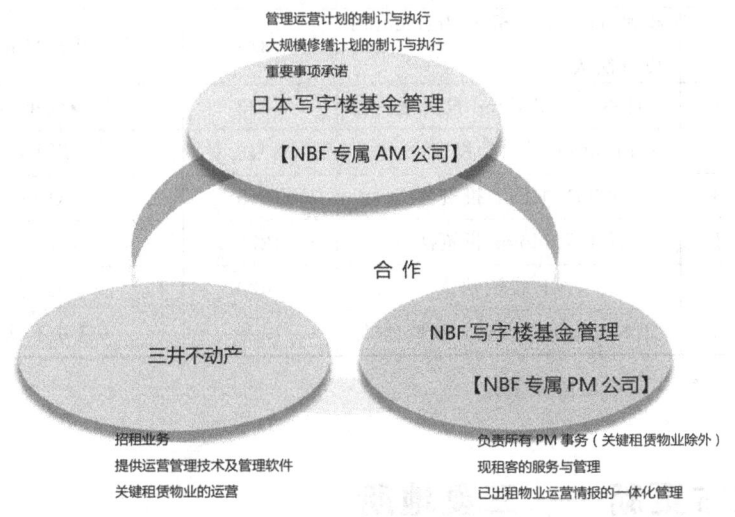

图 12-7　NBF 管理模式

资料来源:2016 年 NBF 投资家说明资料,链家研究院整理。

表 12-3　NBF AM 与 PM 公司与三井不动产的关系

名　称	注册资本金（百万日元）	主营业务	持股比例（%）	间接持股比例	与三井不动产的关系
NBF 写字楼管理	10	管理	100	—	接受母公司持有物业的运营委托
日本写字楼基金管理	495	管理	43	—	—

资料来源：三井不动产 2016 年报，链家研究院整理。

不仅在写字楼市场，三井不动产在商业、住宅与物流领域都成立了类似的 REITs，并且规模在各自领域均位列前茅，此外，三井不动产还成立了私募 REITs 和房地产基金，提供了更丰富的组合。这些 REITs 和基金成为三井不动产开发物业的最大买方，也是三井不动产物业管理最大的客户（如表 12-4）。

表 12-4　各类别市值排名前三 REITs 名称及其资产管理公司母公司

类型	排名	名　称	市值（亿日元）	物业管理公司母公司
写字楼	1	日本写字楼基金投资法人	9008	三井不动产
写字楼	2	Japan Real Estate 投资法人	8052	三菱地所
写字楼	3	大和证券写字楼投资法人	2832	大和证券
住宅	1	Advance Residence 投资法人	3879	伊藤忠
住宅	2	日本 Accomodation 投资法人	2306	三井不动产
住宅	3	积水 House・SI・Residential 投资法人	1318	积水 House
商业	1	日本 Retail Fund 投资法人	5882	三菱商事、UBS
商业	2	Frontier 不动产投资法人	3948	三井不动产
商业	3	AEON REIT 投资法人	1245	AEON
物流	1	日本 Prologis 投资法人	4278	Prologis
物流	2	GLP 投资法人	3620	GLP
物流	3	日本 Logistics Fund 投资法人	1985	三井不动产

资料来源：链家研究院整理。

二、城市更新——三菱地所

由于拥有更优质的、无可替代的土地资源，与三井不动产的扩张之路相比,可以说三菱地所的发展史就是 120 万平方米丸之内地区的城市更新史。经过几十年不断地收购、更新、改建,三菱地所已成为丸之内最大的地主,在持之以恒的更新运营中,丸之内东京核心办公区的地位得以稳固,土地的收益能力不断增强。丸之内的成功经验也被复制到东京其他区域,如名古屋、大阪等其他都市的核心区。从三菱的经验可以看到,通过精耕细作的城市更新,即便没有通过大规模的收购土地、扩张版图,企业价值依旧能够稳定、持续地增长。

(一)持有优质核心资产

三菱地所的物业极为集中,76%的租赁利润来自丸之内。丸之内共有约 100 栋物业,其中 1/3 的产权属于三菱地所。丸之内的区位具有难得的稀缺性和唯一性,这片狭小的区域位于日本最大的交通枢纽东京站前,被政府机构集中地霞之关、金融中心日本桥兜町、高档商业中心银座和皇室所在地皇居包围,而皇居周边的皇居外苑和日比谷公园又为丸之内提供了城市中央难得的大片绿地(如图 12-8)。

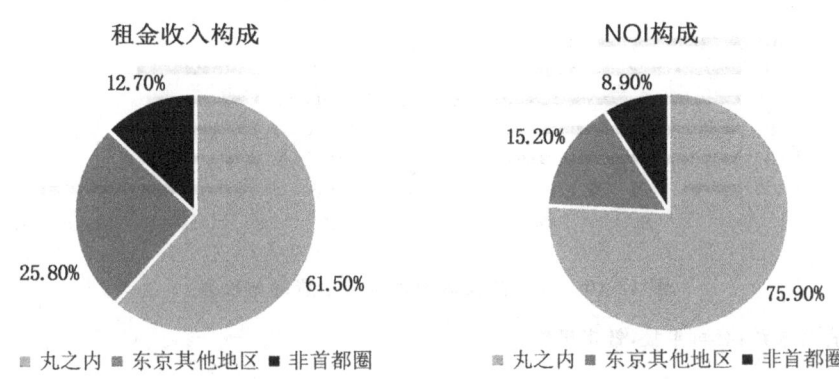

图 12-8 三菱地所写字楼租金收入及 NOI 结构

资料来源:公司年报,链家研究院整理。

丸之内地区集中了约 4200 家公司,其中东证一部上市公司总部 75 家,总营收超 120 万亿日元,汇集了超过 23 万人在此工作,有 20 条地铁、JR 和新干线从这一地区穿过和停留,设置了 13 座车站。正因如此,丸之内是全日本租金最高的地区,空置率也低至 1.2%(如图 12-9、图 12-10)。

图 12-9 丸之内的区位优势

资料来源:公司年报,链家研究院整理。

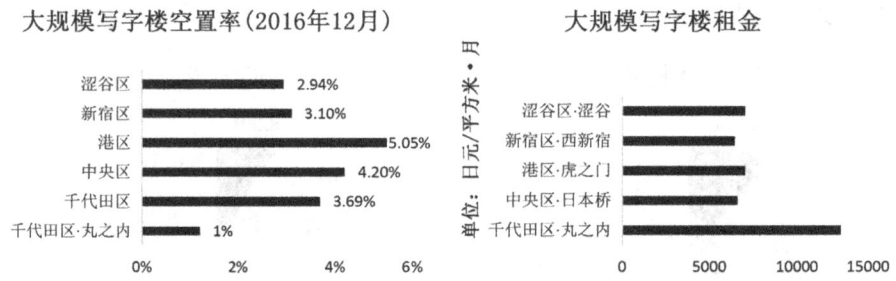

图 12-10 丸之内大规模写字楼空置率与租赁

资料来源:公司年报,链家研究院整理。

(二)城市更新实践——核心资产增值

从 1998 年以来,三菱地所对丸之内的改造分为两个阶段实施,将丸之内从沉闷枯燥的办公区转变为一个富有活力的城中之城。

1.第一阶段(1998—2007):写字楼重建,增加商业设施

三菱地所以 6 处大型写字楼为核心进行更新。第一阶段持续了近 10 年,总投资超过 5000 亿日元。一方面,通过改造,现有写字楼可租面积增加了一

倍;另一方面,为改变丸之内地区沉闷的城市办公区形象,补充了现代商业设施,物业结构也得到了改善。第一阶段结束,租金得到大幅度提升,经营现金流增长至改造前的2.9倍(如图12-11、图12-12)。

图12-11 三菱地所城市更新主要物业(第一阶段)

资料来源:公司年报,链家研究院整理。

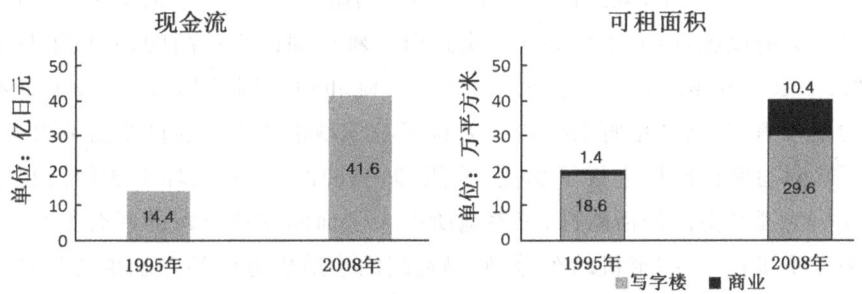

图12-12 三菱地所第一阶段城市更新效果

资料来源:公司年报,链家研究院整理。

随着城市更新事业的推进,三菱管理写字楼的入驻企业类型也发生了变化,法律、会计、咨询等现代服务、金融行业的比重大幅提升;制造业企业的比重下降,从2000年的42.5%下降至2008年的24.3%(如图12-13)。

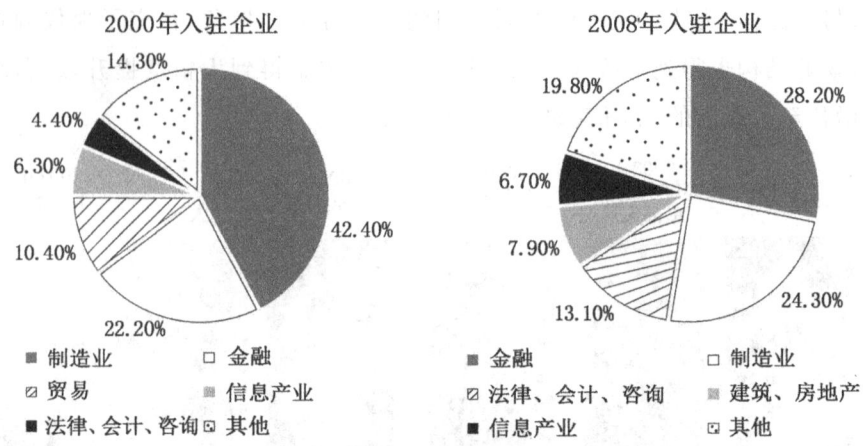

图 12-13　三菱地所管理写字楼租户构成变化

资料来源：公司年报，链家研究院整理。

2.第二阶段（2008—2017）：多元化街区的塑造

在第二个 10 年，丸之内的功能已不再局限于办公，而增加了更多与居住、文化相关的设施，引入了服务式公寓运营商雅诗阁的高档品牌，开设了日本首家"Ascott The Residence"公寓，设立了医院和幼儿园，同时还引入了日本知名的温泉酒店品牌"星野 Resort"，开设了位于城市核心区的自然温泉酒店。

除对写字楼硬件进行了功能、节能、防灾的改造外，软环境的塑造也十分重要。为提升街区的活跃性，三菱地所引入了面向创业公司的联合办公空间，还拓宽了步行道、缩窄机动车道，使得宽阔的步道更方便举办临街的活动和露天咖啡店的经营，支持相关协会组织的促进地区繁荣活力的各类活动，包括：清晨大学（提供早间课程，2009 年以来超 1.3 万人参与）、软式棒球赛（约 60 支队伍参赛）、夏日街头庆典、中小学生大丸有地区生态探险队（每年暑假 1000 人以上参与）、免费的环行公交车等（如图 12-14）。

图 12-14　三菱地所城市更新主要物业（第二阶段）

资料来源：公司年报，链家研究院整理。

三、住宅流通——住友不动产

与三井不动产和三菱地所相比,住友不动产的核心物业资源相对薄弱,土地储备多在相对偏远的地区,运营大规模写字楼的空置率长期高于另外两家,在物业持有租赁并管理业务上并不具备优势。与此同时,住友不动产的营业收入规模低于三井不动产与三菱地所,仅为三井不动产销售收入的一半左右。为了扬长避短,住友不动产近年来通过提高企业运营效率并以存量住宅业务为突破口努力提高竞争优势(如图 12-15)。

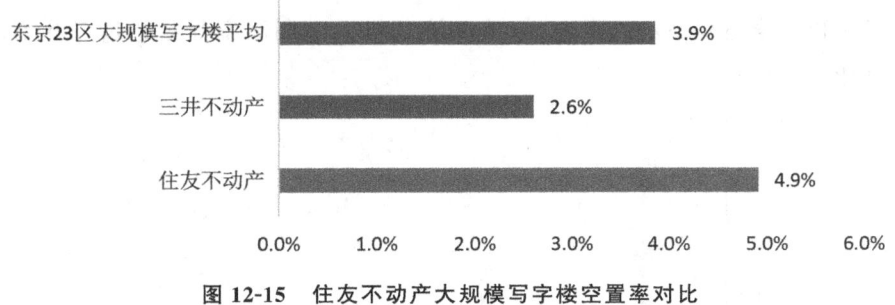

图 12-15　住友不动产大规模写字楼空置率对比

资料来源:住友不动产、三井不动产、三幸エステート・ニッセイ基礎研究所,链家研究院整理。

(一)提高企业运营效率

住友不动产在 2007 年之前一直保持较为保守的战略,集团战略目标主要是巩固既有业务、优化财务结构、降低财务杠杆,维持集团经营的稳定性。其中具体包括:对不要求自身资金负担,没有销售风险的接受客户订单型生产部门的扩张。住友不动产在降低企业经营风险,稳定企业发展的同时提高企业运营效率,至 2015 年住友不动产四部分主营业务的营业利润均高于三井不动产(如图 12-16)。

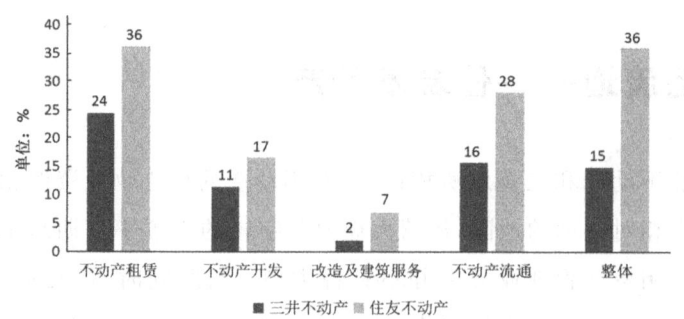

图 12-16　2015 年住友不动产与三井不动产营业利润率对比
资料来源:公司年报,链家研究院整理。

此外,住友不动产还强调提升利润率的安全边际。住友不动产在规模上离三井和三菱还有一定的距离,但从经济危机后净利润率开始超过三井不动产(如图 12-17)。

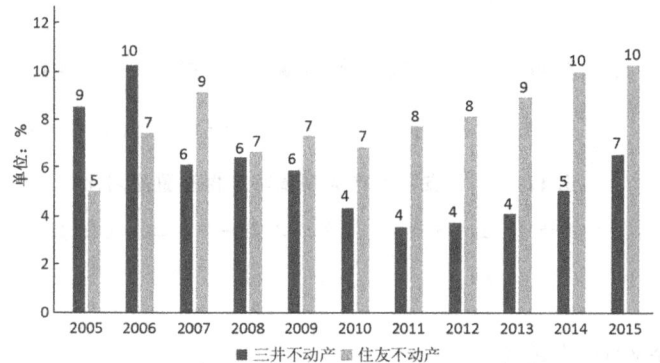

图 12-17　住友不动产与三井不动产净利润率对比
资料来源:公司年报,链家研究院整理。

(二)以存量住宅业务为突破口

2004 年开始住友不动产集团战略目标围绕巩固现有业务、优化财务结构,维持集团经营稳定性,降低融资生产类业务(如房地产开发)的比例,提升客户预付款业务(如装修改建服务)的比例,以降低融资杠杆。由于日本政府的各种政策支持与国家战略导向,日本二手房市场流通量近年来逐步上升,首都圈出现量价齐升的情况,不论是二手房经纪服务的需求还是住宅再生的需求都在稳步提高。为了实现住友不动产降低财务杠杆的战略目标,降低高杠杆的房地产开发占比,住友不动产选择以对资金要求不高的存量业务为突破口,实现风险与业务增长的平衡。

1.流通业务

住友不动产的二手房流通业务主要由其旗下子公司住友贩卖负责,住友贩卖于 1975 年在东京成立,早年做住友不动产的新房代理业务,1979 年进军中介行业,1998 年 6 月在东京证券交易所第二部上市,2000 年 9 月在东京证券交易所第一部上市,2017 年 6 月由于母公司少数股东与子公司少数股东利益冲突问题决定退市(如表 12-5)。

表 12-5　住友不动产贩卖主要业务简介

业务类型	详细
中介业务	为住友不动产贩卖的重点业务,以二手房(包括公寓与独户)买卖中介为业务中心
新房代理	接受开发商等法人机构委托向消费者进行新建公寓与新建独户住宅的代理销售
租赁业务	首都圈写字楼、租赁公寓的租赁与管理
不动产买卖业务	土地、建筑的购入与销售
其他	住宅贷款代办等

资料来源:公司年报,链家研究院整理。

2015 年住友共成交二手房 35987 套,佣金收入 615 亿日元,营业利润率为 28.8%。中介业务营收来自交易佣金,除 2008 年金融危机时期外,销售收入基本保持正增长。住友销售门店主要集中于人口密集交易活跃的大都市圈,其中 58% 的门店位于首都圈,88% 的二手房交易发生在三大都市圈。员工人均业绩超 2000 万日元,平均每家门店经纪人 10 人,店均佣金收入约 2.1 亿日元。从门店数量与二手房成交量来看,住友不动产在二手房流通领域处于日本领头羊位置。二手房流通业务为住友不动产带来了客源与房源上的集聚,由于二手房流通是进行改建装修的重要场景,因此流通业务为住宅再生业务带来了稳定的收入来源(如表 12-6 和图 12-18)。

表 12-6　日本大型中介公司

公司/部门名称	二手房成交套数(2015 年)	主要股东	背景
三井不动产 Realty Network	37156	三井不动产	开发商
住友不动产贩卖	33968	住友不动产	开发商
东急 Livable	19568	东急不动产	开发商
野村不动产	7174	野村不动产	开发商
三井住友 Trust 不动产	6803	三井住友信托	金融机构

续表

公司/部门名称	二手房成交套数(2015年)	主要股东	背景
大京 Group	6693	大京	开发商
三菱 UFJ 不动产销售	5718	三菱金融	金融机构
大成有乐不动产销售 Group	3919	大成建设	开发商
住友林业 Home Service	3908	住友林业	建筑服务
瑞穗信不动产销售	3872	瑞穗信托	金融机构

资料来源:《住宅新报》,链家研究院整理。

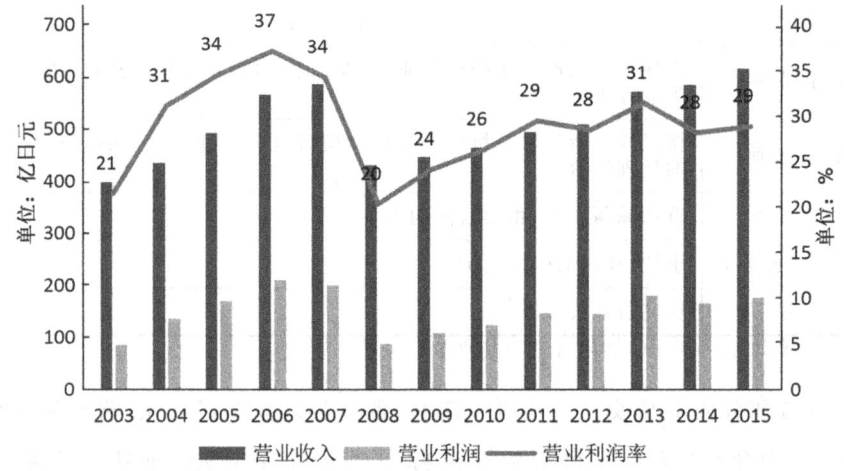

图 12-18　住友不动产流通业务经营状况变化

资料来源:公司年报,链家研究院整理。

2.所有权不发生改变的住宅再生——旧房装修改建业务

随着日本存量房市场的扩大,住宅再生的需求也随之增加。2000 年后,住友不动产将住宅装修改建服务列入重点战略方向,从 2004 年到 2007 年 3 年间住宅改建与装修服务业务占比提高了 1/3,收入结构和利润结构的重塑改善了全球金融危机期间公司的财务结构和现金流(如图 12-19、图 12-20)。

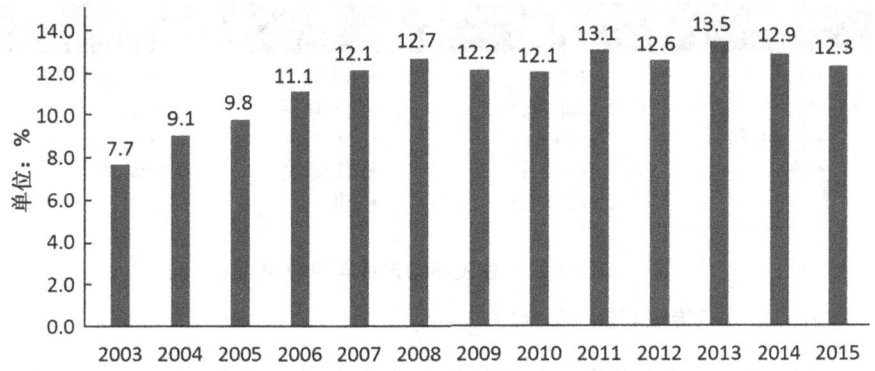

图 12-19　住宅改建与装修服务营收占集团总收入比例

资料来源：公司年报，链家研究院整理。

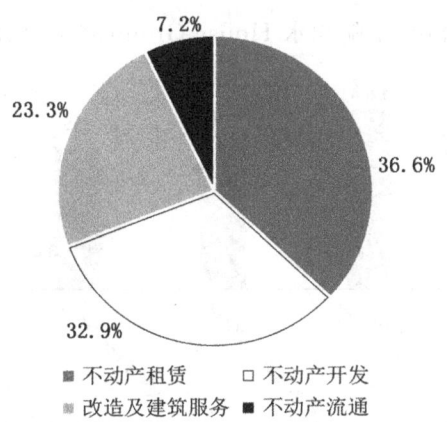

图 12-20　2015 年住友业务收入结构占比

资料来源：公司年报，链家研究院整理。

住友的装修业务中 85％以上的营收来自业务线"如新房一样"，这是住友不动产针对旧房装修改建推出的品牌业务。顾客可选择房屋整体或局部的装修改建，住友不动产提供准标准化装修菜单，允许客户在一定范围内选择，以整体报价的方式收费。住友不动产在日本全国开设了 100 多处体验店或样板间，迄今"如新房一样"产品线已完成 10 万套的订单（如图 12-21）。

让房屋再生：来自日本的经验

局部改造	机能提升	结构改变	特殊需求
•外立面 •卧室 •下水系统 •玄关	•机能 •无障碍化 •节省能源 •新设备 •防盗监控	•加盖楼层 •削减楼层 •一户拆两户 •用途改变 •车库	•天然材料 •景观 •复古住宅 •宠物

图 12-21　住友不动产的菜单分类

资料来源：公司年报，链家研究院整理。

2015 年住友不动产改造与建筑服务业务的营业利润率为 8%，相比其他业务处于较低水平，但对比其他大型不动产公司，例如三井不动产的利润率仅为 2%，住友不动产在改造及建筑服务业务上优势明显。目前住友不动产已成为日本第二大装修公司，紧随积水 House Group 之后（如图 12-22）。

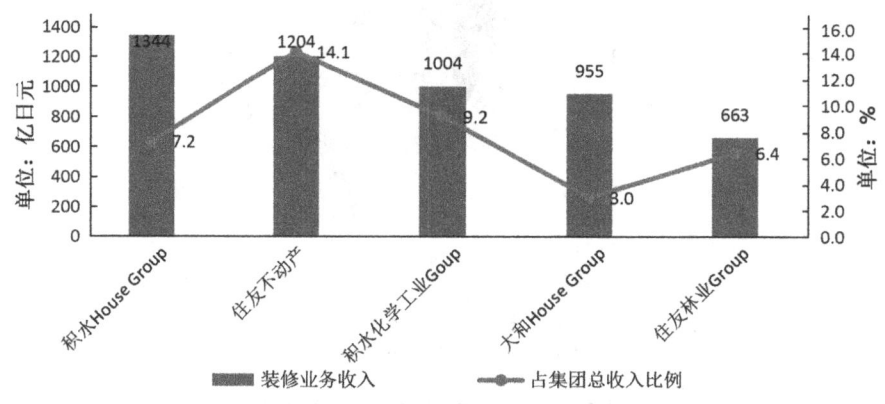

图 12-22　日本 TOP 5 装修公司

资料来源：公司年报，链家研究院整理。

第十三章

购入改建再售型住宅再生独立运营商

根据日本国土交通省测算,2008 年日本的再生行业 GMV 为 7.4 万亿日元,折合人民币 4458 亿元。2010 年,日本成长战略会议上提出,预计到 2020 年住宅投资在 GDP 中的比重由 3% 上升到 5%,二手住宅流通、改建市场的规模可以实现倍增。保守测算日本的住宅再生行业每年还有近 1 倍的增长空间。从细分行业来看,在整个市场中设施维修和维护占比最大,接近总 GMV 的一半。从参与方的角度看,地方性的建筑商占据了市场的较大份额,具有较强的竞争力(如图 13-1)。

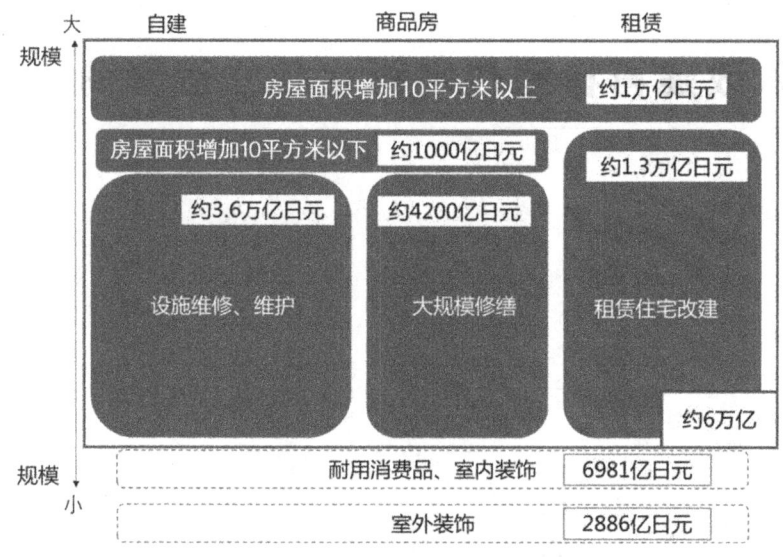

图 13-1　2008 年住宅再生市场空间

资料来源:日本住宅土地统计调查、家计调查年报等,链家研究院整理。

根据房屋的所有权是否转移可以将住宅再生项目分为所有权转移的再生和所有权不转移的再生。所有权不发生转移的住宅再生,是指不动产中介公司在提供二手房买卖中介服务的同时提供住宅改建装修服务的模式,其盈利主要来自装修服务费和房屋出售中介费。该模式的特点是资金要求不高,但是订单获取严重依赖于二手房经纪业务。对于所有权转移的住宅再生,即不动产公司从业主手中买下房屋然后装修改造,再溢价出售,买卖差价是不动产公司的主要收入来源,改建与装修成本由不动产公司承担。该模式的特点是利润率更高,对二手房经纪获取订单的依赖性不强,但是对资金要求更高且利润对行业周期变化较为敏感。

2015年所有权发生转移的"购入改建再售型"住宅再生供应量 Top 10 公司共提供了11445套再生住宅,Top 10行业集中度约33%,Katitas 以3034套供给位居业内第一位;第二位为富士住宅,1518套;第三位为 Intellex,2015年提供了1393套再生住宅(如表13-1)。以下以 Katitas 与 Intellex 为代表对此类住宅再生企业进行简单介绍。

表 13-1　2015 年再生住宅供给量

再生住宅	套
Katitas	3034
富士住宅	1518
Intellex	1393
大京	1236
Total-Estate	860
E-grand	850
Reprice	726
FJNext	702
长谷工 Real Estate	586
Star Mica	540
全行业合计	3万~4万
Top 10 合计	11445
Top 10 市占率(%)	33

资料来源:改建产业新闻,链家研究院整理。

一、商业模式

(一)Katitas

Katitas 从日本中部地区的群马县起家,业务曾长期集中于经济不发达的中部地方县市,后来全国其他地区的份额逐渐增大。1978年,Katitas 公司成立于群马县桐生市,经营范围为石材业。1988年,Katitas 获得土地建筑流通牌照，开始从事不动产的销售、代理；1990年，成立租赁部，开始介入租赁业务；1998年，日本《民事执行法》修正后，Katitas开始参与拍卖房屋的竞拍，重新装修改造后出售，在桐生市开设了营业点；1999年，以高崎市为先导，Katitas开始全国化进程；2001年，进入东京市场；2004年，在名古屋证券交易所Centrex（中小企业）上市；2012年退市（如表13-2）。

表13-2 Katitas业务范围扩张情况

地区销售规模	2004年	2010年
200套以上	无	北海道
100～200套	群马县、长野县、茨城县、栃木县	长野县、茨城县、埼玉县、群马县、青森县、福冈县、福岛县
100套以下	其余都道府县	其余都道府县

资料来源：公司年报，链家研究院整理。

Katitas每年完成销售再生住宅3000套以上，全部为独栋住宅，规模在行业内排名第一，在日本拥有100多家分店。2016年3月，Katitas收购了同行业的Reprice后，合计销售套数预计将超过3700套，营业收入500亿日元（折合32亿人民币）。Katitas的业务主要集中在人口30万左右的地方城市，Reprice拥有14家分店，主要布局在东京、大阪和名古屋等大都市，通过收购，Reprice弥补了Katitas在大都市地区业务的空白。

Katitas再生住宅的商业模式为从地方法院或个人手中获得拍卖独栋住宅房源，交给合作的装修公司进行翻新改造，如附带租约，则运营直至期满，改造完成后销售或持续租赁运营管理。产品面向低收入人群，产品均价低至1000万日元左右（2013年日本二手房套均成交价约为2434万日元）。Katitas曾设立抵押贷款子公司Value Loan，向买房者发放贷款，后因贷款金融牌照到期和持续亏损而停止了该业务（如图13-2）。

第十三章 购入改建再售型住宅再生独立运营商

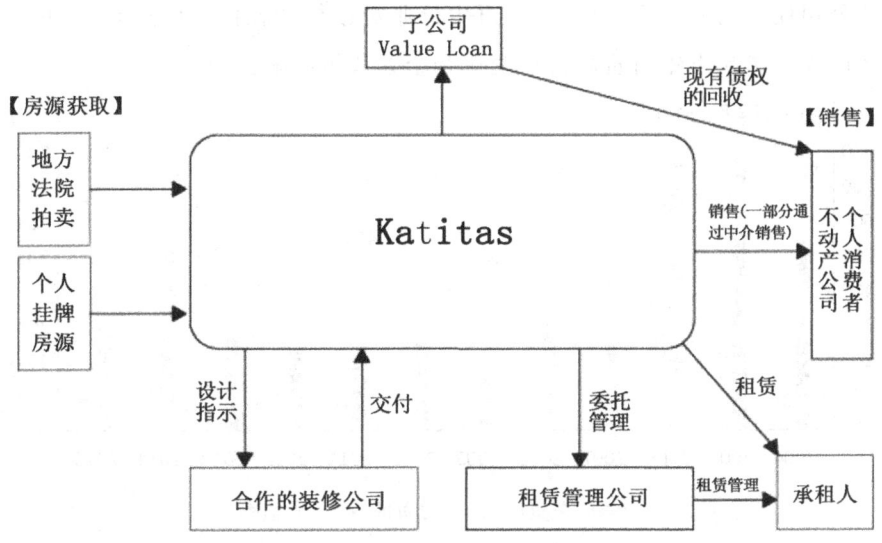

图 13-2 Katias 商业模式示意图

资料来源：链家研究院。

Katitas 对法拍房源的依赖度逐渐下降，在退市前法拍房源占比高达近 80%。但由于法拍房源量不稳定、竞争激烈等原因，Katitas 将重点放在个人房源端，目前法拍房占比已降至 20%（如图 13-3）。

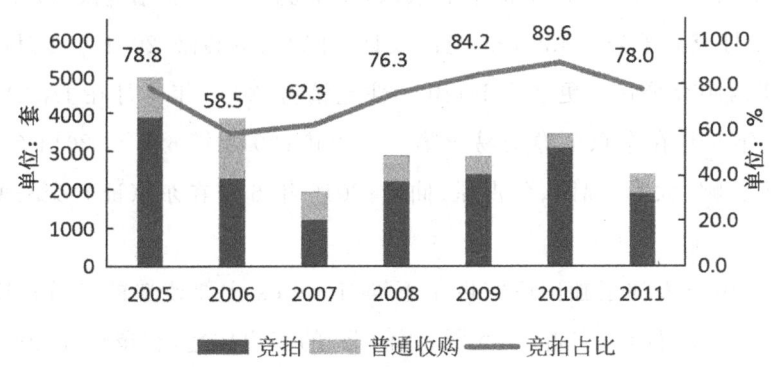

图 13-3 Katitas 房源收购渠道（退市前）

资料来源：公司年报，链家研究院整理。

Katitas 的资本结构与开发商类似，银行贷款是其最主要的项目资金来源。Katitas 通过三井住友银行与 3 家金融机构和 1 家公司签订联合贷款协议（syndicate loan），利息为短期贷款最优利率（约 1.5%）。退市前（2011 年），联合贷款余额 56.5 亿日元，占总负债的 25%。此外，Katitas 还发行了 50 多亿日元的公司债。与开发商一样,住宅再生行业对银行贷款依存度过高,意味着受房地产周期影响下银行贷款情绪变化和金融政策影响强烈。

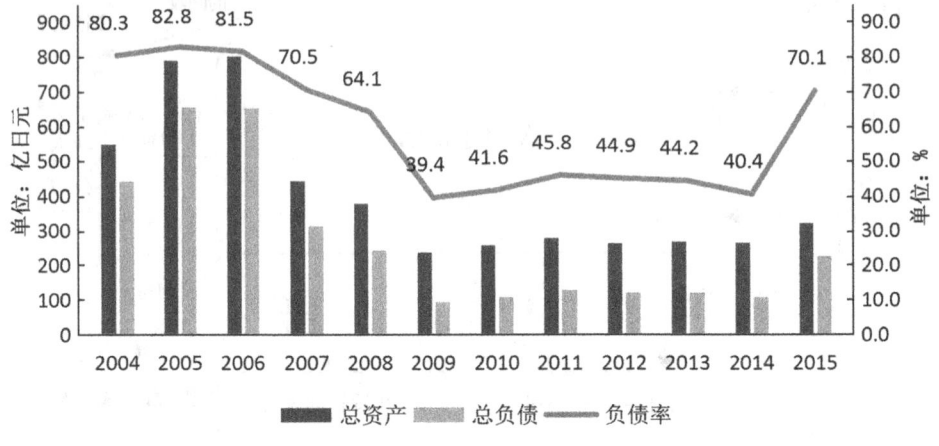

图 13-4　2004—2015 年 Katitas 负债率变化

资料来源:链家研究院整理。

(二)Intellex

Intellex 于 1995 年 7 月成立于东京,主业为二手多户住宅(楼房)再生,1998 年 2 月成立子公司 Intellex 空间设计,开始从事装修;2001 年 2 月收购了一家二手房中介公司并更名为 Intellex 住宅销售;2005 年 4 月在 JASDAQ 上市;2005 年 5 月在东京证券交易所第二部上市;2013 年 6 月至 2014 年 12 月陆续进入札幌、大阪、福冈、名古屋、仙台;2016 年 6 月在东京证券交易所第一部上市。

与 Katitas 专注于独栋住宅再生不同,Intellex 主要改造的是首都圈和地方大都市(札幌、仙台、名古屋、大阪、福冈等)的多户住宅,客单价在 2000 万日元以上,房屋品质高于 Katitas,再生平均溢价率在 40% 左右。Intellex 商业模式为购入老旧的多户住宅,进行装修改建再销售。Intellex 通过中介公司或从个人手中购买单套的二手住宅,经由子公司 Intellex 空间设计进行内装施工,再通过中介公司销售。购买和销售两端都由合作的中介公司代理,也有一部分通过子公司"Intellex 住宅销售中介"销售。

Intellex 对多户住宅的装修改建包括改变结构、更换给排水管、更换老旧的部件等,以提高房屋价值,经过装修改建的再生住宅均附带质量保证,根据装修位置不同保证时间在 3 个月到 10 年不等(如图 13-5)。

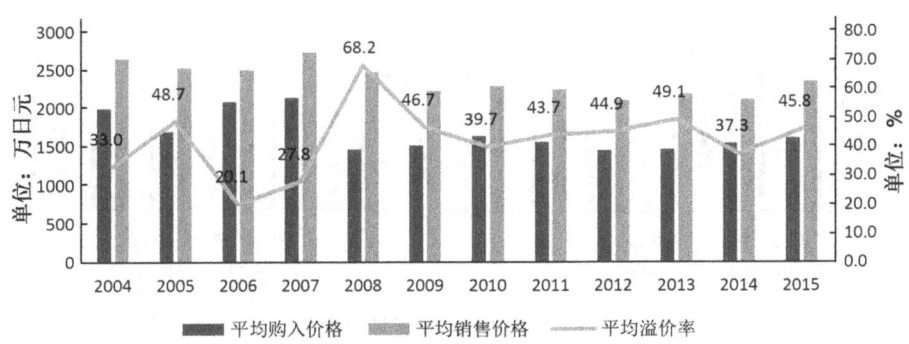

图 13-5　Intellex 再生住宅平均溢价率变化

资料来源:公司年报,链家研究院整理。

二、财务表现对比

(一)销售情况

Katitas 的销售量在 2006 年达到顶峰,随后持续下滑,退市后在私募股权基金接手后业绩保持稳定增长,每年再生住宅销售量维持在 3000 套左右。Intellex 每年购入和销售的住宅套数稳定在 1000~1500 套之间,近 3 年销售量逐年增加,销售态势良好(如图 13-6、图 13-7)。

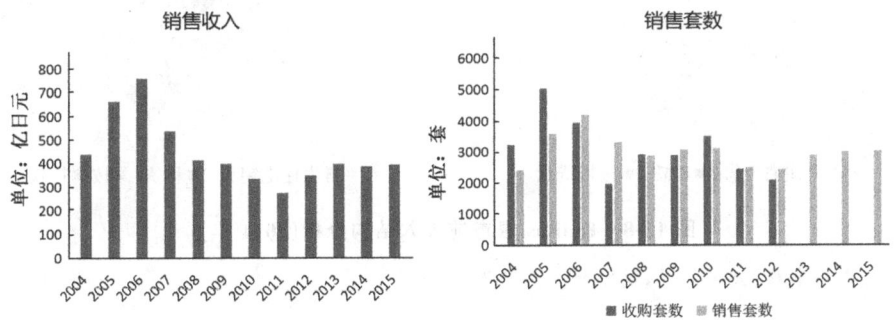

图 13-6　Katitas 销售情况变化

资料来源:公司年报,链家研究院整理。

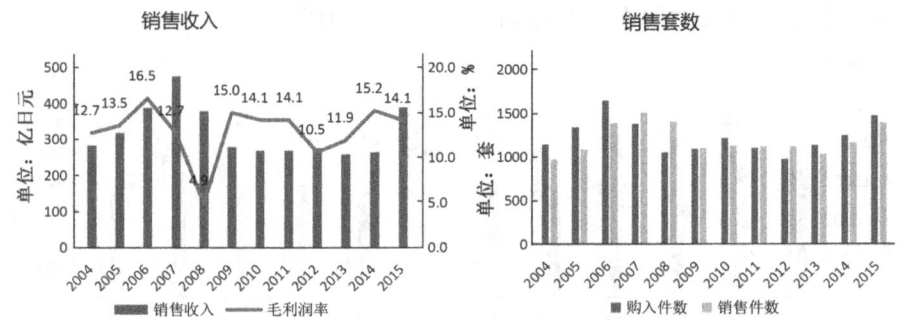

图 13-7 Intellex 销售情况变化

资料来源:公司年报,链家研究院整理。

(二)收入结构

Katitas 的收入结构极为单一,主要来自再生住宅销售;2015 年销售收入 393 亿日元,净利润 21 亿日元,独栋住宅销量超 3000 套。相比之下,Intellex 的业务结构不像 Katitas 那么单一,除主营业务的住宅再生以外,Intellex 还从事写字楼、住宅的开发,租赁、家装与工装等,住宅再生营业收入占总营业收入的 73%,其他不动产的销售、租赁占比 27%(如图 13-8、图 13-9)。

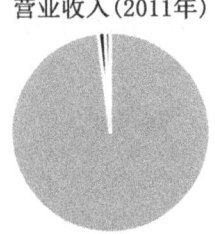 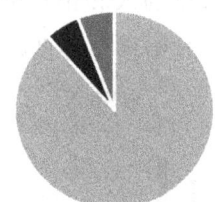

图 13-8 Katitas 退市前收入结构分析(2011 年)

资料来源:公司年报,链家研究院整理。

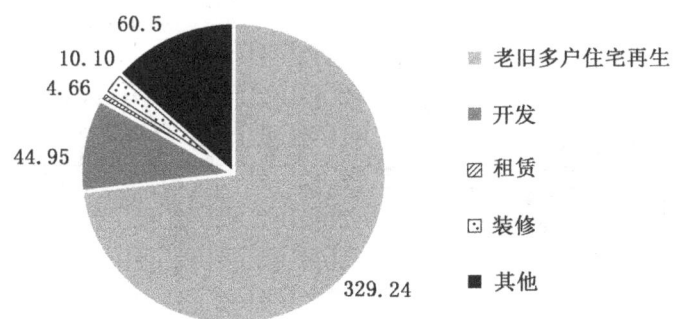

图 13-9　Intellex 2015 年营业收入结构（单位：亿日元）

资料来源：公司年报，链家研究院整理。

（三）盈利情况

与 Katitas 相比，Intellex 不论是营业利润率还是净利润率都低于 Katitas。由于"购入＋改建＋再出售"商业模式的周转期较长，比较容易受到房地产周期影响，造成存货的减值和库存增加，该两家公司净利润及净利润率均波动较大（如图 13-10、图 13-11）。

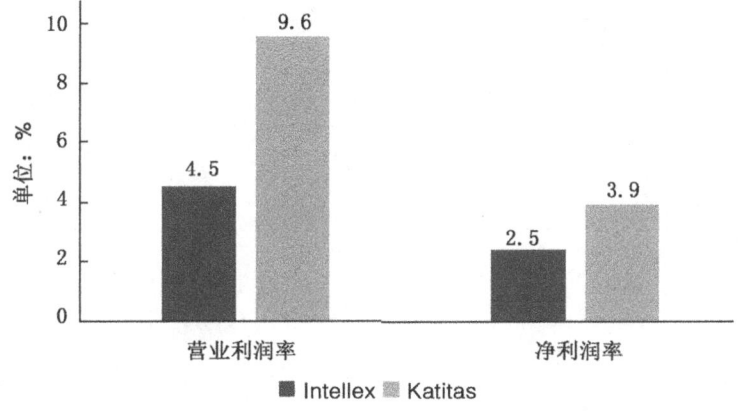

图 13-10　2015 年 Katitas 与 Intellex 营业利润率与净利润率对比

资料来源：公司年报。链家研究院整理。

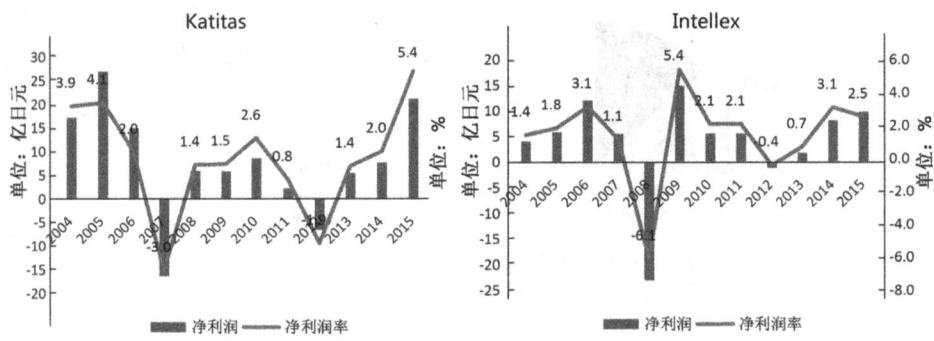

图 13-11　Katitas 与 Intellex 净利润及净利润率变化

资料来源：公司年报，链家研究院整理。

第十四章

轻资产扩展的大东建托

大东建托是日本最大的租赁住宅管理公司,于1974年创建于名古屋市。1988年,公司名称由"大东建设"更改为"大东建托",表明公司主营业务由工业仓库建筑与管理转型成以租赁住宅为核心的一站式住宅管理服务。大东建托的经营理念为高效利用土地,最大限度满足地主与租客在租赁领域的需求,努力提供高品质的出租房屋。随着在租赁领域的深耕,大东建托不断强化其服务品质与居住产品质量,为越来越多的人提供有品质的居住,无形中推动了可循环租赁住房供应体系的完善。

目前,大东建托共有22家子公司,同时面向消费者和业主,业务触及租赁产业链的各个环节,包括金融、能源业务,幼儿园和老年人日间服务等。但在租赁住宅建筑与租赁住宅管理这两项住宅租赁的核心业务上,大东建托连续多年都是名副其实的行业第一,它的成长和发展具有代表性。

1990年上市以来,大东建托实现逆周期的增长,以优秀的市场表现回报股东,目前市值约1.54万亿日元(折合920亿人民币),股价从上市以来增长了10倍以上(如图14-1)。

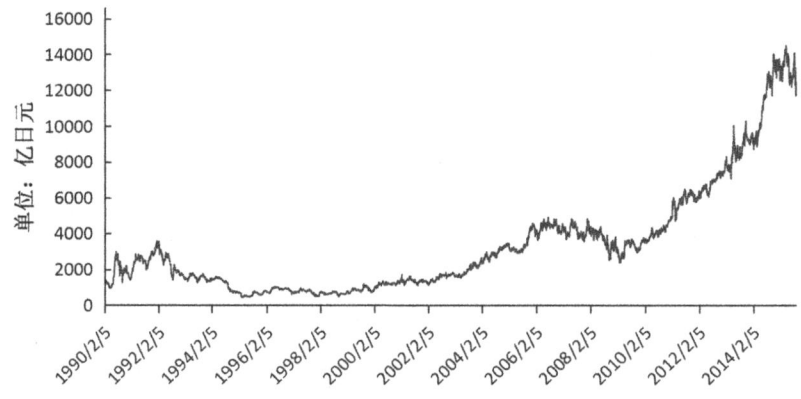

图14-1 大东建托上市以来股价表现

资料来源:Bloomberg,链家研究院。

一、"建筑+托管"的商业模式

大东建托的商业模式为典型的"租赁住宅建筑+租赁住宅管理"一站式服

务模式,即为个人地主提供完整的从土地开发、租赁住宅建设方案到长达35年的租赁住宅管理运营的全产业链服务(如图14-2)。

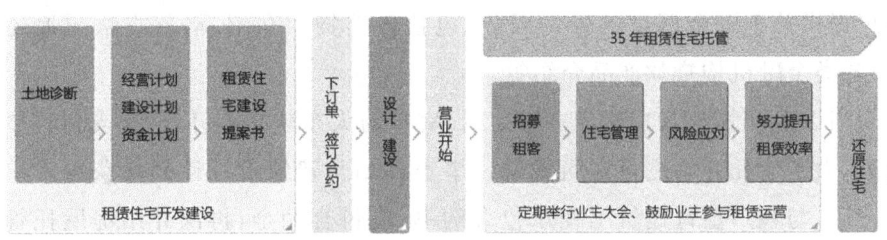

图 14-2 大东建托的商业模式

资料来源:公司官网,链家研究院整理。

简单说来,业主提供土地和建设资金,由大东建设提供前期计划方案、金融服务、设计施工,建成后由大东建托包租35年进行管理。一般情况,大东建托承诺运营前10年租金不变,业主可以获得稳定的现金流,此后每5年与业主协商重新调整一次房租(一般即下调租金水平),其间大东建托将收取约10%的租金差价同时承担租赁住宅相关的所有管理事务及空置风险。"建筑+托管"的商业模式形成强大的业务协同效应与规模效应,助力大东建托持续发展。

(一)租赁住宅开发建设

大东建托租赁住宅建设业务分为两部分:租赁事业计划与设计施工。租赁事业计划涵盖土地咨询、经营计划、税收与融资安排以及建设计划,形成完整的土地开发方案。设计施工则进入租赁住宅建设开发的实质性阶段,形成设计方案并开工。业务具体流程为:土地诊断—建筑计划/经营计划/资金计划—租赁事业计划—签订合约形成订单—设计—施工。值得注意的是,大东建托所有建筑施工业务全部外包,更聚焦于前端的销售,即业主获取与市场分析。

1.租赁事业计划

土地诊断(土地咨询)主要是从土地位置、周边环境、城市未来的发展方向等多个角度对客户持有的土地进行分析。其中还包含对周边其他土地的调查、分区域的市场分析调查、对周边租客需求进行调查分析等。之后,大东建托会根据土地诊断的结果向业主提出符合其预期合适的建筑计划以供客户参考,待建筑计划选定之后进行外观、内部设计、建筑配置选择,并制作成住宅设计图等。经营计划是指在考虑建筑费、租赁条件等诸多因素之后由大东建托提出的租赁托管经营计划书,其中包含托管合约设定、经营过程中产生的费用提示、经营事业说明书的制作等。资金计划是针对客户资金需求,大东建托为客户提供关于资金调度的咨询服务,包括各类贷款介绍、借款方法与返还计划、各类金融机构贷款产品介绍等。

当以上计划与客户达成一致之后,客户与大东建托签订合约,支付订单定金后,大东建托开始进行建筑设计。事业计划与建筑设计计划均获得客户认可之后,与客户签订建筑工程承包合约书、支付合约金,再次介绍房屋托管计划、帮助客户进行贷款手续申请。

为了最大限度提高租赁事业计划的专业性与精准度,大东建托建立了强大的市场数据收集体系,在日本全国配置了专门的市场调查人员,主要负责收集各地区住宅供给情况、地区租金变动,同时将收集到的信息及时上传大东建托内部管理系统。这些市场信息保证大东建托在制订事业计划时可以在最大限度考虑市场供需的前提下提供合适的租赁住宅供给。

2.设计施工

设计与施工方面,大东建托使用特有工艺针对不同构造的建筑从设计、施工到建筑完成检查,施工全过程实行严格的品质管理,为客户提供安全且高品质的租赁住宅产品。大东建托建筑的木质构造租赁住宅的耐用年限可达75~90年,品质较高(如表14-1)。

表14-1 日本建筑构造耐用年限评价标准

	等级1	等级2	等级3
住宅劣化评价等级	仅仅满足建筑基准法	可使用年限达到50~60年,可以继承给第二代的耐久性	可使用年限达到75~90年,可以继承给第三代的耐久性
	(参考)		
住宅法定耐用年限(根据税法上对住宅税基计提减值所使用的耐用年限)	22年 木质结构、2×4工艺	27年 铁质结构(轻量)	34年 铁质结构(重量)	47年 RC及SRC

资料来源:大东建托官网,链家研究院整理。

日本住宅建筑构造分类:木质构造、铁质构造、钢筋混凝土制造、铁质加钢筋混凝土制造,建筑成本与拆除费用递增。

建筑性能上,大东建托在租赁住宅的"安全性、隔热性、隔音性、耐久性、安保设施"等方面将建筑优势发挥至极致。

施工质量管理上,采用直接施工体制、定期进行工事检查、施工安全与品质管理,建筑竣工之后大东建托会针对外部可以看到的以及外部看不到的基础构造、柱子、墙壁等内部构造,详细说明从开始动工到竣工时的工程过程,并最终形成工程品质报告书交给业主。为了更好地进行施工质量管理,大东建托开发了自己的施工管理系统"DK 网络",使用移动电脑随时记录建筑施工情况,汇总至数据库形成统一管理。

(二)租赁住宅管理运营

大东建托租赁住宅管理运营业务两大驱动力为租赁中介与租后管理,主要服务于由大东建托负责开发建设的租赁住宅。强大的营销能力与租赁中介业务能够提高房屋的出租率,而高效高质的租后管理服务才能稳定高入住率。

日本租赁住宅管理运营分为托管与包租两种模式,大东建托则采取包租模式,即从业主承租租赁住宅,与租客直接签订租约,承担房屋空置风险,利润来源于业主与租客间的租金差。大规模包租业务对于公司的现金流和风险承受能力都有比较高的要求。

1.租赁中介

租赁中介即通过多种渠道进行招租,为入住者提供各种服务以达到较高的出租率。对长期包租模式而言,维持稳定的高出租率至关重要。大东建托为了保持高出租率,一方面公司配备专门的租赁中介人员,在全国范围通过多种渠道进行租客募集活动;另一方面为入住者提供各种服务,提高租客居住舒适感以达到较高的出租率。

目前来看,租赁中介的销售渠道主要是通过专业租赁中介人员、直营店铺、各类媒体及广告宣传。为了提高租赁中介业务的成功率,大东建托对为租客提供多种服务,如定期给租客发送与居住相关的杂志、24 小时电话咨询服务、入住时提供的各种服务等。

2017 年 5 月,大东建托对租赁中介业务进行了分拆,将面向企业客户的商业物业剥离出来,交由独立的租赁中介子公司完成。大东建托能够取得如此大量的租赁中介业务,与其开展大量的加盟密切相关,2015 年约 25 万单租赁中介业务中,仅 1/4 由直营店完成。

2.房屋租后管理

租后管理即代业主行使运营管理的权利与义务,具体管理内容包括租约管理、租金管理、建筑管理、原状恢复管理、修缮管理等。

租金方面:自营业期开始,大东建托享有3个月推广租赁住宅保护期,其间空置产生的损失由业主自行承担,3个月保护期过后,房屋空置产生的损失由大东建托负责。大东建托与业主约定,租赁开始前10年的租金固定不变,此后每5年更新一次租金。

关于原状恢复费用与修缮费用的负担问题,大东建托为业主提供两种选择方案:方案一,"业主负担35年间原状恢复费用+大东建托负担30年修缮费用";方案二,"大东建托负担35年间原状恢复费用+业主负担所有修缮费用"。

原状恢复费用:原状恢复费用是指每次租客退租后,对房屋进行原状恢复时所消耗的费用,托管进行中的35年间,所有原状恢复费用由大东建托负担。35年托管计划结束后,业主继续和大东建托续签时,原状恢复费由业主方承担。

修缮费:房屋修缮费用前30年由大东建托负担,从第31年起由业主自己负担,但是值得注意的是,大东建托租赁住宅的建筑材料,例如屋顶、墙壁等材料的耐用年限仅为30年,因此30年后业主需要负担的修缮费用可能较多。35年托管计划结束后,业主继续和大东建托续签时,修缮费由业主方承担。

为提高其租赁效率,大东建托结合其强大的数据体系,进行积极租赁市场调查,加强提高住宅性能的研发。另外,大东建托建立了业主独有的信任关系,若当年实际租金收入高于其预测值,大东建托会按一定比例返还业主租金收入。

(三)市场表现

1.市场地位

大东建托在租赁住宅建筑与租赁住宅管理方面,多年来都是名副其实的行业第一(如表14-2)。

表14-2 2016年租赁住宅建设开发排名

序号	企业	开工数量	序号	企业	开工数量
1	大东建托	64025	6	积水化学	13620

续表

序号	企业	开工数量	序号	企业	开工数量
2	大和工业	52714	7	Pana home	12556
3	积水 house	47286	8	Misawa home	12061
4	旭化成	17327	9	一条工务店	11256
5	东建筑	13830	10	住友林业	99419

资料来源：日本不动产经济研究所，链家研究院整理。

作为租赁住宅建筑行业的佼佼者，大东建托连续8年租赁住宅开工数量行业第一。2016年3月至2017年3月，大东建托服务了8万名地主，为其提供土地开发与租赁住宅建设、资金安排全套方案，租赁住宅建设开工67913户，占据市场份额的15.9%（如图14-3）。

2011年后，日本租赁住宅建设开工量逐渐扭转了20世纪90年代以来整体下滑的趋势，大东建托租赁住宅建设开工量虽然有所增长，但市场份额略有下滑，不过大东建托与其他竞争者保持着较大的差距。

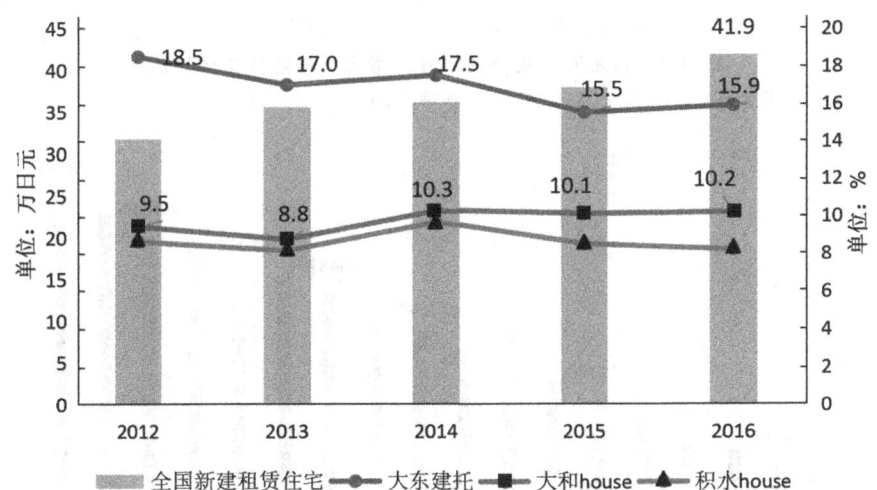

图14-3　2012—2016年日本新建租赁住宅开工量及top 3公司份额

资料来源：大东建托年报，链家研究院整理。

大东建托的市场领先地位并非一蹴而就，而是其在不断变化的市场中深耕行业、不断巩固竞争力的结果，特别是能够预判2000年后租赁住宅需求的激增，一举在21世纪初成为业界第一。

大东建托是日本租赁住宅管理运营行业绝对的领军人物，租赁住宅管理规模连续 20 年位居行业第一。2005—2016 年间,大东建托租赁中介数量年均增长率为 6.7%,住宅管理规模年均增长率为 7.9%。截至 2017 月 3 月,大东建托管理房屋 101 万户,服务租客约 178 万人,维持高达 96.9% 的入住率。租赁中介领域,大东建托连续 7 年保持行业第一位,2016 年完成 28.1 万件中介业务(如图 14-4、图 14-5)。

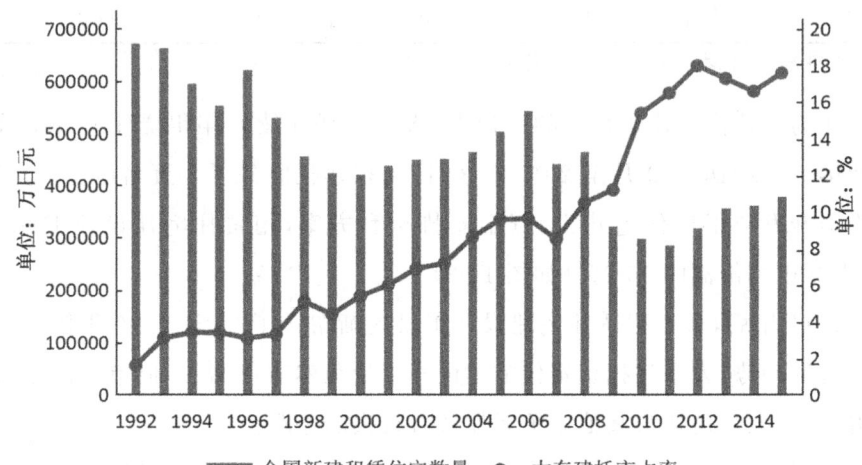

图 14-4　日本新建租赁住宅开工量及大东建托市场份额
资料来源:大东建托年报,链家研究院整理。

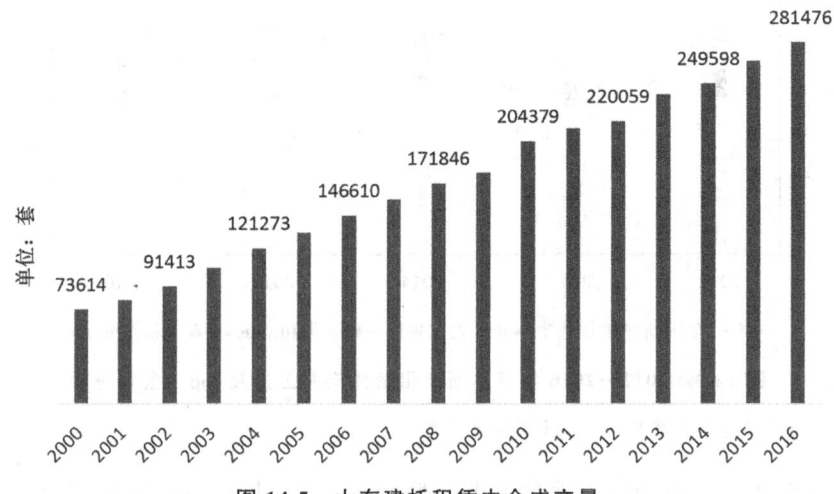

图 14-5　大东建托租赁中介成交量
资料来源:大东建托年报,链家研究院整理。

值得注意的是,大东建托除了租赁住宅的运营管理外,还有部分商办物业,但占比仅有 3.8%。大东建托管理的租赁住宅月租金约 5.7 万日元(折合人民币约为 3400 元),远低于商办物业 17 万日元(折合人民币约为 10200 元)。但大东建托依然选择扩大租赁住宅数量,逐年减少商办物业数量,其背后的逻辑在于商办物业租金受市场供需影响较大,而租赁住宅的租金回报率虽然不如商办物业,但是租金回报较为稳定,风险更容易把控(如图 14-6、图 14-7)。

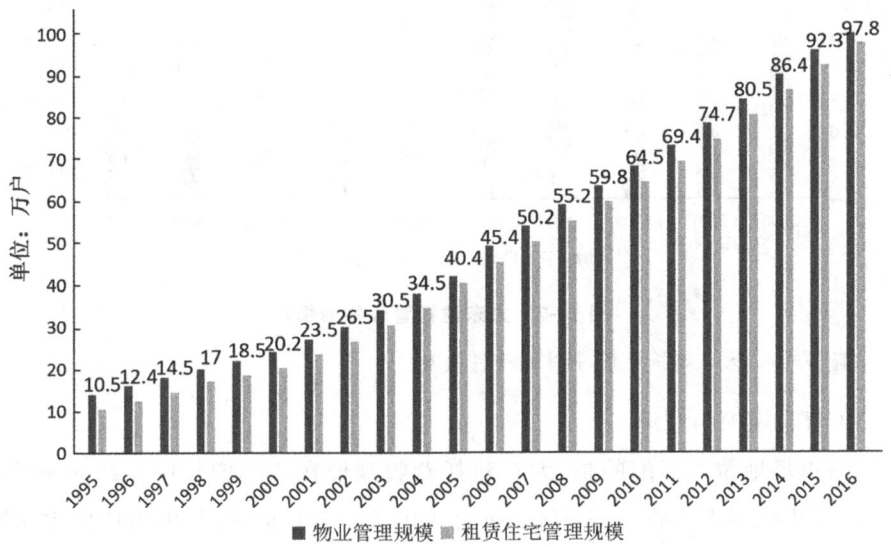

图 14-6 大东建托物业管理规模及租赁住宅管理规模

资料来源:2016 年大东建托决算说明书,链家研究院整理。

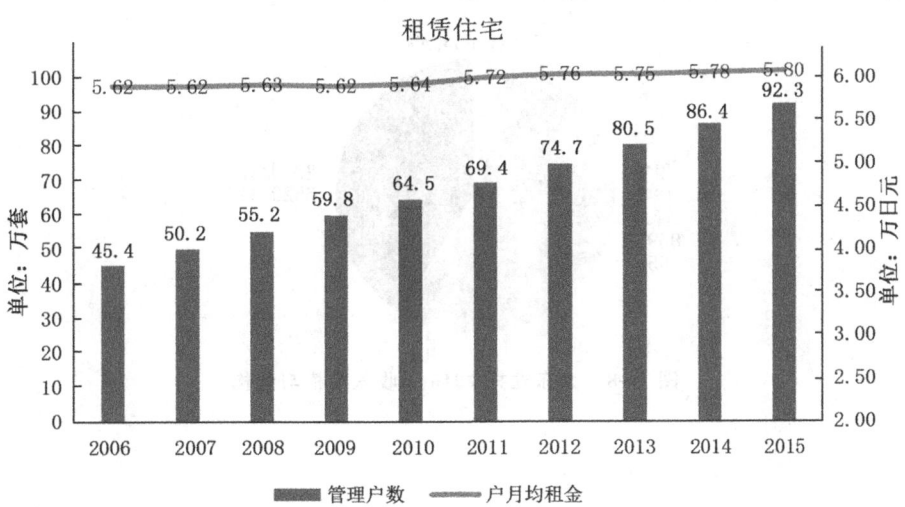

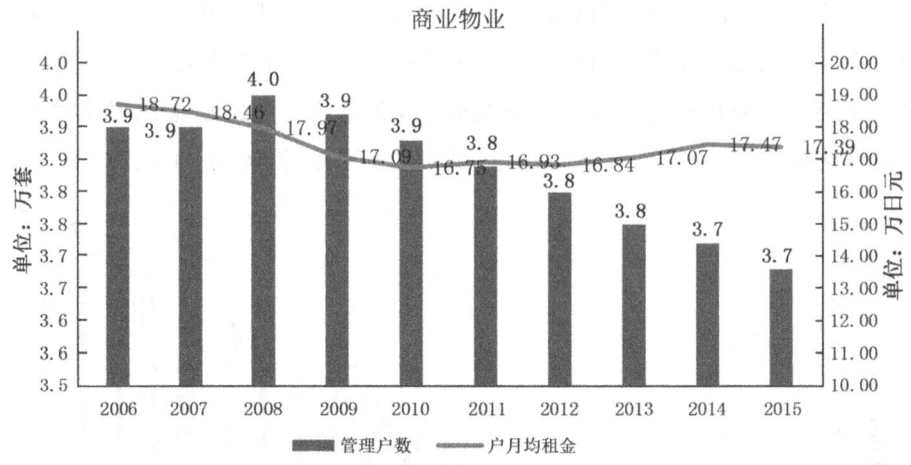

图 14-7 大东建托管理物业情况

资料来源:大东建托年报,链家研究院整理。

2.营收规模与利润

与市场地位相匹配的是,大东建托营收规模在持续增长中。2016 财务年度,大东建托实现营收 1.58 万亿,折合人民币约 940 亿元,其中租赁住宅建筑、租赁住宅管理分别占比 46.2%、61.6%。2016 年毛利 2963 亿日元,毛利率 19.1%。但从划分业务来看,建筑业务毛利率为 30.6%,而租赁住宅管理业务毛利率仅为 8.8%(如图 14-8、图 14-9、图 14-10)。

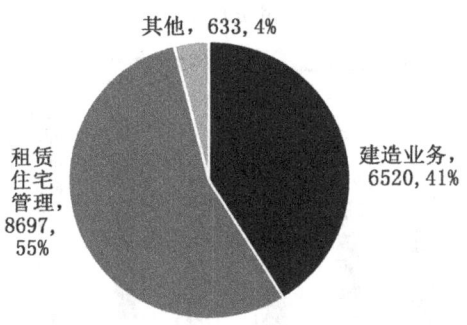

图 14-8 大东建托 2016 年收入规模与结构

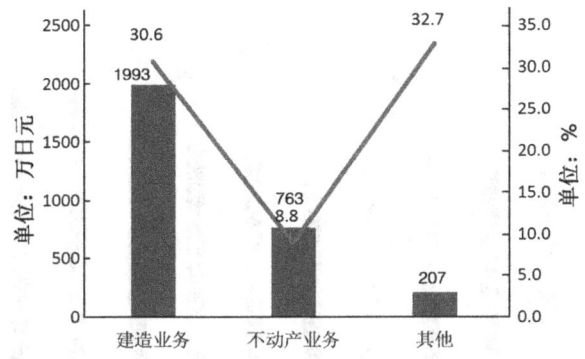

图 14-9　大东建托 2016 年毛利及毛利率水平

资料来源：大东建托年报，链家研究院整理。

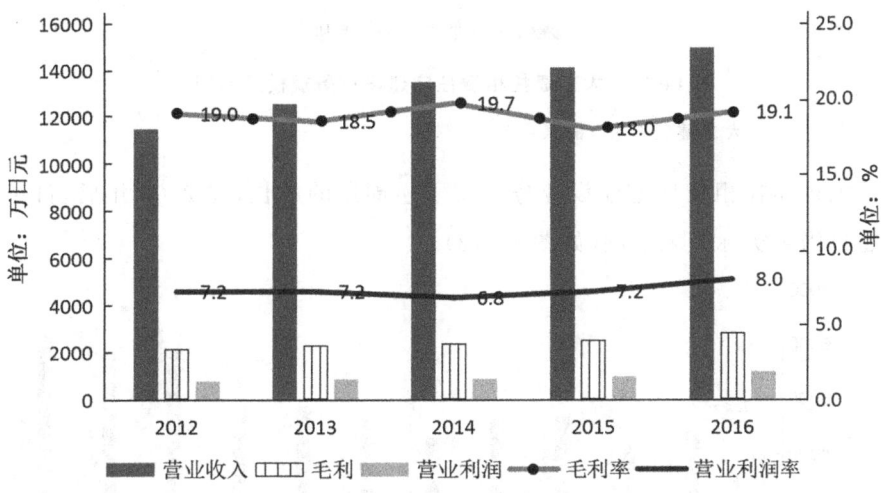

图 14-10　大东建托营收规模与盈利水平

资料来源：大东建托年报，链家研究院整理。

租赁住宅建设业务作为大东建托的核心业务，收入规模不断增长，由 2006 年的 4198 亿日元增长至 2016 年的 6239 亿日元，并贡献了 2016 年度集团 41.7％的收入与 67.3％的毛利。租赁住宅建设业务一直是大东建托主要的利润来源，并且近 10 年保持了 30％以上的毛利率（如图 14-11）。

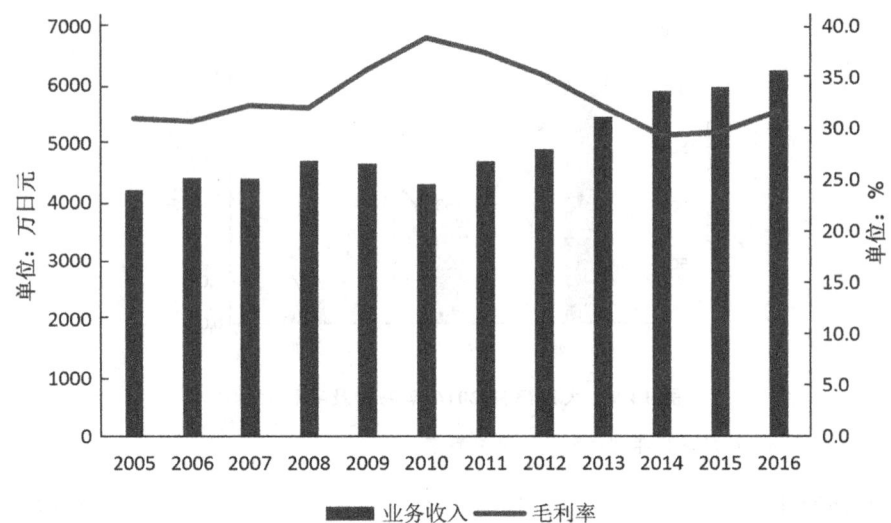

图 14-11 大东建托租赁住宅建设业务规模及毛利率

资料来源：大东建托年报，链家研究院整理。

大东建托租赁住宅建设业务实现了逆周期的成长，在 2008 年后，订单金额超过当年实际开工金额（如图 14-12）。

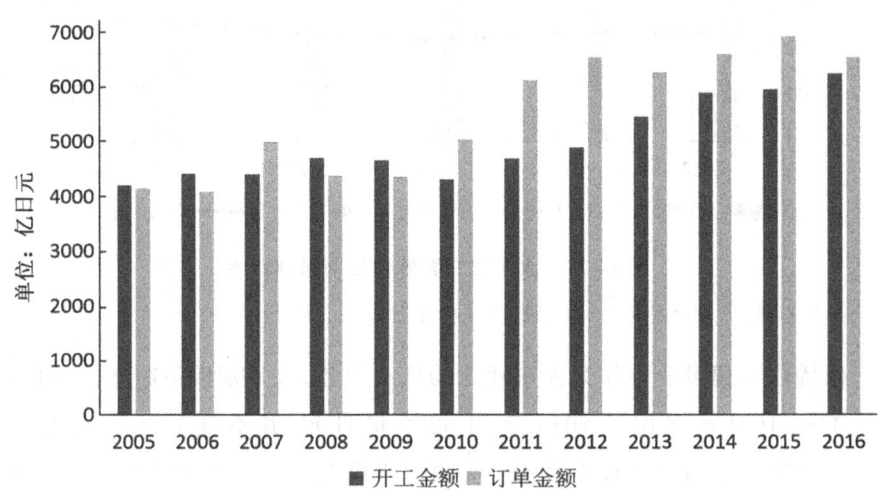

图 14-12 大东建托租赁住宅建设订单金额与开工金额

资料来源：大东建托年报，链家研究院整理。

尽管 2016 年租赁住宅管理业务对营业收入的贡献度为 55%，但毛利润贡献率仅为 25.5%，这是由于租赁住宅管理业务毛利率约 8%。值得注意的是，2006 年大东建托原有共济会空置保险模式终止，采用现有包租模式核算，租赁住宅管理业务收入在 2008 年实现 2 倍增长,毛利率也迅速从 25% 下降至 10% 左右。从 2008 年至 2016 年营业业绩来看,大东建托租赁托管业务的营业利润率不足 3%,其中 2009—2011 年托管业务的营业利润甚至为负,处于亏损状态,这是由于东日本大地震导致的营业损失(如图 14-13、图 14-14、图 14-15)。

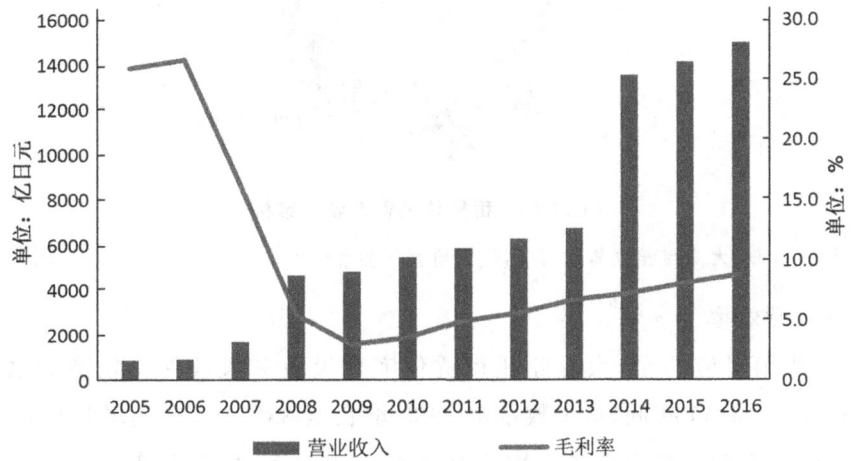

图 14-13　大东建托租赁住宅管理业务收入与毛利率

资料来源:大东建托年报,链家研究院整理。

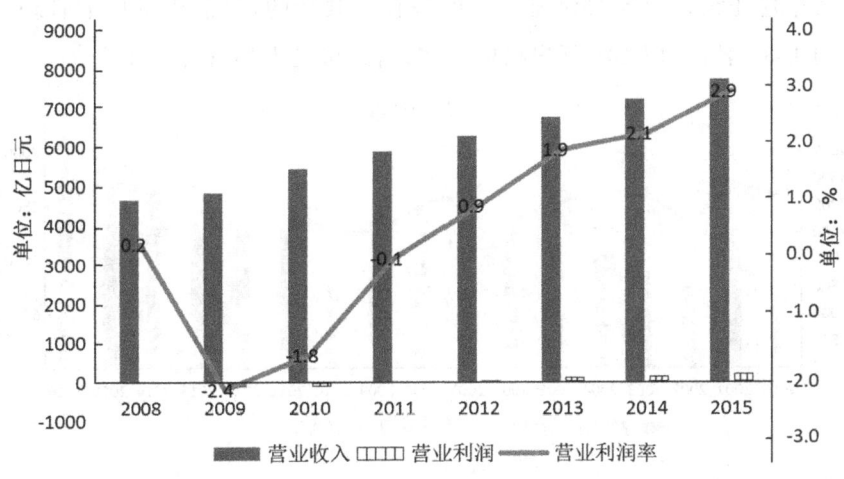

图 14-14　大东建托租赁托管业务经营状况变化

资料来源:大东建托决算说明书,链家研究院整理。

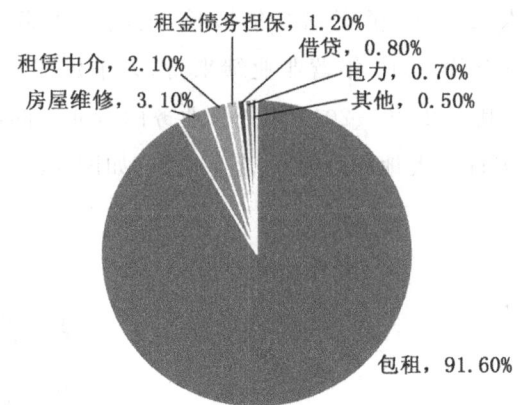

图 14-15　租赁住宅管理收入结构

资料来源：大东建托决算说明书，链家研究院整理。

3.经营效率

与此相对应的是，大东建托租赁住宅建设业务人效保持较高的水准，2006—2016年11年间，员工数量由2985增长至3383名，年均增长率1.2%。2015年，大东建托建设业务人均月创收1400万日元，折合人民币约80万元，人均订单量2.3个（如图14-16）。

大东建托租赁业务的管理效率也是有目共睹的，目前租赁住宅管理业务人员约1339名，管理101万户租赁住宅，由此可见人均管理754户。

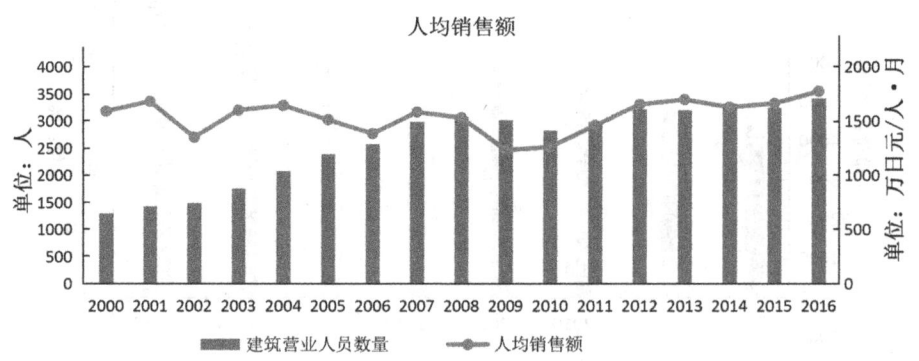

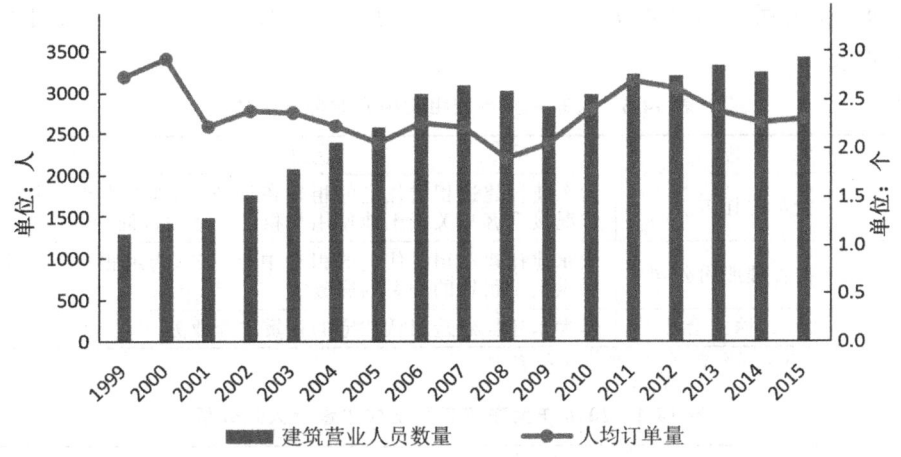

图 14-16 大东建托建筑事业经营效率分析

资料来源：大东建托年报，链家研究院整理。

大东建托能够取得如此大管理规模的重要原因在于，其能够通过高效的租赁中介与高品质的服务保障物业高出租率。[①] 除了 2009 年与 2010 年外，2007 年至 2016 年管理租赁住宅的出租率一直维持在 96% 以上，整体出租率较高。2012 年至 2016 年出租率稳定在 96.8% 左右（如图 14-17）。

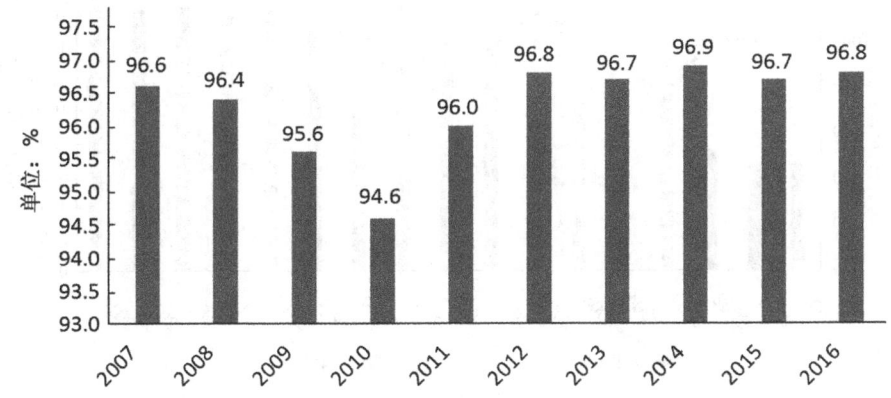

图 14-17 大东建托租赁住宅出租率

资料来源：大东建托年报，链家研究院整理。

大东建托租赁中介业务主要由 3 家公司负责，分别为大东建托、大东建物

[①] 大东建托计算出租率方法为：出租率＝1－（出现空置支付给业主的保证租金/租金收入总额）。

管理股份公司与ハウスコム株式会社,三者分工情况如表 14-3、表 14-4、图 14-18 所示。

表 14-3 大东建托集团租赁中介业务分工情况

名称	负责内容
大东建托	大东建托建造租赁住宅的租赁咨询业务,即结合地域具体情况接受客户关于土地使用与租赁住宅的咨询
大东建物管理股份公司	大东建托建造租赁住宅的租赁中介业务,为承租方与业主提供关于租赁的一系列服务
ハウスコム株式会社	非大东建托建造租赁住宅的租赁中介业务

资料来源:公司官网,链家研究院整理。

表 14-4 2016 年大东建托租赁成单量及人效分析

名称	租赁相关人员数量	年签约量	年人均签约量	月人均签约量	店铺数
大东建托	1371	129376	33.40	2.78	284
大东建物管理株式会社	2502				
ハウスコム株式会社	970	68593	70.71	5.89	155
合计	4843	197969	104.11	2.67	439

资料来源:日本赁贷住宅新闻;大东建托等决算说明书,链家研究院整理。

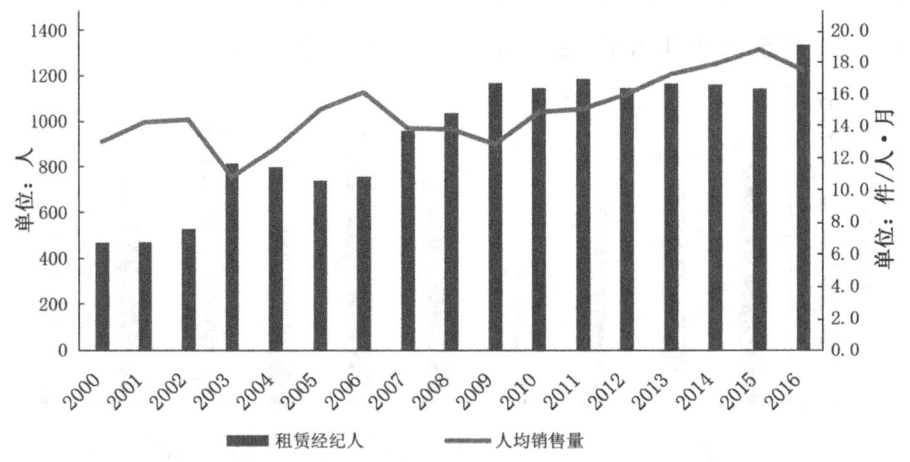

图 14-18 大东建托租赁管理事业经营效率分析

资料来源:大东建托决算报告书,链家研究院整理。

二、大东建托发展历程

大东建托在成立后 43 年的时间里,经历了日本社会环境的多次变迁和房地产市场的数次周期,在这样风云变幻的市场内大东建托屹立不倒,确立市场领先地位,其发展历程对于我国租赁运营企业仍有重要的借鉴意义。

(一)以商用物业为经营重心的起点(1974—1980)

大东建托的起点为工业设施的修建及其租赁运营业务。大东建托创建于1974年的名古屋市,这一时期是资产管理行业的形成阶段,同期诞生了Leopalace 21、ABLE等几家同行业巨头。大东建托的创始人多田胜美在名古屋一家工厂工作了10年,他注意到临近的郊外有大量未充分开发的土地,一方面这些土地多半靠继承得来,土地主无心顾及土地开发;另一方面当地迅速扩大生产规模的工厂有租赁厂房、仓库的需求。作为建筑服务商的大东建托为土地主修建仓库或厂房,再帮助他们对外出租。

大东建托以"土地更为有效的使用"为经营理念创办公司,营业之初主要面向城市周边准工业用地与空置土地,建设商用租赁建筑(例如租赁工厂、仓库、店铺等),使土地更为合理地使用,同时为持有者创造更多的收益。

(二)泡沫经济期间创立"大东共济会(1980—2006)"

大东共济会模式如图14-19所示。

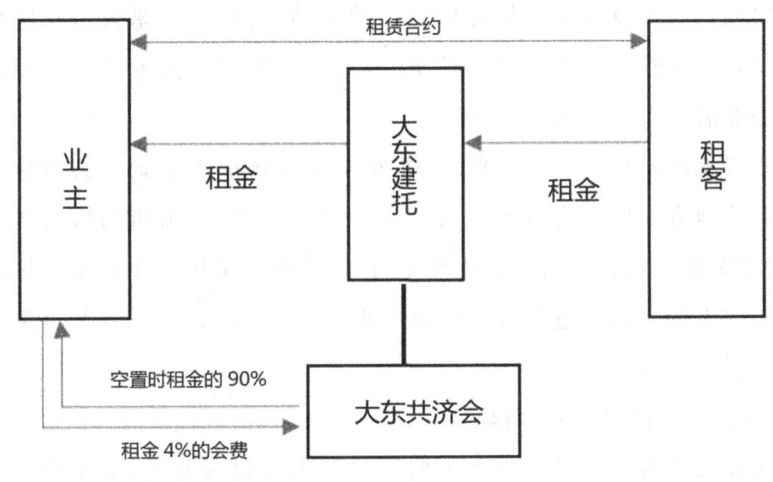

图 14-19　大东共济会模式

资料来源:大东建托,链家研究院整理。

大东建托自1976年开始向全国拓展业务:1976年进驻大阪、1981年进驻福冈、1982年进驻横滨、1983年进驻仙台与静冈,其间创办的"大东共济会(1980)"是企业事业范围扩大的基石之一,可以为客户提供空置租金保障。类似房租保险的大东共济会是大东建托的首次创新,当时出租房屋的业主在盖房时曾大量贷款,因此希望有连贯稳定的房租收入还贷,呼应此类需求的"大东共济会"于1980年创设。入会的业主与大东建托签订资产管理合同,由大东建托进行物业管理,业主将房租租金的4%缴纳会费就可以在房屋遭遇空租的时候也能够收到90%的房租。"大东共济会"作为一种变相的保险制度得到当时保险业的认可。

随着业务范围扩展至全国,为了企业规模进一步扩大,大东建托开始对经营体制进行整体规划,并于1989年在名古屋证券交易所二部上市、1991年转名古屋证券交易所一部上市。1990年随着企业总部转移至东京都,1992年在东京证券交易所一部上市。

(三)积极应对房地产泡沫破裂的冲击

1990年之后土地价格暴跌导致许多房地产相关企业受到不同程度的影响,特别是在泡沫时期采取高杠杆积极扩张的房地产相关企业,土地、房地产资产价格的下降对这些企业发展模式,甚至是生存提出了巨大的挑战。而前期泡沫时期为企业及业主提供杠杆便利的金融机构(尤其是银行),同样面临大量不良资产导致继续放贷能力严重受限,如何平安渡过泡沫破裂期成为每个日本企业需要考虑的生存问题。

日本房地产出现的一个问题是,东京与大阪房地产不景气会迅速导致日本全国其他地方房地产市场不景气。而与日本不同,美国纽约房地产市场下行时,得克萨斯州房地产可能会出现上行,这是因为美国是个房地产区域分化程度较高的市场。这就造成日本房地产的风险无法通过空间进行分散,"一荣俱荣,一损俱损"。

1.通过企业重组抵御经营风险

大东建托作为一个以农户为主要客户对象的建筑公司,主要建设一些租赁用仓库、工厂厂房等简单型建筑,泡沫破裂之后因经济发展速度降低、日本制造业海外转移等影响,仓库、厂房开始出现大量长期空置,大东建托管理物业的空置率由4%左右上升至7%~8%,每月租金4%的会员费已经无法弥补空置损失,大东建托的共济模式出现赔付无法持续的危险。尤其是仓库与厂房不像租赁住宅,一栋住宅建筑可以分别出租给不同租客,仓库、厂房只能整体出租,一旦出现空置其损失就较大。

对于大东建托而言,虽然大东共济会模式并不是公司的主要利润来源,但是没有共济会模式的大东建托并没有单独获取建筑订单的获客能力,因此共济会对于大东建托而言至关重要。危机时刻社长多田胜美先生认为:不能被动祈祷日本经济再次向好,"租金保证"是大东建托唯一值得依靠的销售手段,大东共济会若破产,大东建托也将无法继续维持运营。既然大东共济会无论如何不能破产,那么即使是主动制造敌人也要保住大东共济会模式的延续。"共济会会费提高、降低租户租金,尽量征得业主同意,对不同意的业主直接解除合约",多田胜美直接下了决断。

这个决定对土地所有者(业主)而言无异于晴天霹雳,土地所有者组成了"反大东网络",希望可以维护自身利益,而大东建托由于各种谣言问题无法正常营业,销售业绩骤减,销售人员每天需要面对大量索赔投诉,对员工提出了严峻的挑战,而无法承受这一系列挑战的员工于1995年前后企业结构调整中被淘汰。

在这样的情况下大东建托与业主之间的矛盾日益激化,大东建托对业主的态度为:"不满现状的话可以随时退出大东共济会,请日后自行管理租赁物业。"而业主端由于开始多为贷款建造租赁物业,一旦从大东共济会中脱离则无法负担贷款,因此大量业主即使心存不满也不会脱离大东共济会。经历了这样一场生死危机,在所有员工的脑海里深深留下了这样的印象:"空置可怕"、"大东共济会一旦破产,大东建托也会随之破产"。之后多田社长,乃至公司上下对空置率的变化都十分敏感(如表14-5、图14-20)。

表14-5 大东共济会会费标准变化

年 份	共济会会费	
	居住用(%)	商用(%)
1995	6	6
1996	6	6
1997	5	6
1998	5	6

续表

年份		共济会会费	
		居住用(%)	商用(%)
1999	上半年	5	8
	下半年	5	7
2000		5	6
2001		4	6
2002		4	6
2003		4	6
2004		4	6
2005		4	6
2006		4	6

资料来源：大东建托决算说明书，链家研究院整理。

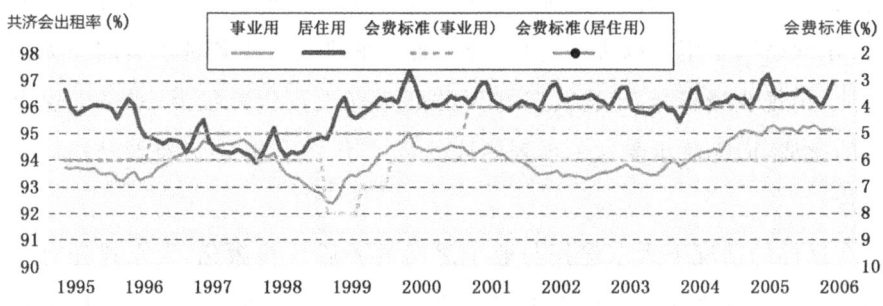

图14-20　大东共济会出租率及会费收费标准变化

资料来源：大东建托决算说明书，链家研究院整理。

2. 1992年税改后业务重心转向租赁住宅

1992年《生产绿地法》修订，将大城市（主要针对三大都市圈）周边的农业用地视为住宅用地进行征税，与此同时日本制造业开始逐渐将工厂转移至海外，工厂、仓库等租赁建筑的需求开始消退，受税制改革的影响三大都市圈租赁住宅建设的需求暴增。1992年新建租赁住宅增长率达到15.08%，大东建托也将业务重心转向租赁住宅。

3. 住宅租赁委托管理转型成功

大东建托于1995年推出新产品——早期美式租赁住宅"ニュークレストール２４"获得市场的广泛认可，标志着大东建托不再只是一个以建筑并管理仓库、厂房等商用物业见长的租赁管理公司，住宅租赁管理开始成为公司发展重心。这项产品既体现了大东建托与其他竞争对手的差异化优势,同时成为大东建托经营转危为安的契机(如图 14-21、图 14-22)。

图 14-21　早期美式住宅风格

资料来源:Totate 官网,链家研究院整理。

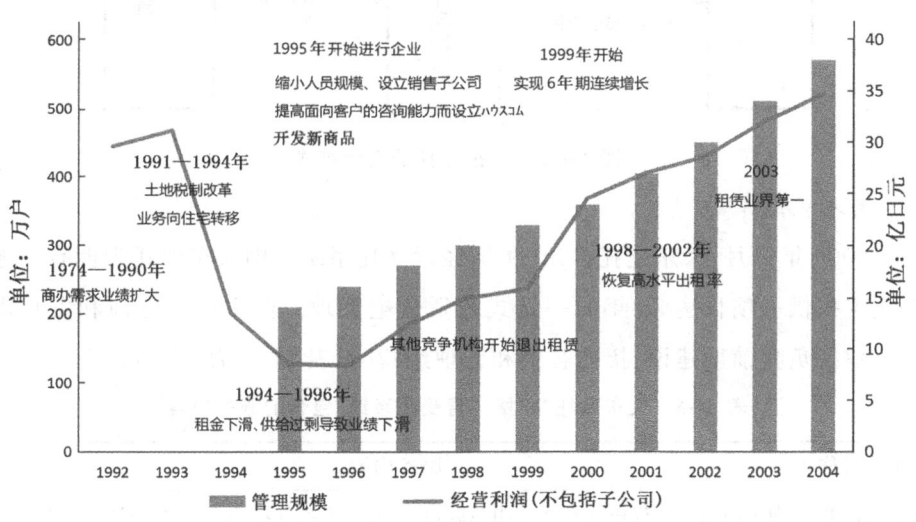

图 14-22　大东建托业绩推移及大事记

资料来源:2005 年大东建托决算说明书,链家研究院整理。

(四)共济会模式终止,转向新型包租模式

2006年4月,日本《保险业法》修订,自1980年起为大东建托管理租赁住宅提供房屋闲置保险的大东共济会,不再得到保险业的认可,大东共济会(株)停止运营,大东建托内部商讨之后,决定通过借助"包租"方式实现经营模式的延续(如图14-23)。同时为了提高产品竞争力,大东建托再次推出具有差异化竞争力的产品,通过名为"租赁经营受托系统"的产品在普通的包租基础上进一步承担"房屋原状恢复费""修缮费用",最大限度减轻业主风险与负担。

尽管两种模式都旨在为房东提供空租期房租保障,但法律关系发生了变化,在新模式下大东建托额外承担了房屋退租清扫、维修整理等原本由业主承担的费用。

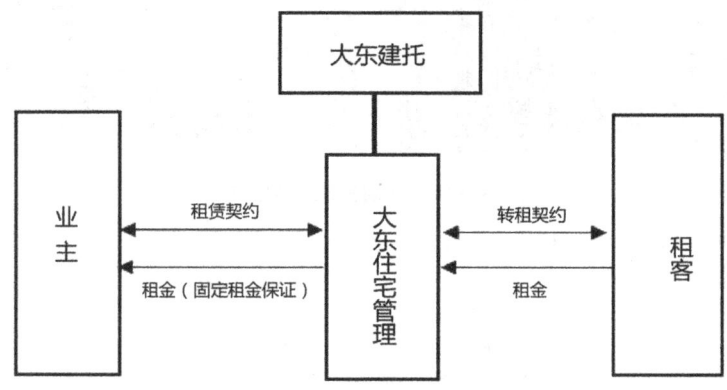

图14-23 大东建托的仓租模式

资料来源:链家研究院。

2006年7月,大东建托推出"租赁经营受托系统",即大东建托为拥有土地的业主提供一项长达35年的一站式租赁住宅管理。业主提供土地和资金由大东建托负责前期建设、招揽客户和管理经营(如表14-6、表14-7)。

表14-6 大东建托"租赁经营受托系统"包含的服务内容

项目名称	服务内容
土地诊断	为土地所有人提供计划建设用地的审查、周边市场环境调查、入住者需求分析
建筑设计	结合土地所有人的建筑目的和土地诊断结果,对建筑物外观、内观、配置等进行图纸设计
经营设计	结合土地所有人对房租、停车费的要求、建筑费用计算,设计租金回收方案

续表

项目名称	服务内容
金融服务	客户可委托大东建托旗下的金融机构或其他金融机构提供贷款,大东建托可根据需要提供金融中介服务
租赁方案	综合以上前期准备,为客户提供从建筑到经营的全套方案
确认事项	签订意向书,确认合同

资料来源:链家研究院整理。

经过两年缓冲期,2008年2月大东共济会会员基本认可并完成了向托管模式的转变,大东建托完成所有管理租赁住宅的模式切换(如表14-7)。大东建托大力推广从土地开发开始的"建造+托管运营"一站式解决方案,为土地主量身定制租赁住宅的投资方案,并与业主签订长达35年的托管合同,2008年托管房屋总数达到52.5万套(如图14-24)。2008年4月,大东共济会与建物管理株式会社合并,彻底停止"共济会"运营,公司租赁运营模式全面转向"租赁经营受托系统"。

表14-7 大东建托业务模式转变

业务模式		过渡期	2007年之后
		共济会为主 租赁经营受托系统为辅	租赁经营受托系统 替代共济会模式
风险承担者	空置风险	大东建托	大东建托
	租金变动风险	业主	大东建托
	房屋维护风险	业主	大东建托
	利率变动风险	业主	业主

资料来源:大东建托年报,链家研究院整理。

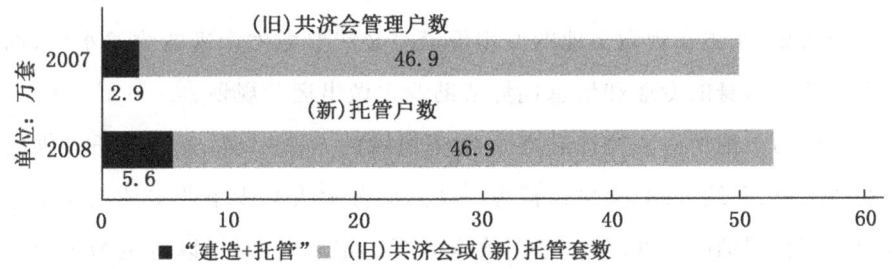

图14-24 大东建托共济会模式的过渡

资料来源:大东建托年报,链家研究院整理。

三、核心竞争力

大东建托的成功绝不是单一因素的作用结果,而是其长期不断自我革新、合理的战略布局的综合结果。

(一)业务协同效应

大东建托商业模式得以成功的逻辑在于业主年事已高无心打理而且面临高额遗产税和土地税,如何避税与提供稳定的现金流是业主的核心诉求,而土地建筑以及租赁住宅管理的专业性使得大东建托可以顺势而为。

尽管大东建托不是唯一采用"租赁住宅建筑+租赁住宅托管"的公司,租赁住宅建筑与租赁管理业务形成上下游衔接的商业闭环;但大东建托是少有两个领域同时建立领先地位的企业,并通过各自领域的领先地位形成正反馈机制:只有强大的租赁住宅管理能力,才能为业主带来稳定的现金流,解决业主的后顾之忧,进而吸引更多的订单;而只有强大的租赁住宅建筑能力,才能不断沉淀更大的租赁住宅管理规模,形成规模效应和品牌效应。具体来看:

日本租赁住宅投资属性强,作为产业链最上游的建筑商更容易提供一站式的资产管理服务。日本住宅专用性强,集合住宅(一般至少在两层、6户以上)的高层公寓和多层公寓一旦建成很难从出租完全转为自住。同样自住用的独栋转为出租也比较困难,这主要是因为日本人没有合租的习惯。2008年用于租赁的独栋住宅仅占所有租赁住宅总数的10.4%,剩下全部为集合住宅。并且每年用于出租的独栋绝对数量都在递减。因此,建设集合住宅的投资属性比较明显,业主在规划土地的使用价值时必然要考虑未来的收益水平,而建筑商能够以自身的专业和信息优势帮助业主做出运营规划。

一般的土地所有人往往缺乏房地产领域的专业知识,大东建托提供的包括前期融资、手续办理、交付运营等一站式服务大大减少了业主的工作量。签订的托管合同消除了35年内经营收入的不稳定风险,对于以避税为主要目的的土地业主来说,消除了投资损失的风险,并且至少在前10年内可以获得按照现在市场水平的租金。

(二)持续不断的创新能力

地产神话破灭带来了日本社会深刻的转型,大东建托准确把握时代变迁,不断进行自我革新,实现逆周期的成长。

经营房租保险的大东共济会是大东建设的创新。多田胜美先生发现很多租赁房屋的业主因为盖房时大量贷款,希望有连贯稳定的房租收入,于是1980年创设了"大东共济会",入会的业主与大东建托签订资产管理合同,由大东建托进行物业管理,并且付出房屋租金4%的会费就可以在房屋空置的时候也能够收到90%的房租。大东共济会作为一种变相的保险制度得到当时保险业的认可。

与此同时,20世纪80年代起日本的制造业大批转移至海外,厂房、仓库需求降低,大东建托将主营业务从租赁厂房转变为租赁住宅。2004年,大东共济会的会员人数超过39000人,签约楼数67000栋,租赁住宅户数33万户,当年会费收入129亿日元。

2006年,日本修改了《保险业法》,使得大东共济会的房租保险面临被取缔的危机,迫使大东建托用资产管理的托管形式替代了原先的互助保险,将资产管理业务划归大东物业管理公司。尽管两种模式都意在为房东提供空房房租保障,但是实际的法律关系发生了变化,在新模式下大东建托额外承担了房屋退租清扫、维修整理的费用。经过两年缓冲期,大东共济会会员基本完成了到托管房屋业主的转变。同时大东建托大力推广从土地建设开始的"建造+托管运营"全套解决方案的业务模式——为业主量身定制租赁住宅的建设方案。

(三)轻资产扩张模式

大东建托始终以轻资产的模式扩张,主要体现在:①大东建托所有的建筑施工全部外包,自身将重点放在前端的销售、市场分析;②业主付费,在实行资产管理的托管制度之前,大东建托仅负责轻资产的管理部分,实行托管之后大东建托另外承担了中途维修费用,尽管成本有所增加,但仍然属于轻资产模式(如图14-25)。轻资产扩张方式使得大东建托在租赁住宅建筑与管理规模的市场份额快速提升。

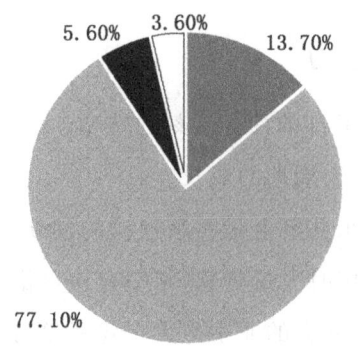

图 14-25　大东建托建筑业务成本结构

资料来源：大东建托年报，链家研究院整理。

(四)注重核心与次核心市场全国化布局

从 1976 年起，大东建托就开始不间断地向日本全国范围拓展业务。租赁市场是一个区域高度集中的市场，因此大东建托重点布局在三大都市圈。但与一般租赁住宅管理公司将三大都市圈作为核心的战场不同，大东建托市场也在地方经济较有活力的次核心市场布局。可以看到的是，大东建托在人口稠密的首都圈实力较弱，首都圈内托管的住宅总数为 9.2 万户，仅占全国的 11%（如图 14-26）。从租赁住宅建筑完工户数来看，三大都市圈占比约 38%（如图 14-27）。

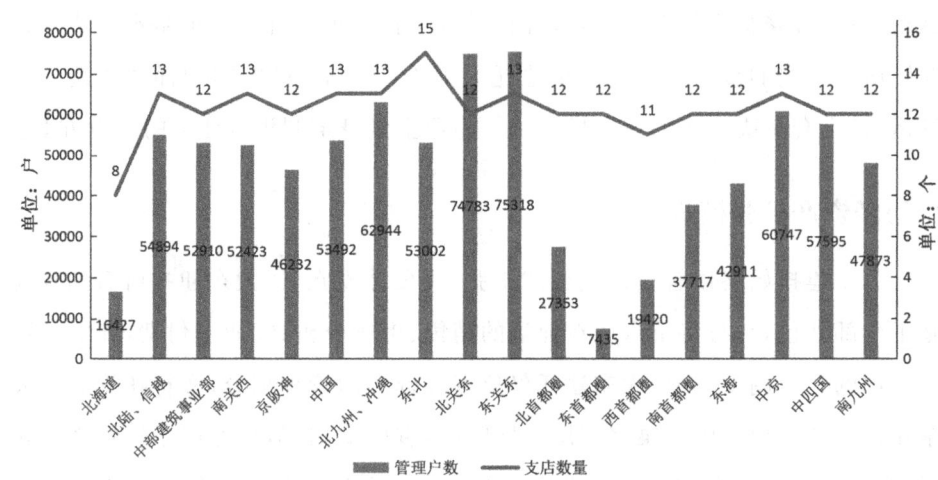

图 14-26　2014 年大东建托全日本事业布局情况

资料来源：大东建托 2014 年统合报告书，链家研究院整理。

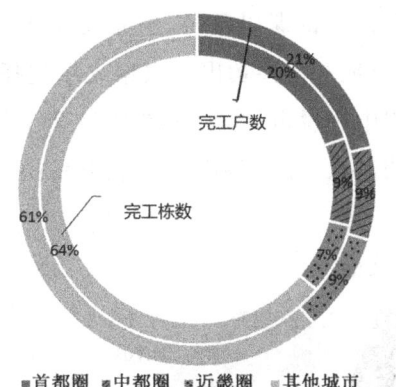

图 14-27 2016 年大东建托租赁住宅完工分布

资料来源：大东建托年报，链家研究院整理。

(五)强大的数据分析与市场营销能力

日本全国共有 3450 名建筑房屋的销售人员，在 5000 个地区寻找需要进行土地资产利用的土地业主，平均每人的销售收入达到 1675 万日元，全国分店数量超过 300 个，合作的中介公司超过 1.2 万间。大东建托提供了丰厚的介绍客户奖励制度，介绍住宅建筑成功的给予建筑金额 1%，最高 100 万日元的现金奖励。2014 年建筑业务的销售管理费用达到 1474 亿日元，占销售收入的 11%。

大东建托雇有 384 名专业市场调查员，在全国 179 个营业部采点，建立了多达 79 万户租赁住宅信息的数据库，其中有 13.6 万户自己管理的住宅，65.4 万户其他公司管理的住宅。大东建托通过对数据的分析，预测区域住宅的需求，可以为业主设计合理的投资收益模型。

(六)准确的企业定位，优质的服务与运营能力

大东建托将自己准确定位为连接业主与租客的桥梁，只有满足双方需求才能立足于市场，因此坚持以服务业主为出发点，重视租客。

大东建托最主要的利润来源为建筑业务，满足土地业主的需求是其立足的根本。大东建托建筑业务毛利率高达 40%、营业利润率 14.5%，而托管业务毛利率 7%~8%、营业利润率仅为 2%，但是由建筑商提供的一站式长期托管业务，促成了更多的建筑订单，因此建筑商向下游拓展的动力很强。日本对闲

置土地在继承和持有两方面都课以重税,但是受制于土地世代继承的传统乡土风俗,又很难将闲置土地一次性卖出。根据大东建托对业主的调查,业主进行土地开发的主要动因中避税占48.2%(如图14-28),建设租赁住宅在某种程度上是一种迫不得已的需求,业主势必期望能够付出较少的精力和财力支出达到目的。

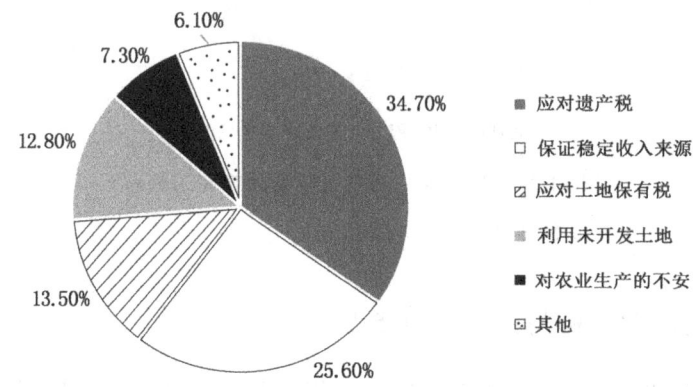

图14-28　业主选择建筑租赁住宅的原因

资料来源:大东建托,链家研究院整理。

尽管日本的房屋闲置率年年攀升,广义的闲置率已达到13.5%,但大东建托的房屋入住率一直控制在96%以上,比起资产管理行业的第二名Leopalace 21也高出了8个百分点,几乎与住宅品质和管理水平较高的REITs住宅相仿。另外,大东建托在人口稠密的首都圈实力较弱,首都圈内托管的住宅总数为9.2万户,仅占全国的11%,在空置率相对较高的首都圈以外区域仍能保持如此高的入住率实属不易。

大东建托的高入住率归因为以下几个方面:第一,房屋较新;第二,注重租客的租住体验。具体措施有:建立"24小时Live-up Support"服务中心,随时解决租住中遇到的问题;向入住者赠送国内外20万个店铺或景点的打折券;与全国3700多家店铺建立合作关系,在网站上提供租住地附近诸如自行车维修点、咖啡店等生活信息。另外,大东建托是之前唯一一家入住时的费用、每月的租金可以用信用卡支付的管理机构。

第十五章

深耕细分市场的 Leopalace 21

Leopalace 21 是日本租赁住宅管理户数位居前三的资产管理公司，也是日本最大的单身租赁住宅管理企业，截至 2017 年 3 月其管理户数约 57 万户，房屋入住率约 88%。

2016 年 Leopalace 21 在东京证券交易所第一部（主板）上市，总市值约 85 亿人民币。公司从 1974 年成立以来一直耕耘在小户型住宅房产领域，随着经济大环境的变迁，Leopalace 21 在产业价值链的位置多次移动，主营业务从房地产开发一度转变为与大东建托类似的建筑服务商和租赁住宅运营商，而目前主要营业收入则为资产管理业务，建筑服务贡献的利润不足 2%。由于企业经营和经济危机，2006—2010 年公司出现利润下滑，目前正处于业绩反转的时期。

1990 年前后的房地产崩盘使得日本房地产企业受到冲击，Leopalace 21 正是从那时起开始去重从轻。在土地私有制度下，Leopalace 21 不再购买土地和建筑物的所有权，而通过直接与土地业主签订"建筑服务＋30 年资产管理"合同的一站式管理模式，获得租赁住宅的长期运营权。通过这种方式减少了在土地上的资金沉淀，迅速扩大了管理规模，并且长期资产管理协议使得资产管理公司在运营中有了更多自由发挥的空间和提升租赁住宅价值的动力。

Leopalace 21 对单身租赁住宅领域的专注使得它在运营上积累了丰富经验，毛利率一度超过 18%（2006 年，34.4 万套住宅，92.8% 的入住率）。产品具有集中于大都市圈、面向单身年轻人、租期长短灵活、可提供家电家具等鲜明特色，公司客户签约比例超过管理房屋总数的五成。除此之外，Leopalace 21 还是一家业务不断创新，尝试新领域的公司，投资包括养老设施、太阳能发电等新领域，还积极进军海外市场。

一、Leopalace 21 商业模式与市场表现

Leopalace 的商业模式与大东建托是一致的，以租赁住宅建筑与租赁住宅

管理为核心业务，但 Leopalace 21 的侧重点在租赁住宅的管理，并在客户定位上更专注于单身人士与企业客户。

(一)Leopalace 21 的商业模式

Leopalace 21 以租赁住宅资产管理业务和建筑服务业务为双核心，并依托 Leopalace 品牌进行外延，形成了主要包含养老、度假旅游、太阳能发电、保险与宽带等业务的集团公司(如图 15-1)。

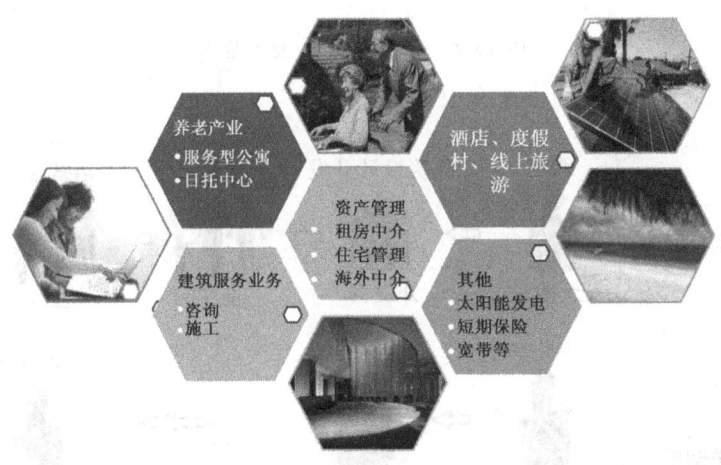

图 15-1　Leopalace 业务类型

资料来源：链家研究院整理。

1.建筑服务与资产管理的协同

Leopalace 21 对业主的服务贯穿从建筑到后续运营的整个周期，运营模式为租赁住宅建设及其后长达 30 年的租赁住宅管理。与大东建托一致，Leopalace 21 租赁住宅管理采用包租模式，承担房屋空置期的租金损失，以业主与租客之间的租金差为利润来源。

Leopalace 21 完成了从房地产开发企业到资产管理公司的华丽转身后，建筑服务的对象变为土地业主，与业主协商敲定房屋的设计施工方案和运营方案，在价值创造的所有环节土地产权及房屋产权都始终掌握在土地主或业主手中(如图 15-2、图 15-3)。

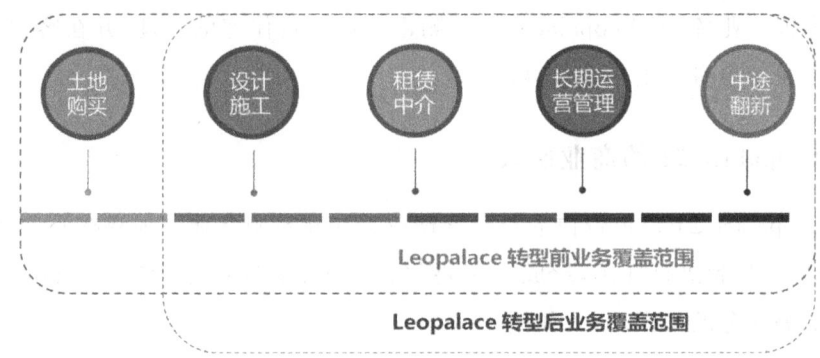

图 15-2　Leopalace 21 业务范围

资料来源：链家研究院整理。

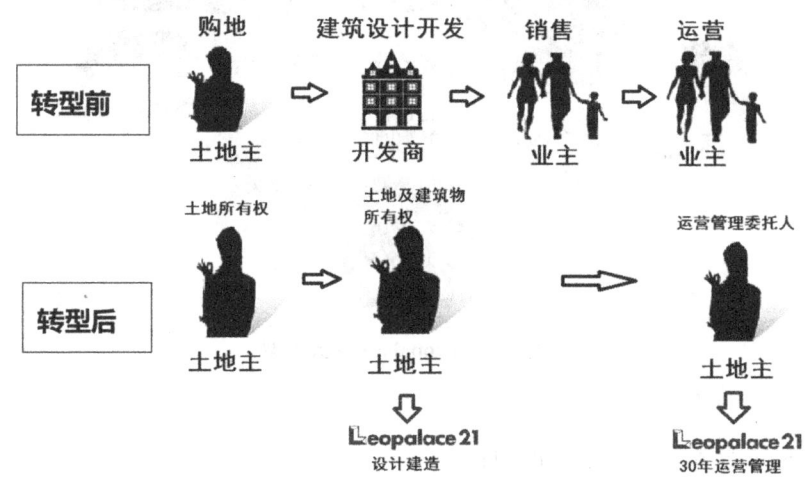

图 15-3　所有权转移角度解析 Leopalace 21 商业模式的变化

资料来源：链家研究院整理。

Leopalace 21"建筑＋30 年资产管理"方案基本流程如下：

第一步，前期策划。首先，土地主向 Leopalace 21 提出盘活土地资产的需求，Leopalace 21 派专人查看土地的位置和物理状况，分析周边租赁市场，再与业主协商房屋的建造方案，最终给出一套设计方案和运营方案。然后，在方案上与土地主达成一致后，土地主与 Leopalace 21 签订建筑服务合同和资产管理合同，交付前期建设费用。

第二步，建筑施工。租赁住宅的建设将根据建筑服务合同条款，由土地主出资、委托 Leopalace 21 进行建筑设计和施工。一般而言，两三层楼的公寓施工期约为 5 个月。

第三步,30 年期运营管理。房屋完工验收后,资产管理合同签署生效,随后的 30 年被整租给 Leopalace 21,后者向业主分期支付租金。运营期间,Leopalace 21 负责募集房客、物业管理、维修费用并承担空置时的租金损失。简而言之,运营期间发生的所有费用都被提前成本化,呈现给土地业主的仅是一项建筑费用总支出和每月租金收入,大大减少了业主付出的精力和时间(如图 15-4)。

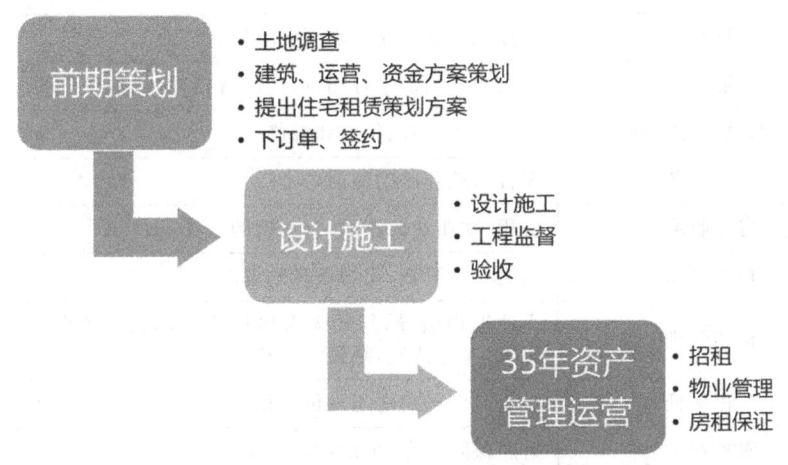

图 15-4　Leopalace 21 的业务流程

资料来源:链家研究院整理。

为控制房屋自然老化和周边区域房租波动的风险,Leopalace 21 与业主约定每隔两年对房租重新评估,协商修正。为保证出租率,Leopalace 21 对提供 30 年资产管理的地区有一定限制。另外新房设置了 3 个月募集房客保护期,正式开始支付房租从保护期之后开始(如图 15-5)。

图 15-5　Leopalace 21 的业务角色

资料来源:链家研究院整理。

2.租赁住宅管理业务内容

简单说来,长期管理合同下 Leopalace 21 的租赁住宅管理业务(资产管理业务)主要包括一般招租和租后管理。如表 15-1 所示,租金的收取与支付、合约的更新与解约、建筑物内公区的清扫与维修。

表 15-1　Leopalace 21 租赁住宅管理业务内容

资产管理内容	
押金的收取与返还	向入住者收取押金,向退租者返还清算后的押金
解约	计算保证金退还金额,复原房屋
清扫	建筑物内的卫生打扫,周边的清扫,除草和绿植
建筑物、设备、土地管理	定期巡回检查、保管和维修
社区义务	配合当地社区团体活动
房租收取	房租、物业费的收取,物业费的代交
租约更新	到期租约更新,租约条款的更新
租客管理	入住退租引导,长期无人居住检查,监督,防火防灾,钥匙保管,应急情况,维护邻里和睦
房租保证	空租时仍然向房东支付房租
服务业务	财产保险中介、生活用品贩卖

资料来源:Leopalace 21 年报,链家研究院整理。

我们从以下几个方面对 Leopalace 21 的资产管理业务进行观察:

(1)房屋硬件完备,拎包入住

Leopalace 21 的房屋全部为适合单身人士入住的 40 平方米以下的小户型房屋,主力房型为 1 室 0 厅或 1 室 1 厅。麻雀虽小,但卫生间、浴室、燃气灶、壁柜等一应俱全。除去卫生间浴室及小厨房外,一般该类型的房间可以利用的空间在 10~13 平方米。一般来说,日本租赁住宅不提供家电家具,凡是能够移动的物品,大到柜子、床、各类家电,小到桌椅、窗帘等等都需要业主自行购置,而 Leopalace 21 则为部分房源配置了基本的家电家具,可以做到拎包入住(如图 15-6)。

第十五章 深耕细分市场的 Leopalace 21

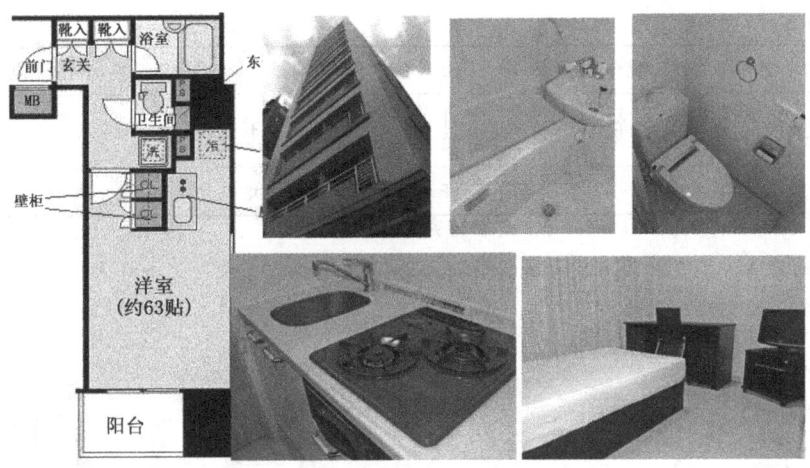

图 15-6 Leopalace 房源示例图

资料来源：链家研究院整理。

注：1 贴≈1.65 平方米。

(2) 租约类型丰富

尽管单身人士是 Leopalace 21 的主要客群，但其租住合同相比其他品牌更加丰富，从租房合同期限、客户对象、房间配置等都更加灵活，满足长期租房、短期租房、出差等多种情景的需要。但值得注意的是，由于短期租约需要频繁获客以及 Airbnb 的冲击，Leopalace 21 短期租约占比呈不断下降的趋势，目前占比约 10%（如表 15-2、图 15-7）。

表 15-2 Leopalace 21 的签约对象以及租约类型

费用	常规个人租赁	法人签约租赁	月租计划/短租计划
初期费用	礼金：1~2 月房租	签约费：5.4 万~16.2 万日元	根据租约期间一次性支付
押金	0~1 个月房租	无	无
中介费	无	无	无
房租付费方式	月付	月付	根据租约期间一次性支付
家具家电	部分有	部分有	有
水电费	可选择实付/包月套餐	可选择实付/包月套餐	免费
到期续租手续费	1.62 万日元/2 年	1.94 万日元/年	无
退租清扫费用	2.75 万日元	2.75 万日元	1620 日元/30 天

续表

费用	常规个人租赁	法人签约租赁	月租计划/短租计划
换租（更换房屋）	不允许	允许，手续费5400日元	不允许
入住人员更替	允许	允许	允许

资料来源：Leopalace 21 年报，链家研究院整理。

注：月租为 100 天以上整月出租的租约类型，短租为 30 天以上 100 天以下的租约类型，短租另外免费提供被褥。

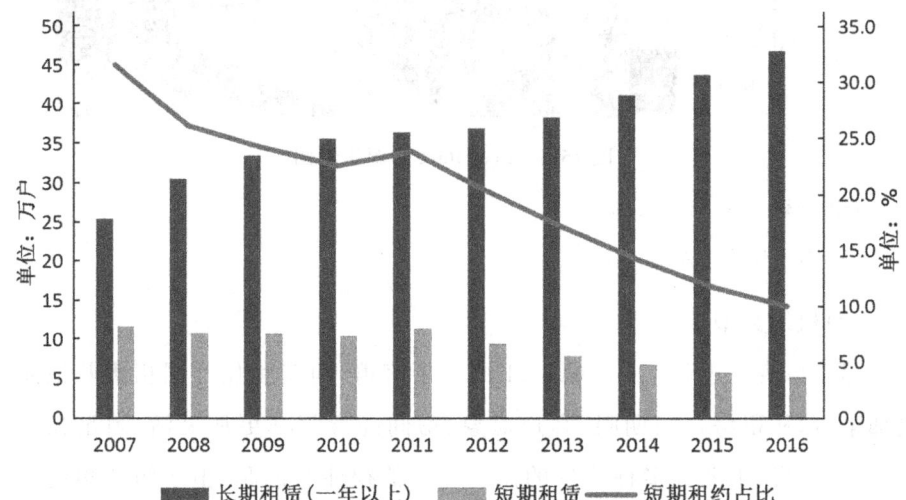

图 15-7　Leopalace 21 长短期租约签约数量

资料来源：Leopalace 21 年报，链家研究院整理。

Leopalace 21 的另一大特色是对公司客户的重视。目前已有 79.2％的日本上市公司与 Leopalace 21 签订合同，为公司员工提供单身宿舍。Leopalace 21 的租户结构表明公司主要客群为学生、普通单身白领以及公司客户，其中公司客户占据半壁江山，而且租给公司的房源占总体比例不断上升，目前已超过 56％（如图 15-8）。

第十五章 深耕细分市场的 Leopalace 21

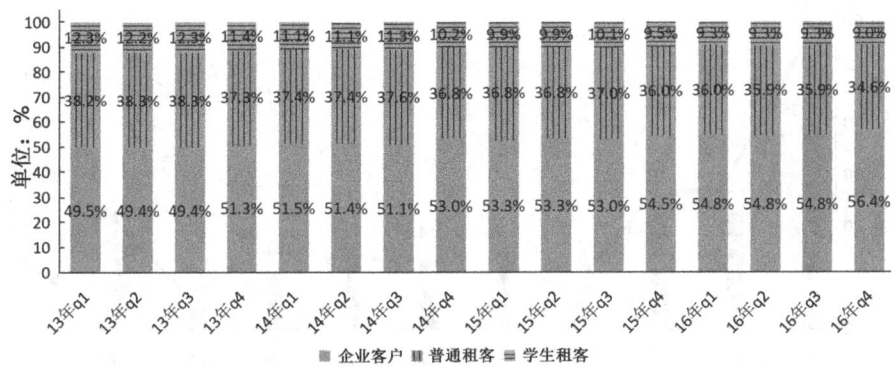

图 15-8　Leopalace 21 租客结构

资料来源：Leopalace 21 年报，链家研究院整理。

（3）销售渠道多元

Leopalace 21 管理房屋的出租渠道主要有：直营店、加盟店、合作中介和互联网（如图 15-9）。其中，直营店占比 57％。

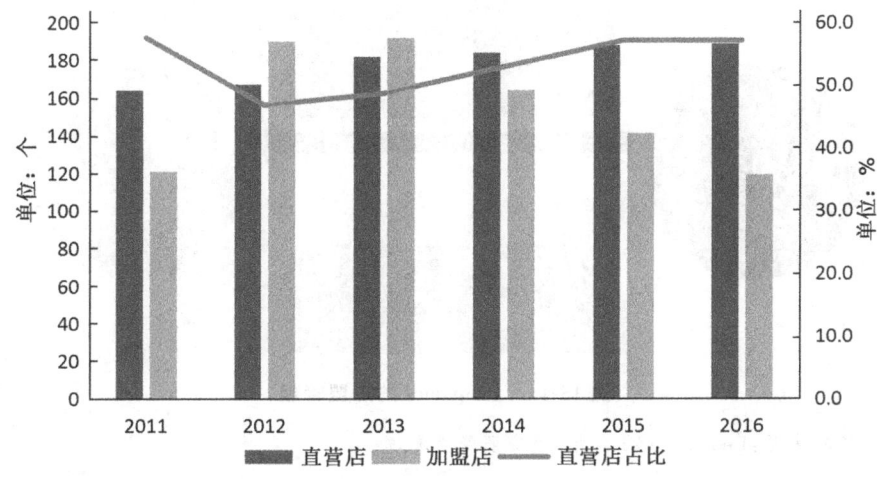

图 15-9　Leopalace 21 直营店与加盟店数量分布

资料来源：Leopalace 21 年报，链家研究院整理。

为减少在中介端固定成本支出，Leopalace 21 从 2010 年开始引入加盟店制度，2016 年拥有直营店铺 188 家，加盟店 119 家（如图 15-10、图 15-11）。不少加盟店是原 Leopalace 21 的员工独立创业开设的。

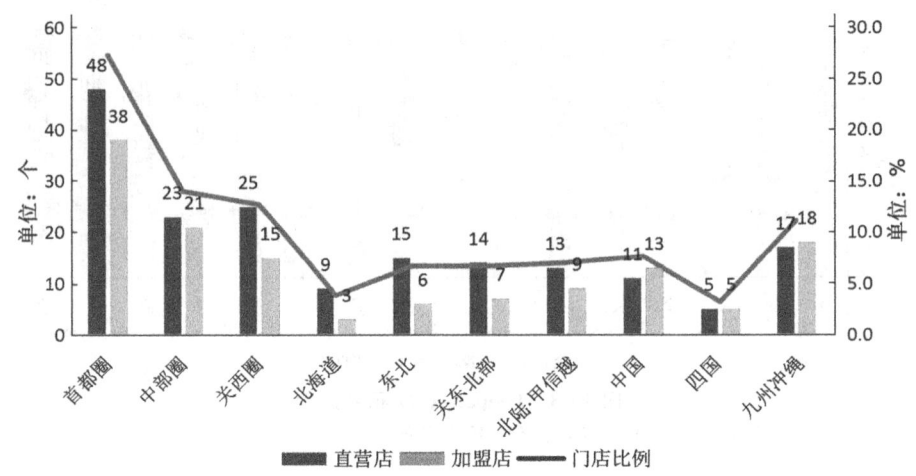

图 15-10 Leopalace 直营、加盟店区域分布

资料来源：Leopalace 21 年报，链家研究院整理。

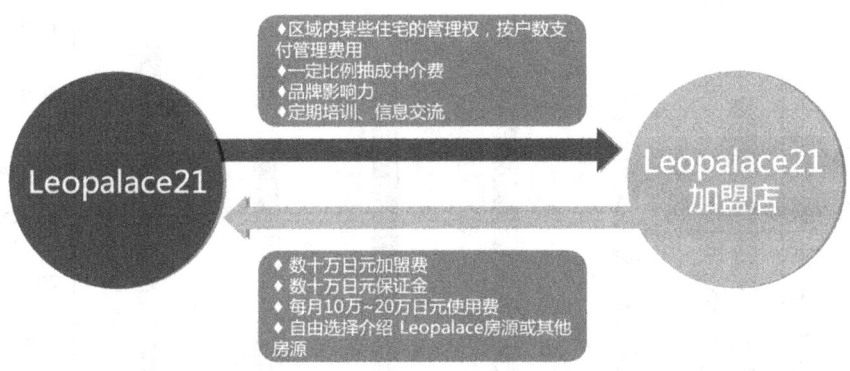

图 15-11 Leopalace 的加盟管理

资料来源：Leopalace 21 年报，链家研究院整理。

加盟店制度有力地缩减了管理和销售费用。引入加盟店制度后，Leopalace 21 2010 年全年的管理费用为 596 亿日元，比 2009 年减少了 198 亿日元，幅度接近 30%。事实上，有些主营业务为中介业务的不动产公司，诸如日本门店数量最多的 Apamanshop，其主营业务收入即为加盟店的品牌使用费、品牌管理费。

和日本所有租房中介一样，Leopalace 21 网站上的所有房源均清晰标明了建筑物的名称、位置、价格，并配备了内外装的照片和户型图，丰富的信息大大减少了客户寻找房源的成本（如图 15-12）。而且在搜索体验上，Leopalace 21

第十五章 深耕细分市场的 Leopalace 21

提供按区域、按屋内配置、按配套设施、按客群、按物件等搜索方式。

图 15-12　Leopalace 的网站

资料来源：Leopalace 21 官网，链家研究院整理。

3. 其他业务

尽管 Leopalace 21 的主营业务为资产管理和建筑服务，其他业务的营收比例不足 5%，但它在酒店、养老、海外、新能源等领域的探索也值得借鉴。

(1) 养老产业

2014 年 Leopalace 21 养老营收 106 亿日元（约 6 亿人民币），营业亏损 6 亿日元。养老设施主要分为阿尔茨海默病患者的看护 Group Home、日托老年人看护 Day Service、短期看护 Short Stay 以及带看护设施的养老院（如表 15-3）。

表 15-3　Leopalace 21 养老设施分类

设施类型	设施用途	数量
Group Home	阿尔茨海默病患者的看护	2
Day Service	日托服务，协助沐浴、提供饮食、身体机能训练、看护方法指导等	40
Short Stay	短期居住，主要适用于赡养人暂时因生病或婚丧嫁娶等原因短期内无法看护老人的情形	
带看护设施养老院	长期居住，提供看护、饮食和生活照料	21

资料来源：Leopalace 21 年报，链家研究院整理。

其中,Short Stay 接近满租。Leopalace 21 养老设施品牌"安住苑"已有 68 家,未来 3 年计划再建设 29 家,主要分布在东京都近郊或远郊。

Leopalace 21 不断增加养老设施投入的另一个重要考虑是目前资产管理业主中老年比例逐步上升,60 岁以上业主比例近 80%(如图 15-13),这些业主具有稳定的房租收入,追求更具有品质和保障的暮年生活,应成为资产管理公司对业主生涯服务的课题。

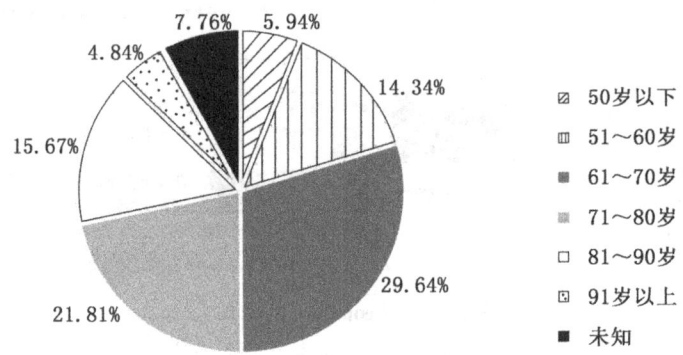

图 15-13　日本个人业主的年龄分布

资料来源:日本国土交通省调查,链家研究院整理。

(1)太阳能发电

目前 Leopalace 21 已为 12356 栋住宅设置了太阳能发电装置。太阳能发电设施的商业模式主要有三种:一是房东投资、Leopalace 21 进行施工安装;二是 Leopalace 21 租用其管理的住宅屋顶,投资安装发电设施,发电卖给电网;三是在未利用的土地上安装太阳能板的施工安装(如表 15-4)。

表 15-4　Leopalace 21 太阳能业务模式

模式分类		开始时间	2014 年 3 月时点		2015 年 3 月时点	
房东投资		2011 年 3 月	6629 栋	79.7 MW	7129 栋	89.1 MW
租用管理房屋屋顶	与 SPC(特殊目的公司)金融合作	2013 年 2 月	1258 栋	24.6 MW	1258 栋	24.6 MW
	集团自有资金投资	2013 年 12 月	1114 栋	21.4 MW	3969 栋	58.7 MW
租用荒地		2013 年 9 月	1 处(千叶县富里市)	1.7 MW	1 处(千叶县富里市)	172.4 MW

资料来源:Leopalace 21 年报,链家研究院整理。

(2)酒店及度假村

Leopalace 21 酒店业务持续亏损,公司战略将其作为提高租赁住宅入住率和品牌黏性的营销赠品,为公司客户提供会议、集体出游等打折福利券,为个人租客、房东及个人股东提供免费入住券。

(3)其他

Leopalace 21 的其他业务包括海外业务(为海外日本企业介绍当地住宅或者为即将赴日的外国人介绍日本房屋)、电力公司、低额短期保险公司等。

(二)Leopalace 21 的市场表现

Leopalace 21 在租赁住宅管理领域长期保持行业前三的位置,而且租赁管理业务对公司收入与利润的贡献度高于租赁建筑业务。此外,与大东建托相比,Leopalace 21 在租赁住宅管理业务的毛利率与利润率更高。

1.营业收入

2016 年,Leopalace 21 租赁住宅管理(资产管理)业务与建筑服务业务的销售收入占比约 95%,其中租赁住宅管理业务达到 80%。但拉长时间,可以看到 2010 年以前租赁住宅建筑服务与租赁管理收入占比接近,而公司业务结构在 2008 年后经历了一次调整,业务重心逐渐向租赁住宅管理倾斜(如图 15-14、图 15-15)。

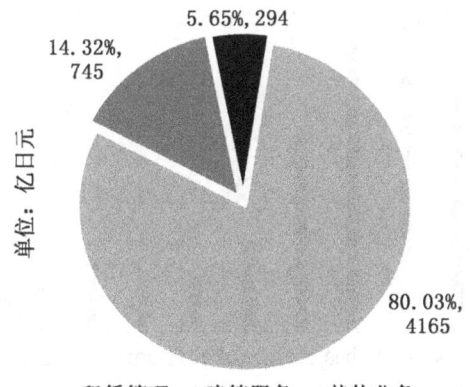

图 15-14　2016 年 Leopalace 21 销售收入结构

资料来源:Leopalace 21 年报,链家研究院整理。

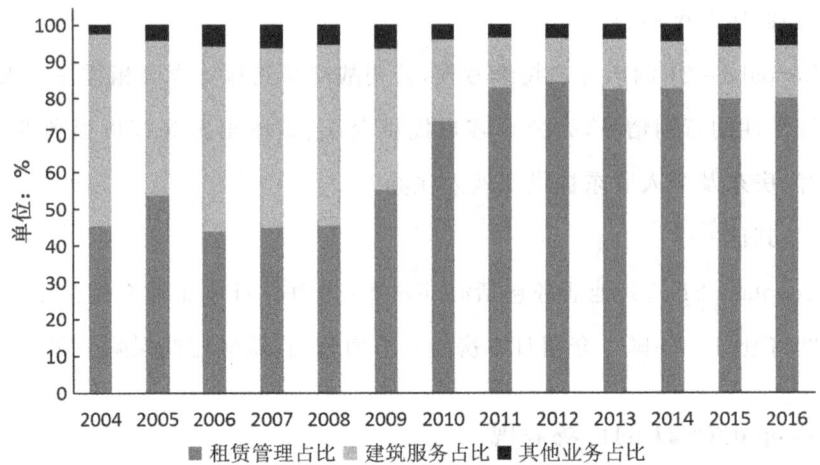

图 15-15　2004—2016 年 Leopalace 21 销售收入结构变动

资料来源：Leopalace 21 年报，链家研究院整理。

租赁住宅建筑服务业务一方面受到宏观经济影响较大，另一方面公司声誉的下降也是重要因素。2008—2009 年经济危机、遗产税纳税起点下调、消费税阶梯上调都对订单数量造成一定的影响。Leopalace 21 从 2008 年起建筑服务销售收入显著下降，则是公司在入住率持续下降的情况下对新增 30 年资产管理型租赁住宅建设的主动调控，为减少空房租金损失而对房屋选址和数量进行的特别控制。营业利润率的下降则是公司主动提高租赁住宅品质导致的利润空间被压缩（如图 15-16）。

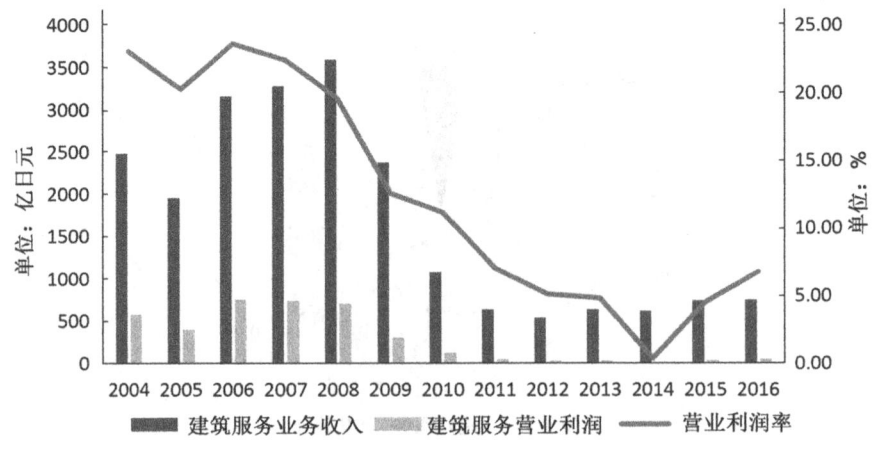

图 15-16　Leopalace 21 建筑服务营业收入

资料来源：Leopalace 21 年报，链家研究院整理。

2014—2016年，Leopalace 21租赁住宅分别竣工7555户、8598户与8164户，分别占同年日本租赁住宅开工量的2.1%、2.2%与1.9%（如图15-17）。而且首都圈、近畿圈以及中部竣工租赁住宅占比接近70%，契合Leopalace 21集中于三大都市圈布局的策略。

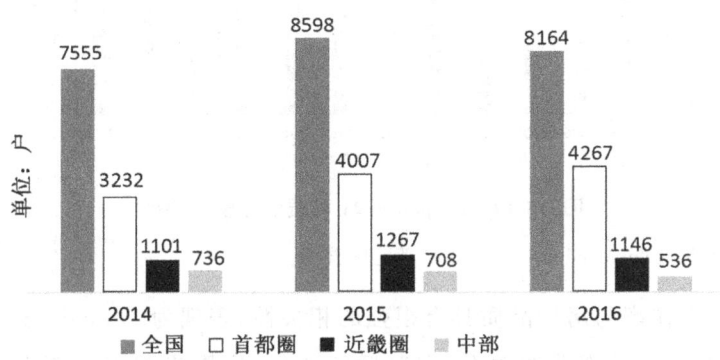

图15-17　Leopalace 21租赁住宅竣工数量

资料来源：Leopalace 21年报，链家研究院整理。

影响资产管理业务营业收入两个最主要因素是管理户数和住居率。2005年至2010年的5年间，Leopalace 21扩张速度非常快，管理住宅的数量从30.4万套上升至55.2万套，平均每年增加3万套的管理量。过快的扩张速度使得建筑质量无法得到有效保障，加之经济环境恶化使得房屋入住率迅速下滑，从2005年的92.40%下滑至2010年的80.09%（如图15-18、图15-19）。30年的房租保证成为固定成本上的巨大负担，Leopalace 21不得不放弃利润率高的建筑服务业务，严格控制新增住宅的数量和质量，专注于提升入住率。2010年至今，Leopalace 21的管理户数几乎暂停增长，营业收入和利润的增长完全来自入住率的提升和成本的降低。

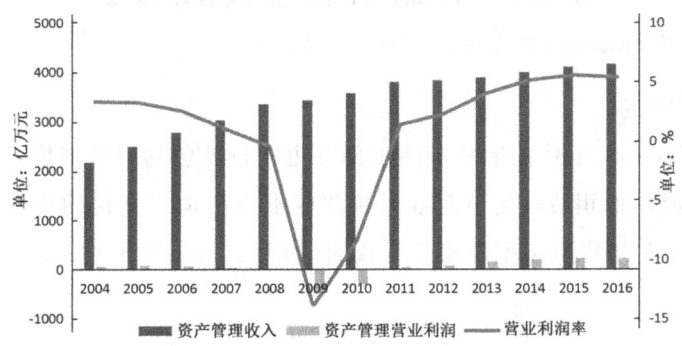

图15-18　Leopalace 21资产管理业务营收与营业利润率

资料来源：Leopalace 21年报，链家研究院整理。

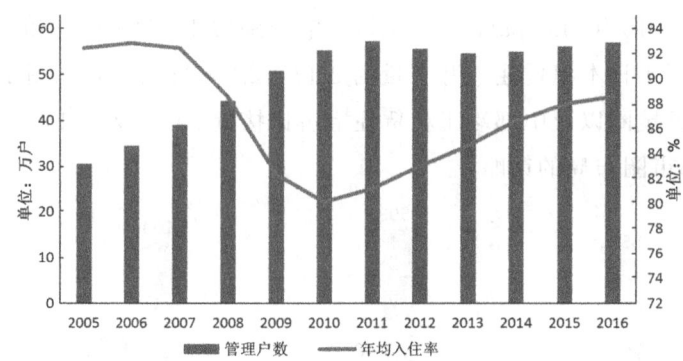

图:15-19　Leopalace 21 租赁住宅管理户数

资料来源:Leopalace 21 年报,链家研究院整理。

此外,入住率与房屋品质具有很强的相关性,表现为 Leopalace 21 管理住宅入住率与房龄呈现曲线关系,交房后的 3 年,房屋出租率逐渐上升达到峰值,而房龄 5 年以后,入住率缓慢下降(如图 15-20)。

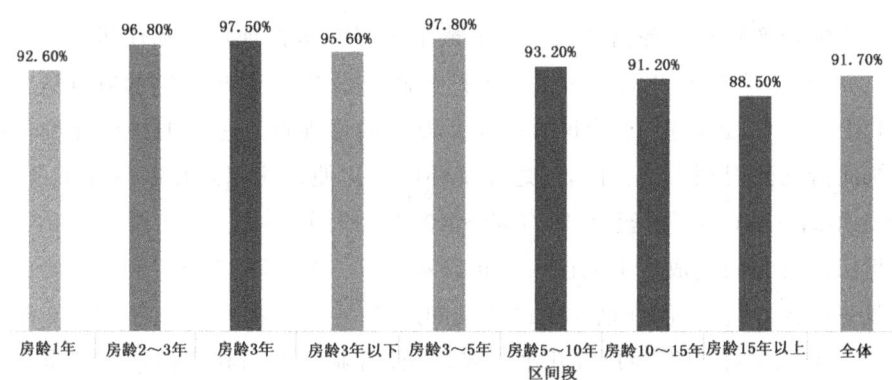

图 15-20　Leopalace 21 租赁住宅房龄与出租率

资料来源:Leopalace 21 年报,链家研究院整理。

2.经营成本

Leopalace 21 租赁住宅建筑施工部分也实行外包的轻资产模式,专注于前端的策划分析,而租赁住宅管理业务主要成本为向地主支付的租金成本,占比 78.2%,这一点与我国包租模式是一致的(如图 15-21、图 15-22)。

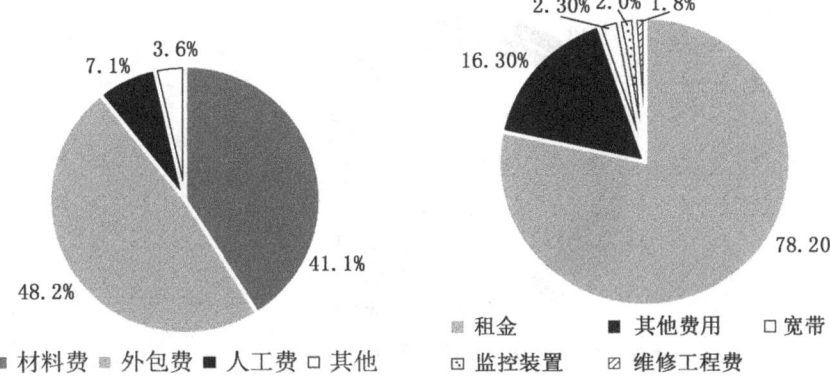

图15-21　Leopalace 21建筑服务成本结构　　图15-22　Leopalace 21租赁住宅管理成本结构

资料来源：Leopalace 21年报，链家研究院整理。

3.利润

Leopalace 21建筑服务毛利率为19.1%，而资产管理业务毛利率为15.5%，无论是大东建托还是Leopalace 21，建筑服务的毛利率都高于资产管理业务。考虑到Leopalace 21管理住宅的闲置率为13.43%，而大东建托仅为5%左右，在租金固定成本占78%的情况下，营业利润对空置率非常敏感，若Leopalace 21达到与大东建托接近的入住率，则其毛利率有可能超过20%（如图15-23、图15-24）。

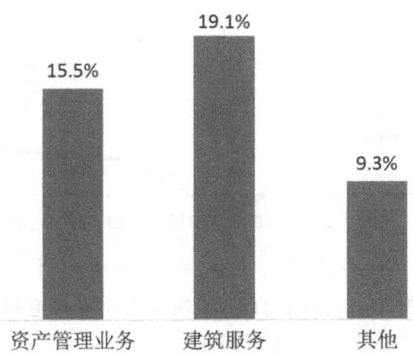

图15-23　2015年Leopalace 21毛利率

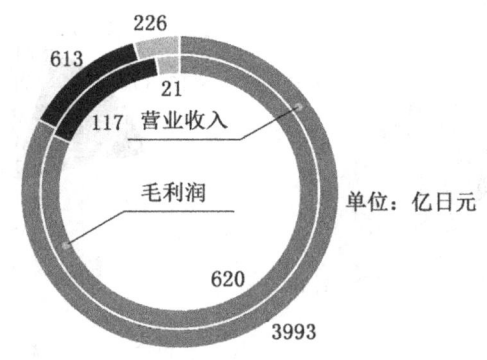

图 15-24　2015 年 Leopalace 21 营收与毛利业务结构

资料来源：Leopalace 21 年报，链家研究院整理。

除经营出现重大问题的 2009—2012 年外，Leopalace 21 毛利率一直保持在 10% 以上，在 2006 年最高点时达到 18.4%。资产管理业务毛利普遍不高的环境下，Leopalace 21 能够保持这样的成绩是其在租赁产品差异化、深耕细分市场和提高房屋质量上努力的结果（如图 15-25）。

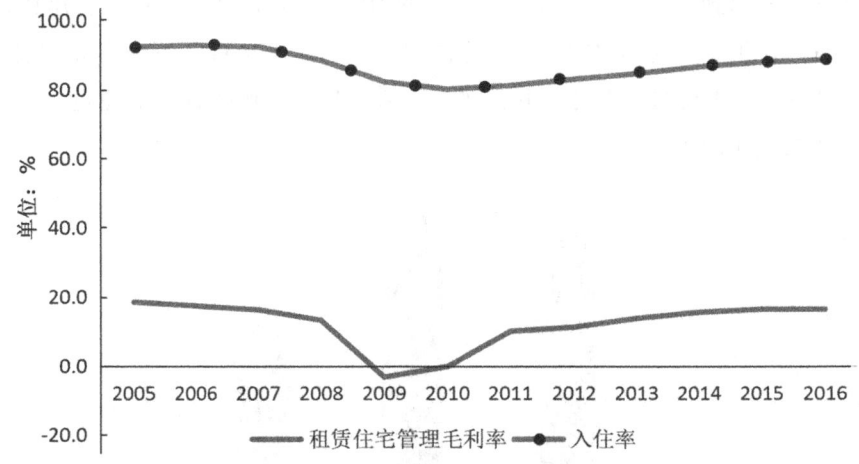

图 15-25　Leopalace 21 租赁住宅入住率与毛利率变化

资料来源：Leopalace 21 年报，链家研究院整理。

大东建托与 Leopalace 21 在租赁住宅管理规模上分别位居行业第一位、第二位，管理住宅的户数分别为 100 万户和 57 万户，但是盈利水平却差异显著，前者的营业利润和市值均 6 倍于后者（如图 15-26、图 15-27）。大东建托与 Leopalace 21 在盈利能力上的差异主要来自主营业务结构。Leopalace 21 业务内容上更倾向于租赁住宅管理业务。

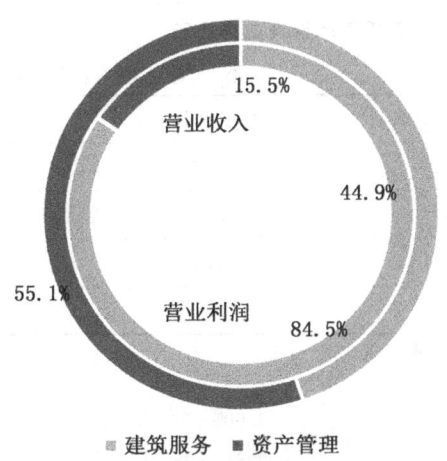

图 15-26 大东建托营收与利润结构

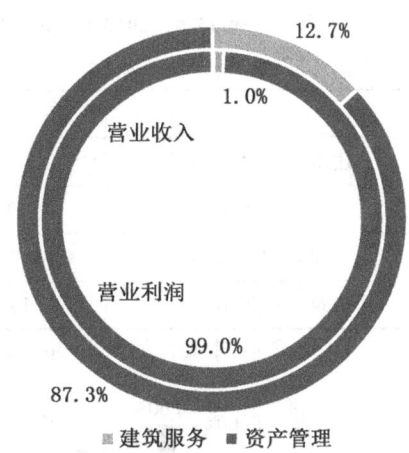

图 15-27 Leopalace 21 营收与利润结构

资料来源:大东建托年报,Leopalace 21 年报,链家研究院整理。

尽管是出于降低现有房屋闲置率的被动选择,Leopalace 21 具有比大东建托更加纯正的资产管理公司属性。在资产管理领域,Leopalace 21 具有更加优秀的管理水平,事实上,尽管 Leopalace 21 以房租收入计算的入住率比大东建托低 8.87%,但是毛利率仍然比大东建托高很多。在建筑服务上,Leopalace 21 付给房东的房租成本占资产管理业务总成本的 78.2%,固定成本占比较高,因此毛利润对销售收入的提升非常敏感。若 Leopalace 21 入住率提升至与大东建托一样的水平即 95% 左右,则毛利润可能达到 20% 以上,营业利润率将大幅增加(如表 15-5)。

表 15-5　2015 年 Leopalace 21 与大东建托资产管理业务比较

金额单位:亿日元

	Leopalace 21	大东建托
资产管理营业收入	3993	7238
资产管理成本	3373	6715
资产管理业务毛利	620	523
资产管理业务毛利润率	15.5%	7.2%

资料来源:大东建托年报,Leopalace 21 年报,链家研究院整理。

与之对应的是 Leopalace 21 在建筑服务业务上的逊色。Leopalace 21 材料费用和人工费用支出远高于大东建托,导致成本偏高,利润较低。这与 Leopalace 21 丑闻之后努力提高房屋质量、扭转公众形象有关(如表 15-6、图 15-28、图 15-29)。

表 15-6　2015 年 Leopalace 21、大东建托资产管理业务比较

金额单位：亿日元

	Leopalace 21	大东建托
建筑服务营业收入	613	5982
建筑服务成本	496	4166
建筑服务毛利	117	1816
建筑服务毛利润率	19.1%	30.4%

资料来源：大东建托年报、Leopalace 21 年报，链家研究院整理。

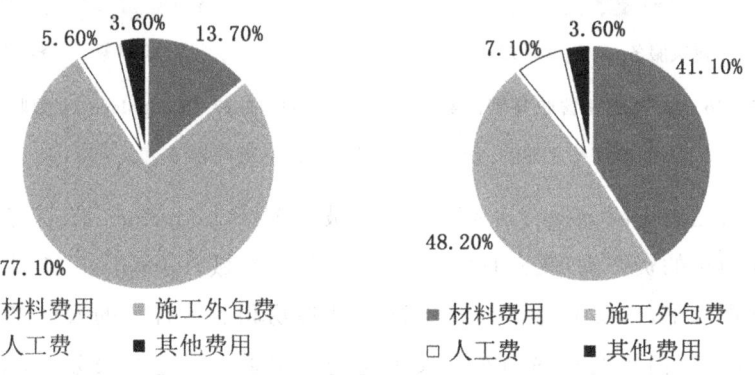

图 15-28　大东建托建筑业务成本结构　　图 15-29　Leopalace 21 建筑业务成本结构

资料来源：大东建托年报、Leopalace 21 年报，链家研究院整理。

4.经营效率

经营成本的控制以及利润的提升与经营效率密不可分。2016 年 Leopalace 21 租赁住宅建筑业务与租赁住宅管理员工分别为 1690 名、3284 名,对应的销售员工分别为 381 名、1720 名。因此,建筑与管理业务员工人均收入贡献为 4408 万日元/年以及 1.26 亿日元/年,折合人民币 265 万元和 764 万元。

2014—2016 年,每季度单店成交中介数量保持在 20 件/店,而单个租赁经纪人的人效从 19 单/年降低至 15 单/年,远低于大东建托 19 单/月(如图 15-30、图 15-31)。

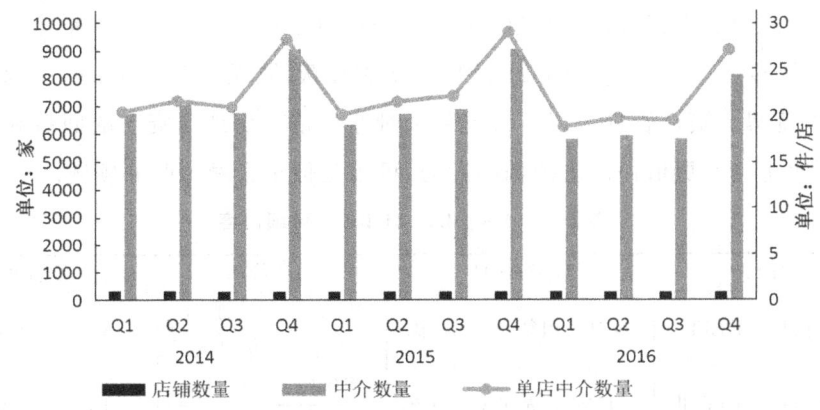

图 15-30　店铺数量、季度租赁中介单量、单店成交单量

资料来源：Leopalace 21 年报，链家研究院整理。

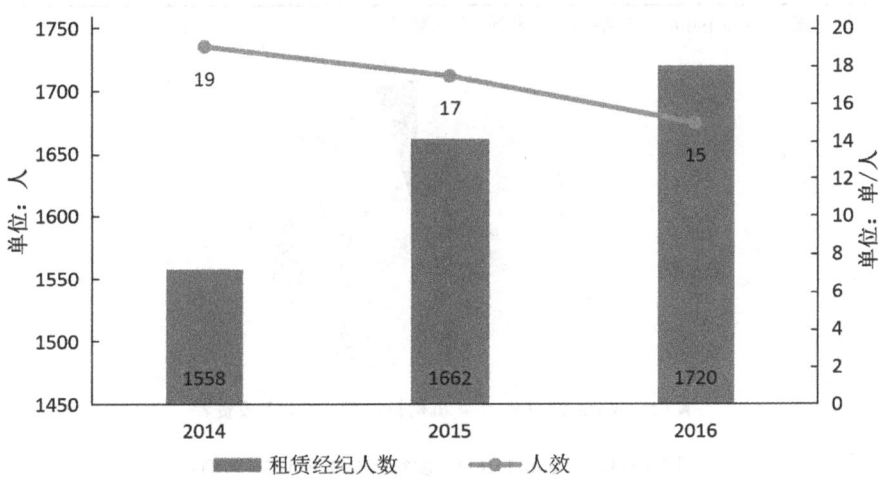

图 15-31　租赁经纪人数与人效

资料来源：Leopalace 21 年报，链家研究院整理。

近几年建筑业务以及效率较为稳定。2016 年建筑订单 952 栋，订单金额 873 亿日元，单栋金额，即单笔订单金额约 9149 万日元。因此 381 名建筑业务销售员工实现了人均 2.5 单/年以及 2.3 亿日元/年的订单额。

5.资产证券化

Leopalace 21 于 2001 年首次在东京证券交易所以 SPC 的形式发行了 REIT，将其所有的 79 栋房龄 10 年以上的租赁住宅打包，资产总额 87 亿日元，其中土地价值 59 亿日元，建筑物价值 28 亿日元，后来又发行了 Leopalace REIT Ⅱ 和 Leopalace REIT Ⅲ，合计资产价值约 387 亿日元（如表 15-7、图 15-

32)。个人投资者持有份额超过55%,这一比例远远超过 J-REITs 平均个人持有份额20%,其中 Leopalace 21 的房东认购踊跃,展现了 Leopalace 21 销售网络上的优势。资产管理公司不仅局限于对业主带来房地产资产的回报和保值上,同时也具有更值得深入挖掘的潜力,可以延伸至金融等服务领域。

表 15-7 Leopalace 21 REIT 详细内容

REIT	资产类型	资产价值	融资额度
Leopalace REIT	多户式租赁住宅 79 栋	建筑物:28亿日元	46.7亿日元
		土地:59亿日元	
Leopalace REIT Ⅱ	多户式租赁住宅 114 栋	建筑物:66亿日元	13.3亿日元
		土地:122亿日元	
Leopalace REIT Ⅲ	多户式租赁住宅 72 栋	建筑物:30亿日元	4.2亿日元
		土地:82亿日元	

资料来源:Leopalace 21 年报,链家研究院整理。

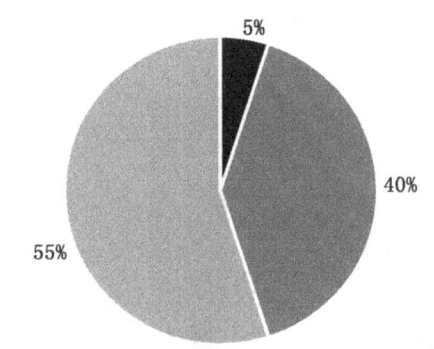

图 15-32 Leopalace 21 发行 REIT 的认购比例

资料来源:Leopalace 21 年报,链家研究院整理。

二、Leopalace 21 发展路径

Leopalace 21 与大东建托都成立于日本经济快速腾飞的 20 世纪 70 年代,历经日本房地产泡沫的破灭、经济的衰退、单身家庭的增长以及人口的老龄化,不同的起点逐渐收敛到目前相同的模式,个中历史可让人细细品味。Leopalace 21 由房地产中介转型至房地产开发,再逐渐去重存轻转型为租赁住宅建筑与管理业务,并在公司声誉陷入低谷时期仍能够坚持以质量赢回信誉、以服务打动租客,逐渐逆转公司业绩。

第十五章　深耕细分市场的 Leopalace 21

(一)从中介到地产开发(1973—1992)

1973年深山祐助创建的深山公司是 Leopalace 21 的前身,这是一家业务范围局限于本地的不动产中介公司,注册地为东京都中野区。

1985年以后,随着大学升学率上升,到外地上大学的学生人数增加而日本大学提供的宿舍数量非常有限,大部分学生需要自己在校外租房居住。深山公司将目标设定为青年人独居市场,开发了"Leopalace 21"品牌单身住宅。针对年轻人的特点,将单人床放在 Loft 上以便在狭窄的室内面积中尽量扩展活动区域,将空间得到有效利用,这一设计理念与国内的 You+ 很类似。1988年,创立了会员制入住的"Cube Club",仅仅向会员提供租赁住宅,同时提供诸如搬家、租车、健身、聚会、酒店、英语学习和娱乐活动等多项服务,建立起居住生活的多层次生态圈,满足年轻人全方位的生活休闲需要。

这一阶段,Leopalace 21 形成了以房地产开发为主营的业务格局,也有部分不售只租的租赁住宅,属于典型的重资产经营模式,管理住宅规模扩张速度受到限制,房地产项目销售和持有物业的地价升值是主要的支撑。但是随着1990年前后房地产泡沫破碎,房地产项目大幅减值,对重资产经营的房地产公司造成严重打击,迫使公司重新定位在价值链中的高附加值环节,最终结论是跳过购地,将重点放在为建筑服务和存量房产的经营上(如图15-33)。

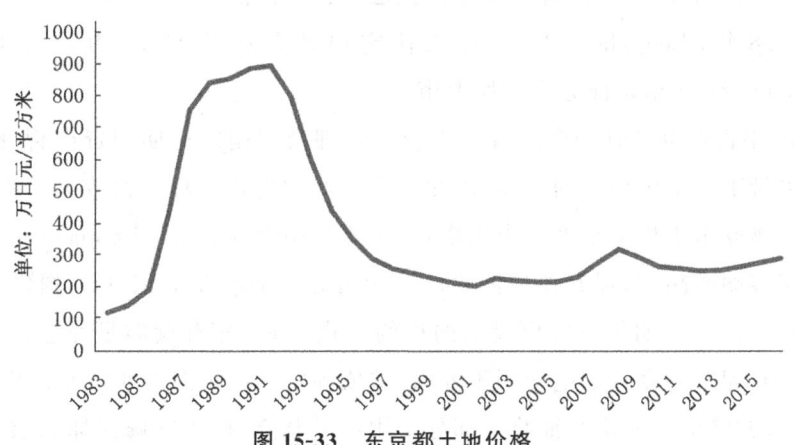

图 15-33　东京都土地价格

资料来源:日本国土交通省,链家研究院整理。

(二)建筑服务+资产管理双驱(1993—2007)

1993—1996年是Leopalace 21第二次业务转型的时期。经历了20世纪80年代末90年代初的房地产泡沫,以房地产开发为主的Leopalace 21逐渐将业务重心转移到轻资产的建筑服务和运营上,与大东建托形成直接竞争。以何种形式有效地做"减法"是Leopalace 21不断探索的答案,结合日本的实际情况,主要从两个方面入手:一是推出了"建筑+30年资产管理"模式,以长期资产管理合同替代租赁住宅的产权;二是通过资产证券化,2001年Leopalace 21发行了第一只REIT。

Leopalace 21与设计公司合作设计出多个租赁住宅系列产品,购买成形的材料,再外包给施工单位建造。土地主从Leopalace 21提供的产品中选择自己中意的设计,Leopalace 21进行土地的勘察和建筑方案设计,结合周边的租赁市场计算建筑价格和运营租金,双方达成一致后签订建筑服务协议和30年运营管理协议。Leopalace 21将工程外包给施工方,一边建造住宅一边募集租客,运营过程中房东无须再承担管理义务和管理成本,因为在签订合同之初已经将后续的各项费用成本化体现在唯一的建筑费用上了。

在这一过程中,土地和建筑物的所有权都未发生变化,专注于建筑环节使得Leopalace 21减少了在升值空间不足的土地上的资本沉淀并改善了现金流,大幅降低了企业的经营风险。同时长达30年的资产管理合同使得Leopalace 21获得了租赁住宅的长期运营权,在提升住宅的价值和品质上有更多施展发挥的空间,提高管理能力挖掘运营中的价值。

1998年,Leopalace 21管理的住宅户数首次达到10万户。2004年Leopalace 21在东京证券交易所上市。

30年长期资产管理合同有助于资产管理公司制定长期的资产管理策略,同时也带来了空租损失的风险,因此加强企业的物业管理能力成为必需,既需要保证物业出租租金水平和出租率,又需要控制管理成本。Leopalace 21不断丰富租客端产品线,提升住户体验。1999年起,Leopalace 21开始提供家具家电、拎包入住、短期租赁等更灵活的租约形式,2005年开始涉足养老行业。因为租客对配置的家具家电使用不爱惜,造成固定资产折旧加速,2001年设立了"入居者共济会",向房东征收一部分费用形成基金,用于维修损坏的家电设施和翻新老化的房屋。

(三) 财务困境下的重心转移(2007年至今)

2007年Leopalace 21营业利润出现下滑,并在内外因共同作用下2008—2009年两年出现了严重赤字,至今仍在业绩反转的爬坡中。

内因一是2006年时任社长的深山祐助被曝擅自挪用"入居者共济会"48亿日元基金用于自身消费和放贷的丑闻,公司声誉受到严重损害,消费者信任感下降;二是Leopalace 21前期建设的住宅存在墙壁薄、隔音差的质量问题,在租客和业主中差评不断积累发酵。

外因是2008年经济危机迫使日本企业为节省成本削减员工宿舍支出,而Leopalace 21的客户结构有近一半是公司,大量用户集中解约。2009年,管理住宅的入住率下滑至82%,资产管理业务亏损479亿日元,公司的房地产业务也因金融危机导致按揭贷款审批更加严格,亏损高达108亿日元。

入住率降低时,资产管理业务与建筑服务业务形成了负反馈。尽管建筑服务利润率高,但是其附带30年保证房租的承诺使得经营风险转移至资产管理公司,资产管理上的亏损无法弥补建筑服务产生的利润。Leopalace 21不得不严格控制新建住宅数量与质量,将新建住宅的区域限制在出租率高的都市圈和交通便利、人口集中的地区。种种限制下,2009年到2010年建筑服务业务的营业收入下降了70%,营业利润下降83%。

此外,Leopalace 21剥离了亏损的房地产业务,并在提高房屋建筑质量、丰富充实产品、加强销售、营造良好的公众形象等方面努力,入住率有所回升(如图15-34)。因此,2011年以后,租赁住宅管理业务成为Leopalace 21重中之重,营业收入占比超过80%。

为改变公众形象,2014年Leopalace 21收购了专营超高档日式木制住宅的建筑公司"Morizo",提升建筑档次。为提升用户体验,Leopalace 21进一步将市场细分,细化服务和配置,增加了宽带和有线电视接口、导入了安保系统,并且免费提供可由房客选择的壁纸,通过各种营销手段,截至2016年入住率回升至88%。

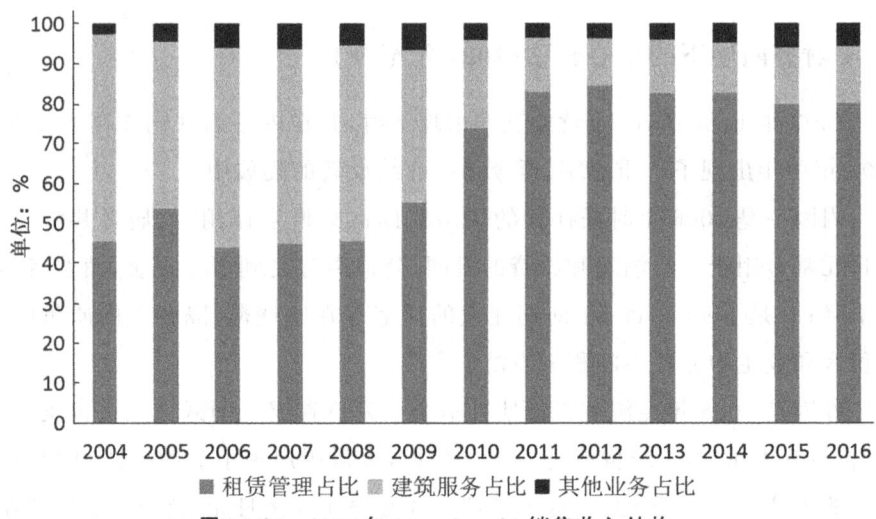

图 15-34　2016 年 Leopalace 21 销售收入结构

资料来源：Leopalace 21 年报，链家研究院整理。

三、Leopalace 21 的竞争优势

Leopalace 21 能够保证较高的毛利润水平与其对细分市场的深耕和精细化管理分不开，尤其是在产品细节、服务女性客户方面做到了极致，是国内公寓企业不可多得的学习对象。

(一)深耕细分市场

Leopalace 21 对市场的细分主要着眼于两点：一是专注于单身公寓市场，二是将业务重心置于以首都圈为核心的三大都市圈的租赁市场。

Leopalace 21 的客户群体为单身人士，户型以一居室为主，与市场上其他以家庭为主要客户群体的公司形成了差异化竞争（如图 15-35）。Leopalace 21 也是唯一一家提供短期住宿的资产管理公司，使用场景更加多样化，但其空租风险也更大，只有管理住宅基数较大时才能减小收入的波动性。

面向单身产品的特性则带来两方面的优势：一是受租赁市场萎缩趋势影响较小。日本初婚年龄的推迟造成近年来单身家庭数量增加明显，单身租房居住的户数从 2005 年的 920 万户上升至 2010 年的 1064 万户，并且预测在未来较长的一段时间仍然将继续增加，因此适合一个人居住的小户型有需求增

长。二是同等土地面积条件下,面向个人小户型租赁住宅的坪效高于面向家庭的大户型,建造一居室的单身住房能够提升 Leopalace 21 的利润率。

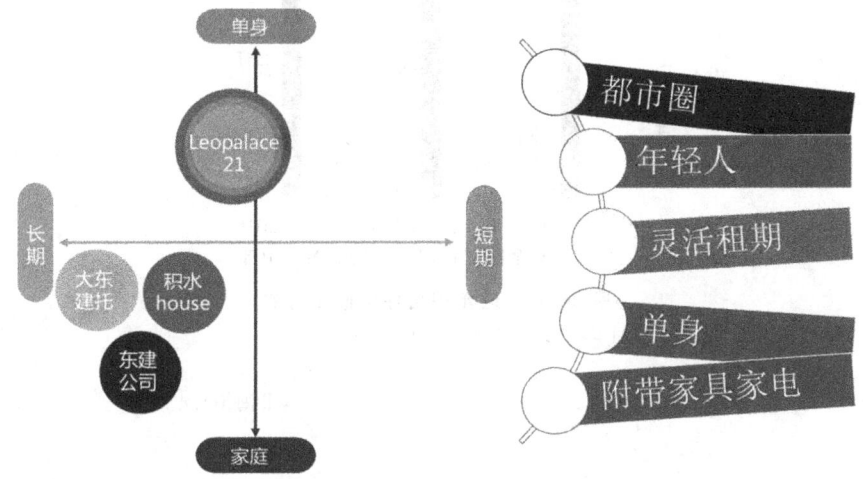

图 15-35　Leopalace 21 市场定位

资料来源:Leopalace 21 官网,链家研究院整理。

Leopalace 21 管理的租赁住宅中首都圈占 36%,中部圈占 16%,关西圈占 14%,三大都市圈合计超过 66%,未来比例可能会更高。与此相应,2016 年竣工住宅首都圈占比 55.2%,三大都市圈占比 76.8%。以都市圈为核心的布局原因,除了大城市人口密度高、住房自有率低、对租赁住宅的需求旺盛外,大城市住宅老化现象比小城市和郊外更明显,为 Leopalace 21 带来了重建和翻修业务及工程结束后的持续运营管理需求(如图 15-36、图 15-37、图 15-38、图 15-39、表 15-8)。

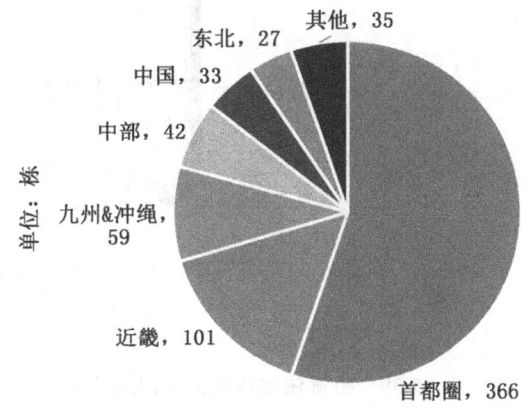

图 15-36　2016 年 3 月至 2017 年 3 月租赁住宅楼竣工分布

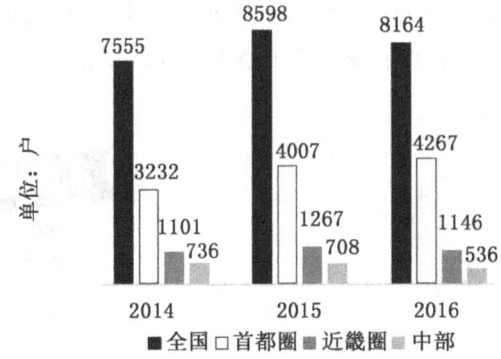

图 15-37　近年租赁住宅竣工分布

资料来源：Leopalace 21 年报，链家研究院整理。

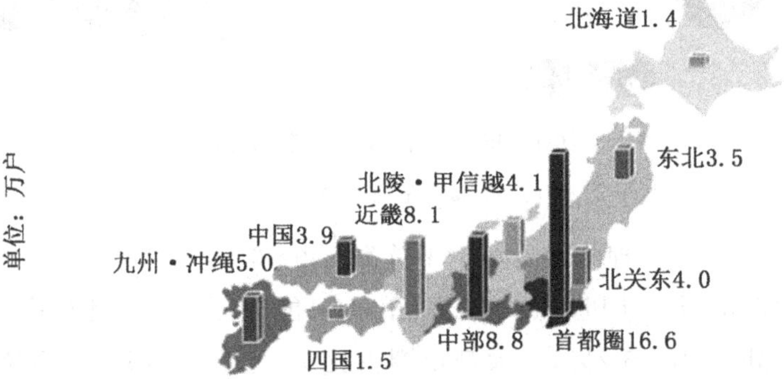

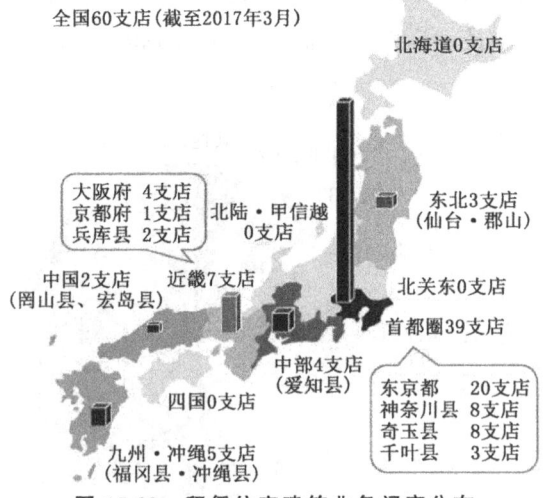

图 15-38　2017 年 3 月 Leopalace 21 租赁住宅区域分布

图 15-39　租赁住宅建筑业务门店分布

资料来源：Leopalace 21 年报，链家研究院整理。

表 15-8　日本及主要城市房龄分布

地　区	房龄 35 年以上民营租赁房屋（户）	房龄 35 年以上民营租赁房屋占比（％）
东京都(23 区)	283500	15.50
主要城市	429900	14.90
其他小城市	551600	13.80
东京、大阪、名古屋、福冈合计	1265000	14.50
全国合计	2193400	15.00

资料来源：Leopalace 21 年报，链家研究院整理。

(二)产品精细化

经过数十年的发展，日本租赁住宅资产管理行业已经发展到比较成熟的阶段，加之租赁住宅空置率越来越高，市场萎缩是不可逆转的趋势，大型资产管理公司唯有将产品做得更加精细化吸引客户或者向海外和其他新型行业延伸。

首先是 Leopalace 21 对公司客户销售的强调。Leopalace 21 的客户中有半数为法人，涵盖制造业、人才派遣、服务业、零售业等多种行业（如图 15-40）。日本 79.3％的上市公司与 Leopalace 21 签有住宅管理合同。Leopalace 21 专门成立了区分客户行业的营业部，有针对性地对特定行业客户进行服务，同时根据客户企业的行业需求对租赁形式、期限、户数等有不同的策略；一次签约，可以为客户企业在全日本各个地区提供合适的住房，解决了企业分支机构分别找房子成本高的问题。另外，Leopalace 21 还在人员招聘等其他事务上对公司客户提供协助。

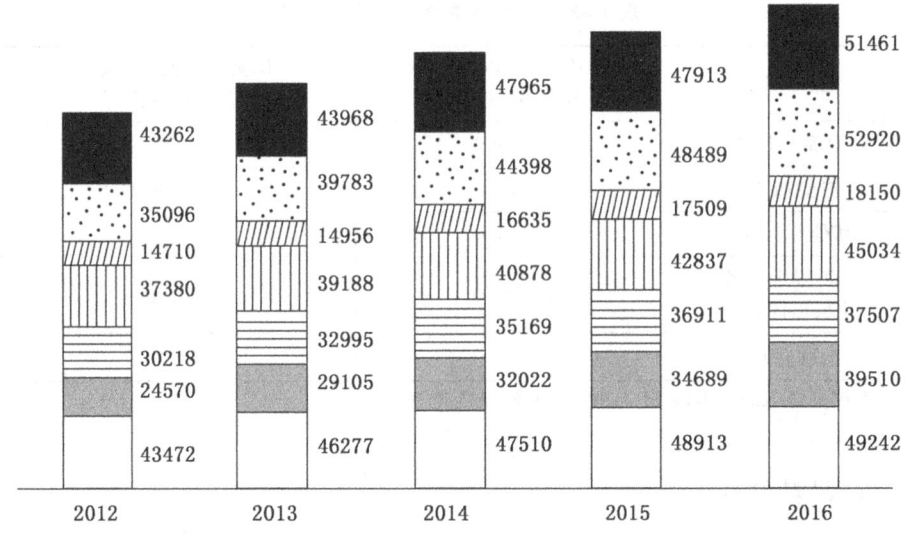

□ 制造业　▨ 出差派遣　▥ 服务业　▒ 零售业　▦ 餐饮业　▨ 建筑业　■ 其他

图15-40　Leopalace 21公司客户的行业分布

资料来源：Leopalace 21年报，链家研究院整理。

为鼓励租客长期居住和解决部分住宅内装老化问题，Leopalace 21还推出了"DIY装饰房屋"系列产品，为租客免费提供100种以上可以选择的壁纸，还提供诸如墙架、壁挂之类装饰物件，甚至允许租客在壁纸上涂抹油漆做成记事用的黑板（如图15-41）。

图15-41　Leopalace 21壁纸装饰图片展示

资料来源：Leopalace 21年报，链家研究院整理。

"装饰房屋"从2013年推出以来，目前累计签约数量已经突破了3.2万套，签约客户男女比例为1∶1，而所有房客男女比例为3∶7，可见该政策极大地吸引了女性租客。

为了满足单身房客，尤其是女性单身房客对安全性的要求，Leopalace 21

与大型安保公司合作,引入了面对单身公寓的安保系统。目前,导入安保系统的住宅占到全体的 49.2%,达到 27.9 万户,累计投入金额 522.3 亿日元;并且逐渐引进安全摄像机,目前安装数量 10223 台,安装率为 28.1%。在安保设施上的投入约占资产管理成本的 2%,为了吸引更多的女性房客和长期居住房客,比例将会继续增加(如图 15-42)。

图 15-42　Leopalace 21 安保系统图片展示

资料来源:Leopalace 21 年报,链家研究院整理。

同时,Leopalace 21 顺应日本住房消费中合租增多的新趋势,面向女性租客提供了丰富多样的周末集体活动,诸如瑜伽、陶艺、茶艺、厨艺、化妆等等,以增强女性租客的互动与改善居住体验,如图 15-43 所示。

图 15-43　Leopalace 21 女性周末活动图片展示

资料来源:Leopalace 21 官网,链家研究院整理。

此外，随着智能家电的运用，Leopalace 21 扩大对租客的服务范围，升级传统互联网服务，实现了家庭智能的物联网。具体来看，Leopalace 21 推出 Leo Remocon，即智能手机可远程操控家用电器的设备，这种设备是 2016 年 10 月以后所有新建住宅的标准设备（如图 15-44）。此外，在 2002 年的互联网服务基础上，计划所管理的约 56 万户租赁住宅全部配备 Android TV 的 STB 设备 Life Stick，扩大物联网服务功能（如图 15-45）。

  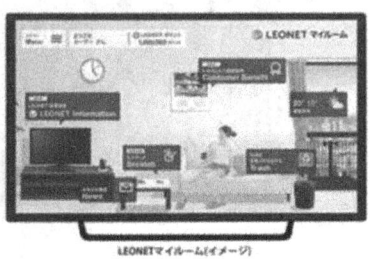

图 15-44　Leo Remocon 图片展示　　　图 15-45　Life Stick 图片展示

资料来源：Leopalace 21 年报，链家研究院整理。

在建筑服务领域，客户对租赁住宅的品质要求越来越高，尤其是对隐私的要求。过去 Leopalace 21 的房子因墙壁薄而饱受诟病，现在 Leopalace 21 对建造房屋的地板、墙壁、管道等各个细节都进行了改进，2013 年以后新建的住宅都采用了隔音排水管，采用了高隔音的墙壁，地板也采用了无声地板，比一般的木制住宅的隔音效果提高了两级，并在钢筋混凝土制的住宅中作为标准配置（如图 15-46）。对于改善住房质量非常重要的隔音问题得到了解决。

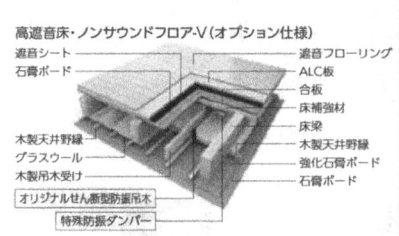 

图 15-46　Leopalace 21 建筑质量展示

资料来源：Leopalace 21 年报，链家研究院整理。

2015 年 5 月，Leopalace 21 推出了独户租赁品牌 MIRANDA 和 CLEINO（图 15-47），MIRANDA 以完整装饰为亮点，以此提供具有高附加值的空间方案；而 CLEINO 则以简单可变为品牌理念，倡导每个人的"风格都可以画出来"。Leopalace 21希望借助部署两个不同的品牌理念,保持行业顶级隔音水准,在安心、安全和提供家具家电等基本配置的同时,增强行业竞争力,提高在租户中的形象。

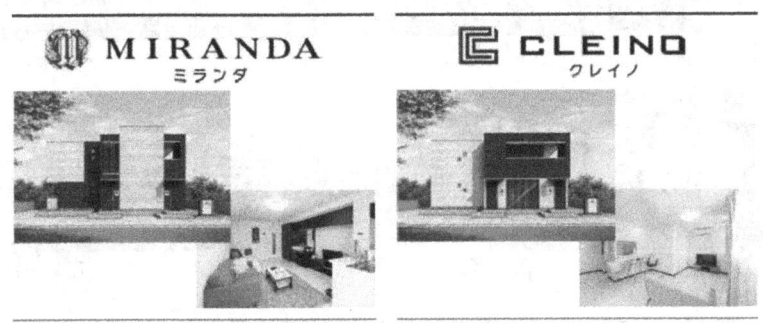

图15-47 Leopalace 21独户租赁品牌图片展示

资料来源:Leopalace 21年报,链家研究院整理。

为吸引女性客户,Leopalace 21特别组建了一个全部为女性员工的产品策划团队,站在女性的角度进行房屋设计。通过与房产垂直网站SUMMO的联合调查,发现女性在"化妆或保养的同时做什么?"的问题中回答"看电视"的比例接近50%,在"关于化妆或保养上对房子最不满意的一点"的问题中回答"洗脸池的收纳"的比例超过30%,于是设计团队将洗脸池设立在能够看到电视的位置,增添了墙面收纳、改变了化妆区的收纳柜橱,增添和改善了利于女性房客生活的细节。

此外,为了应对人口老龄化等社会问题,Leopalace 21也在租赁住宅建筑业务进行了多样化的新尝试,提出住宅供应与管理的平衡,集中与多元化策略。2012年下半年,Leopalace 21开始进入附带老年人设施住宅以及店铺等商业设施领域(如图15-48)。

图 15-48　Leopalace 21 附带老年人设施住宅以及商业设施图片展示

资料来源：Leopalace 21 年报，链家研究院整理。

第十六章

肩负历史使命的 UR

UR(都市再生)机构是一个具有社会公益性质、自负盈亏、不以营利为目标的企业,起源于1955年的日本住宅公团,其设立的初衷是解决二战后的住宅供给严重短缺的问题。1981年日本的住宅短缺问题已经解决,居住矛盾的焦点开始转为提升居住环境,此时,住宅·城市发展公团成立了,此后经过20余年的发展,2004年都市再生机构成立。都市再生机构以通过城市建设复兴日本为使命,致力于建设美丽、安全、舒适、宜居城市,目前该机构隶属于国土交通省。

都市再生机构主要业务板块为居住环境(租赁住宅与土地的管理、再生)、城市更新(城市的重新规划、再开发等)、郊外环境活化、灾后重建四大板块,其中租赁住宅管理是其主要收入来源。2016年,UR实现业务收入1.13万亿日元,租赁住宅管理占比58%,其次为市区维护,占比约17%。

都市再生机构最大的特点就是不与民营企业竞争,只做民企做起来有困难的事情。例如,UR面向老年人提供附带服务设施的老年人住宅、向育儿家庭提供租赁住宅,尝试DIY租赁住宅以提高居住品质,以及不断进行中的房屋改建再生事业。未来,UR将携手更多的民企合作促进城市更新业作为工作重心。所以说,UR是一家肩负历史使命,兼具社会情怀的企业。

一、业务板块:开启城市未来的四把钥匙

目前,UR立足于居住环境、城市更新、灾后重建、郊外环境四个方面,即租赁住宅与土地的管理与再生,与私营企业、地方团体合作推进城市更新,对受灾地区提供灾后恢复与强化防灾功能以及创建安全舒适的郊外生活环境。其中居住环境中的租赁住宅业务收入占比58%,郊区环境业务板块中市区维护占比约17%。

UR四项业务相互促进包容,成为开启城市未来的四把钥匙:以创建更加优美、安全舒适、令人向往的城市为目标,吸收新时代的技术与思想,努力恢复

城市的活力,创建人人可以舒适生活的居住环境(如图16-1)。

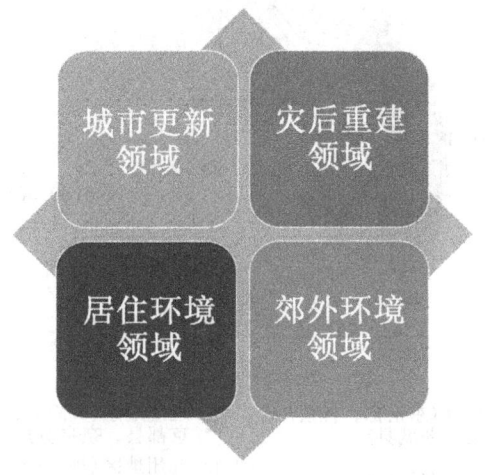

图 16-1 公司业务板块

资料来源:链家研究院。

(一)居住环境板块

无论是设立初期专注于住宅的供给,还是后来转向租赁住宅的开发,2004年以来停止住宅开发业务、聚焦租赁住宅的管理,居住环境板块都是 UR 当之无愧的主营业务。目前,UR 居住环境板块管理着约 75 万户住宅以及 4600 项设施,集中提供丰富多彩的生活空间,推进租赁物业的精细化管理。

1.租赁住宅业务

UR 早年肩负着让中等低收入者住有所居的使命,兼具公租房性质,表现为:早年租金水平低于市场水平;收费项目比市场化租赁住宅少;租户以中低收入者为主要人群。随着日本租赁市场供需结构的变化、租赁人群需求的变化,日益衍生出租赁物业更新、分布式养老等细分业务。

(1)区域分布

截至 2016 年 9 月,UR 共有 1692 个小区,持有住宅 746213 套。在全国区域分布上,UR 住宅主要集中于三大都市圈,首都圈(东京都、神奈川县、千叶县、埼玉县、茨城县)、近畿圈(大阪府、兵库县、京都县、奈良县)以及中部圈(爱知县),三大都市圈占比接近 90%(如图 16-2)。

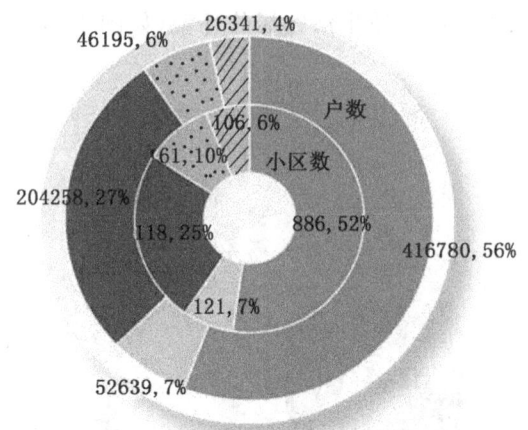

图 16-2　UR 住房分布

资料来源：UR，链家研究院。

在同城内，由于为适应早期大城市的郊区化发展，UR 不少租赁住宅布局在郊区，因此反映在通勤时间上，便是 UR 住宅是日本多种居住形态中平均通勤时间最长的，即通勤时间集在 30 分钟至 1 小时，占比38.7%，通勤时间中位数为 39.2 分钟，远高于企业宿舍的 18.4 分钟以及公租房的 23.4 分钟（如图 16-3、表 16-1）。

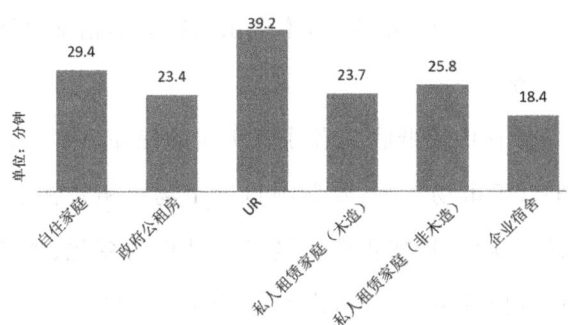

图 16-3　UR 与其他形态住宅通勤时间比较

资料来源：日本国土交通省，链家研究院整理。

第十六章 肩负历史使命的 UR

表 16-1 通勤时间分布

	15 分钟以内	15～30 分钟	30 分钟至 1 小时	1 小时至 1.5 小时	1.5 小时至 2 小时	2 小时以上
自住家庭	20.10%	29.10%	31.30%	14.80%	3.60%	1.10%
政府公租房	28.40%	36.50%	26.50%	7.00%	1.20%	0.40%
UR	12.90%	24.70%	38.70%	18.70%	4.20%	0.80%
私人租赁家庭（木造）	28.30%	33.40%	26.00%	10.00%	1.70%	0.60%
私人租赁家庭（非木造）	25.70%	32.20%	30.20%	9.80%	1.60%	0.50%
企业宿舍	39.90%	36.40%	16.70%	5.70%	1.10%	0.20%

资料来源：日本国土交通省，链家研究院整理。

（2）房屋质量与空置率

UR 房屋质量远高于全日本水平，同时房屋空置率低于全日本空置率水平。

据统计，目前 UR 公寓达到最低居住面积标准以上，但是未达到诱导居住面积标准的有 48.2%，达到诱导居住面积标准以上的有 44.7%，仅有 7.10% 未达最低居住面积标准。就日本全国水平来看，租赁房屋中达最低居住面积水平未达到诱导居住面积标准的占比约 50.2%，达到诱导居住面积标准以上的有 30.4%，未达最低居住面积标准的约 18.4%。

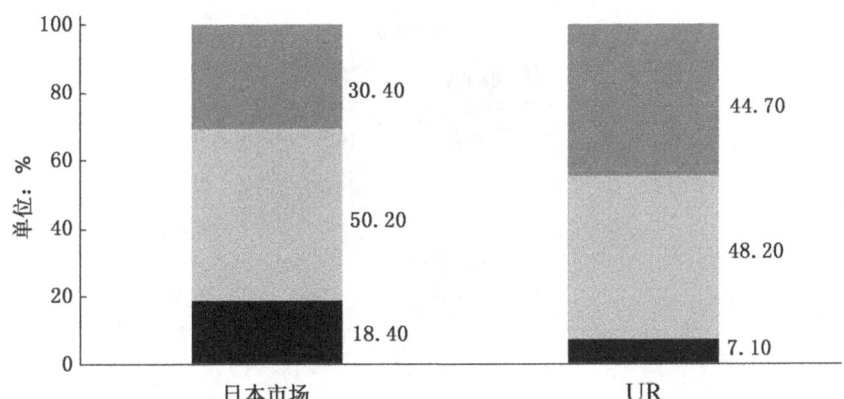

图 16-4 2013 年 UR 房屋质量与全日本水平对比

资料来源：日本总务省统计局，链家研究院整理。

UR 可出租房屋空置率为 5.8%，加上停止招租的房屋空置率仅 6%，而日本房屋整体空置率水平约 13.5%，约是 UR 的 2 倍（如图 16-5）。

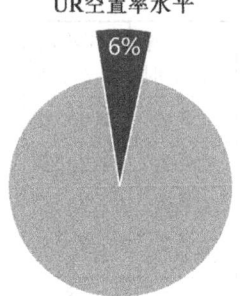 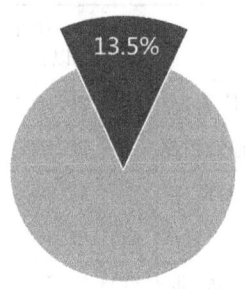

图 16-5 UR 的空置率与全国水平对比

资料来源:UR,链家研究院。

(3)租金水平

当前,UR 月租金大多在 5 万~10 万日元,该段租金占比高达 53%,月租金 5 万日元以下房屋占比 30%。据 2013 年日本国土交通省调查,全日本平均月租金是 54040 日元,物业管理费 1765 日元/月,而 UR 平均月租金 67005 日元,物业管理费 3540 日元/月,略高于日本整体水平,但考虑到 UR 社区房屋质量较好,房屋面积更大,UR 整体居住品质较日本平均水平要好(如图 16-6、表 16-2)。

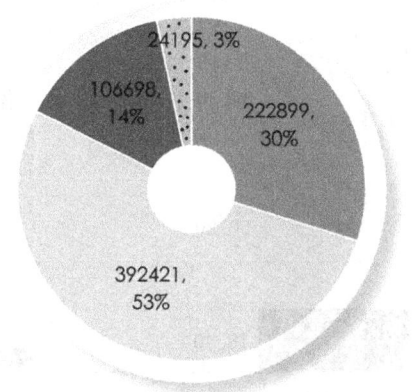

图 16-6 UR 租赁住宅的租金结构

资料来源:UR,链家研究院。

表16-2　UR居住质量比较

	户均面积(平方米)	户均居室数(间)	人均居住面积(榻榻米)
日本平均	45.95	2.67	9.77
UR	50.19	3.08	9.94

资料来源：日本国土交通省，链家研究院整理。

（4）筛选标准

公营住宅是国家和地方团体合作建设，目的在于向租房困难的低收入人群提供廉价租赁住宅，而UR的租赁住宅致力于打造能形成医疗福利据点的集中住宅区，为高龄者等需要照顾的特殊人群提供安全方便的住宅。相应的，其入住标准不同于传统的公营住宅锁定低收入群体。相反，UR租户的承租能力是筛选租户的重要标准。

2. 土地业务

UR土地几乎全部来自于政府免费或低价供给，私有化后土地的租赁及买卖成为其收入来源之一。早年UR从政府获取土地建造房屋并用于出售获取房屋交易收入是其主要收入来源。

1981年以来，UR逐步停止新房的供给而转向对租赁住宅的建设、盘活及更新，将原先的无电梯房改造成高层住宅，在不影响住户居住体验的情况下提升土地容积率，从而将空出来的部分土地用于交易获取收入补贴建筑成本。

3. 获客渠道

UR自己的定点工作站负责招租工作，这也是UR获取租客的主要渠道。此外，UR也与其他中介合作，但是租户通过中介找UR的房子，中介通常会收取租客中介费。

4. 申请标准

UR对租户审核较为严格，需要入住的租客填写入住申请书，并提供相应的证件。原则上，入住申请人的平均月收入要达到月租金收入的4倍以上，或者收入总额在33万日元以上（单身人群在25万日元以上）。

若申请人的平均月收入达不到这一标准，须满足以下条件方可成功申请（如图16-7）：

①工作单位或同居人负担一部分租金（本人需负担1/2以上）

②存款标准（月租金100倍以上的存款）

③租金一次性支付制度（一次性支付1年以上的租金）

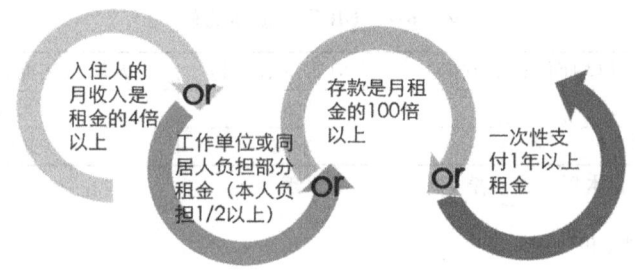

图 16-7　UR 租户入住标准

资料来源：链家研究院。

UR 持有管理的住宅，租客多以中等偏低收入群体为主，年收入在 300 万日元以下的人口占了 45.3%，年收入在 400 万日元以下的人口超过 60%。但对比公营住房机构中的租户收入水平，公营住房机构的租户收入水平全部在 400 万日元以下，UR 的租户收入水平显著高于公营住宅的家庭收入水平（如图 16-8、图 16-9）。

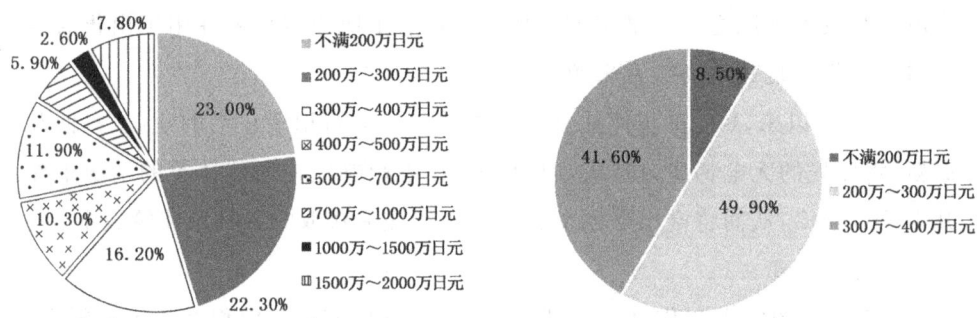

图 16-8　UR 租赁住宅租赁家庭收入结构　　图 16-9　公营住宅租赁家庭收入结构

资料来源：UR，日本国土交通省，链家研究院整理。

5.租金定价

1999 年后，UR 实行市场租金制，一年一调整，具体方法是租金实例比较法。依照机构法的要求，以附近的同种住宅的租金为基准定价。而早年 UR 的租金定价主要是采用估算法，租金金额通常会低于附近同种住宅的租金，这与早年 UR 的使命分不开，早年日本租赁房屋供不应求，居民尚未实现住有所居，故 UR 需为低收入人群解决住房问题，租金水平低于市场化水平。而今，人民住有所居，UR 使命转向城市更新，UR 作为市场化机构需要以自有运营收入覆盖更新成本，租金定价机制由早年的低于市场化水平的估算法转向租金实际比较法（如图 16-10）。

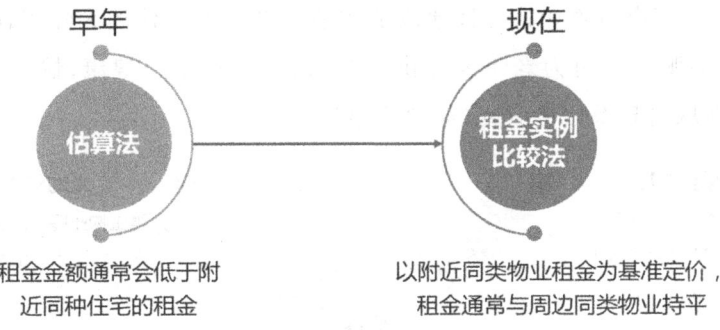

图16-10　UR租金定价法对比

资料来源：链家研究院整理。

UR实际租金计算过程中，根据都市再生租赁住宅和位于其邻近区域的民间租赁住宅为参考，结合房屋构造、面积、建筑年代、车站距离等地段因素和设备标准等因素进行参考，引入到定价机制中，对参考房租进行必要的修正后得出租金价格。

在日本普通租赁市场，通常业主会收取一个月的租金作为礼金，每两年更新一次租约，通过租赁中介寻租通常还需支付一个月的中介费；为更好地保证租户履约能力控制租赁房屋空置期风险，通常要求租户必须有租房保证人。而UR通常不向租户收取礼金及中介费，无须租房保证人，仅在市场租金涨幅较高时更新租约，且为减少租户租金支付压力，租金调整通常分4~6年缓慢完成。

6.盈利模式

早年UR住宅板块的盈利来源于新房销售与租金收入，2004年后，UR致力于住宅物业的再生业务，逐步停止了新房建设；现阶段盈利收入主要来源于常规化的租赁物业租金收入及相关服务费、物业更新过程中的土地租赁及土地买卖收入。

租赁物业租金收入依然是UR最主要的收入来源。近几年，伴随着UR住宅生态再生业务的发展，土地租赁及土地买卖成为UR新的收入来源。UR再生租赁住宅生态，将自己无暇经营的相关配套商业及福利性物业分租出去交由专业的运营机构管理；此外，UR整栋楼更新再生物业，在不影响居民居住体验的情况下，更新社区物业楼层数量，提高社区的容积率，从而将新空出的土地用于出售获取收入。UR不断深耕租赁细分业务，典型的代表是分布式养老,UR对现有存量物业选择性地改造成适合老年人居住的无障碍住宅,同时聘请专业的服务公司为老年人提供看护,保障老年租户健康、愉快地度过晚年,从而获取管理及服务收入(如图 16-11)。

图 16-11　UR 住宅业务的盈利模式

资料来源:链家研究院整理。

7.经营策略

UR 伴随着时代变化灵活地调整战略,从 20 世纪 50 年代开始,UR 持有房屋面积不断增加,租户人群逐步多元化,物业位置不断向中心城区靠拢。对自我定位从早年公益性租赁运营机构转为向普通白领提供住宅,致力于打造多元化租赁生态空间。近几年,伴随着早年居住 UR 的住户陆续步入老年阶段,UR 开展了分布式养老业务,为租户打造跨生命周期的服务。

UR 持有的住宅的户均面积已经从 20 世纪 50 年代的 39.8 平方米增长到了 2004 年以来的 68.4 平方米,住宅的面积在增大,并且设施也有所改善。同时住宅的位置由初期主要分布于郊区逐渐向市区靠拢,更加方便人们工作和出行,租赁人员结构由早年单一的低薪人群向白领人群主导的多元化结构转变。住宅条件改善的同时,UR 住宅的平均租金也不断上涨(如图 16-12)。

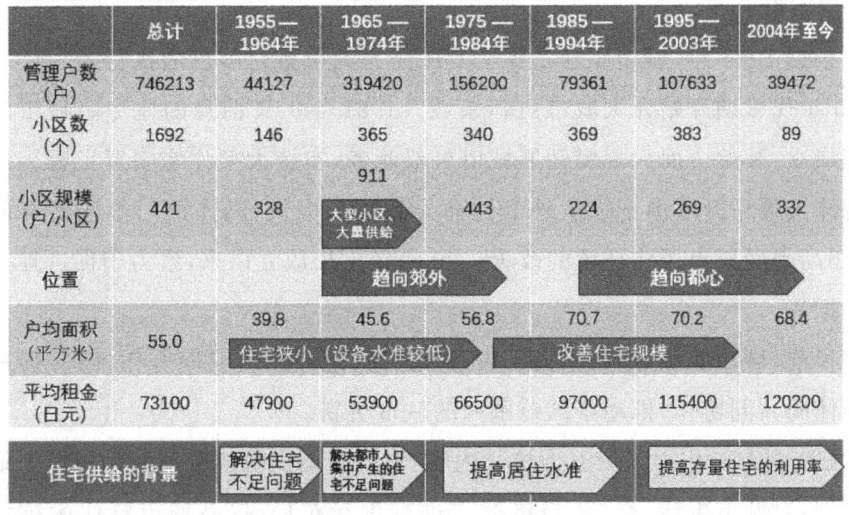

图 16-12　UR 的持有住宅情况

资料来源：日本国土交通省，链家研究院整理。

(二)其他业务板块

从日本住宅公团阶段到现在的都市再生机构，在 60 多年的发展历程中，都市再生机构一直致力于增加日本的住房数量，满足人们的居住需求，同时提高人们居住环境的质量。而郊外环境活化、城市更新与灾后重建也是这些职责在不同领域的体现。

1.郊外环境

郊外环境是从 UR 早期为配合城市郊区化发展演化而来的业务板块。早期，主要表现为郊区新城(卫星城)的建设。在人们生活需求多样化的今天，对城市的需求也是多种多样的。

UR 以往大规模开发、同质化建设的郊区新城开发建设理念已经落伍。目前，UR 把丰富的自然环境作为生活基础设施的一个部分，开拓郊区住宅、办公、商业、生产、物流等基础建设，推进能够持续、安心、愉快生活的"新郊外居住"式城市，着力于解决百分之一的居民需求。

2.城市更新

根据1964年《城市重建法案》,UR作为城市重建项目的执行者,自20世纪60年代后期开始介入城市更新领域。1981年UR前身的住房·城市发展公团成立,开始全面大规模开展城市更新业务,实施大型住宅安置工程。房地产泡沫破裂后开展由于强正外部性而导致市场失灵、私人部门不愿参与的项目,如高密度城市居住环境的改善。2004年UR成立以来,致力于促进地方城市的振兴。

目前,城市更新领域工作由UR与民间、地方团体共同合作推进,促进地方团体间共同协作,推动全国范围内的城市更新。

UR现有工作主要为五大核心内容:对产业结构转换带来的大规模土地重新规划;对城市生活、交流、经济据点进行重新布局;提高城市整体的抗灾能力,对密集社区的安全设施的改善;完善城市交通设施建设,便捷居民生活;提高民间租赁住宅的供给,通过良好住宅城市的构建,合理化城市布局,通过对古旧住宅的修建,更新城市生活面貌,改善居民住宅条件(如图16-13)。

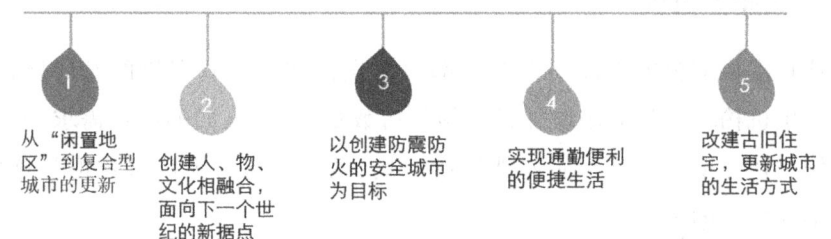

图16-13 城市更新领域的五大核心

资料来源:链家研究院整理。

3.灾后重建

灾后重建主要是帮助灾区的重建,为灾害频发地区提供防灾功能强化支援。1995年及2011年日本地震中,UR均发挥了重要的作用,迄今为止除了建设2万户住宅外,还推进了抗灾性的城市建设。

二、发展历程:与城市建设并进的轨迹

UR的发展历程是一条与城市建设并进的轨迹。自1955年登上日本社会的历史舞台,它的发展历程就不是一条单一进程,而是一个与城市化进程紧密相连、多线并行的轨迹。具体如下：

1955年，住宅公团肩负服务中等收入人群居住的使命而诞生。此后，随着城市化进程，流动人口向大城市进一步流入，如何均衡城市发展、向周边疏解人口成为新的历史课题，此时的住宅公团整合宅地开发公团转型为住宅·城市发展公团，促进大城市再开发与城市公园的修建，同时期区域发展公团致力于分散大城市的人口与产业。此后，随着大城市病的进一步凸显，都市中心区的更新与改善居住环境也提上日程，此时的都市基础设施发展公团便由此而来，促进大城市的城市更新与再开发。进入21世纪后，如何更有效地满足多样化的生活方式与居住需求、促进城市更新以及实现建设活力宜居城市的使命，催生了都市再生机构（如图16-14和图16-15）。

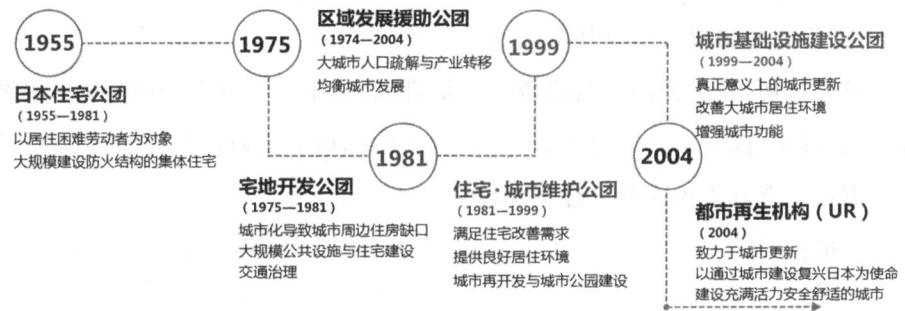

图16-14　都市再生机构的发展历程

资料来源：都市再生机构，链家研究院整理。

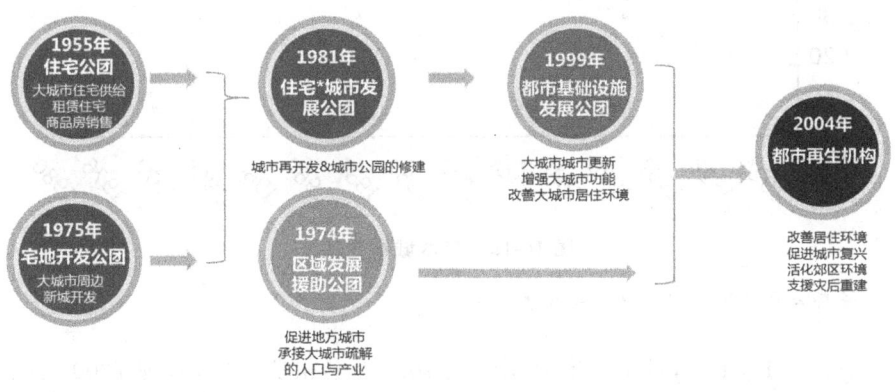

图16-15　都市再生机构的演化

资料来源：都市再生机构，链家研究院整理。

此外，值得注意的是，由住宅建设供给到产业转移、城市均衡发展，再到大城市更新、强化城市功能,多个重要的历史阶段,多重目标的职能实际上是由不同的机构履行的。

(一)历史的起点:为居住而生的住宅工团(1955—1981)

战后日本,百废待兴,此时社会关于住房的核心矛盾是住宅需求与住宅供给总量不足的矛盾,特别是随着快速提升的城市化进程,人口大量流入的大城市住房供给不足的矛盾尤为突出(如图16-16)。因此,1955年,日本政府制定了《日本住宅公团法》,同年成立日本住宅公团。

住宅公团肩负解决住宅供给不足的使命。彼时,住宅公团通过获得低价甚至免费的郊区土地进行住宅的建设开发,面向大城市中低收入者提供租赁住宅、低价商品房以及低价住宅用地。

设立之初,住宅公团项目投资166亿日元,其中借入资金40亿日元,资本金72亿日元,拥有868名员工。1956—1964年,政府财政拨款逐渐减少,住宅公团需将租金收入再次投入住宅建设。

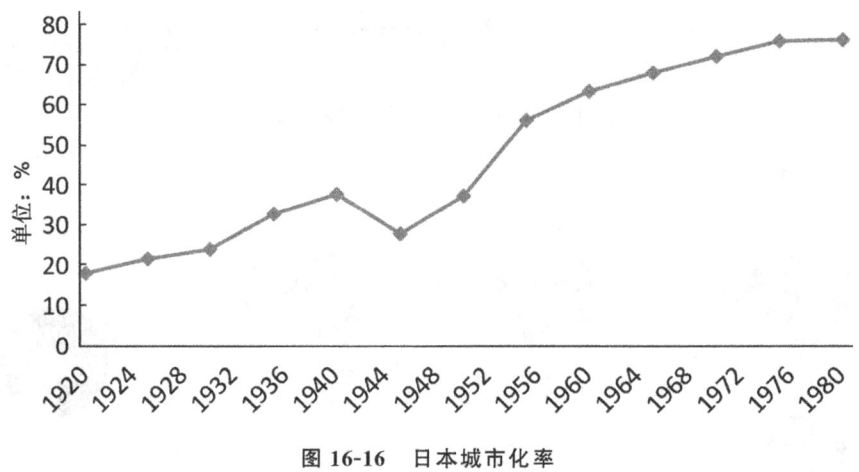

图 16-16　日本城市化率

资料来源:Wind,链家研究院整理。

1955—1964年,日本住宅公团建设10.5万套租赁住宅,管理7200套租赁住宅,住宅土地供给1249公顷,在大城市郊区大规模进行新城(new town)开发建设满足城市外延的郊区化发展,著名代表就是1960年的名古屋市的高藏寺新城与1963年东京都郊区的多摩新城(如图16-17、图16-18)。

第十六章 肩负历史使命的 UR

图 16-17　高藏寺新城　　　　　　　　图 16-18　建设初期的多摩新城

资料来源：Google，链家研究院整理。

1965—1974 年，配合刺激购房提高房屋自有率的政策，住宅公团的住宅建设与郊区开发达到峰值，建设租赁住宅 32.4 万户，管理租赁住宅规模累积 49.5 万户，同时建设商品房 18.4 万户（如图 16-19）。同时，为了治理城市无序扩张，住宅公团郊区新城开发 3621 公顷，其中最具代表性的是 1968 年开始建设的著名筑波科学城（如图 16-20），1970 年龙崎新城开工建设（图 16-21）。

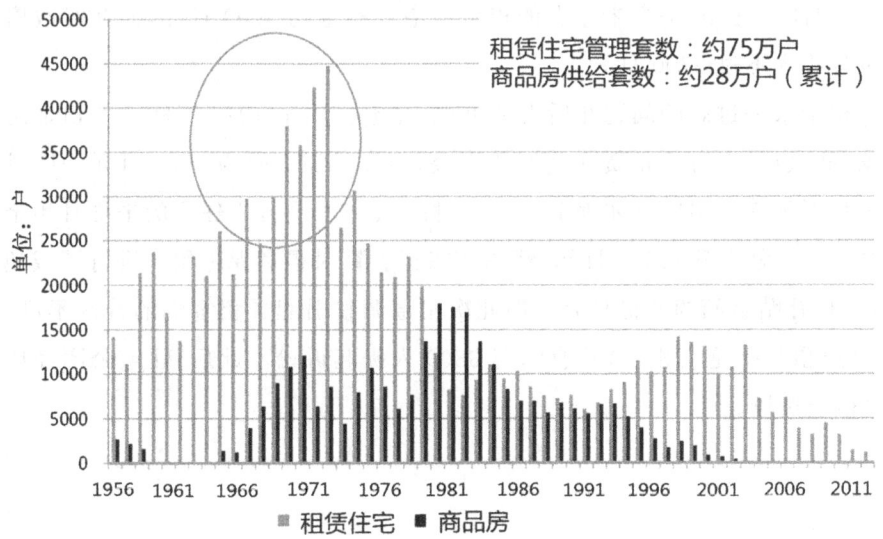

图 16-19　UR 住宅供给历史

资料来源：日本国土交通省，链家研究院整理

图 16-20　筑波科学城　　　　　　　图 16-21　龙崎新城

资料来源：Google，链家研究院整理。

同时期，1975 年成立的宅地开发公团致力于大城市郊区的综合开发，除住宅供应之外，还进行道路、轨道交通等基础设施的建设，如千叶新城的开发与城际铁路建设、八王子南野市开发。

需要指出的是，住宅公团解决的是涌入大城市的中等收入劳动者的居住问题，因此一开始租金定价为成本租金，即以 70 年使用年限摊销建筑成本的租金，因此一套 40 平方米左右的租赁住宅月租金约 4600 日元，而此时政府公务员月收入不过 8700 日元。

租金水平过高的问题此后得到重视，住宅公团于 1978 年修改了租金定价依据，此次约 35 万户租赁住宅调整租金，租金增加上限为 7000 日元/月，月租金平均增加 5300 日元（如表 16-3），此时面积 45.1 平方米住宅的平均月租金由 14300 日元增长至 19600 日元，涨幅 37.1%。针对福利保障租户进行了减免处理，变相补贴金额约 6 亿日元。但此次租金调整引起了租客们的普遍不满，约 20 万户租客拒绝交租金，并有约有 3800 人提起诉讼。此后，住宅公团经历了 8 次租金挑战。

表 16-3 住宅公团租金定价

次数	年份	调整户数（万户）	调整后租金（日元/月）	调整方式	住宅面积（平方米）	福利补贴
第一次	1978	35	19600	涨幅上限:7000日元 平均增加:5300日元 平均涨幅:37.1%	45.1	6000万日元
第二次	1983	32	24000	涨幅上限:9000日元 平均增加:5000日元 平均涨幅:26.3%	46.8	6000万日元
第三次	1988	32	30400	调整间隔改为3年 涨幅上限:9000日元 平均增加:4600日元 平均涨幅:17.8%	48.7	6000万日元
第四次	1991	36	35100	涨幅上限:7500日元 平均增加:3700日元 平均涨幅:11.8%	49.5	1.2亿日元
第五次	1993	36.6	40900	涨幅上限:7000日元 平均增加:3300日元 平均涨幅:8.8%	50.4	2亿日元
第六次	1995	41.6	——	平均增加:2800日元 平均涨幅:5.9%	——	——
第七次	2000	21.4	——	平均增加:2800日元 平均涨幅:3.5%	——	——
第八次	2003	14.8	——	平均增加:1300日元 平均涨幅:2.5%	——	——

资料来源:日本国土交通省,链家研究院整理。

（二）历史的转折:开启城市更新的住宅·城市发展公团(1981—2004)

步入20世纪80年代,日本经济已经经历了快速腾飞的20年,城市化进程放缓但仍然带动流动人口持续涌入大城市,住宅数量已基本实现供需平衡,此时的社会背景发生了较大的变化:人们对住宅的需求由数量转向质量,对大城市高密度居住问题以及如何均衡大城市与中小城市发展提出新的挑战(如图16-22、图16-23)。

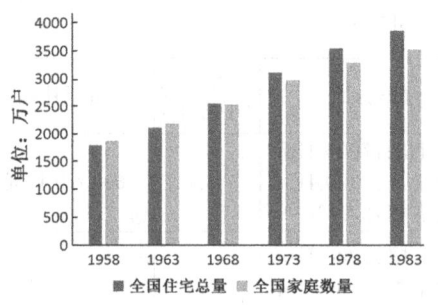
图 16-22　日本住宅与家庭数目

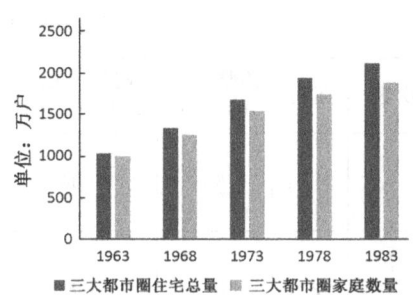
图 16-23　日本三大都市圈住宅与家庭数目

资料来源：日本国土交通省，链家研究院整理。

因此，1981年日本政府将住宅公团和宅地开发公团合并而成住宅·城市发展公团，以促进大城市的再开发与公园建设，同时成立于1974年的区域发展援助公团（隶属于地方政府发展部门）配合地方城市承接大城市分散的人口与产业。

1975—1984年，住宅公团与之后的住宅·城市发展公团，应对受到土地神话影响土地价格飞涨而购房变得困难的困境，在大城市通过将工厂、农地等用地转变为住宅用地增加住宅供给，建设租赁住宅15.9万户，管理租赁住宅规模累积65.2万户，商品房建设加速，新增供给21.4万户。为消除东京居住高密度问题，郊区开发土地面积2833公顷。

1985—1988年的4年间，住宅·城市发展公团新建租赁住宅3.6万户，累积管理68.7万户，商品房建设5.4万户，郊区开发面积2292公顷。与以往不同的是，大城市与中小地方城市的协同发展的模式已经出现，最为典型的就是筑波沿线的发展。

与此同时，1986年，房屋再生业务开始着手对早期建造房屋进行翻新改造，以提高抗震能力、提升居住便利性和提高居住品质（如表16-4）。

表 16-4　UR房屋再生业务开工与完工情况

年　份	开工		完工		
	地区数	户数	租赁住宅	商品房	合计
1986	2	537	—	—	—
1987	8	2410	—	—	—
1988	10	5135	95	—	—95
1989	18	8144	615	86	701
1990	12	7503	846	169	1015

续表

年 份	开工		完工		
	地区数	户数	租赁住宅	商品房	合计
1991	19	7402	632	392	1024
1992	11	5385	2485	1212	3697
1993	16	7000	4021	955	4976
1994	8	5607	3601	520	4121
1995	17	6606	5031	401	5432
1996	14	6376	5356	82	5438
1997	4	2204	3659	73	3732
1998	13	9224	5978	125	6103

资料来源：UR，链家研究院整理。

1989—1999年，日本受房地产泡沫的加速膨胀与最终破灭影响，经济开始进入了漫长的衰退期，日本社会的"终身雇佣制、员工稳定收入下稳定的购房意愿、政府削减社会保障加大企业支持"的正反馈三角机制瓦解，社会关系以前所未有的速度重塑。

在此期间，住宅·城市发展公团放缓了住宅供给的速度，新建租赁住宅7.8万户，累积管理72.6万户，商品房供给9.64万户，郊区开发面积3080公顷，主要工作仍然是筑波沿线大城市与地方中小城市的联动发展。在灾后支援与强化方面，1995年阪神大地震，建设了约2万套灾后重建住宅，提升三轩茶屋高密度住宅区防灾能力。

1999年，正处于经济衰退期的日本，产业结构发生了天翻地覆的变化，以汽车制造与电子行业为主导的产业结构逐步向以服务业主导转型，商社模式也难以为继，此时住宅·城市发展公团改组为城市基础设施公团，工作重点转移至城市更新与再开发，停止了商品房的开发与销售，更多参与城市基础设施的建设以及租赁住宅的开发与管理，并且引入了对标市场的租金定价机制。

1999—2004年，城市基础设施公团新增租赁住宅9.5万户，累积管理76.9万户，商品房完工2.4万户。同时期，城市更新的脚步加快，同时，为了应对经济衰退后长期低迷的土地交易以及大量的不良债权，城市基础设施公团承接了大量城市中心的土地进行基础设施建设，实现土地资源的高效利用。

1999年以后，房屋再生事业有所放缓，基本上停止了商品房的改建（如表16-5）。

表 16-5　UR 房屋再生业务开工与完工情况

年 份	开工		完工		
	地区数	户数	租赁住宅	商品房	合计
1986	2	537	—	—	—
1987	8	2410	—	—	—
1988	10	5135	95	—	95
1989	18	8144	615	86	701
1990	12	7503	846	169	1015
1991	19	7402	632	392	1024
1992	11	5385	2485	1212	3697
1993	16	7000	4021	955	4976
1994	8	5607	3601	520	4121
1995	17	6606	5031	401	5432
1996	14	6376	5356	82	5438
1997	4	2204	3659	73	3732
1998	13	9224	5978	125	6103
1999	11	5615	4862	32	4894
2000	10	5639	5986	22	6008
2001	7	6555	5483	0	5483
2002	9	6786	5283	0	5283
2003	6	5139	6133	0	6133
2004	10	5283	4246	0	4246
2005	4	2520	4239	0	4239
2006	4	2223	4700	0	4700
合计	213	113293	73251	4069	77320

资料来源：UR，链家研究院整理。

(三)历史的再出发:成为城市复兴的统筹策划者(2004年以后)

由于政府财政压力的不断增大,城市基础设施公团处于长期赤字状态。2004年7月1日,原有的区域发展援助公团以及城市基础设施公团改制为都市再生机构(UR),成为一家自负盈亏但兼具社会责任的独立核算行政法人。建立时,UR 注册资金8843亿日元,结转7288亿负债,拥有新房屋面积5900

公顷(如图16-24)。改制后的UR定位为城市复兴的统筹策划者,借力于其前身积累的技术与经验,不断推进城市更新与复兴。

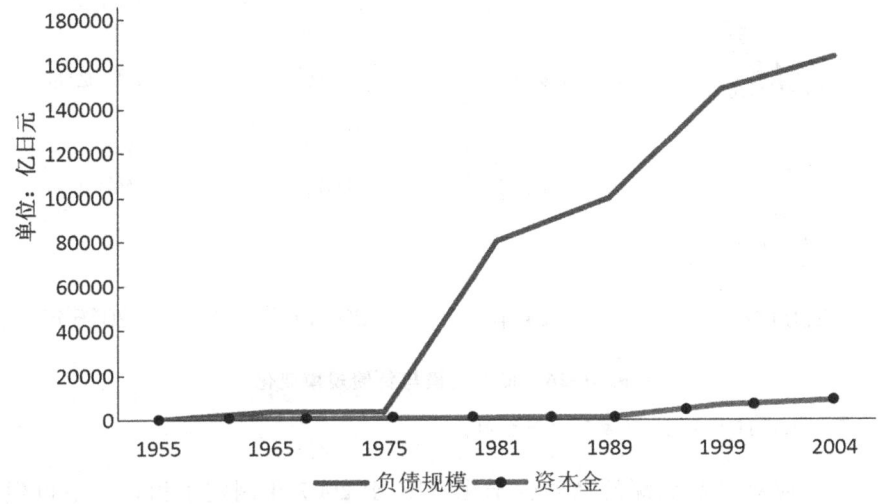

图16-24 不堪重负的负债规模

资料来源:日本国土交通省,链家研究院整理。

至此,UR不再从事住宅的直接开发,停止租赁住宅的开发业务,工作重心变为租赁住宅的管理(如图16-25)。

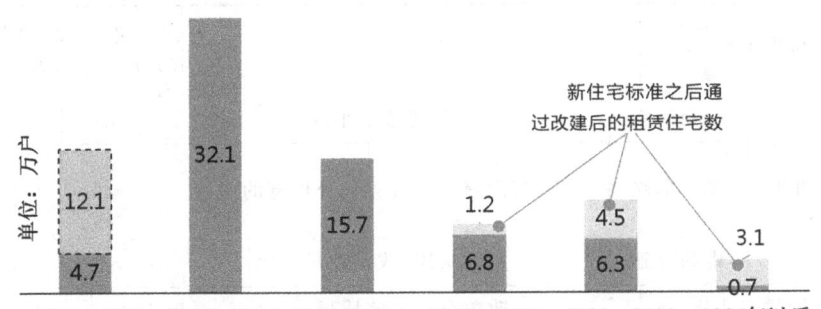

图16-25 按照管理年代分类UR租赁住宅组合

资料来源:日本国土交通省,链家研究院整理。

2004年的市场化改制以后,UR的负债规模不断减少,营业收入规模不断增长,但受制于持有土地多为郊区以及租赁住宅的逐渐老化,资产贬值不可避免地带来资产规模的不断衰减(如图16-26)。

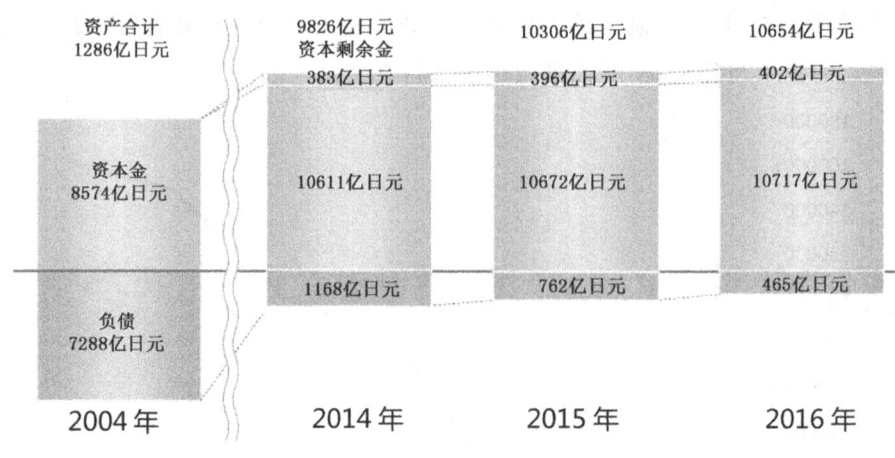

图 16-26　资产规模与负债规模变化

资料来源：UR 年报，链家研究院整理。

为了应对日益加深的老龄少子化，UR 于 2007 年制定了租赁住宅再生重整方针，聚焦于如何让房屋再生与满足居住需求的多样化。UR 的住宅再生不同于市场中整栋或单个房间的再生，它是以小区为整体的改建，更多的是进行房屋无障碍化改造，满足老年人的便利性和医疗需求（如表 16-6）。

表 16-6　UR 租赁住宅再生类型

再生类型		范　围	2006 年（万户）	2013 年（万户）
房屋再生	全面翻修	重建整个小区	3.7	1.3
	部分翻修	重建部分住宅，改善部分现有的房屋	4.3	3.9
	集约设施	加固房屋，改善存量房屋	8.1	7.8
存量住宅活化		改善存量住宅质量	56.6	58.4
转换用途		将整个小区转换为出租房屋以外的用途	0.78	0.66
土地所有权返还与交易		转让城市住宅等，返还特别借款出租房屋	3.2	2.7
合　计			76.8	74.8

资料来源：UR，链家研究院整理。

这是 UR 的再一次出发，机遇与挑战并存。UR 一再强调日本的城市更新是从二战后的混乱中逐渐发展起来的，经济、产业的快速发展与技术的快速进步，极大地改变了日本社会的生活环境。当前的日本，正面临着前所未有的挑战:防灾薄弱的密集化城市,环境问题突出,日益加剧的少子老龄化,小城市经济衰退,IT 技术进步带来社会结构的深刻变化,多样化的生活方式与需求的并存。诸多城市问题的解决绝不可能依赖单一的领域,UR 将致力于整体的城市更新,再现城市辉煌,建设充满活力的城市。

三、经营状况:稳定的营收与减值的资产

2004 年改制以来,UR 的营业状况有所改善,收入规模稳步增长,负债规模逐渐减少,资产结构不断优化,但还面临着负债率过高的问题。

(一)收入与结构

2011—2016 年 UR 含财政补贴的收入规模不断增长,背后主要是业务收入增长的驱动,2016 年收入规模 1.2 万亿日元,业务收入规模 1.06 万亿日元。值得注意的是,政府补贴占比逐渐下降,由 2011 年的 5.7% 下滑至 2016 年的 2%,表明市场化以后,UR 对财政依赖度不断下滑(如图16-27)。

从业务收入结构来看,2016 年 UR 业务收入 1.06 万亿日元,折合人民币约 700 亿元,其中租赁业务收入约为 400 亿元人民币,占收入比重高达 61%,是 UR 的核心业务,而且租赁业务收入占比逐年增长。

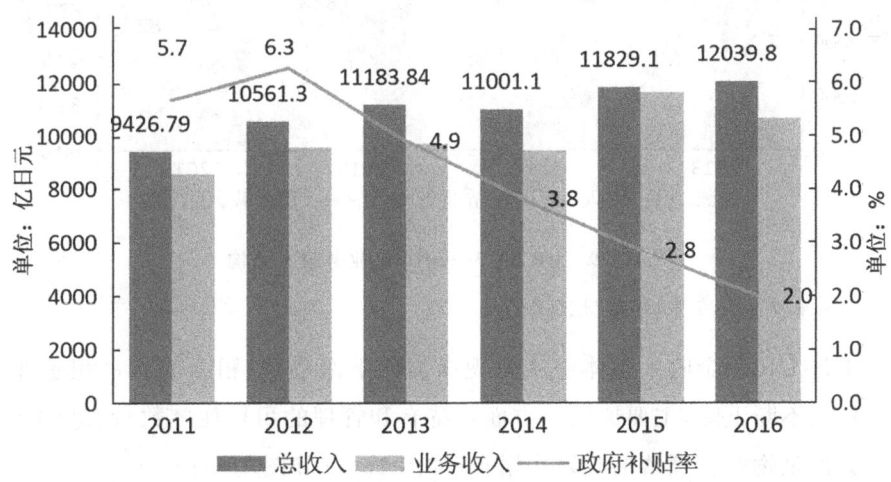

图 16-27　2011—2016 年收入与财政补贴占比

资料来源:UR 年报,链家研究院整理。

尽管 UR 业务内容经历数次整合,但总体来看,租赁业务一直是其核心业务(如图 16-28),并且 2013—2016 年租赁业务收入规模持续增长(如图 16-29)。

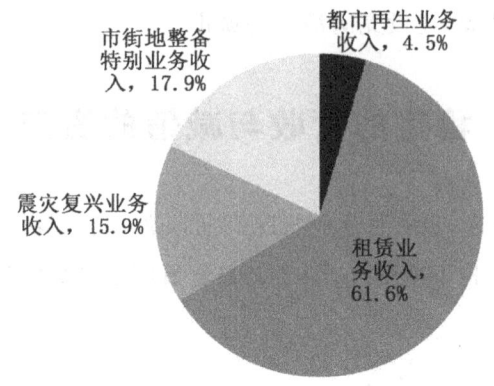

图 16-28　UR 2016 年业务收入结构

资料来源:UR 年报、链家研究院整理。

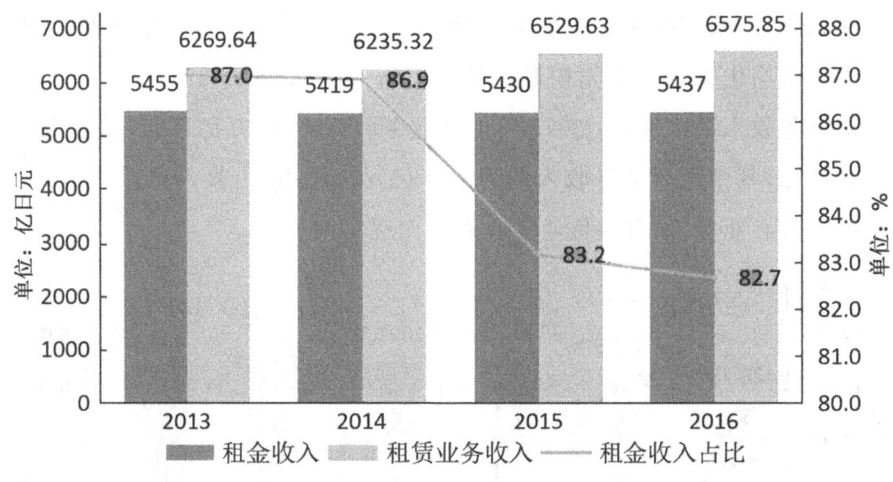

图 16-29　UR 2013—2016 年业务收入结构

资料来源:UR 年报,链家研究院整理。

不过 UR 租金收入整体确实呈现微弱的下滑趋势,租金收入占租赁业务收入比重不断下降,主要原因一方面是持有和管理的租赁住宅数量有所减少,另一方面是物业管理费的收入在增长(如图 16-30 和图 16-31)。

第十六章　肩负历史使命的 UR

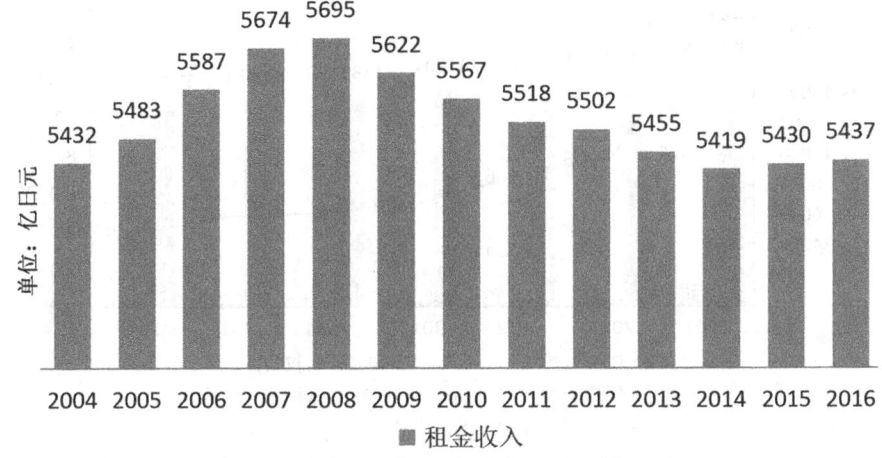

图 16-30　UR 租金收入

资料来源：日本国土交通省、UR，链家研究院整理。

注：该租金收入仅为住宅用途（包括转租）的租金收入，且不包括管理费、设施租金、停车场使用费以及政府补贴。

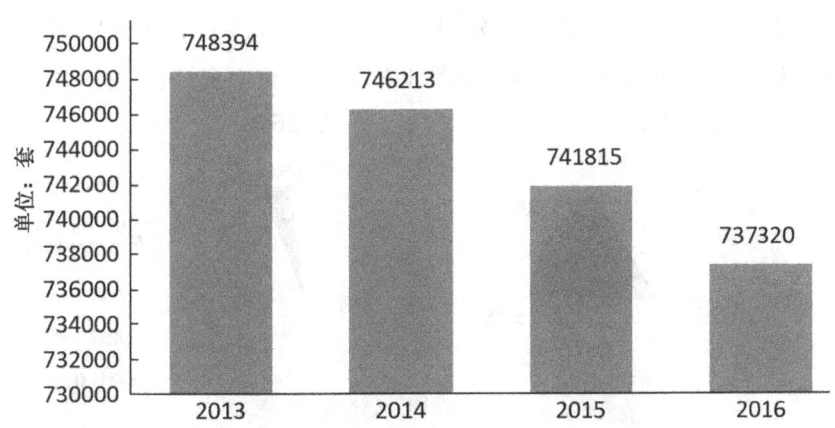

图 16-31　2013—2016 年 UR 租赁住宅持有管理数量

资料来源：日本国土交通省，链家研究院整理。

(二)资产与结构

自 2004 年改制以来，UR 资产规模不断减少，由设立时（2004 年）的 1.74 万亿日元减少至当前的 1.32 万亿日元。资产价值的减少主要是由于 UR 业务的调整，停止了租赁住宅的开发建设，不断抛售持有的租赁住宅与商品房，在财务中体现为销售用不动产和在建不动产与在建工程资产价值及其占比的不断下滑。另外，UR 不断减少相应的债权资产（如图 16-32）。

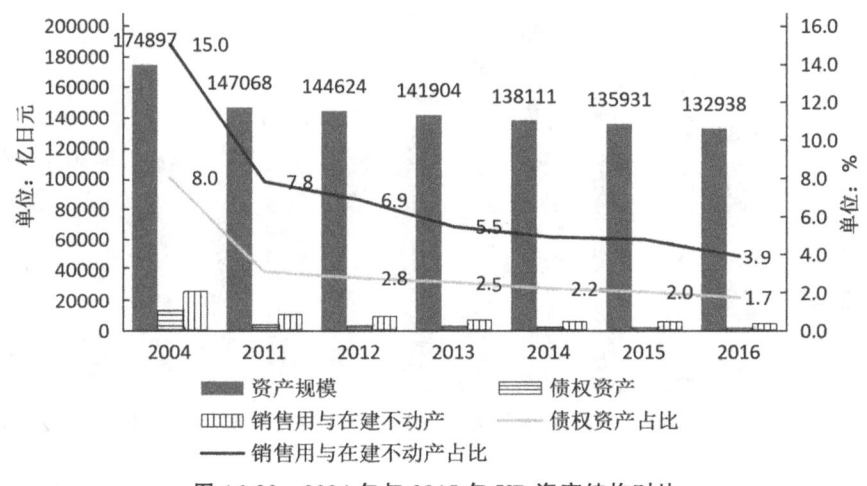

图 16-32　2004 年与 2015 年 UR 资产结构对比

资料来源：UR 年报，链家研究院整理。

相应的，在资产结构上对比 2004 年，2016 年 UR 租赁住宅价值占比由 69.1％上升到 88.8％，土地租赁价值由 2.7％上升到 5.2％，而债权资产、销售用与在建不动产、在建工程占比分别由 8％、15％、5.2％下滑至 1.7％、3.9％、0.4％。这也表明租赁住宅及其土地是 UR 的绝对核心资产。

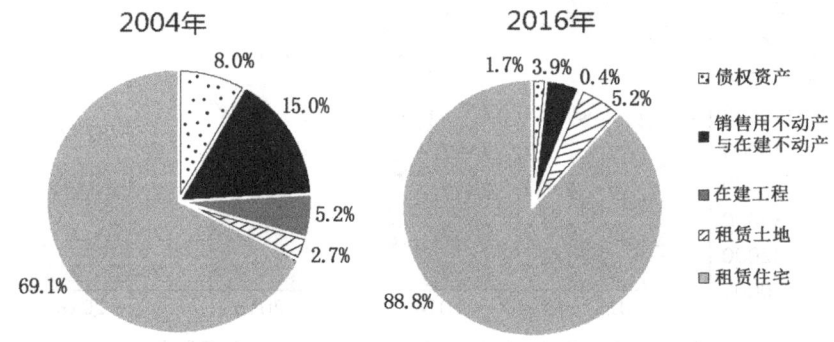

图 16-33　2004 年与 2016 年 UR 资产结构对比

资料来源：UR 年报，链家研究院整理。

但仍然不容小觑的是，尽管 UR 债务规模不断减少，但 UR 的负债率仍然居高不下，维持在 90％以上（如图 16-34）。

第十六章　肩负历史使命的 UR

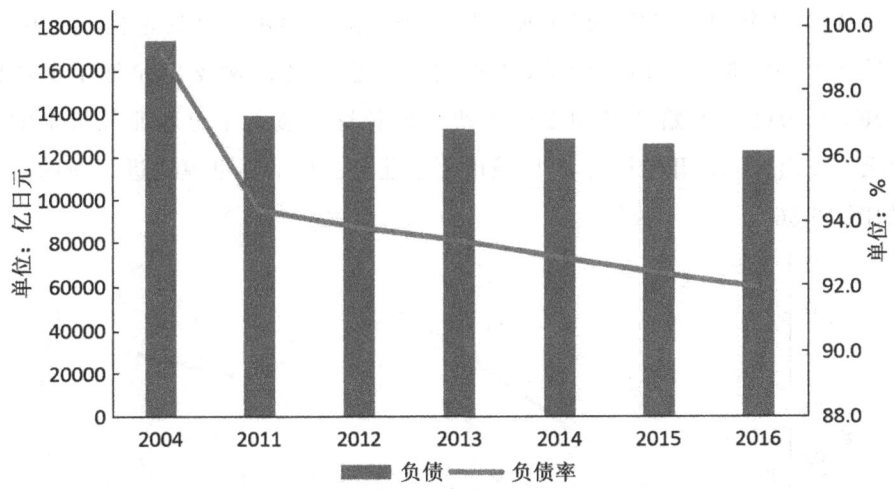

图 16-34　2004—2016 年 UR 负债规模及其占比

资料来源：UR 年报，链家研究院整理。

（三）盈利能力

UR 毛利率是较为可观的，尽管处于波动中，但 2011—2016 年毛利率均处于 30% 以上。这主要受益于租赁住宅的高毛利率。UR 四大板块业务中，租赁住宅业务板块一直是主要的利润来源，都市再生、灾后重建以及郊外环境板块均处于低毛利甚至亏损的状态。

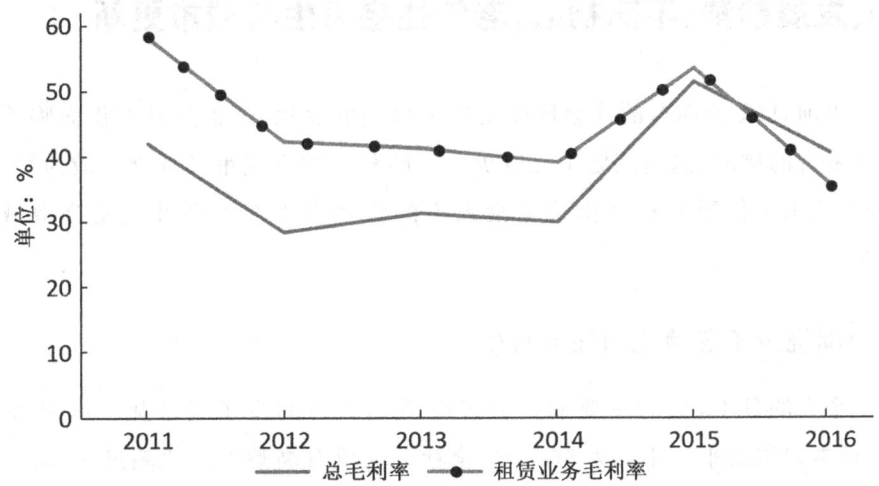

图 16-35　2011—2016 年 UR 总毛利率与租赁业务毛利率的变化

资料来源：UR 年报，链家研究院整理。

353

从 2011 年以来,UR 的 ROE 经历了先下降再逐步上升的过程。ROE 变动见证了 UR 业务结构的变动,成立初期更新业务巨额支出拉低了 UR 的 ROE,从 2011 年开始,UR 租金收入快速增长逐步覆盖了更新业务带来的巨额成本支出,ROE 开始回升,UR 城市更新业务主导的新型模式进入新的阶段(如图 16-36)。

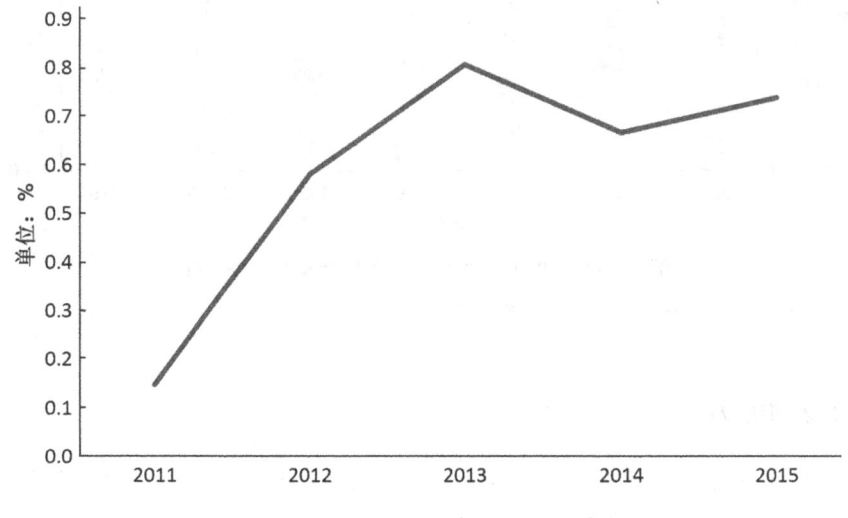

图 16-36　2011—2015 年 UR ROE 变化

资料来源:UR 年报,链家研究院整理。

四、发展趋势:不忘初心,老年住宅再生与城市更新

当前,UR 所面对的社会环境发生了深刻的变化,这也是日本正面临着的前所未有的挑战,这些问题中尤以少子老龄化与地方城市经济衰退最为突出。因此,未来工作重心也将围绕老龄人士的住宅再生与不断推进复合型城市更新。

(一)围绕少子老龄化的住宅再生

今天的日本,最为重要的社会议题就是人口的少子老龄化。截至 2010 年,日本户主的平均年龄为 56.4 岁,全社会家里有高龄者占比超过 37.8%,相较 20 年前全国平均户主的年龄上升了 8.4 岁,社会老龄化现象严重。

根据 UR 每 5 年开展的定期调查,UR 租赁家庭户主平均年龄由 1965 年的 36.2 岁增长至 2010 年的 56 岁,户主为 65 岁以上高龄人口的占比高达 46.7%;租客平均年龄由 2010 年的 46.6 岁增长至 2015 年的 51.2 岁。租赁家庭人数也持续减少,由 1975 年的 3.28 人逐步减少至 2015 年的 2 人,而背后的原因便是原来以有孩夫妇为主的家庭结构逐步转变为单身家庭为主(如图 16-37 至图 16-40)。

图 16-37　UR 租赁家庭户主平均年龄

资料来源:UR,链家研究院整理。

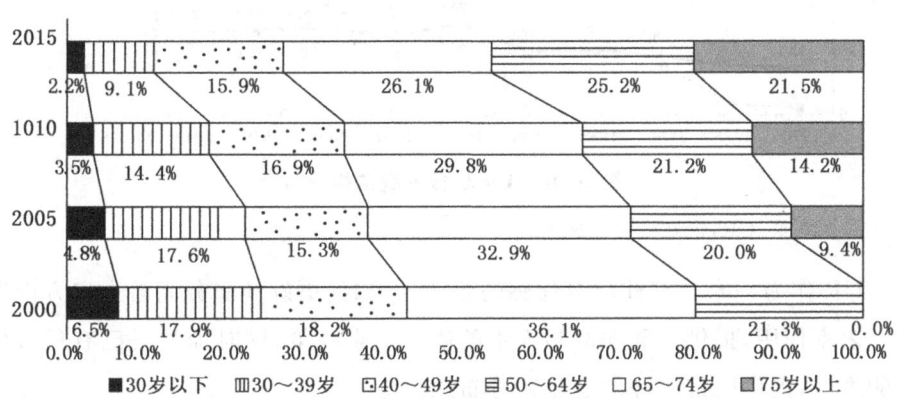

图 16-38　UR 租赁家庭户主年龄分布

资料来源:UR,链家研究院整理。

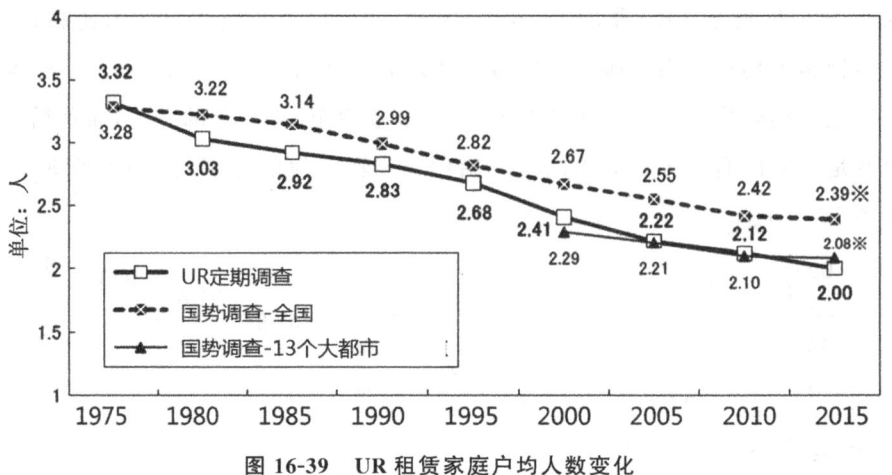

图 16-39　UR 租赁家庭户均人数变化

资料来源：UR，链家研究院整理。

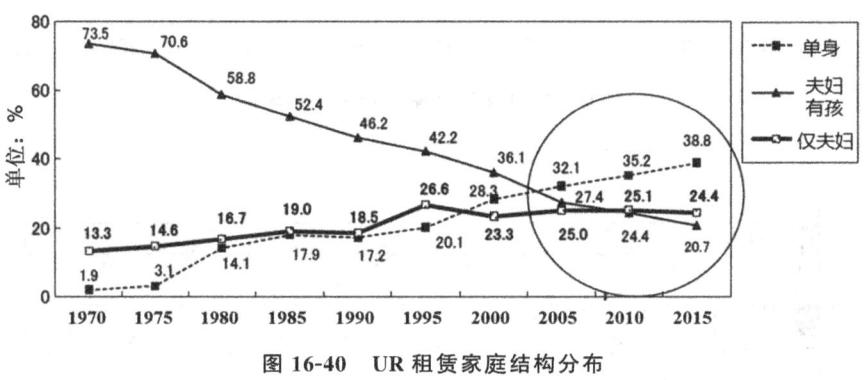

图 16-40　UR 租赁家庭结构分布

资料来源：UR，链家研究院整理。

UR 作为一家具有社会责任感的企业，在如何更好地服务高龄人口方面发挥了表率作用，提供了面向高龄人士的诸多优惠政策，同时加强对已有租赁住宅的再生，提供附带服务的老年人分布式住宅。

1. 老年人租赁优惠政策

UR 都市机构为家里有高龄者等的住户提供了多种租赁优惠政策，从申请时的高概率到更换住房的优先安排以及房屋改造的政策，无处不体现 UR 对高龄家庭的关怀。

(1) 提高申请入住的概率

新建租赁住宅招租时,高龄家庭享受以下优待措施:家中有高龄者(60岁以上)的家庭,被选中的概率是普通家庭的20倍;有高龄者家庭,若申请希望与赡养人家庭住在同一个或者相邻的小区时,被选中的概率是一般申请者的20倍。

(2) 更换住房时优先安排低层

若租赁住宅的住户因高龄、身体不便或身患疾病导致上下台阶有障碍而提出搬进低层住房请求时,UR会与同一小区内一层或电梯停靠层的住户协调。更换住房时,需解除现房屋的合同,并重新办理租房手续,房租按照更换后的合同征收。

(3) 面向高龄者提供优质租赁住宅

根据《有关高龄者住房安全确保法》(2011年法律第26号)的规定,对以高龄者为对象对小区内第一层楼住房进行改良,在国家财政支持的基础上,实施无障碍化等面向高龄者的改良以及减轻房租负担等办法。

面向高龄者的优质住宅的申请人必须同时满足以下三个条件:首先,申请人为年龄60岁以上的单身者,或者申请人为60岁以上,并且一同入住的配偶或由UR认证的有必要一起居住的亲族也在60岁以上;其次,家庭月收入低于48.7万日元(仅限部分面向高龄者的优质租赁住宅);最后,达到申请UR普通租赁住宅的申请资格。

面向高龄者的租金优惠政策。根据收入参考设定的标准值,同时考虑小区地理位置、规模和房龄等条件进行修正后制定住户负担金额,减负额度不等。

高龄者优质住宅提供紧急情况服务。紧急情况服务是指在室内设置付费的24小时紧急通报装置,发生事故或突发病患时,只需按下紧急通报装置主机的按钮,或者设置在卫生间、浴室、房间(1间)的按钮,即可通报到与UR都市机构合作的民间机构,随后工作人员将快速前来。此外,有需求的住户还可在自行支付相关费用,在室内设置红外线传感器等,利用其自动通报感应到的异常情况。

(4) 促进就近居住的制度

这是一项2013年5月开始实施,针对高龄者及育儿等家庭与接受支援的亲属家庭的优惠制度。如果双方决定居住在UR指定的同一小区、相邻的小区或在半径约 2 公里范围内,或 UR 指定地区内的任何住宅,UR 租赁住宅的新入住家庭可以享受 5 年 5% 的房租优惠,或根据收入条件,5 年可以享受 20% 的房租优惠。目前,UR 约 80% 的租赁住宅即 60 万户符合该制度,约 2337 个家庭享受了就近居住的制度(如图 16-41、表 16-7)。

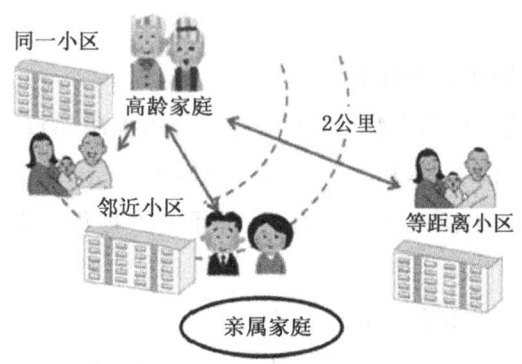

图 16-41　UR 促进就近居住制度

资料来源:UR,链家研究院整理。

表 16-7　UR 促进就近居住制度条件

项目		具体条件
核心家庭条件	育儿家庭	正在抚养实际同居的不满 18 周岁的孩子,这里的"孩子"包括孙子、孙女、侄子、侄女、外甥、外甥女等亲属,以及胎儿
	高龄家庭	家里有满 60 周岁以上人士的家庭
	残障者家庭	家里有四级以上的身体残疾或重度智障等人士的家庭
就近居住家庭	受支援的亲属家庭	高龄者及育儿等家庭的直系血亲或实际负有抚养义务的三等亲内的亲属家庭
优惠期		5 年
信用状况		确认作为近居家庭的房租支付状况,如果有房租拖欠等则无法适用本制度
续约条件		每年 1 次确认近居状况,如果近居不成立,优惠将截至同年 3 月 31 日为止

资料来源:UR,链家研究院整理。

(5)面向高龄者的设施改善住宅

对于申请者本人高龄者(60 岁以上)或者同居亲族中有高龄者的家庭,则可对住宅施行以下改善措施:调整灶台高度、降低浴缸与地面的高度差、安装

第十六章 肩负历史使命的 UR

扶手等,卫生间内安装多功能马桶的插座、扶手,安装对讲机及联络通报设备。

(6)关于对高龄者的定期走访

UR 都市再生机构实行大约一月一次的小区定期走访,实施"高龄者等巡回访谈业务",旨在提高对高龄者的服务水平。访谈中关于面向高龄者的优质租赁住宅的申请方法和房租的一次性支付等制度进行详细介绍,解答与住房相关的各种问题。

2.小区为单位的住宅再生

UR 住宅再生的主要原因在于住宅自身的老化以及无法匹配消费升级后的居住需求。20 世纪 50—60 年代 UR 建设的租赁住宅房屋面积狭小、布局过时、设施老化,远无法满足消费升级后的居住需求,特别是日渐老龄化的租客需求。这也说明了 UR 改建事业实际上从 1986 年就开始了。房屋再生不仅延长了住宅的使用寿命,更多的是与周边地区的综合规划和更新,形成适应不同需求的高品质住房,节约资源(如图 16-42)。

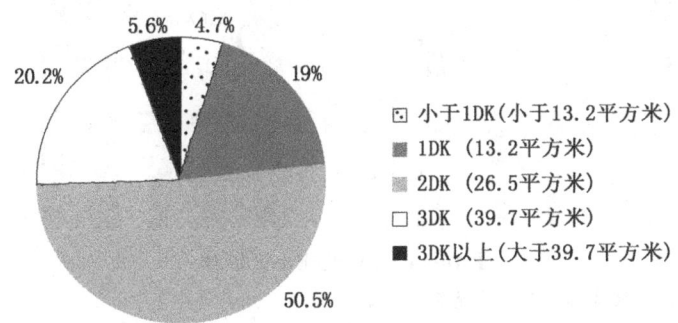

图 16-42　建设于 1955—1965 年 UR 租赁住宅面积分布

资料来源:UR 年报,链家研究院整理

注:DK 是指 20 世纪 50 年代由住宅公团引领建设的餐厅与厨房为一体的户型,不足 8 榻榻米被称为"DK"。

UR 的住宅再生大多以小区为单位进行住宅与小区设施、绿化、道路的整体改建翻新,通常是通过对住宅楼的翻新加盖提高小区容积率,提高土地利用率(如图 16-43)。UR 计划在 2018 年实现租赁住宅无障碍化率达到 55% 左右,并且为了鼓励老人外出,改善无障碍的步行道路。

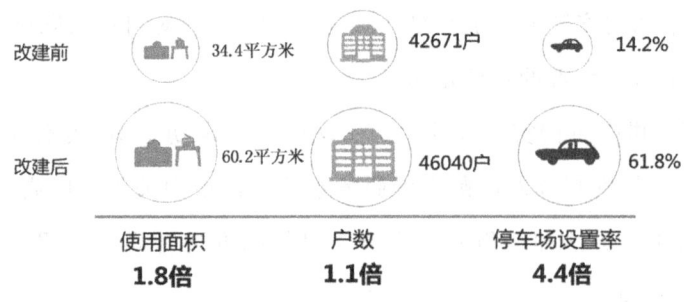

图 16-43　2006 年改建效果

资料来源：UR，链家研究院整理。

一般来看，UR 的住宅再生会在决策前举行居住者说明会，对居住者意愿进行全面的调查，时间花费约 1.5 年；然后对小区部分住宅居民进行转移，可转移至本小区或 UR 其他小区；再对腾空后的住宅楼及其周边进行改建，这一过程约 2 年；接着再将小区内剩余住宅楼居民转移至翻新后的住宅楼，或迁移至 UR 其他小区（如图 16-44、图 16-45）。

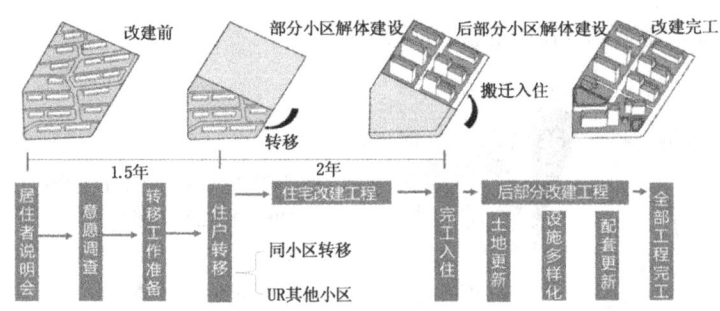

图 16-44　UR 改建小区流程

资料来源：UR 年报，链家研究院整理。

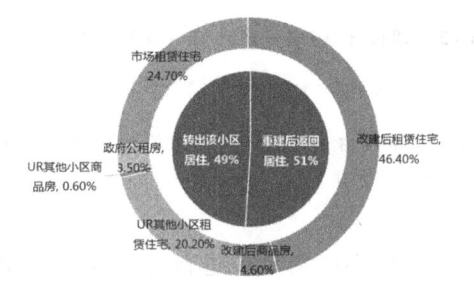

图 16-45　UR 改建小区居民流向（2010 年调查）

资料来源：UR，链家研究院整理。

为了老龄人口能够继续生活在熟悉的环境，UR 未来与地方公共或民间团体合作全面推进打造福利设施医疗社区的目标,围绕住宅小区附带养老设施的改造,同时周边改建无障碍散步小道、休闲广场、商业设施、医疗设施以及与育儿家庭混合居住(如图16-46)。2014年UR已有23个小区推进中,2015年新增20个小区准备进行,并计划2018年推进100个小区进行区域医疗设施的建设。

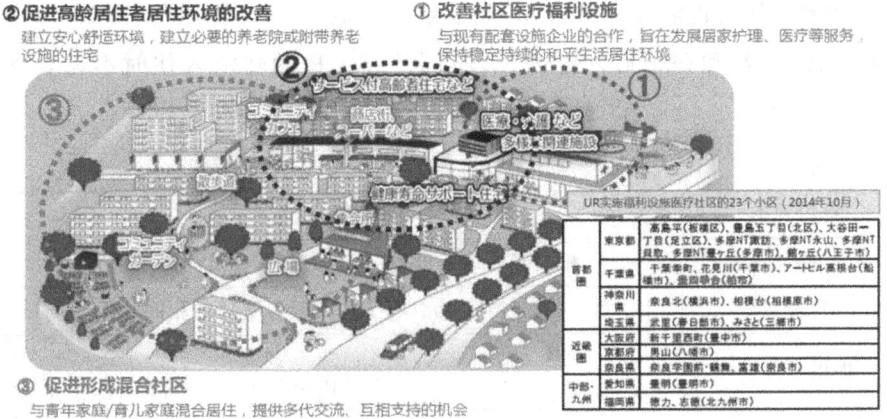

图16-46　UR福利设施医疗社区的构想

资料来源:UR,链家研究院整理。

老龄人口住宅内部设施无障碍化也在持续推进。内部设施无障碍化主要是整平地面保证室内无台阶,将门把手变成拉杆式,能够通过轮椅的走廊宽度并增加扶手,厕所、洗手间安装扶手,调整灶台与浴室高度,并计划2016年财政年度,在UR所有的住宅小区提供基本的监视服务并确保居住者安全。

3.老年分布式住宅实践

随着2011年9月《老年人居住法》修订和2012年4月《看护保险法》的修订,日本社会设立了"带服务的老年人专用租赁住宅"制度。UR开始了对养老住宅的探索。UR公司与柏市、东京大学共同讨论和实践"进入老龄社会后,安心居住生活方式及城市的理想居住状态"。UR利用其现有的存量住宅开展民营开发商不愿意做的养老住宅项目,引领了日本住宅和建筑风尚。

目前UR的老年住宅主要为分散式的、带有服务的老人专用租赁住宅。具体说来,UR利用现有的存量住宅,特别是带电梯的楼栋作为实施对象,以住户为单位对房屋进行内部改造,改造成适宜老年人居住的无障碍住宅。同时在社区内配备相应的医疗咨询服务点和老年人日常服务,主要包括定时巡查看护、陪聊和当老年人出现突发情况时叫救护车。目前公司将老年人日常看护服务外包。UR 公司的改造费用由国土交通省补贴 1/3,东京市政府补贴 1/3,公司只需自己筹集 1/3。

UR 的老年住宅面积较一般老年住宅大,且每个月租金低于周边 10 万日元的普通标准,因而目前处于供不应求的状态,客房比 7.1 倍。入住者需要年满 60 岁及以上,如果是与配偶同居,其中一方未满 60 岁也可以入住。UR 的老年住宅入住时也需要像普通出租住宅一样缴纳押金、管理费、服务费(老年人日常服务费)和租金后才能入住,不同的是 UR 的住宅入住时不需要礼金(如表 16-8)。

表 16-8 UR 住宅入住费用(以高岛平社区为例)

费用种类	收费标准
押金	相当于 2 个月的租金(与 UR 一般租赁住宅相同)
管理费	2700 日元(与 UR 一般租赁住宅相同)
提供服务费	一人:36000 日元 二人:54000 日元
租金	①按月支付 93600～98100 日元 ②一次性支付 76 岁:1684 万～1765 万日元 81 岁:1235 万～1294 万日元 86 岁:786 万～824 万日元

资料来源:UR,链家研究院整理。

UR 的老年住宅项目是日本老年住宅发展的代表,目前仍处于起步阶段,随着日本老龄化和少子化趋势的深度发展,未来老年住宅的市场空间巨大,与老年住宅相关的服务产业也将快速发展。

(二)不断推进的城市更新

地方城市经济衰退、核心大都市国际竞争力的下滑以及消费升级下多样化的生活方式与需求都是 UR 城市更新领域着重解决的问题。因此,UR 自我定位为日本城市更新的统筹策划人,通过城市更新描绘新时代的城市蓝图,再创城市辉煌。而 UR 过去住宅公团历史中积累了丰富的业务经验、信息以及技术,将在城市更新中更多地扮演和引导市场机构的参与,促进城市的综合再开发。

1.UR 与民间机构的合作

第十六章 肩负历史使命的 UR

长期以来,由于城市更新的强正外部性,投资额度大、项目周期长、投资回报率低,私人部门往往不愿参与其中。UR 作为具体的执行机构,城市更新更多的是依赖政府支持获取土地进行综合性的开发和建设,直接参与各项事业的执行。

未来城市更新领域,UR 扮演的角色是项目顶层设计者与协调者,提供土地获取、项目设计、技术支援、机构协调等支持,将重点对以民营企业为主体的城市更新项目提供支援。这是因为城市更新的准公共品特性,除了需要大量的投资和专业知识之外,还长期受到各种复杂权利关系的影响;如果单纯由民营企业和地方公共团体来实施,将面临诸多困难,因此,作为具有国有企业背景的 UR 仍将发挥重大作用。

目前,UR 在城市更新领域中扮演的角色主要有三种:①接受市场机构城市更新项目的委托,借助已有经验和强大的团队,制订区域计划,推动本地各方合作,再根据地区实际状况,提供初期的支援;②承担道路、交通等公共设施等的更新;③支援私企主导的城市更新项目,或以项目组成员之一身份参与并获取相关的股份,或作为共同事业的推进者。总而言之,为了使得城市更新项目顺利开展,UR 在其中所承担的职能主要是项目的协调者和实际参与者,提供公共基础设施的建设。

简单地说,一般城市更新业务中,UR 接受具有城市更新意向城市个人地主、市场机构或地方政府的委托,进行初期的调查、协同工作,参与城市更新相关基础设施的配建工作,推动城市更新项目的顺利进行(如图 16-47 至图 16-49)。

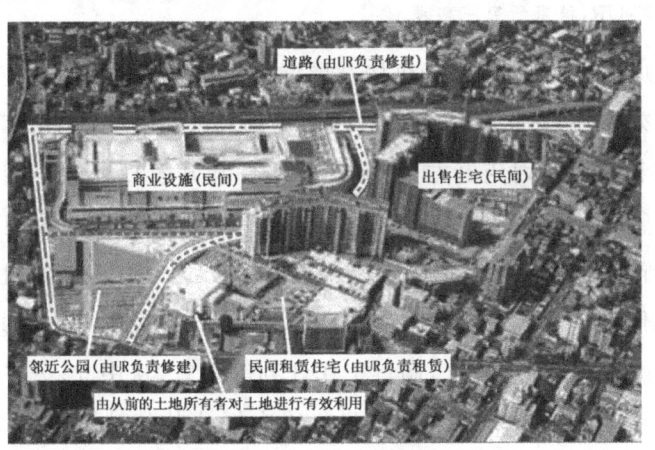

图 16-47　UR 城市更新事业说明

资料来源:UR,链家研究院整理。

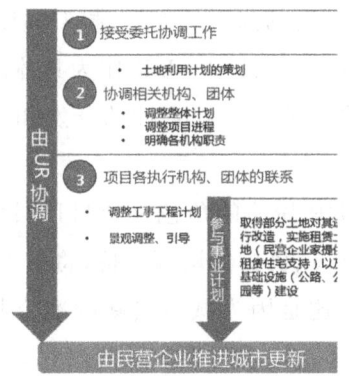

图 16-48　UR 城市更新业务流程

资料来源：UR，链家研究院整理。

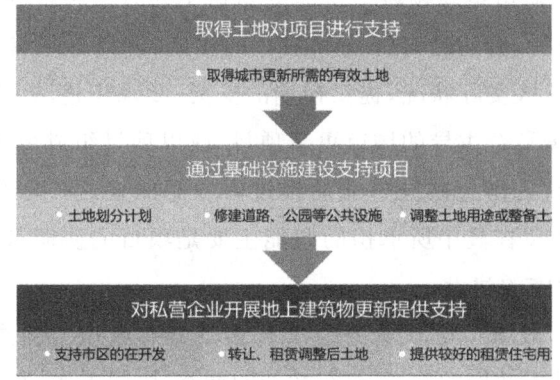

图 16-49　UR 城市更新对市场机构的支持

资料来源：UR，链家研究院整理。

目前，UR 在积极支持市场机构开展城市更新项目，代表性业务有：①对工厂土地的有效利用项目，与地方公共团体等相关人员协商，制定工厂原址的土地利用计划和城市计划变更方案，对开发条件和开发日程的早期决策等事宜提供支持。②恢复城市活力项目，充分利用多年的经验，通过制订城市复兴改造计划、进行市区改建的各项调查、协调有关人员达成共识、吸引民营企业，对地方公共团体及地区人员提供支持服务。③对于相关人员达成共识，吸引民营企业家，建立事业推进系统，制订工作计划等事宜，从中立、公平的立场给予支持。推动市场机构再开发事业项目。④支援公共基础设施建设，从地方公团制订城市重建计划的阶段开始提供支援的同时，还要代替地方公共团体重建道路、公园等基础设施。

2.城市综合再开发

随着城市更新发展到目前阶段,UR所参与的城市更新项目多为围绕着五大核心内容的综合再开发。

(1)伴随产业结构的转换,重组大规模的土地再开发

以东京都江东区东云地区为代表的产业结构转型、土地的再开发是UR城市更新"从闲置地区到复合型城市复兴"的体现。随着日本产业结构由汽车制造、电子家电制造向第三产业的转型,大量工厂和仓库的迁移,江东沿岸地区大量的闲置土地需要谋求综合利用。通过对大规模土地的利用再开发,东云地区目前已经形成人与自然的和谐共处,不但可以领略森林般的自然风景,还能体会到银座那样的都市氛围(如图16-50)。

图16-50 东京都江东区改造情况

资料来源:Google,链家研究院整理。

(2)建立城市"生活·交流·经济"新中心

神奈川县横滨市的Minato Mirai 21中央地区是UR"创建人、物、文化相融合面向下一个世纪的新据点"的典型共处城市更新理念的体现,通过城市更新将关内·伊势佐木町和横滨站周边的市中心连接起来,从而形成的新生活经济文化中心,自1983年开展自此,从高水准的城市基础建设逐步推进,使得横滨向国际化城市大步迈进(如图16-51)。

图16-51 Minato Mirai 21中央地区

资料来源:Google,链家研究院整理。

(3) 提高城市防灾能力,改善密集型市区

为了应对地震高发、早期住宅以木质住宅为主的特殊情况,提高城市防灾能力,在道路狭窄、老化木制住宅比较集中的地区,UR 进行道路扩展以便于警车通过,同时修建防灾广场。此外,改造租赁住宅和建立当地供给不足的配套设施,推进城市道路规划一体化的工程。通过将工厂原址改建为防灾公园,成为一个避难区,非灾害时期是儿童及大人们的休息场所,灾害时期则搭建临时帐篷。

① 通过为私营租赁住宅提供支持形成良好的住宅市区

桃井三丁目地区是 UR 与私企合作的代表,为私营租赁住宅提供支持实现通勤便利的便捷生活。UR 与本区企业携手合作,将大规模的汽车工厂原址整体改建成防灾公园和市区,强化地方的防灾功能。同时,保留树木、修建公园与林荫道等设施,与周边环境和谐共处,形成居住环境良好的住宅区。

② 有效利用现有租赁住房,改造地区生活据点

这是对 UR 以社区为单位进行的全面房屋再生措施的另一种表述。如前节所述,UR 在租赁住宅改建时,从城市更新的角度考虑周围地区的情况,与地方公共团体和私营企业合作一同推进事业的发展;此外,要对低于平均居住水平的土地、尚未受到有效利用且建设年代久远的旧住宅进行再生。

第五篇　经验借鉴

第十七章

日本城市更新的经验总结

日本作为亚洲城市更新领域最具竞争力的国家,其城市更新行业发展历程、企业经验以及政策实施对于我国萌芽状态中的城市更新行业具有重要的借鉴意义。

一、日本城市再生的经验与教训

(一)经验

日本的城市更新是由政府发起并推动,设置中央直属机关进行统筹规划,在实施过程中注重政府与市场的边界划分,把城市更新分为三种模式:民间主导模式、官民合作模式与政府主导模式。民间主导模式主要集中在东京都、大阪市等一线国际化大都市内,通过一系列的政策优惠在保证城市更新项目公益性的基础上充分发挥市场主体的效率性。官民合作模式则着眼于全国所有中小城市,此类城市更新项目的公益性更强,通过财政补贴40%,私营企业与政府合作共同推动地方施行城市更新。政府主导模式于2014年推出,政策实施效果有待时间检验,政策具有一定强制性意味着未来日本城市更新的推广速度可能会加快。

日本的城市更新推行过程中政府出台了各类鼓励政策与相关制度创新,为了保障政策的推进对房地产行业、建筑行业、租赁管理行业以往的制度问题进行及时补充修正,为这些行业的健康发展奠定了基础。市场主体通过参与城市更新项目得以加强合作、扩大业务范围、改善企业经营状况。城市更新政策的推进也为城市居民提供了更好的城市生活环境,改善了居民居住质量,集约化的城市更新策略大大减少了泡沫前大城市"职住分离"的现象,提高了居民整体生活质量,值得我们借鉴。

(二)教训

从日本城市更新的开启历程中可以发现,在1975年至2000年间人口向首都圈单向流动,首都圈城市环境恶化,首都圈住宅供给不足现象加剧。日本政府虽然出台了一系列相关政策希望改善城市内部密集市街地的居住环境,提高建成密集市街地的土地使用效率的同时改善居住环境,但这些政策在旧城的实施难度更大,在没有政府足够重视的前提下实施效果微弱,在郊区促进了市街地的开发建设,起到了缓解市区住宅供给不足的作用。建筑规制的放松虽然促进了开发行为,但是规制与城市开发的管制放松也造成了郊区城市开发的无序化与无节制发展,最终导致公共设施与交通等城市基础设施的维持管理费用快速上升,人口增长带来的税收所得无法负担城市管理费用,城市财政负担逐渐增加。快速增加的郊区新建住宅供给在日本房地产泡沫的破裂后逐渐出现了各种各样的新问题:

(1)同时期大规模住宅小区的集体老旧化与居民的集体老龄化;

(2)没有新的年轻人入住导致社区环境单一化;

(3)老年人生活支援供给密度不足,出现大量独居老人与老人孤独死现象;

(4)远郊交通基础设施建设中断,医院与护理设施数量不足等。

政府对城市更新的重视程度不足导致提高城市内部土地使用效率,改善城市内居住环境的政策实施效果不明显,而人口纾解与鼓励住宅开发的政策,忽视了新建住宅过剩与人口老龄化可能带来的潜在问题,继续向郊区开发新的住宅用地,在1990年房地产泡沫破裂后才开始寻求解决途径。这种城市无节制扩张与人口纾解的做法,不仅没有解决城市发展中遇到的各种问题,反而加剧了职住分离、城市拥堵的现象,城市居住环境恶化,降低了人们的生活质量,并且带来巨大的社会资源浪费,这种城市发展过程中容易出现的无节制与无序的城市扩张问题值得我们警惕。

二、中日城市化发展阶段的异同性

通过宏观经济与人口指标的对比,中国目前城市化发展的阶段比较类似于日本1975年至2000年的阶段:GDP增长率从过去的高速增长转变为中低速增长,与此同时第三产业对经济增长的贡献更大,经济发展对投资的依赖性开始变弱,对消费的依赖性更强,老龄化水平与日本20世纪80年代的水平相当(如表17-1)。

表 17-1 中国与日本宏观经济与人口指标阶段对比

指标分类	具体指标	单位	日本						中国
			1955—1965	1966—1975	1975—1985	1986—1995	1996—2005	2006—2015	2016年
GDP	GDP(不变价)平均增速	%	9	6	4	3	1	0.5	6.7
	人均GDP	美元	553.5	2547.6	8938.2	28121.7	34645.1	37953.6	7823
	人均可支配收入	美元	477.62	2173.88	7670.75	23288.7	28310.91	31656.81	3587.5
产业结构	第一产业比重	%	13.3	6.1	3.3	2.0	1.5	1.1	4.4
	第二产业比重	%	38.9	41.0	38.0	36.2	32.1	28.3	37.2
	第三产业比重	%	47.8	52.9	58.8	61.8	66.5	70.7	58.4
	房地产产业产值所占比重	%	7.3	8.4	9.4	11.4	12.0	11.8	6.5
支出法GDP	最终消费占比	%	69.01	62.93	68.46	67.87	71.53	76.93	53.62
	固定资产形成占比	%	27.69	33.73	29.82	29.61	27.04	23.19	44.18
	净出口占比	%	0	1.01	1.18	2.12	10.91	15.89	2.2
价格	通货膨胀率(CPI)	%	4	8.5	4.4	1.2	0.1	0.3	1~2
人口	总人口	万人	9357.13	10511.76	11731.84	12379.01	12701.32	12768.97	138270
	城市化率	%	62.4	72	76.3	77.4	81	89.3	57.36
年龄构成	老年人口指数(65岁以上/15—64岁)	%	8.68	10.15	13.16	17.44	25.27	36.29	14.88
贫富差距	基尼系数(收入再分配后)		0.34	0.33	0.34	0.36	0.38	0.38	0.462

资料来源：中国国家统计局、日本统计局，链家研究院整理。

与日本 1975 年至 2000 年阶段有所不同的是，中国目前的人均 GDP 偏少,人均可支配收入更是仅为日本1975年至1985年水平的47％左右,中国的城市化率为57.36％,远远低于该阶段日本城市化率水平,同时基尼系数偏高。这说明,中国目前城市化率水平还有待提高,未来还会有更多的人口向城市流动,但是城市可新增的建设用地面积在逐年下降,人地矛盾凸显。

我们目前面临着与日本1975年至2000年阶段类似的城市发展问题,而且我们的城市化水平远远低于日本且国民贫富差距更大,面对这些问题我们可以通过借鉴日本解决城市发展问题的经验,同时吸取日本城市发展过程中的教训,尊重城市发展规律,重视城市更新,发展存量市场。

三、关于城市更新的经验借鉴

(一)对企业的启示

1.提前布局,持有城市核心区域核心物业

城市核心区域是一个城市政治、经济、文化等活动最为集中的地区,也是城市第三产业最为集中的区域。

从日本城市核心区域城市更新的经验中可以看到,为了配合城市经济与生活的快节奏变化,核心区域的城市更新未来更需要从"街区"(商圈或社区)的视角出发,让整个街区满足城市的经济性,提供更加实用和便利的环境,包括道路交通的重新规划、各类商业配套设施的建设等;提升人们的舒适感和愉悦感,让街区绿化环境更加适宜,为居民提供更多方便社交的公共场所,组织举办各类提升街区活力的公共活动。虽然目前中国大规模城市更新的政策红利还未到来,但企业若想抓住未来的城市更新的机会可以选择提前布局,在城市核心区域进行小范围或者单栋的物业更新,积累业务经验。

2.联合开发,重视合作

大规模城市更新中牵扯复杂的利益关系,即使是在政府全力支持的日本,由一家公司负担整个更新工作的难度也比较大。三菱地所之所以可以独立负责丸之内地区大规模城市更新,是因为丸之内约1/3的物业产权属于三菱地所,产权关系较为简单,业主之间的利益关系更容易协调。在产权关系比较复杂的情况下需要企业加强合作,联合开发,如"大阪站·梅北地区先行开发地区项目"则是以三菱地所为首的12家公司联合进行,区域整理业务由UR负责。与此同时,城市更新项目开展前需要细致的项目规划、开展中需要建筑更新上的技术支持、完工后需要综合性的物业管理与运营能力作为支撑,单一企业很难具备以上所有优势,通过联合开发的方式可以发挥不同企业各自的优势,取长补短实现最优。

3.通过证券化的方式使风险分散化

城市更新项目周期较长,需要资金量大,同时更新时常具有连锁性,并非一次完成。以三菱地所为例,丸之内城市更新项目从1998年开始至今已经进行了20年,企业需要长期持有部分土地或者物业,项目进行过程中不动产价格容易受到市场或者政策变动影响出现较大波动,对企业经营带来较高风险。项目实施者为了避免这些风险可以通过证券化的方式提高流动性,同时将持有物业的风险充分分散。

(二)政策借鉴

1.注意新城开发与城市更新的节奏问题

我国目前城镇化率为57.36%,城镇化率较低,依然存在大量人口需要进入城市生活,这决定我国目前的城市政策一定还是以新城开发为主。但是从日本的经验来看,随着经济增长速度放缓、人口老龄化程度的加深与城市开发面积的增加,政府需要密切关注新增住宅与城市建设用地的使用效率问题,不能无节制、无管控地进行城市扩张,单纯的城市扩张并不能完全解决城市发展问题,也很难提高城市居民的生活质量。要解决城市拥堵、居住环境恶化、居民生活质量下降等一系列问题需要政府更多地关注城市更新,通过新城开发为主与旧城改造为辅的方式双管齐下,构建可以让居民安心舒适居住的城市。

未来随着我国城市规划布局更加合理、政府城市管理技术的效率化、旧城土地使用效率的提高可以弥补新城开发所带来的增量成本,大规模城市扩张的方式会逐渐被集约型的城市再生模式替代,因此政府在城市发展建设的过程中要注意旧城改造与新城开发的节奏问题,尤其是人口持续流入的城市,可能会先行进入"集约型城市更新"阶段。

2.重视城市更新与存量再生市场

城市更新与存量再生不仅可以解决目前城市发展中遇到的诸多问题,同时也可以形成新的经济增长动力点,通过城市更新与存量再生帮助政府实现区域产业结构调整,为企业经营提供更加完善的商业设施配套,为居民提供更加便利的生活设施配套,可以达到提高企业经营效率、促进居民消费的效果。

政府应尽快为城市更新与存量市场的发展提供良好的政策土壤,具体可以包括城市规划制度中对建筑容积率的限制放松与各类制度创新,存量物业所有权和使用权流通的政策环境改善,提高存量市场效率,保证存量市场有充足的流动性。政府机构的密切参与引导也十分重要,城市更新项目中企业可能面临税收制度、金融制度、建筑规划规制等诸多制度挑战,政府机构的参与可以及时发现并解决市场参与的困难点,帮助城市更新政策的推进。

3.政府参与城市更新的边界划定

以物质和经济再生为主的城市更新应当发挥市场的效率优势,由民营企业主导进行。政府可以在市场主导的城市更新中发挥一定的引导作用,以附带条件的税收优惠、金融优惠与相关法规制度宽松的方式让民间主导的城市再生成为可能,同时让物质和经济再生与社会、文化再生相结合,放宽对容积率的限制、放宽对道路上方空间利用的制度限制,对参与城市再生的企业免征部分增值税、企业所得税、房产税等,提高民间企业参与城市再生的积极性,推动城市可持续发展。

在以历史文化、社会关系为主的城市再生上,由于这类城市再生与公共产品性质接近,具备在消费或使用上的非竞争性和受益上的非排他性,应当由政府主导进行。

4.从单一内涵的城市更新转向综合内涵的城市更新

早期单一内涵的城市更新由于仅仅从物质和经济的角度出发,容易对城市文化、历史与社会造成不可逆转的不良影响,从长期来看不利于社会的可持续发展。

目前中国旧城改造中容易出现大规模拆迁的问题,这种大范围的建筑拆除工作容易对周围环境产生负担,破坏社区邻里关系和当地文化,同时对原本居民的城市生活和社区关系产生不利影响。针对这一问题,在城市更新过程中政府可以通过阶段性分批改造,本着最小化更新的原则尽量减少同一时期的大规模搬迁,缩短搬迁距离,渐进式完成城市更新。城市更新规划中注意将"绿地和水道"与"城市空间"充分融合,进行建筑更新时保证主干道与大规模绿地的连接,充分利用城市屋顶空间进行屋顶绿化,为市民提供更多的绿色空间,恢复城市历史填埋或者掩盖的水道,美化城市景观、改善城市环境。

此外,中国目前的城市更新项目主要集中在老旧住宅与城市老工业区的更新上,从日本城市更新的经验中看到,城市更新的项目类型是十分多样化的,可以包括交通机能的改善、车站广场的再开发、公共用地的再利用、商业与金融中心的再开发、历史建筑的修护、地标创造等,可以通过设置专项资金的方式鼓励高校专家学者、设计师、城市规划研究者等社会多方专业人士参与城市更新项目设计,设定详细的民间企业进入城市更新项目门槛与从业规范,让具备参与实力的企业更好地参与进来,通过产学研结合,让项目参与者多样化,保证城市更新项目内涵的丰富性。

第十八章

日本二手房市场的经验借鉴

尽管日本住宅市场从1968年后进入了存量房时代,但并非进入真正意义上的"存量市场",新房交易一直主导了住宅市场格局。但日本经纪行业与政府在规范二手房交易、参与房屋再生的尝试仍然值得我们借鉴。

一、经纪行业的经验借鉴

(一)日本经验

建立房源共享平台,降低信息不对称,提高行业效率。日本从1973年开始构思建立房源信息共享系统,日本的REINs系统基本上是仿照美国MLS系统建立的,为经纪人提供了一个可以最大范围公开房源信息的渠道。

但是日本没有禁止房源多家委托,同时专属专任合约与专任合约房源委托的上传时间要求5~7天,时间要求较为宽松,多家委托不强制要求上传REINs系统。这种规则设定为大型经纪公司隐藏房源获取双边代理提供一定的便利,也是日本二手房经纪行业中饱受诟病之处。

二手房交易过程中设置宅建士与重要事项说明环节对风险进行充分稀释。二手房交易过程中的风险点较多,且交易涉及金额巨大,日本在不动产交易过程中设置了对交易对象与合约内容的说明(重要事项说明)环节,并且规定重要事项说明与书面合约的认证过程都必须由宅建士完成。这种交易环节的设置可以大大减少买卖双方可能存在的隐瞒行为,降低交易风险。

协会对行业发展的作用不可替代。在行业内部,协会为经纪公司提供交易相关信息,举办经纪人教育研修与研讨会,提高经纪人的专业能力与职业素养,加强经纪公司与经纪人之间的交流合作。制作各种标准格式的交易文书,并在行业内推行,让二手房交易更加标准化、规范化。在行业以外,协会积极参与政策提案,进行调查研究,及时向政府反映行业中出现的问题,协助政府更好地进行管理与引导;向消费者提示二手房交易中容易出现的各类问题与风险,制作更加简单易懂的二手房交易流程说明书,为消费者提供交易相关咨询与投诉渠道,保护消费者利益的同时维护行业声誉,增强消费者的信赖感,从而达到降低行业整体沟通成本的效果。

(二)中日差异性

1. 行业基础设施不同

中国目前并没有建立房源信息共享系统,房源信息分散在各个经纪公司内部的房源信息库与房地产相关互联网信息门户网站上,没有统一的房源信息共享平台也就意味着没有对房源信息的统一管理,房源信息质量无法得到有效保障,房源信息的分散化与信息质量的不统一不断损耗行业效率,导致中国二手房交易行业的效率较低。

2. 交易环境不同导致经纪渗透率不同

日本法律明确禁止卖方在二手房交易中隐瞒房屋瑕疵以促成交易的行为,并强制卖方在一定期限内对出售二手房的瑕疵有担保责任;除此之外,个人之间的直接交易申请贷款时会给银行带来很多麻烦,一般银行不会受理个人之间直接交易的购房贷款申请,因此在日本就算是亲戚之间做交易,一般也会通过中介公司,因此日本不动产买卖中介渗透率几乎可以达到100%。我国由于关于二手房交易行为的法律法规不够完善,买卖双方对二手房交易中的风险认识不足,市场中有相当一部分二手房交易并没有通过专业经纪公司完成,而是买卖双方直接进行,因此二手房交易的经纪渗透率低于日本。

3. 行业协会的话语权大小不同

《宅建法》规定经纪公司获得营业执照需要交纳营业保证金,而营业保证金的管理由日本经纪行业协会负责进行,同时房源信息共享平台REINs的使用也需要经纪公司加入协会会员后才可以使用,这两条规定保证了日本经纪行业协会在行业内部具备一定的话语权、监督权与处罚权,可以辅助政府部门对经纪行业与二手房市场进行监管的同时加强行业自律。

目前我国没有独立的经纪人协会,仅有的房地产估价师与房地产经纪人学会主要负责房地产经纪人职业资格登记和职业培训、拟定和推行行业标准等,但由于协会缺乏监督权与处罚权,政府与行业协会的职权界限不明确,行业协会对机构和经纪人的约束力不足,在推行执业规则、提升经纪人员及机构的专业胜任能力和职业道德水平方面的影响有待提升。

(三)经验借鉴

1.建立更加有效率的房源信息共享系统

房源信息共享系统的建立可以降低行业内信息不对称造成的各类交易风险的同时大幅提高行业效率,这是"一石多鸟"的方法。但是值得注意的是,日本与美国建立的房源信息共享系统均是仅面向经纪人与经纪公司的信息共享系统,二者均不对消费者公开,这种房源信息共享系统是对"房源信息红利"行业内部的一种利益分配,可能会对消费者的利益有所损害。而建立一个同时面向经纪人、经纪公司与消费者的房源信息共享系统可以让行业效率得到更大的提高。

2.提高经纪渗透率,减少二手房交易风险可能造成的损失

政府与消费者都应该充分认识到二手房交易的复杂性与交易过程的风险性,专业经纪人与经纪公司参与交易可以大大减少二手房交易中出现风险的概率,及时终止不可能完成的交易,从而减少由于二手房交易风险可能造成的损失,保护买卖双方的利益,因此我国应该鼓励经纪人与经纪公司参与交易,提高行业的经纪渗透率。

3.充分发挥协会对行业的自律作用

为加强行业自律,推动行业良性发展,政府应该简政放权、加强经纪协会在行业中的影响力,充分发挥协会对行业的自律作用。加强协会对企业不法行为的监管,保护优质企业,避免出现劣币驱逐良币的恶性循环。协会本身也应当认识到自身的重要性,加强与政府、企业间的沟通,及时反映和解决问题,起到政府与企业间的"润滑剂"作用。为促进行业规范发展,政府应尽快完善相关法律制度建设,提高行业形象、维护行业利益;加强消费者教育,提供相关咨询与投诉渠道,充分保护消费者权益。

二、经纪公司的启示

(一)日本经验

1.让二手房交易更加安全

让二手房交易更加安全是经纪公司需要完成的最基本也是最重要的使

命,为此日本经纪公司一方面十分重视对经纪人的职业培训,加强经纪人的专业能力与业务素质,保证交易安全进行;另一方面针对交易风险多发点设计相应的交易安全性商品,最大限度降低消费者与经纪人可能面临的损失,保证交易顺利安全进行。

2.让二手房交易更加快速、让经纪服务更加便捷

在解决交易安全这一最基本的客户需求之后,经纪公司还需要满足客户对经纪服务的更高要求,即让房屋交易更加快捷的需求,让房屋实现快速流通、让房屋交易不再困难。针对这些需求日本经纪公司通过让评估价格更加合理、带看前的房屋布置与装饰服务以实现房屋更加快速地流通;针对不同客户的各类痛点,在提供二手房经纪服务的过程中,为换房客户准备卖出保证服务,保障客户可以及时卖掉旧房子拿到房款购买新的房子,为客户提供物品暂时寄存服务,让房屋交易的过程更加便利,同时还会为消费者提供各种服务大礼包,供客户挑选,最大限度满足客户需求,让经纪服务更加便捷。

3.让交易的二手房质量更好

二手房经过长时间的使用不可避免地会出现老化变旧、居住功能受到损失,日本由于地理因素,传统木质住宅较多,房屋存量质量较差,导致日本人民购买二手房时对质量的担忧较多。随着日本逐步进入存量房时代,国家鼓励存量的再生利用,为了解决客户对二手房质量问题的担忧,越来越多的经纪公司开始在二手房交易过程中加入更新改造环节,提供交易与改造一条龙服务,让经过再生改造后的房屋有着不亚于新建筑的内部装修设计与安全性,使房屋在二手交易与流通过程中质量也得到了提高。

(二)中国经纪公司的特殊性

1.混业兼业较少

日本二手房经纪行业中市占率较高的公司多为开发商、银行与证券公司的关联公司,这种复合背景为日本的经纪公司带来了更多的关联业务,整体混业占比过半,使经纪公司与母公司之间的业务联动性更强,实现集团的多元化发展。

中国经纪公司复合背景较少,大部分经纪公司都是以经纪业务起家,这意味着中国经纪公司业务类型较为单一,而房地产市场是一个周期性市场,业务类别单一意味着收入不稳定,企业与经纪人都将面临较大的风险,长期来看不

利于企业发展与职业经纪人的培养。

2.互联网基因更强

中国互联网技术发展日新月异,互联网行业欣欣向荣,目前中国已经处在一个将互联网技术红利向所有产业惠及的时代。在这样的时代背景下,我们看到中国的经纪公司已经突破了传统线下撮合交易的模式,纷纷开始积极布局线上,利用互联网的优势实现公司内部房源信息共享、经纪人与客户在线上实时交互、利用AR技术实现带看线上化等。未来随着二手房交易线上大数据的积累与人工智能技术的渗透,中国经纪公司可能通过一种与日本截然不同的方式满足客户需求,实现行业效率的最大化。

(三)经验借鉴

1.经纪人职业化

从本质上来看,房地产经纪行业提供的是一种服务而非商品,直接为客户提供服务的就是经纪人,因此经纪人是否足够专业保证交易安全、经纪人是否可以为客户提供高质量的服务显得尤为重要。为了提供让客户放心与快捷地交易,经纪公司应该积极地投资从业人员的培养与发展项目;鼓励经纪人学习房地产、税法、理财规划等各类相关专业知识,提高专业化程度;鼓励经纪人参加各类相关职业资格证书考试,并给予通过人员一定金额奖励;为经纪人提供丰富的职业培训课程,满足经纪人在工作过程中需要的各类职业需求,如商务礼仪、管理知识学习等;为经纪人提供清晰的职业规划,保证经纪人足够的成长空间,降低经纪人流失率,为企业和行业培养有经验有能力的职业化高素质经纪人。

2.针对交易风险多发点,设计相应的交易安全性产品

首先,二手房交易过程中存在许多交易风险多发点,根据日本经纪公司提供的各类安全性产品,我国经纪公司可以根据本国国情借鉴一二,如提供房屋物理状况、结构、使用程度、装修等方面详细的房屋检查报告以及评估价格,帮助买方更好地了解和评估潜在房屋;其次,在资金与产权安全方面,协助第三方资金监管服务与产权核验,尽可能规避产权瑕疵带来的风险;再次,经纪公司可针对房屋损坏向卖方提供免费或低价的维修服务,以及向买方提供房屋质量保证服务,对于交易后的质量问题或风险提供维修或赔偿。

3.完善价格评估体系,提高交易效率

在二手房交易过程中卖方合理的心理预期以及合理的挂牌价会直接影响该房屋是否可以成功交易、成交周期长短,为了提高交易效率不动产中介需要更加重视价格评估的重要性,完善价格评估体系,同时积极与卖方沟通,给卖方传递正确的市场行情信息,消除卖方的不合理预期。

4.提供更加高品质的经纪服务

从日本野村不动产中介的买卖中介服务选项中可以看到,二手房经纪公司可以提供的服务并不仅局限在单纯的居间撮合,帮助买卖双方议价。围绕整个交易,经纪公司可以提供更加高品质的经纪服务,让整个交易过程更加便利。例如:物品临时保存服务,为在本公司出售房屋的客户提供一定数量与重量的物品临时保存服务;为了提高客户带看效果,为待出售的二手房提供房屋布置与装饰服务;为在本公司购入房屋的购房者提供住房购入福利礼包等。在单纯的居间服务基础上为客户提供更加多样化、高品质的经纪服务,可以大大提高客户对经纪公司的满意度。

5.满足品质居住需求,改善存量住宅品质

存量住宅在交易过程中相对于新房的优势是位置较好、价格相对低廉,但是劣势也比较明显,二手房的质量明显低于新房,同时有些二手房建筑年代较早,受制于当时的建筑技术或者建筑风格,一些老旧二手房的质量并不过关,室内设计既不合理也不符合现代审美。而经过再生改造后的房屋有着不亚于新建筑的内部装修设计与质量,也具有独创性的内部装修设计,因此二手房购房者对于住宅再生的需求旺盛,并且随着存量时代的到来,未来提高存量住宅品质的住宅再生市场还有非常广阔的扩展空间。参考日本的经验,我国经纪公司可以提供的住宅再生模式有以下两种:

第一,一站式住宅再生模式,即不动产经纪公司依然站在居间者的角色,将二手房流通业务与改建装修业务更加紧密地结合,形成一个面向个人的一站式服务模式。

第二,购入改建再售模式,即经纪公司直接买入二手房并对住房进行改建装修后再销售给消费者的住宅再生商业模式。

6.多元化发展,加强业务联动性

多元化业务发展可以增加经纪人与经纪公司服务的附加值。作为分散的房源与客源的"连接人",经纪公司与经纪人具备其他企业无法获得的房源端

与客源端集聚优势,而房源端与客源端在其各自的生命周期中有多种多样的需求有待满足。例如:住宅的购买、租赁与装修需求,客源端的居住需求与投资需求,经纪公司的交易标的可以扩展到住宅、商业办公、物流地产等多种物业类型,围绕这些需求经纪公司需要开展更加多元化的业务,增加经纪服务的附加值。

加强业务联动性以熨平单周期不稳定性。由于房地产行业属于一个周期行业,房屋交易量波动较为明显,为了抵御这种行业周期性波动对公司经营带来的不确定影响,经纪公司可以加强新房销售、二手房交易与改建装修业务、租赁业务等没有明显周期性波动的业务联动发展,同时加强地区之间的联动发展以熨平周期不稳定对企业产生的影响。

三、二手房市场的政策借鉴

(一)日本经验

1.完善的住宅统计体系为政策出台提供依据

日本五年一次的住宅计划在制定之前均需依据统计局每五年一次的《住宅土地统计调查》与国土交通省提供的相关频率更高的住宅调查数据。完善的住宅统计体系可以帮助政府及时了解全国住宅情况,发现问题并制定合理的政策来解决问题。根据全国家庭数量变化的预测与房屋存量的对比、通过监测全国房屋空置率的变化,日本政府于2006年废止住宅建设计划,住宅政策由重视增量转变为重视存量的有效利用。可以看到日本政府出台政策主要是根据各类房地产相关数据指标制定,且政策目标可量化、政策效果可监测。

2.完善的税务体系为政策引导市场提供多样化手段

从目前日本政府在实现具体住宅政策目标时所采用的行政手段中可以看到,政府已经退出直接干预市场的时代,采取间接引导鼓励市场的手段来实现其住宅政策目标,而这些间接手段主要为各类与住宅相关的税收政策。通过调节某些市场行为的税收政策,以税收优惠来鼓励,以提高税负来抑制,达到影响市场行为的效果(如表18-1)。

表 18-1 日本不动产税务体系

涉税环节	取得不动产环节	持有环节	流通环节	赠与	继承
税种	印花税 房屋登记税 不动产取得税 消费税	所得税 法人税 事业税 事业所税 住民税 固定资产税 特别土地保有税 消费税	让渡所得税 (居住用、商用、 换房、交换)	赠与税	遗产税

资料来源：链家研究院整理。

3.完善的经纪行业法律体系为行业内市场竞争提供一个良性环境

日本于1952年出台有关经纪行业的法律《宅建法》，随后根据日本本国国情不断补充并完善经纪行业法律体系，以《宅建法》为中心建立了相对完善的不动产经纪行业监管体系，为二手房交易构建了一个安全、安心的环境，为日本二手房市场的发展扫清制度障碍。

(二)中日二手房市场的差异性

1.土地所有权制度不同

土地价值的变化具有很强的外部性，交通规划、教育与医疗设施的规划、工厂规划、商业设施规划等一系列土地规划会对土地未来价值的预期产生巨大的影响，日本土地私有且土地与住宅价值分离，土地与住宅是分开交易的。这决定了日本住宅的交易价格中并没有体现土地区位价值的变化，日本住宅的传统评估方式习惯使用比较简单粗暴的直线折旧法，导致日本住宅价值容易被低估，而住宅周边规划带来的区位价值提高可以在土地交易价格中得到完整的体现。

而中国土地是由国家所有，居民购入的只有70年的土地使用权，但是实际二手房的交易价格中往往包含着土地价值的变化，土地价值的变化通过市场供需直接传导至二手房的交易价格之上，因此导致中国住宅评估比日本更加困难。

2.地理环境不同

日本由于其特殊的地理环境，住宅存量质量较差、可交易住宅存量不足、地震频发等原因导致二手房市场长期小于新房市场，而其他发达国家的二手房交易量均远远超过新房交易量。中国幅员辽阔，大部分地区并没有处于地震多发地带,住宅特别是商品房以钢筋混凝土结构为主,住宅平均使用寿命比日本更长、质量也高于木质住宅,因此从长期来看,中国二手房市场未来的市场规模会持续扩大,二手房市场规模将大于新房市场规模。

3.房地产市场没有经历过完整的周期

日本房地产市场历史上曾经历过三次地价的迅速上涨,三次上涨的土地类型有所不同:第一次为工业用地,第二次为住宅用地,第三次为商业用地。在第三次商业用地价格迅速上涨的后期地产泡沫破裂,导致银行出现大量不良贷款,以间接金融为主的金融系统崩溃,对日本经济发展带来了沉重的打击。地产泡沫的破裂彻底打破了"地价神话""地价只涨不跌"的市场预期。经历过地产泡沫后的日本,面对房地产市场显得更加理性,同时对房地产的研究也开始更加深入彻底,认识到房地产行业不仅仅可以在价格上涨时获得收益,在价格下降时一样可以获得丰厚的收益,各方对房价、地价下降的恐惧心理逐渐消除。相比之下,中国房地产价格没有走过完整的周期。

(三)政策借鉴

1.建立完善的住宅统计体系

中国房地产市场相关统计基础数据不全面、不及时、质量不高,而且由于我国国土辽阔、经济与房地产发展程度差异大,房屋信息掌握在不同部门,缺乏统一的房产数据库,导致政府无法及时掌握市场现状,导致调控政策针对性不足,具体体现在政策出台的时机与实施政策的依据不足、政策实施效果难以监控与评估;此外,存量住宅信息以及交易信息的不公开不透明,导致人民群众对于房地产市场认识不足。

我国政府应尽快促进房管局数据的统一和联网,建立房地产基础统计体系,让政策出台有数可依,保证政策执行的连续性与可监测性,避免舆论倒逼,同时房地产基础数据的对外公开与透明化有助于帮助人民群众理性认识房地产市场,树立正确的房地产观。

2.完善住宅相关税务体系

税收是国家财政的保障,同时也是国家宏观调控的重要手段之一,针对个人的税收政策还可以起到调节个人所得、缩小国民贫富差距的作用。目前中国针对房地产,尤其是个人购买或者持有房地产相关的税务体系在住宅流转环节税法设置较为烦琐,税收漏洞较多,导致居民可避税空间较大,而在住宅持有环节税法设置空白。这样的住宅税务体系导致政府很难使用税收手段起到干预市场的作用,限制了政府间接干预市场的手段选项,导致政府被迫只能选择限制购房资格、提高流通成本、改变购房优惠金融政策等方式来干预市场。我国政府应尽快建立完善的住宅税收体系,丰富政策调控手段,简单地限制流动性与限价政策不利于市场的长期稳定。

3.尽快制定经纪行业相关法律法规

我国二手房经纪行业处于发展的初级阶段,行业缺少相关法律进行规范,目前仅有住建部《房地产经纪管理办法》与协会《房地产经纪执业规则》对经纪行业进行规范。但目前的管理办法中对经纪公司的业务范围与准入门槛、经纪人的准入门槛与从业限制、房源信息传播的规范、对消费者的保护等多方面规范阐述不够清晰同时配套监管缺失,对行业业务范围有没明确边界划定,业务纠纷的解决容易出现权责不明确的情况,监管部门的监管范围也可能出现重叠与空白。

从日本关于经纪行业的监管与规范中可以看到,一套完整的经纪行业监管体系对于二手房市场与经纪行业的发展至关重要,尽快出台相关法律,可以让行业行为有法可依,肃清行业乱象。具体包括:

第一,明确经纪公司的业务范围,建立相关准入门槛以及相关诚信档案,对于通过不正当方式获取营业执照,有过犯罪记录,或者曾经被吊销营业执照并未超过5年的不得进入;建立经纪公司营业保证金制度,确保设立的经纪公司具备一定的抗风险能力,加强对企业不法行为的监管,保护优质企业,避免出现劣币驱逐良币的恶性循环。

第二,明确经纪人的业务范围,做好经纪人从业备案记录并建立相关诚信档案,对于有过相关诚信不良记录且记录时间未超过5年的经纪人,经纪公司不得雇佣,净化经纪行业队伍。

第三,尽快规范房地产交易信息的传播,对房源信息的时效性、真实性等提出规范化要求,降低交易信息不对称可能造成的交易风险。

第四,建立流畅便捷的消费者咨询与投诉渠道,加强消费者教育,充分发挥消费者的监管作用,确保消费者合法权益不受侵害的同时,通过消费者投诉可以大大降低监管成本,有利于行业长期健康发展。

第五,建立更加透明、安全、高效的交易制度,加强资金监管,缩短产权核验的时间,保证交易流程与进度可实时查看。

第十九章

日本租赁市场的经验借鉴

自 2015 年 12 月我国中央经济工作会议上提出深化住房制度改革、建立购租并举的住房制度,到 2017 年 11 月中共十九大提出加快建立多主体供给、多渠道保障、租购并举的住房制度,让全体人民住有所居,让房屋回归居住本质,在这些政策指引下,租赁市场必然成为解决我国众多流动人口以及低收入人群居住问题的重要手段。而如何使得租赁市场更好运行、更好满足日益升级的多元化的品质居住需求仍然是一个重要课题。日本租赁行业的发展、企业的应对以及政策的应对对我们仍然有积极的现实意义。

一、租赁行业的经验借鉴

中国拥有远超过日本的人口、家庭,以及更广阔的租赁市场,但与日本近现代以来就发达的租赁市场相比,中国的租赁市场以及行业仍处于初级阶段,机构化水平较低。因此日本高度机构化的租赁行业对于我们具有重要的借鉴意义(如表 19-1)。

表 19-1 中日租赁市场对比

对比项目	中 国	日 本
租赁人口	1.69 亿人	3391 万人(1856 万户)
租赁人口占比	12%	35.4%
租金规模	1.02 万亿元人民币	7200 亿元人民币
租赁面积	13.6 亿平方米	8.5 亿平方米

资料来源:日本国土交通省,链家研究院。

(一)日本经验:分散的租赁也专业,业态也丰富

日本房屋租赁市场与二手房交易市场实际上是相对分割独立的市场,联动性较弱。租赁住宅在租赁市场就完成了"建设—使用—再生—再使用—终止"的完整生命周期,而且租赁住宅在功能设计、住宅用途、房间布局上与自住住宅有较大的差异。加之日本日益严峻的人口老龄化,拥有多套租赁房产的个人地主年事已高

无力从事管理行业,租赁行业形成专业的租赁房屋开发—出租—租后管理—租金担保—资产证券化的全产业链条,形成以资产管理公司为核心的行业生态,提供租赁房屋建筑+房屋托管的一站式服务。

随着日本不动产证券化更广泛地运用,租赁房屋持有运营模式也在悄然兴起,成为高端公寓的代名词,更为重要的是,这一类持有运营公司往往具有房地产开发商背景,而且多为房地产私募基金或上市REITs,具有稳定的低成本的融资渠道。

观察可以得到,日本租赁市场机构化率达到83%,在全球范围内绝无仅有得高,并且日本租赁市场行业生态丰富,参与者众多,既有专业化租赁住宅开发和管理公司,也有分散的租赁中介机构,还有小众的租赁担保公司,而且房地产企业兼业比例高。日本租赁行业的经验表明,租赁行业虽然门槛较低,行业分散,但仍然需要专业分工,仍可以形成较为完整的产业价值链,具有多样的业态,也带来众多的就业岗位。

(二)中日差异决定了不可完全复制性

中国租赁市场和租赁行业具有独特的属性和社会背景,其决定了中国既不可能完全复制也不需要完全照搬日本。

第一,市场的联动性。如上文所说,日本租赁市场自成一体,与商品房开发共享开发市场,租赁住宅与自住住宅功能布局存在较大差异,一般为小户型设计,并交由专业的资产管理公司长期打理,与二手房房源普遍不存在竞争。而中国租赁市场房源主要来自房地产开发商集中开发销售于个人业主,再由个人业主出租,二手房市场与租房市场联动性极强,在二手房价格攀升过程中往往出现租赁房源集中进入二手房市场,导致租赁房源减少的现象。

第二,产权性质与供给。与中国不同,日本土地产权私有制,个人地主往往是租赁住宅土地与房源的主要供给者,而且因为往往出于避税需求选择建设租赁住宅并长期出租,这既是租赁住宅管理公司得以生存的土壤,也使得日本租赁住宅供给充足。在中国,土地招拍挂制度下开发商集中拿地进行商品房开发销售,缺乏大规模进行租赁用地开发与租赁住宅持有的动力,个人业主也较少持有大量出租房源。

第三,房价与租金回报率。日本租金回报率长期以来保持较为稳定,全国租售比约6%,而在中国,租金回报普遍仅在2%左右,个人业主出租意愿低(如表19-2)。

表 19-2　我国主要城市租金回报率

序号	城市	租金回报率(%)	序号	城市	租金回报率(%)
1	上海	1.33	8	成都	2.52
2	北京	1.36	9	武汉	1.88
3	深圳	1.34	10	郑州	2.68
4	东莞	2.05	11	杭州	2.35
5	天津	1.25	12	厦门	1.17
6	广州	2.14	13	无锡	2.62
7	苏州	1.58	14	南京	1.55

资料来源:链家研究院。

第四,租赁立法与租客的稳定性。在日本,租赁立法的完善、严格的租客筛选、高昂的换房成本,租客租期稳定,而且租客负有将房屋恢复原状的义务和责任,因而租客往往能够小心维护租住的房屋;而在中国,由于租赁市场发展处于初期,租赁立法基本空白,租客权益等不到保障,租客面临随意解约、租期不稳定的问题,同时业主往往面临租客违约、租住房屋受损严重等问题。

第五,公司基因与业务模式。日本租赁资产管理公司通常是混业经营的综合性公司,开展建筑业务、租赁中介业务、租后管理、租赁债务担保业务,而且租赁住宅管理业务中,由业主承担建筑成本以及房屋装修成本。而我国集中式公寓运营商以创业公司、中介、代理以及酒店背景公司为主,装修改造等成本由企业承担,导致同样以租金差为盈利点的包租模式利润率低。

第六,资产证券化。20世纪80年代日本不动产证券化已经非常活跃,而90年代房地产泡沫破碎后,资产证券化从政府层面得到大力支持,开发商以及银行等金融机构持有的租赁住宅纷纷证券化,实现资产的流动性与回流资金。而我国资产证券化正在初级阶段,证券化产品屈指可数,如魔方、自如的租金证券化,保利、新派的类REITs产品,我国租赁市场资产证券化仍然有巨大的市场潜力。

(三)经验借鉴:机构化是趋势,开发商具有强竞争力

以日本租赁行业为鉴,租赁人口、租金规模更为庞大的中国租赁市场,必将衍生出具有中国特色的行业生态。

1.租赁机构化,专业化租赁运营企业的轻资产运营

租赁机构化,一方面是产权结构上的机构化,机构持有房源的比例在增加;另一方面,公寓企业定位为租赁住宅持有机构或个人业主的资产管理机构,进行专业

化运营管理。因此,公寓企业的轻资产运营体现为,不作房源持有机构,而是纯粹的租赁运营管理方,同时,租赁运营管理中,改造、装修、维修等成本均由持有机构或个人业主承担,改变现有包租模式下公寓企业承担上述成本的困境。

未来,随着租金回报率的提高、金融配套的完善、房产交易税费的改革,更多的金融机构进入房地产市场成为重要的持有机构,也会形成庞大的房屋资产管理需求。此外,大量的闲置公租房、国企宿舍等集中住宅也成为公寓企业的重要机构客户。同时,随着消费者升级,传统的个人业主无法满足租客对于维修、租住问题的及时响应需求,个人业主也将自我解放,增加对租赁机构的委托。

而在机构化的过程中,解决我国现有包租模式盈利能力弱的问题就要弱化包租中的改造、装修、配置成本,那么轻资产运营将是一个重要的出路。

2.向上游开发、下游运营渗透,开发商具强竞争力

租赁需求在增长,租赁市场在崛起,租赁行业未来极有可能出现专业化租赁住宅开发设计+运营管理一站式模式。租赁住宅与自住住宅天然存在差异,小户型的租赁住宅的设计开发更符合租客的居住特点,也潜在提高了租金的回报率。

随着各级政府对房地产市场的调控、开发商自持地块的增加,未来开发商将成为重要的租赁房源供给者。截至2017年12月,北京、上海、深圳、广州、杭州、天津、佛山、苏州、重庆、大连已经有80家开发商自持116块租赁住宅地块,地块面积410万平方米,未来将提供9万套租赁住宅。而区别于日本小型地主的供给源,我国房地产开发商可以向上游渗透自己开发建设、下游自己运营管理(如表19-3)。

表19-3 我国租赁住宅自持地块情况

城市	地块数(块)	自持建面(万平方米)	以45平方米计算估计间数
北京	25	126	28044
上海	21	75	16667
杭州	43	99	21889
天津	13	36	8044
广州	6	31	6973
佛山	3	28	6227
苏州	1	3	611
重庆	2	3	562
大连	1	—	—
深圳	1	9	2000
总计	116	410	91017

资料来源:链家研究院整理。

开发商积累了丰富的设计开发与供应链管理经验,可以迁移至租赁住宅开发。此外,大型开发商具有较强的议价能力,一方面,对建筑商、家装、家电等供应商具有很强的议价能力;另一方面,相比传统的公寓企业能够吸纳更优秀的人才。

更为重要的是,自营能够最大化租金收益与集团利益。开发商实现自持土地低成本的开发建设,通过公寓运营管理获取租客信息,潜移默化提高租客的品牌认知度,在未来第一时间触达转化为购房者的租客,形成完整的闭环。

尽管开发商在公寓运营管理行业缺乏足够的经验,但是随着开发商自建公寓品牌团队的摸索以及与其他公寓企业的合作学习,未来开发商自营是利益最大化的选择。所以,未来中国也有可能出现租赁住宅开发+运营管理一站式模式,但这种模式在开发商自身内形成了完整的产业链条。

3.围绕租赁行业,租客筛查与租客征信有市场

在日本,严格的租客筛查在一定程度上对于降低违约风险,减少业主、公寓企业租金损失发挥了重要作用。而我国在第三方支付领域处于全球领先行列,个人征信行业正在打开,那么租客筛查与征信的结合具有跨时代的意义,既能提高公寓企业对优质租客的筛查,降低违约风险,又能增强租客守信意识,强化守信行为的积极性。

4.资产证券化很美好,也很重要

如上文所述,租赁机构化趋势的一个重要体现就是机构持有租赁房源。而资本的逐利性决定了机构持有必须有良好的资金退出通道以及高资产流动性,资产证券化是很重要的行业配套设施。此外,租金证券化也是专业化租赁运营企业高效低成本资金的融资渠道。区别于传统银行等间接金融融资渠道,证券化是企业与市场互动的有效方式。

二、租赁运营企业的启示

专业化租赁运营企业能够规范租赁市场、提高租住品质,而租赁行业的分散性决定了专业化租赁运营企业取得规模化运营存在门槛,必须具备核心专业能力。对于租赁市场刚起步的中国,专业化租赁运营企业已经出现了分化,如何确立租赁运营行业的领先地位,促进存量住宅的再生利用,日本企业的探索与努力对于我们也有重要的借鉴意义。

(一)日本经验:基于核心业务能力的全能发展

日本现代租赁住宅资产管理公司发展已超过 50 年的历史,管理业务体系、人才培养和行业的社会认知都较成熟。日本专业化租赁运营企业本身定位为服务于个人地主与租客的桥梁,谋求个人业主资产价值的最大化。商业模式上形成"租赁住宅建筑+运营管理"与"住宅更新+租赁管理"两种模式。

日本租赁运营相关的大型企业大多是基于核心业务能力的全能发展。日本登记备案的租赁住宅资产管理公司有超过 6000 家,但大多数规模很小、经营范围局限于本地。不过大东建托、Leopalace 21、大和 House 等企业成长为其中的佼佼者。它们的成长均是基于建筑业务或资产管理业务上的专业化能力,外延形成"租赁住宅建筑+运营管理"的商业模式。此外,日本资产管理公司与租赁中介高度融合,大型资产管理公司往往是行业靠前的租赁中介公司。在租赁住宅运营领域,房地产企业兼业率达 90%,大东建托、Leopalace 21 甚至向托儿所、幼儿园、养老地产、新能源以及度假休闲区进行业务拓展。

无论何种模式,同时服务好业主与租客的企业才能得到市场更好的回馈。大东建托、Leopalace 21 的商业模式能够满足老龄化地主避税与稳定现金流的需求,同时能够通过强大的数据能力向租客提供满足其需求的租赁住宅与服务。"住宅更新+租赁管理"模式的代表 ABLE 管理规模约 10 万套,能够为老旧房屋业主以及已有多套房屋业主提供存量住宅改造,提高租金溢价,通过建立 24 小时服务中心及时解决租客租住过程中的问题,免去业主与租客的多次交涉。

差异化竞争与极致的服务才能抢占更多的细分市场。大东建托与 Leopalace 21 的直接竞争中,Leopalace 21 通过深耕单身市场、专注企业客户以及注重女性客户需求,房源配备家电家具做到拎包入住、租期灵活,是少有提供短租业务的长期租赁公司,为租客提供线上管理、更换壁纸、女性瑜伽课程等个性化服务,从而实现了更高的业务利润率。ABLE 则避开房屋的建筑设计能力的弱势,专注于存量住宅的更新改造与租赁管理,在基本的租赁管理服务外,提供"故障维修 plus"服务,即业主每月缴纳少量费用,在出现空调、燃气等家用设备故障的时候,租客联系 ABLE 服务中心后,ABLE 将直接提供免费维修或更换,租客等待时间被大大压缩,标准化服务质量有所保障,对业主来说则在避免了意外支出的同时减少了很多麻烦。

需求为导向,大型资产管理公司在房地产产业链上经历多次迁移。无论大东建托、Leopalace 21 还是大和 House,历史的起点都不是租赁住宅的建造与管理,但是随着日本社会的变迁,大东建托、Leopalace 21 都从最初的工业仓库建筑管理或房地产开发业务转型而来,并通过精准把握市场趋势的前瞻性和优质的建筑能力,以及租赁住宅销售能力逐步取得行业领先地位。

大城市是租赁的主要战场。基本上所有大型的日本租赁运营企业都将三大都市圈作为核心战略区。大东建托管理的租赁住宅中,有 28.7% 位于首都圈,59% 位于三大都市圈。Leopalace 21 更甚,管理的住宅中首都圈占 36%,中部圈占 16%,关西圈占 14%,三大都市圈合计超过 66%。租赁住宅持有运营企业更是 80% 以上物业位于三大都市圈,以市值最高的住宅 REITs Advanced Residence 为例,仅东京 23 区占比就超 70%。

(二)我国租赁运营企业的特殊性

反观国内,租赁运营企业(青年公寓)萌芽于 2010 年,借力资本市场 2013—2015 年取得迅猛发展,但囿于包租的商业模式下货币化能力弱、盈利水平低,而房源的恶性竞争进一步恶化经营环境,于是 2016 年市场回归理性。但在一系列租赁政策红利下,2016—2017 年,房地产开发商跃跃欲试,并有少量开发商已试水。经历 7 年发展,我国公寓企业形成了以包租为主,托管、加盟及持有等多种经营模式并存的局面,参与企业有个人创业、中介机构、酒店以及开发商。但相较于日本租赁运营企业,我国租赁运营企业仍处于新生阶段,并具有其特殊性。

第一,管理物业形态的差异。日本租赁住宅主要来自于个人地主提供的整栋新建租赁住宅或多套业主提供的租赁住宅,所以说是以集中式租赁住宅为主。而我国租赁住宅物业分为集中式与分散式两种。集中式公寓除少数开发商原有自持或管理住宅以外,往往来自于商住两用、商场、写字楼等商业物业,需要巨大的改造装修成本,安全标准、居住体验相较于住宅仍存在一定差距。分散式公寓则是来自于高度分散的个人业主,大多进行 N+1 改造,租赁住宅分布在城市内各个小区的不同单元楼内,从业人员管理半径大,公司管理系统与服务响应时间面临的挑战大。

第二,商业模式的差异。日本租赁住宅管理根据业务内容以及收益来源分为包租与托管,托管提供招租+租后管理服务,收取管理费,不承担控制风险,日式包租运营企业需要承担空置风险,以租金差为盈利点。但日式包租属于轻资产的长期运营,即改建、装修以及重大维修均由业主承担相应的成本,签约期限长达30～35年。中国式包租改造装修配置成本均由企业承担,而且租约较短,特别是分散式公寓签约时间大多在3～5年(如表19-4)。

表19-4 中日公寓企业规模对比

排名	日本租赁住宅管理公司	中国集中式公寓	中国分散式公寓
Top 1	大东建托 100万套	魔方公寓 3万间	自如公寓 40万间
Top 2	积水House 57万套	万科泊寓 3万间	相寓 20万间
前十合计	386万套	10万间	100万间

资料来源:链家研究院整理。

第三,管理规模差异。日本租赁住宅管理公司成长出大型上市企业,最大的租赁住宅管理企业大东建托管理规模可达100万户,市场份额超过7%,而我国租赁房源的稀缺性导致最大的集中式公寓管理规模不超过3万间,最大的分散式公寓管理规模不过40万间(预估10万套)。

第四,产品形态的差异。日本租赁运营企业间差异化竞争也使得租赁产品形态丰富,既有家庭式租赁住宅,也有单身公寓;既有面向高收入人群的高端公寓,也有面向中低收入的普通租赁住宅。而我国租赁运营企业几乎都选择青年公寓,产品同质化严重。此外,除Leopalace 21等少数企业,日本租赁运营企业提供的长期租赁住宅基本上不配备家电家具,均由租客自己配置,而我国青年公寓会提供一定的家电家具以吸引租客。

我国租赁市场的特殊性决定了租赁运营企业不可能完全学习日本租赁住宅资产管理公司的经验,我国租赁营业企业所面临的房源改造力度大与房源紧张问题也是日本租赁运营企业无法想象的。

(三)经验借鉴:服务至上,差异化竞争

日本租赁市场经验表明,无论公司背景差异如何,运营的本质是服务,谁能够抓住需求,谁就能立足于市场。相较于日本租赁运营企业50多年的发展,我国租赁企业仍处于新生阶段,需要学习和借鉴的方面还很多,未来格局仍可期待。

1.准确定位,差异化竞争

需求是不断变化着的,因此企业需要不断地找准定位,发现需求、激发需求。随着我国消费升级的拐点到来,越来越多的品质居住供给将被释放出来,因此精准

抓住租客需求并提供与之匹配的服务才能被接纳被需要。与此同时,可能越来越多的金融机构、投资机构入驻租赁市场,资产管理服务需求也将随之增加。目前我国公寓企业更多的是服务于个人业主与商业地产持有人或长期租赁机构,未来服务租赁住宅机构持有者的能力至关重要。

面对日益增多的市场参与者,众多的租赁运营商(公寓企业)如何占有一席之地,产品服务差异化抢占细分市场无疑是最佳策略。市场越分散,机会点也就越多,商业模式和租赁产品也就越丰富。

2.优质的产品与服务立足,运营是关键

优质的产品与服务立足是不变的规律。"租赁住宅建筑+运营管理"模式通过极致的服务抓住租客,通过房屋建筑与运营一站式服务满足个人地主避税、资产保值以及解放劳动力的需求。"住宅更新+租赁管理"针对老旧住宅入住率低的痛点,通过更新改造创造租金溢价实现业主资产管理的需求。我国公寓企业应继续打磨产品,提供高品质的居住产品与服务。

在产品与服务之外,运营是关键。没有良好的运营能力,优质的产品与服务将会无用武之地,企业盈利也无从谈起。强大的出租能力、供应链管理能力、人员管理能力才能将品质和服务贯彻与保持,满足租客挑剔的品质体验。大东建托、Leopalace 21如若没有强大的租赁住宅运营管理能力,业主委托建筑业务也就进入负反馈系统。同样,对于采取包租模式的我国,利润率对于空置率的敏感度远高于租金的调整幅度,修炼内功,提高销售、运营管理能力是决定生死一线的。

3.大城市策略

租赁市场区域高度集中的特点是一致的,租赁需求集中于经济富有活力、就业岗位多、人口持续流入的地区和城市。对应于我国,经济增长持续性强、流动人口规模大占比高的城市是主要的战场(如表19-5)。

表19-5 我国流动人口占比前14城市

城市	流动人口(万人)	常住人口(万人)	流动人口/常住人口(%)	城市	流动人口(万人)	常住人口(万人)	流动人口/常住人口(%)
东莞	630.4	825.41	76.37	天津	500.35	825.41	32.34
深圳	782.9	1137.87	68.80	无锡	170.2	1137.87	26.14
厦门	174.85	386	45.30	武汉	231.5	386	21.82
上海	981.65	2415.27	40.64	南京	170.19	2415.27	20.66
北京	822.6	2170.5	37.90	杭州	178.25	2170.5	19.77
苏州	394.59	1061.6	37.17	郑州	186.9	1061.6	19.53

续表

城市	流动人口（万人）	常住人口（万人）	流动人口/常住人口（%）	城市	流动人口（万人）	常住人口（万人）	流动人口/常住人口（%）
广州	495.92	1350.11	36.73	成都	237.65	1350.11	16.21

资料来源：国家统计局，链家研究院整理。

4.资产管理的轻资产扩张路径

专业化租赁运营要么够轻要么够重，日本资产管理公司轻资产扩张的路径对于我国的启示在于，未来市场供需逐渐均衡、双边力量势均力敌时，装修配置成本应当由持有机构或业主承担，资产管理公司应专注于产品的设计、装修改造监督、招租、租后管理，实现轻资产扩张。

三、租赁市场政策借鉴

租赁市场的健康有序发展离不开政府政策的规范与引导，稳固租赁市场在可循环供应体系的地位，需要保证租赁市场能在更大范围内满足更多群体的多元化需求，通过租赁住宅的再生满足不断迭代升级的租赁需求。日本政府在可循环租赁住宅上的尝试依然值得我们借鉴。

(一)日本经验：租赁政策四大支柱

日本租赁政策体系以租赁立法为核心，并与促进可循环利用的租赁政策、围绕租赁房屋管理与租赁中介行业展开的行业监管以及纠纷解决机制，构成促进日本租赁市场发展的四大支柱。

日本租赁立法以民法典为核心，并通过专门立法确立房屋租赁的法律体系。立法确定了租金、租期、租约以及承租人、出租人权责等核心要素的内涵和边界的同时也提供契约的自由弹性，逐步消除租客过度保护下租赁市场房源品质差的问题。此外，日本政府紧扣人口趋势，将老年人居住问题通过立法确立下来，赋予独居老年人或老年夫妇的终身租赁权，鼓励私营企业提供附带服务的老年人无障碍住宅。

在租赁住宅存量充足形势下，如何有效提高现有房屋居住质量和促进空置房屋的居住率对于日本政府来说更为迫切。促进可循环利用的租赁住宅政策应运而生，旨在解决现有供给结构与需求错配的问题。可循环利用的租赁住宅政策围绕四个目标,即安全、安心的丰富居住生活与住宅环境,住宅的适当管理与再生,提升住宅市场环境,以及满足多样化的居住需求与确保中低收入等弱势群体居住供给与居住安全。

日本通过一系列措施,促进可循环租赁市场的建立,如新型租赁关系 DIY 契约与借上型契约促进住宅的再生,以及育儿家庭与老年人群的混住,联合医疗机构、护理机构,推动附服务式老年住宅,确保老年人安心居住,为受住房保障弱势群体提供经济援助(提供租金补助、翻新租赁房屋补助与贷款)和设立居住支援机构,提供必要的支援协助。

行业监管机构由最高监管机构国土交通省住宅局统筹,地方住宅部门负责落地实施。行业监管对象则重点关注租赁房屋管理与租赁中介行业,建立备案制度,提供业务操作细则《租赁住宅管理业务处理准则》。

纠纷解决机制是保障租赁市场平稳运行的重要手段。日本政府一方面通过制定标准的租赁合约以及通过行业监管提高租赁从业人员素质,减少纠纷事件;另一方面提供了多元的调解通道,纠纷当事人可以通过各地区消费者协会、不动产协会、司法书士协会进行民事调停、家事调停、诉讼和解、仲裁以及和解谈判。在租赁活跃地区,东京都甚至出台了专门解决租赁纠纷条例《东京都关于防止住宅出租租借纠纷的条例》。

(二)我国租赁市场现状

我国租赁市场正在扬帆起航,但也存在诸多问题。宏观层面上主要体现为供给不足的突出矛盾,具体体现为租赁房屋供不应求、供给主体单一和机构化渗透率低,专业化租赁机构提供房源市场占比不足10%。

中观层面上的矛盾主要是租赁运营企业发展不成熟,行业监管体系不完善,具体表现为:缺乏对租赁运营行业的明确定义与监管规则、个人房源租赁缺乏有效的监管方式、房东实际缴税比例较低、缺乏纠纷解决途径、租赁立法不健全、租客权益得不到保障。

从微观层面看,租赁市场痛点丛生:(1)供需错配,主要体现为房源品质与品质居住需求不匹配、市场租赁产品租金与租客可承受租金水平不匹配、二居室为主的户型结构与租客一居室为主的需求不匹配,以及押一付三的租金支付方式与月付支付需求不匹配;(2)交易过程的不规范,大量假房源充斥市场,房东与业主的不诚信、不规范行为侵蚀租户权益。

(三)经验借鉴:盘活存量、提高居住品质为核心的支持政策

稳固租赁市场可循环供应体系的地位,要保证租赁市场能在更大范围内满足更多群体的需求,应搭建房屋租赁的法律体系,通过相关举措增加租赁房源供给,丰富供给主体,提高房源品质,加强行业监管,规范租赁流程,最终实现品质居住。

1.完善租赁立法

租赁制度的完善以构建完善的住宅租赁立法为基础。通过住宅租赁立法,业主责任得以明确,承租人权益得以保护,租赁流程得以规范,从而实现租赁关系的稳定,从制度上平滑租赁市场摩擦。

目前,我国租赁立法基本处于空白状态,住建部出台的《住房租赁和销售管理条例》仍处于征求意见中,各城市出台的租赁房屋管理条例或办法也大多形同虚设,普遍法律位阶低、缺乏有效实施的部门。因此,应建立房屋租赁法律体系,推动《住宅租赁法》立法,明确租赁关系,对租约、租期、租金以及承租人与出租人权责进行明确的界定,给予当事人一定的自由度。

2.以盘活存量住宅、鼓励创新、提高房源品质为核心的促进政策

面对我国租赁市场的诸多问题,租赁立法解决的是根本性的法律关系,仍需要直接的政策给予支持。

第一,应以盘活存量住宅为核心,提高租住品质,促进市场供应主体多元化与提高房屋租赁品质。具体如下:(1)鼓励私人房源出租,盘活国企宿舍、村集体产权住宅并鼓励交由市场专业租赁运营机构;(2)培育专业化租赁机构,应当在保证消防安全的基础上实现"N+1"合法化、明确商改住的实施细则和相关税收优惠促进租赁运营企业发展。

第二,鼓励租期、支付方式和租赁产品的创新与多元化。在押一付三、半年付、年付等主流支付方式外,基于租赁征信体系,针对短期支付压力较大但信用较好的租客实行押一付一的支付方式。允许租期多元化,鼓励长期租赁,稳定租期。

第三,增加对弱势群体居住的支持力度,提供租金补贴,建立相关的支持机构。如鉴于流动人口的家庭化、稳定化的趋势,公租房向流动人口降低门槛,组织流动人口的互动,加快流动人口融入当地社会,还应向应届毕业生提供担保,减少短期内的租金支付压力。

第四,推动租赁金融配套设施建设。一是加快鼓励发展租赁征信,租赁征信的

发展能对租户及业主信息进行有效筛选,有效规避潜在违约风险。征信刚起步的我国,租赁征信仍是一片空白,而线上交易的普及为培育租赁征信提供了土壤,第三方支付公司掌握了大量用户特别是年轻用户的海量支付信息,具备租赁征信的先天优势。二是支持符合专业化住宅租赁机构发行企业债券、租约证券化,逐步进行住宅 REITs 试点,为租赁机构提供更灵活的融资方式,加速机构化趋势,推动租赁市场规范化建设。

第五,租赁政策应具有前瞻性,考虑未来人口老龄化下老年人口的置换需求,鼓励独居老年人将大户型住宅向育儿家庭出租或混住,政府提供相应的租金担保。

3.明确行业定义,加强行业监管

我国专业化租赁运营企业面临的尴尬境地在于作为新兴行业缺失行业定义,没有明确的行业划分以及计税方法,因此,住建部应联合工商管理部门、税收部门、消防部门明确行业定义,提供相关的计税方式、税收优惠以及消防安全要求。

行业监管规范行业发展,应建立租赁运营企业与租赁经纪人备案制度和信用管理公示,方便出租人与承租人核实和筛选企业信息。各租赁运营企业与中介公司建立从业人员信用平台,并与建委的信息库共享。同时,落实租赁房屋备案制度,政府应当提供和优化租赁网签和备案的基础设施,简化备案流程。加强租赁市场监测,政府部门应在完善备案制度的基础上尽快建立租赁市场监测统计体系,在加强市场监管、理解市场的基础上,促进住房租赁市场发展。

发挥行业协会的自律作用,支持租赁运营行业协会的成立,承认并赋予协会一定的自主权,实现行业自我清洗与规范。

4.建立市场纠纷解决机制

规范交易流程,提供租赁交易合同模板与租赁中介业务指导细则。

一是加强对虚假房源信息的管控。个人、经纪机构及其从业人员需在网站实名登记后方可上传房源,房地产经纪机构需在房地产相关部门备案,且缴纳一定额度的真房源保证金才能接受房屋出租委托,对于传播虚假房源者给予一定的处罚,并从保证金中支取罚金。

二是引导租房者选择正规租赁机构。政府可在主要租住小区重点宣传"二房东"等非正规租赁渠道的危害,对租房者进行警示教育,引导租房者从正规的中介、专业运营机构渠道租房,签订受法律保护的租赁合同,避免产生纠纷和风险。

参考文献

[1]橘川武郎,粕谷诚.日本不动产业史:从产业形成到泡沫前夕[M].名古屋市:名古屋大学出版社,2015.

[2]三井不动产株式会社,日本经营史研究所.三井不动产四十年史[M].东京都:大日本印刷株式会社,1985.

[3]陈佳妙.日本创新都更与金融考察团报告[R].2017.

[4]朴承奎.都市再生的必要性与课题[Z].2015.

[5]三浦展.第四消费时代[M]马奈,译.北京:东方出版社,2014.

[6]倪虹.国外住房发展报告[M].北京:中国建筑工业出版社,2013.

[7]王荣进.2015年台湾当局组团出国专题研究——住宅政策规划与推动班团体出国报告[R],2016.

[8]王雪玉,郭福秋,江明宜.赴日研修"都市再生地区不动产管理策略之研究"出国报告[R],1997.